本书为中国钱币学会2015年学术课题，由中国钱币学会资助出版，特此致谢！

钱币学与钱币史研究

QIANBIXUE YU QIANBISHI YANJIU

白秦川 著

河南大学出版社
HENAN UNIVERSITY PRESS

· 郑州 ·

图书在版编目(CIP)数据

钱币学与钱币史研究/白秦川著. 一郑州:河南大学出版社,2020.8

ISBN 978-7-5649-2460-7

Ⅰ.①钱…　Ⅱ.①白…　Ⅲ.①货币一研究一中国②货币史一研究一中国　Ⅳ.①F822

中国版本图书馆 CIP 数据核字(2019)第 034240 号

责任编辑　刘小敏
责任校对　胡玲霞
封面设计　郭　灿

出　版　河南大学出版社
地址:郑州市郑东新区商务外环中华大厦 2401 号
邮编:450046　　电话:0371-86059701(营销部)
网址:hupress.henu.edu.cn
排　版　郑州市今日文教印制有限公司
印　刷　广东虎彩云印刷有限公司
版　次　2020 年 12 月第 1 版　　**印　次**　2020 年 12 月第 1 次印刷
开　本　787mm×1092mm　1/16　　**印　张**　27
字　数　442 千字　　**定　价**　76.00 元

(本书如有印装质量问题,请与河南大学出版社营销部联系调换)

目　录

宋、金、夏、元钱币研究

清代、民国钱币研究

自　序

本书各篇前后写了30年，现汇集出版，仍保持原貌，个别地方作了注释和订正。有一些与内容相关的故事和认识上的深入，在这里简单谈谈。

一

拙文《货币　钱币　钱币学》在《舟山钱币》连载后，叶世昌教授在《舟山钱币》1991年第3期发表《读〈货币　钱币　钱币学〉后》，纠正了拙文中的一些不确之处，如“货币”一词最早出现于西晋陈寿《三国志》，并对拙文使用的概念进行探讨。叶老在《舟山钱币》1992年第3期上继续发文《钱币学不等于“钱币”加“学”》，来讨论钱币学理论。拙著《中国钱币学》出版后，寄奉叶老，叶老读后，来信仍在探讨“专用货币”的概念问题。在此，对叶老的治学精神表示深深的敬意，并对前辈关心后学的情怀表示感谢！

杨科先生提出将《货币　钱币　钱币学》在《中州钱币》上再发一下，我考虑已在《舟山钱币》发过了，并有《中国钱币》的摘要，如再发有一稿多投之嫌，就婉拒了。

《中国钱币大辞典编纂纲要》是2000年应中国钱币大辞典编委会秘书长胡国瑞先生委托而作，后未获主要领导同意，故一直锁在柜中。今发表于此，反映当时对钱币类辞书形式结构的认识。当时的附录只有《宋辽西夏金编体例与要求》，为反映后来对纸币编写的认识，现将《〈中国钱币大辞典·民国编·县乡纸币卷〉凡例》一同附于文后。

二

1993年在写完《彭信威钱币学思想初探》后，感觉彭先生的高度无人超越，为使更多的人参与讨论，就向上海市钱币学会建议举行“庆祝《中国货币史》出版四十周年活动”，上海学会接受了这一建议。于是我就写了一组关于彭先生的文章，上海市钱币学会、《钱币博览》编辑部编印了《彭信威教授名著〈中国货币史〉出版四十周年纪念文集》。2011年广州会议上我宣读了《论彭信威先生对清末钱制改革的评价》，王永生秘书长下来说，早看到你的文章，我们的“金泉奖”叫作“彭信威奖”更合适。

三

1997年拙文《先秦货币二考》在《历史研究》发表后，叶世昌先生即在大作《中国古近代金融史》中予以引用。

《秦皇汉武统一货币问题再评价》写于1995～1996年，未向外投稿。2011年受河北师范大学副校长戴建兵教授邀请参加“中国金融史学术研讨会”，乃携此文。关于此问题，我们只是根据历史情况发现了这一现象，可以说是经济学中的一点经验总结。其实，在20世纪70年代哈耶克在理论上已经进行了阐述。他在《货币的非国家化——对多元货币的理论与实践的分析》一书中颠覆了正统的货币制度观念：既然在一般商品、服务市场上自由竞争最有效率，那为什么不能在货币领域引入自由竞争？哈耶克提出了一个革命性建议：废除中央银行制度，允许私人发行货币，并自由竞争，这个竞争过程将会发现最好的货币。今天，全球化的深化和电子货币的发展让哈耶克的观点再度受到重视。当时弗里德曼是反对的，据说晚年的弗里德曼同意哈耶克的这一学说。

根据哈耶克的理论，政府对于货币发行权的垄断会对经济的均衡造成破坏，因为政府的权力不受限制，一定会搞通货膨胀，最后导致经济出问题。本文写作时受所学历史观和政治思维的影响，对秦皇汉武统一货币的评价是留了尾巴的。现在来看，需要彻底否定。虽然各国政府喜欢凯恩斯主义，但从学理和经济长远发展看,哈耶克是正确的。

中国人民银行金融研究所所长姚余栋研究员从另一方面得出结论:“从历史上看流动性紧缩与占优货币的升值经常性地伴随而生。……某种意义上秦统一度量衡是对的,但统一货币太着急了,它没有考虑到货币统一是个缓慢的过程,而导致了流动性不足,于是也使经济凋零。”①

《秦皇汉武统一货币问题再评价》为货币史研究,只有一篇文章,无法构成一个单元,就采取了容错处理,放入“先秦、秦汉钱币研究”。

四

宋代银铤“界内”为“界身巷内”的简称,《中国银锭图录》发表了二枚金代“南京界内”银铤②,金代南京为开封,从而确定了“界内”为汴京地名。

关于金代银锭符号“7”应为“整”字,又多三例。《中国银锭图录》③第 77 号“金代应州康璋银铤”“肆拾玖两玖(捌)钱 7”,实测 1989.6 克,误差 2.4 克。第 79 号“金代宋琦银铤”“肆拾玖两 7”,实测 1955.2 克,误差 4.8 克。《银的历程——从银两到银元》④第 76 页“使司使副伍拾 7”,实测 2002.4 克,误差 2.4 克。

北宋钱币版别划分一直是迷人的话题,是一个争论不休的话题。北宋钱币随便挑几枚,都会让人爱不释手,因为宋钱是中国古代钱币艺术的巅峰。北宋钱币划分就像一座围城、一个鸟笼,里边的、外边的都在不停地谈自己的看法,但如鸡同鸭讲,用的不是一个语言系统。在《中国钱币大辞典·宋辽西夏金编》中,两种语言系统并存,实际上是自相矛盾。具体表现为正文中的钱币划分大体是一种方法,附录中的《宋辽西夏金钱币术语释义》是另一种方法。现在有读者就用这种自相矛盾的系统来责难《宋编》。简单地讲,正文中的划分方法是以书法风格为标准进行的,文字位置从属于

① 姚余栋:《全球流动性紧缩之谜》,见 2016 年 6 月 25 日“和迅网”,http://stock.hexun.com/2016-06-25/184590251.html,访问日期:2016 年 8 月 10 日。

② 文四立主编《中国银锭图录》第 83、84 号,中国金融出版社,2013,第 47 页。

③ 文四立主编《中国银锭图录》,中国金融出版社,2013,第 44、45 页。

④ 浙江省博物馆编《银的历程——从银两到银元》,文物出版社,2015,第 76 页。

书法风格的标准。因此，文字位置只在同一书法风格的钱币中有意义。而附录中的划分方法是以“常制”为坐标，文字位置是绝对的。而这种“常制”在具体的版别划分中是无法确立的。在坚持以“常制”为坐标的人看来，以书风为标准的钱币划分有时就是“升不升、降不降、进不进、退不退、俯不俯、仰不仰”。

由于以书风为标准来划分宋钱获得了成功，而其他方法在实践中都失败了，我们只能承认现实。有人问，宋钱划分为什么其他方法都不行呢？答曰：人文科学与自然科学一样，都有内在的规律性。科学在大多数情况下都具有唯一性，宋钱版别划分应该就是这种情况。

五

在2011年广州会议期间，一位学界同仁说，彭信威《中国货币史》1965年版最全面、最深入。我说，这没问题，由30多万字扩展到76万字。但由于政治原因，删除了1954年版中的一些真知灼见，也是很遗憾的。

研究清代、民国钱币，有一个基本的历史事实要清楚。希腊钱币文化再次遇到了中国钱币文化，并且代替了中国钱币文化。我们除了从政治、经济方面找原因外，更要从文化内部找原因。彭信威1954年在《中国货币史》中已经谈到了这个原因，那就是中国钱币文化落后，无法适应中国资本主义发展的需要，经过几百年的斗争，终于被希腊钱币文化所征服。作为钱币学研究，我们不能也不需要回避这个历史事实，否则我们无法对历史作出合理的解释。

对于希腊钱币文化，我们中国学人也应该进行研究。彭信威先生说：“研究货币史，不但要懂得中国钱币学，也要懂得外国钱币学。”如果研究钱币学，就要更进一步，改为“不但要研究中国钱币学，也要研究外国钱币学”。我们首先要研究好中国钱币学，但一定要有全球意识。20多年来，李铁生等先生译介了许多外国钱币的著作。我们应该继续这一工作，让我们的钱币学研究走向世界前列。

钱币学研究

货币　钱币　钱币学

钱币学是一门古老的学科。1982年中国钱币学会成立以后，这门古老的学科焕发了青春。但是，由于在钱币界过分强调钱币学为货币史服务，钱币学几乎处于货币史附庸的地位；而在整个人文社会科学领域，钱币学又几乎不被承认，如几种权威性的词典均无“钱币学”条目，甚至没有“钱币”条目。① 这种局面的形成，大体上说有三个原因：(一)与其他学科比较，钱币学研究队伍阵容薄弱，几年前还没有专业研究队伍。(二)钱币学刚从其他学科中独立出来，在历史上，钱币学先是见容于金石学之中，后又厕身于考古学之内。(三)没有建立自己的理论体系，以往采用金石学、考古学理论，后来又结合近代货币学理论，现在好像除了马克思主义货币理论，钱币学就没有自己的理论了。这三个原因，前两个是次要的，第三个是主要的，因此，对钱币学在理论上进行一番思考，显得十分必要。正如古人所说：“必也正名乎！”

一千多年来钱币学的遗产和中国钱币学会成立以来丰富的研究成果，为钱币学进行理论思考准备了必要条件。本文打算从钱币与货币、钱币学与货币学的关系入手，谈谈钱币、钱币学的概念、钱币学的内容及意义。当然这是一种尝试，旨在抛砖引玉。

一、以往货币、钱币、钱币学概念之检讨

中国是世界文明古国之一，商品交换源远流长，货币经济起源很早，货

① 《辞海》《中国大百科全书·考古学》《中国大百科全书·经济学》没有“钱币”条目，所有辞书均无“钱币学”条目。补注：1999年版《辞海》增加了“钱币学”条目。

币形式多种多样，加上汉语词汇异常丰富，因此，在汉语里，对货币的称谓就非常多。有泛指、有专指、有实指、有转借、有表形、有表意。例如：货、币、钱、泉、刀、布、楮、金、银、洋、版、钞、票、券、贝、货币、钱币、泉币、泉布、泉刀、刀布、泉货、货泉、泉宝、圜金、楮币、钞币、钞票、榆荚、鹅眼、鸡目、耒子、孔方、阿堵……形形色色，不胜枚举。今天，人们对货币的称谓渐趋统一，正式称货币、钱币，俗称钱。

货币、钱币二词最早出现于两汉时期。《管子·轻重·山权数》有："国策出于谷轨，国之策，货币乘马者也。"《山权数》大约写于西汉时期。钱币一词最早见于《汉书·食货志》："县官大空，而富商贾或滞财役贫……黎民重困，于是天子与公卿议，更造钱币以澹用。"纵观历史，"钱币"的使用频率要高于"货币"。《九通》均有"钱币"一目，历代史书《食货志》中也多使用"钱币"。货币一词唐人用得较多，之后，曾见于元人马端临《文献通考》，其他就很少使用。清末，西方货币理论传入中国，开展本位货币大讨论，货币一词又重新流行。① 目前，货币、钱币形成并用局面。

货币一词，在唐代以前，有两种含义：一指商品。如唐张九龄代唐玄宗拟《敕议放私铸钱》诏书中说："古之为钱，将以通货币。"二指一般意义上的货币。如唐元稹《钱货议状》说："自岭以南，以金银为货币。"钱币的概念有广义和狭义之分。广义泛指一切货币，狭义专指铜、铁等贱金属铸币。从作为一般等价物的特殊商品来讲，货币、钱币的含义是相同的，二者可以互相代换使用。这一现象一直持续到民国时期。如杜佑《通典·钱币》一节中，第一句话即"货币之兴远矣"。马端临《文献通考·自序》说："先王以为衣食之具未足以周民用也，于是以适用之物作为货币以权之……作钱币考第二凡二卷。"清末民初，梁启超用货币，孙中山用钱币，康有为二者兼用。1954年，彭信威先生《中国货币史》出版，使用了"钱币学"的提法；中国钱币学会成立时期，有同志提出"钱币是退出流通领域的货币"的定义②。这样，出现了钱币概念的新含义，这种新含义与货币概念有了区别。

对于货币本质和职能的认识，人们是从最基本的职能开始的。《管子》

① 石毓符《中国货币金融史略》认为，1899年有人使用"货币"一词。据笔者查证，1896年10月27日上海《时务报》即有《朝鲜货币考》的文章，比前述早三年。

② 没有查到最早出处。

一书的作者首先认识到了货币是流通手段，“黄金刀币，民之通施也。”①“黄金刀布者，民之通货也”②。南朝刘宋时人何尚之认识到了货币是价值尺度。他说：“夫泉贝之兴，以估货为本。”③马克思说过：“价值尺度和流通手段的统一是货币。”④从这里可以看出，我国学者至迟到南北朝时期已认识到了货币最基本的两种职能。南宋吕祖谦就是从这两种职能来解释货币的。他说：“泉布之设，乃是阜通财货之物，权财货之所由生者。”⑤西方货币理论的传入，使人们对货币的认识更加深刻。梁启超1908年写道：“货币之职务有四：一曰交易之媒介，二曰价值之尺度，三曰支应之标准，四曰价格之贮藏。”⑥他把除国际货币以外的职能都认识到了。20世纪20年代以后，马克思主义货币理论传入中国，人们对货币的本质和职能彻底认识了，中华人民共和国成立后，马克思主义得到普及，人们对货币的认识也就统一了。

为什么在繁多的表示货币的词语中，最后固定在“货币”一词上？朱执信作了如下分析：“古代货币，一种是由装饰的奢侈品发达来的，就是贝壳。……另一种是由直接满足生存欲望的东西发达来的，就是布帛。到唐时还有论绢计价的风气。所以关于经济上所用动名词，都用贝、巾两个部首来表示出来。货币这两个字，便是代表。钱字却是后起的，代表金属货币。”⑦张䌹伯的分析与之基本相同，他说：“货币进化，各有程序，以龟贝为中介而有货之名。以粟帛为中介而有币之名。至周刀布盛行，而有泉之名。圜金产生，方有钱之名。逮乎方孔制钱形制蜕化成，而名称定。……由此推，货字最早，币次之，泉又次之，钱字最后。且货也，币也，泉也，统称也。

---

① 《管子·轻重·国蓄》，见马非百《管子轻重篇新诠》，中华书局，1979，第215页。

② 《管子·轻重乙》，见马非百《管子轻重篇新诠》，中华书局，1979，第584页。

③ 《宋书·何尚之传》，本书引用二十五史，均为中华书局标点本，后边引用不再一一注明。《新元史》为网络本，单独注明。

④ 《马克思恩格斯全集》第13卷，人民出版社，1976，第113页。

⑤ 《文献通考·钱币二》，中华书局，1986年影印本，第101页上栏。

⑥ 梁启超：《中国古代币材考》，载《饮冰室合集》第3册，中华书局，1989，第58页。

⑦ 朱执信：《米本位说之批评》，载《朱执信集》，中华书局，1979，第778页。

布也，刀也，钱也，专称也。”①可见在近代引入西方货币理论的时候，人们是对货币名词进行了源流考证以后，才确定采用“货币”一词的②。

对于货币实体来讲，称货币或者钱币是一样的；但作为钱币学的钱币概念，与货币是不同的。彭信威先生提出的“钱币学”之后，没有给钱币下定义。中国钱币学会成立以来，比较一致的看法是：钱币是退出流通领域的货币，即历史货币。对于这一观点，郭彦岗先生的看法颇具代表性。他认为：

> 钱币研究的对象，当然是古钱币。这有广义的钱币和狭义的钱币两种概念。狭义的钱币，即通常所说的古钱币。它的内容是：布刀环贝＋半两钱＋五铢钱体系＋通宝钱体系＋其他各种币材制作的方孔圆钱。
>
> 广义的钱币，是指历史货币，是指五千年甚至七千年来，我国历史上，在国内各民族、各地区、各时期，曾经起过一般等价物作用，全部或部分地发挥过货币职能，并退出流通界的一切历史货币，包括从外国流入的货币，还有压胜钱、纪念币等，都是钱币研究的对象。③

在这种认识的基础上，产生了钱币与货币的关系。对这种关系，赵会元先生作了如下论述：

> （钱币学）这门学科涉及钱币、货币、历史货币三个名词，名义不同，有联系也有区别。就其躯体说，钱币、货币是一个东西。就其特性说，前者是退出了流通领域，失掉了价值尺度和流通手段，剩下的躯体，一般叫钱币，因为曾经起过流通作用，所以也叫历史货币；后者是担负着价值尺度和流通职能，正在流通，一般称货币。④

---

① 张絅伯：《货币释名》，《泉币》1940年第1期。张絅伯先生在该文中还曾经指出：“近时法律及学校科目上，由司法、教育两部，以明文规定，遵用货币二字为名词，日本亦同。”政府以法律形式规定使用“货币”，对货币名词的统一是有意义的。不知这里的司法、教育二部指重庆政权还是南京汪伪政权。

② 中国近代引入西方经济理论，很大部分是从日语翻译过来的，“货币”一词有可能直接从日语转借过来。一、笔者查到的日语词典中没有“钱币”一词；二、1896年最早用汉语说“货币”的《朝鲜货币考》是日本人古城贞吉，内容译自日本新闻；三、日本全国性钱币学会叫“日本货币学会”。

③ 郭彦岗：《开拓钱币研究的新路子》，载杨煦春主编《钱币研究文选》，中国财政经济出版社，1989，第21～22页。

④ 赵会元：《从钱币学产生发展探讨其使命和意义》，《中州钱币》1987年第1期。

关于钱币概念的这种认识，有其合理的成分。如“就其躯体说，钱币、货币是一个东西”，钱币是历史货币的躯体。但这种认识存在着明显的缺陷。首先，无法从本质上区别钱币与货币或历史货币。如果钱币指历史货币，而研究历史货币的叫货币史，研究钱币的叫钱币学，如此推论，货币史就等于钱币学。这种结论是错误的。其次，退一步讲，钱币是历史货币，“历史货币”概念非常明确，无须再用“钱币”一词来代替。以前，对于历史货币，还有一个准确的概念来称谓——古钱（广义的）。现在舍弃这样两个明确的概念，引入一个“钱币”名词，只能增加混乱，引起人们费解。其三，按照“退出流通领域的货币”的定义，其外延不应包括厌胜钱、纪念币、冥币。因为它们从来没有加入流通领域，又从何退出呢？其四，历史上有些实物货币，如粟、帛，是否为钱币，从目前钱币学研究的范围看，是把它们排除在外的。其五，现行货币同样有躯体，钱币学为什么不可以研究。看来，把钱币定义为退出流通领域的货币即历史货币是不科学的。

“钱币学”的概念有一个历史发展过程。自南梁顾烜《钱谱》以来，钱币学家所做的只是谱录工作，这反映当时对钱币学的认识水平。20 世纪 30 年代，中国古泉学会成立，提出了古泉（钱）学的概念。50 年代，彭信威先生提出了钱币学。① 1982 年中国钱币学会成立，接受了钱币学的提法。1986 年出版的《中国大百科全书・考古学》仍然称古钱学。三四十代的古钱学，只研究先秦至清的铜铸币，《考古学》中的古钱学内涵包括金属铸币和纸币，与钱币学的内涵基本相同。

为论述方便，我们摘录几种有代表性的钱币学定义：

1. 杨恺龄：古泉学“以考定典籍，搜求珍本，研究币制为主”②。

2. 张䌹伯：泉货学“英文名 Numismatics，考其释义，为研究泉货、制作、文字及其历史之科学也”③。

3. 彭信威：钱币学“必须是对钱币实物的研究”④。

① 孙中山在《建国方略》中，廖仲恺在《再论钱币革命》中曾分别使用“钱币学者”和“钱币学史”，这里的“钱币学”的含义是我们说的“货币学”，与今天的“钱币学”没有联系。

② 杨恺龄：《弁言》，《古泉学》1936 年第 1 期。

③ 张䌹伯：《何谓泉货学》，《古泉学》1936 年第 3 期。

④ 彭信威：《中国货币史・序言》，上海人民出版社，1965，“序言”第 20 页。本书引用该书，非特别注明，均为上海人民出版社 1965 年版。不再一一注明。

4. 王贵忱：钱币学“说到钱币学的研究对象……现在提出的历史货币这一概念，似乎应当包括各种古币和已退出流通领域的现代货币”①。

5. 王贵忱：钱币学“是研究钱币形制、文字及其制作特点和发展的一般规律的科学”②。

6. 郭彦岗：钱币研究的内涵：对钱币形制的研究；对钱币发展脉络和体系的研究；历代货币制度和政策；研究历史货币的铸造、印刷、发行、钞法、钱法及其实施的利弊得失，总结和研讨货币流通规律；历代货币信用机构，包括铸钱和印发纸币机构及其业务活动；货币思想、货币理论和一些单项的货币观点，包括对历史文献资料和考古科研成果的发掘、传播、交流、整理和探索。③

7. 吴荣曾：古钱学“以古代钱币为研究对象的学科，又名古泉学。……主要研究历代所发行的金属货币钞币的形制、大小、风格、铭文、成分、机能和艺术价值。尤以货币的单位、重量等为主要课题”④。

以上七种定义，可以归纳为三种意见。第一种钱币学是研究历史货币的；第二种钱币学是研究钱币实物的；第三种钱币学是研究钱币形制、文字、币制、历史等。前两种指的是钱币学研究的对象，后一种指的是钱币学研究的内容。这三种意见从不同侧面不同程度地揭示了钱币学的内涵。从纵的角度看，钱币学要研究历史货币（与现行货币相对）；从横的角度看，钱币学要研究钱币实物（与文献相对）；从内容讲，钱币学要研究形制、文字等。不过，对这三种意见，我们还可作以下分析：

第一种，“钱币学是研究历史货币的”。这种意见的基础是钱币等于历史货币。本文前边论述钱币概念时已指出它的缺陷和不科学性。再者，从钱币学的现状看，钱币学也研究现行货币。如《中国钱币》就载有对第三套、第四套人民币的评介文章。这个问题本文第二部分中还要论述。

第二种，“钱币学是研究钱币实物的”。是否研究钱币实物是彭信威先

---

① 王贵忱：《古币著录和有关问题的探讨》，《中国钱币》1984年第1期。

② 王贵忱：《中国历代货币书籍》，见1985年5月文化部文物局郑州培训班讲义。

③ 郭彦岗：《开拓钱币研究的新路子》，载杨煦春主编《钱币研究文选》，中国财政经济出版社，1989，第21～22页。

④ 吴荣增：《中国大百科全书·考古学》“古钱学”条，中国大百科全书出版社，1986，第143页。

生用以区别钱币学与货币史的基本依据。这种以钱币实物资料和钱币文献资料来划分两种学科是不确切的。第一，研究钱币实物与钱币文献是不能截然分开的。对任何一类钱币实物的研究（特别是对待古代钱币），都必须借助于文献，否则我们无法确定其在历史上的位置，甚至无法确定其为货币。历史上的年号钱是比较清楚地记载着钱币本身的发行年代，如果没有文献帮助，我们无法排列出年号的早晚；没有文献记载，我们拿到古代一枚贝壳，就无从推定其为货币。彭信威先生的《中国货币史》也是文献与实物并重的。第二，这里的钱币实物，仍然指历史货币。第三，研究货币制度，特别是古代货币制度和金属货币制度，必须研究钱币实物；而货币制度是货币学研究的范畴，看来货币学（特别是货币史）也要研究钱币实物。第四，如果研究钱币实物可以形成一门独立学科，那么，与之相对的，研究钱币文献也应形成一门独立学科，到目前为止，我们还没有见到这样一门学科。从理论上讲也是不可能的，因为文献的内容是多样的，既有历代的钱法，也有各朝的谱录；研究钱法的成果是货币史，研究谱录的成果是钱币学史。因此，用是否研究钱币实物来区分钱币学和货币史两门学科是有困难的。

第三种，“钱币学是研究钱币形制、文字、币制、历史等”。首先应该指出，杨恺龄先生和郭彦岗先生的定义把钱币学与货币史混为一谈了。杨先生说的币制属于货币史的范围。郭先生把货币史的内容全部纳入了钱币学①。因此，在谈钱币学的定义时，应先把货币史的内容去掉。这种把钱币学研究的内容一项一项罗列出来的方法，在逻辑上叫外延定义法。这种定义法一般情况下是不采用的。钱币学采用这种定义法，有很大局限性。一、定义要求用简明精练的语言来表述，采用外延定义法将罗列一大串。二、用这一方法难以罗列完全。因为从不同角度研究，从钱币学与不同学科之间的关系来研究，都会有不同的研究内容。三、有些内容，货币史、钱币学都要研究。如金属货币成分与单位、重量，货币发行与流通的区域。这种定义法无法说明这种现象。四、最根本的是无法说明钱币学的本质，无法建立钱币学的理论体系，从而造成本文开头所指出的局面。

通过以上分析，我们认为，钱币与货币、钱币学与货币学是不同的概念。而以往对钱币、钱币学概念的认识是不确切的，没有能够从本质上把这两对

① 郭彦岗先生采用“钱币研究的内涵”的提法，其文义是指钱币学研究的内涵。

概念区别开来。

二、钱币、钱币学概念之界定

作为实物来讲，钱币、货币是一种东西。我们拿到一枚古币，既可以说是货币，又可以说是钱币，二者是统一的。以往钱币、钱币学概念不确切的原因不在于对钱币实物的称谓方面，而是把钱币作为货币的历史部分（历史货币），把钱币学作为与货币史（货币学的一部分）相对立而存在的一门学科。其实，从学科分类上讲，钱币是与货币相对立的，钱币学是与货币学相对立的。

我们从钱币学研究的对象和内容及其与货币学的关系中来探讨钱币、钱币学的内涵。

根据不同的标准，可以把货币分为不同的类别。以是否正在流通可以分为历史货币和现行货币；以是否作为一般等价物参加过流通可以分为流通货币和非流通货币；以是否为专职等价物可以分为实物货币和专用货币。这六种类别的货币，只有一部分是钱币学研究的对象。

1. 历史货币

历史货币是以往钱币学研究的主要对象。中国钱币学会成立时通过的《中国钱币学会章程》规定学会的宗旨为："团结全国历史货币工作者……为推动我国历史货币研究工作的发展，为提高我国历史货币研究的科学水平，为我国四化建设作出贡献。"①从 20 世纪三四十年代至目前，还有人把钱币学称为古钱（泉）学。从历史上来看，钱币学就是起源于对历史货币的研究；从洪遵的《泉志》到丁福保的《古钱大辞典》，主要甚至全部是研究历史货币的著作。西方的钱币学同样如此。"在西方，古钱学最初以希腊、罗马的钱币为研究对象，随后发展到对欧洲中世纪及近代的货币进行研究，现在世界各地也都相继对其历史上的货币进行研究。"②目前《中国钱币》及各省学会

---

① 载《中国钱币》1983 年第 1 期。

② 《中国大百科全书·考古学》"古钱学"条，中国大百科全书出版社，1986，第 143 页。

编印的钱币学刊物百分之八十以上的篇幅是对历史货币的研究。

2. 现行货币

虽然在以往的钱币学理论上不承认钱币学要研究现行货币，但实际上还是进行着。如上海市钱币学会编印的《人民币图录》就包括现在流通的人民币，《人民币图录》是钱币学丛书之一。在《中国钱币》杂志上，曾刊登有《钱币新葩——介绍我国第四套人民币》和《时代的见证——第三套人民币的印刷》①等关于现行人民币的文章。西方的钱币学也研究现行货币。如"美国钱币学研究的范围较广，不仅研究美国钱币，而且涉及世界各国货币；不仅研究古钱币，而且研究现代钱币；不仅研究通行货币，而且研究纪念章（币）等"②。

3. 流通货币

流通货币是钱币的主体，是钱币学研究的主要对象。

4. 非流通货币

非流通货币指厌胜钱、冥币、纪念币等，在西方也指纪念章。非流通货币是由流通货币派生出来的，它具有货币的形制，很早就成为钱币学研究的对象。洪遵《泉志》已有著录，丁福保《古钱大辞典》也有记载。《中国钱币》杂志辟有"纪念币"栏目，也刊登过《关于厌胜钱的初步探讨》③等文章。

5. 实物货币

实物货币又叫商品货币。它们除了作为交换媒介外，还有其他实用价值，可以用作直接的消费。在货币发展史上，金属铸币产生以前，有一个实物货币阶段；金属铸币产生以后，实物货币也长期存在。如秦汉时期非铸币形状的黄金，魏晋至隋唐的粟帛，五代至明清时的碎银子。国外也有用盐、烟草、砂糖、可可豆作货币的。对于实物货币，还没有人从钱币学的角度进行研究，所以实物货币不是钱币学的研究对象。④

---

① 载《中国钱币》1987 年第 3 期、1988 年第 4 期。

② 马新华：《美国钱币学概览》，《中国钱币》1987 年第 4 期。

③ 载《中国钱币》1984 年第 2 期。

④ 李乾亨：《货币小史》，江苏人民出版社，1981，第 48 页。

6. 专用货币

专用货币是指流通货币中的铸币和纸币等，是钱币学研究的对象。

以上六种类别之间，有对立关系，有交叉关系，还有从属关系。历史货币和流通货币均可分为实物货币和专用货币；现行货币是一种专用货币。当我们说历史货币、流通货币、现行货币为钱币学研究的对象时，实际上是指其中的专用货币。综合起来，只有专用货币和非流通货币是钱币学的研究对象；历史货币和流通货币中的实物货币不是钱币学的研究对象。

为什么专用货币和非流通货币是钱币学研究的对象，而实物货币不是，这可以从钱币学研究的内容来解释。钱币学研究的内容是钱币的形制、轻重、文字、图案、币材、铸印技术、辨伪等，其中形制为第一项内容，是研究其他各项内容的前提。如果一个物品不存在钱币(专用货币)的形制，也就不需对之进行钱币学研究。所以形制是钱币学研究对象能否确认的第一决定因素。这样，凡是具备钱币(专用货币)形制的，就有可能成为钱币学研究的对象；凡是不具备钱币(专用货币)形制的，不论是否为流通货币，均不会进入研究范围之内。非流通货币因具备钱币形制，成为研究对象；实物货币不具备钱币形制，被排除在外。①

货币是充当一般等价物的特殊商品。它有五种职能：价值尺度、流通手段、贮藏手段、支付手段和世界货币。货币学就是从这几个方面来研究货币的。货币的本质和职能是在商品流通中显示出来的，离开了流通领域，这些本质和职能将荡然无存。而货币的形制、轻重、文字、图案、材料、真伪均不需通过流通就存在着。换句话说，这些内容是货币的非流通属性。由这些非流通属性组成的货币，我们可以称之为非流通意义上的货币。这种非流通意义上的货币，就是钱币。

至此，我们可以给钱币、钱币学下这样的定义：

钱币是具有专用货币形制的非流通意义上的货币。

钱币学是研究具有专用货币形制的非流通意义上的货币的一门学科。

---

① 实物货币中的贝币是一种特殊情况。大概因为商周时代，贝的主要功能是用作货币，古文献、古文字对贝的记载往往为货币。另外，贝币在从实物货币向专用货币转化过程中起着很重要的作用。

这样，我们可以很清晰地把货币与钱币区分开来，钱币是货币的载体，货币是钱币的灵魂。彭信威先生说过："其实古钱的形制只是古代货币的躯壳，它的生命或灵魂是它的流通情形，尤其是它的购买力。"①遗憾的是，他只局限于古钱，没能把这种认识贯彻到底。今天我们把这种认识扩大到钱币与货币的关系上，使我们对钱币、钱币学概念的认识豁然开朗了。货币学从流通角度对货币进行研究，钱币学从非流通角度对货币进行研究。也可以说，货币学是对货币的动态性研究，钱币学是对货币的静态性研究。由于研究的内容、方法不一样，划分为两门学科；由于两者研究的是同一物质实体，因此处于对立统一的关系之中。

诚然，作为实物货币的金、银、粟、帛也是货币的载体，也有非流通方面的属性。不过它们的非流通属性不是钱币学研究的对象，而各自有相应的学科进行研究。当它们处于静止状态（非流通状态）时，金、银是金属学研究的对象，粟是植物学研究的对象，帛是纺织科学研究的对象。换言之，这些实物货币离开流通领域后，可以退回到它们原来的类别中去。专用货币则无处可退，它们离开流通领域以后，与非流通货币一起组成一类物体。对于这一类的物体，只有钱币学进行研究。至于铸币，固然需要金属学进行研究，但铸币不是单纯的金属，而是具有一定形制、文字、图案的金属，所以非金属学能够全面研究。

三、钱币学研究的内容

货币是作为一般等价物的特殊商品，其表现形式千姿百态。据有关资料统计，中国历史上曾经起过流通手段和价值尺度的物品（货币）不下十万种。钱币学所研究的是其中部分物品的非流通属性，根据本文对钱币和钱币学的界说，钱币学研究的内容大体可以概括为四个方面，即单体性研究、技术性研究、综合性研究、理论性研究。

1. 单体性研究

(1) 研究钱币形制。形制是钱币的基本要素，也是钱币文化的重要特

① 彭信威：《中国货币史·序言》，"序言"第13页。

征，更是区别钱币与非钱币的依据。当我们拿到一枚（张）钱币时，首先接触到的信息就是形制。历史上，钱币的形制是不断进步的。先秦币形多种多样，秦以后方孔圆钱成为基本形制。在当代，形制是计算机识读钱币的一个参数。研究形制，分为形状和大小两个方面。

(2) 研究钱币文字。钱币绝大部分都标有文字，或纪重、或纪地、或纪值、或纪年、或纪发行单位等。币文是钱币研究的重要内容。通过钱币文字，可以显示货币单位，从而知道各个时期的货币制度，也可以了解某些货币思想；钱币文字又是古文字学和书法艺术史的重要资料，有些还是消失了的民族文化的重要资料；钱币文字也是区别钱币版式的依据。

(3) 研究钱币图案。图案是钱币的重要标志，特别是希腊系统的钱币，中国古代的厌胜钱（又叫压胜钱）和纸币也标有图案。钱币图案是美术史的资料，也是钱币防伪的主要手段。

单体性研究还可以有许多方面，有些可以概括到下边的研究领域中。单体性研究是钱币学的基础研究，通过单体研究，可以确定一种钱币的版式，为其他方面的研究提供数据和材料。

2. 技术性研究

(1) 研究钱币材料。从古到今，币材经常变化。科学的发展，使钱币材料成为一门独立的工业门类①。而币材的选用，既要适于商品交换，其价值不能高于面值，又要有防伪的成分。通过对币材的研究，可以从宏观上了解各时期的经济状况，也可以从微观上找出货币流通变化的部分原因（如中国历史上每次货币减重后的物价上涨）。既可看到人类探索钱币最佳重量的过程，又能反映各时期的科学技术水平。币材研究分为化学成分研究、各种成分的比例研究和铸币重量研究。

(2) 研究钱币的铸印技术。钱币的铸印技术是与一般的科学技术水平相一致的，通过对钱币铸印技术的研究，可以为冶铸史和印刷史提供材料，可以更全面地把握钱币的各种特征。今天的钱币铸印工作，已发展成为一门独立的科研生产体系。

(3) 研究钱币辨伪与防伪。辨伪即通常说的鉴定，分为对古币的辨伪与

---

① 新材料如镍包钢、塑料等，纸币的专用纸、专用颜料等。

现钞的辨伪。辨伪工作对钱币研究意义十分重大，通过辨伪，可以使钱币研究工作在真实的情况下进行，也可以制止伪钞对现行经济秩序的破坏。防伪工作可以说从国家垄断了铸币权就已开始，纸币的防伪从纸币产生之日起就已存在。钱币防伪技术，目前是高科学技术，虽然该项研究为保密研究，但也属于钱币学的一个组成部分。

技术性研究根据与流通领域的关系也可以分为两个层次，金属铸币的成分、重量研究与单体性研究相同，而各种成分的比例研究、铸印技术和防伪等则是更远离流通领域的研究。但由于商品经济和科学技术的高度发展，技术性研究在钱币学中的地位越来越重要。

3. 综合性研究

(1) 研究钱币文化。钱币文化的概念已有人使用①，但没见到具体定义。彭信威在《中国货币史》一书提出了“货币文化”的概念，他说：“货币文化也是钱币学所要研究的一个重要方面。所谓货币文化，在广义上，是指一个社会发展到使用货币所需要的各种先进的条件，包括生产力和同这种生产力相适应的各种典章制度。在狭义上，是指钱币艺术，即钱币本身的形制、制作、文字和图型等。”②“钱币文化”就是彭信威先生所说的狭义的货币文化。而广义的货币文化可直接称为“货币文化”。钱币文化是与货币文化相对立的概念。钱币文化是指在一定时期、一定地域使用的有共同特征的钱币系统。钱币文化可以有不同层次。如中国钱币文化、希腊钱币文化，属于一个层次；战国钱币文化、王莽时期的钱币文化属于一个层次；战国刀币文化、布币文化属于一个层次。货币文化指货币制度和由此产生的货币理论等。如中国古代的货币制度和货币理论就不同于希腊系统的货币制度和货币理论，由此形成中国古代的货币文化和希腊货币文化。

钱币文化研究是一种综合性研究。在单体性研究的基础上，总结出甲时期不同于乙时期，甲地域(国家)不同于乙地域(国家)的钱币特征。钱币文化的研究既可以为钱币史和钱币理论提供科学的研究资料，又可以反过来指导单体性研究。

① 耿道明、童赠银两位同志1986年11月在中国钱币学会第二次代表大会上的讲话中都使用了“钱币文化”的提法，见《苏州钱币》1987年总3期。

② 彭信威：《中国货币史·序言》，“序言”第20页。

(2) 研究钱币史。钱币史的概念也有人使用过①,但同样未见具体定义。根据本文对钱币的定义,钱币史就是非流通意义上的货币发展史。钱币史是与货币史相对立的一种概念。货币史研究货币制度、货币流通和货币理论的发展史,钱币史研究作为货币载体的钱币自身的发展史。钱币史可以为货币史提供精确的货币制度的有关资料,也可以为当前钱币设计与制造提供经验教训。通过对钱币史与货币史的比较研究,可以看到,钱币的产生要后于货币,而钱币的消亡要早于货币。②

(3) 研究钱币学史。钱币学史是研究钱币学产生与发展的历史。自南朝刘氏《钱志》、顾烜《钱谱》到彭信威《中国货币史》,其间关于钱币学方面的著述有130多种,散见于各种文集的零星材料则更多。钱币学史正是以这些遗产和当代的成果为对象,研究钱币学产生的历史背景、发展阶段、内容与方法、成就与不足以及对钱币学的总体认识,进而探讨钱币学发展的内在规律,为当前的钱币学研究提供借鉴。

4. 理论研究

(1) 基础理论。基础理论研究是在单体性研究、技术性研究、综合性研究的基础上,总结钱币发展的基本规律,规定钱币学的性质、内容及研究方向。它的内容大体上可分为钱币的本质、钱币的发展规律、钱币的基本要素和研究钱币的意义等部分。基础理论反过来又可以指导单体性研究、技术性研究和综合性研究。

(2) 方法论。关于钱币学研究方法的理论。研究钱币的方法有许多种,如排列比较法、测量法、金相化验法、科学发掘法等等,这些方法组成一个方法整体。钱币学方法论正是从这个方法整体出发,去探寻各种方法之间的内在联系,弄清各具体方法在钱币学研究中的地位、作用、合理性、局限性及

---

① 《舟山钱币》有"钱币史"栏目。

② 有了实物货币就有了货币,而有了专用货币才有钱币,所以钱币的产生后于货币。由于电子计算机的广泛使用,人类在不久的将来可以不用现金,买卖全部用记账方式。据1989年8月6日《开封日报》转载《市场报》的报道,2000年澳大利亚将率先实现买东西不用付现金。而商品经济将长期存在,货币亦将长期存在,只是作为货币载体的钱币将提前消亡了。虽然纪念币之类还有可能发行,但钱币的主体(流通币)已不存在。30年来,非现金支付得到了飞速发展。中国人民银行数字货币呼之欲出。

其适用范围,从而为各种具体方法的正确运用提供科学的理论指导。随着时代的发展,钱币学研究的内容日益扩大和深入,钱币学方法不断发展和完善,并由经验上升到理论,逐步形成钱币学方法论体系。钱币学方法论是对钱币学研究的经验程序、思想方法进行反思的理论产物,从一个侧面反映着钱币学发展水平,并为具体的钱币学研究提供方法论指导。

四、钱币学研究的意义

钱币学从其基本属性上看属于人文科学,而其中技术性研究则要较多地借助于自然科学。随着商品经济和科学技术的高度发展,随着科学研究的不断深入,钱币学研究的意义越来越大。

1. 钱币学研究可以为货币的设计与制造服务

钱币学是从非流通方面研究货币的,也就是对钱币的外在形态进行研究,可以直接为货币的设计与制造服务。现代社会的发展,对货币的设计与制造提出了很高的要求。钱币生产要快速准确,本身又不褪色、不变形、非专业生产部门不会复制等,在流通中又要求耐磨损,便于人们和计算机识读。钱币理论研究可以为货币设计与制造提供理论依据,币材研究、铸印技术研究、防伪研究本身就是设计与制造研究,钱币史又可以为货币的设计与制造提供经验教训。为货币设计与制造服务,是钱币学研究的首要任务,这是钱币学的本质所规定的;也是各国政府、金融部门投入大量财力和物力进行钱币学研究的主要原因。

2. 钱币学研究可以为货币学研究提供科学的资料

货币学研究货币制度、货币流通和货币理论等。在这些方面的研究,有时需要货币外在形态方面的资料。如货币制度中的币材和金属货币的重量,物价上涨是否由钱币减重引起,劣币驱逐良币规律等,都需要研究货币的外在形态,这就必须借助于钱币学。可以这样说,在许多方面,钱币学研究是货币学研究的先导和基础,没有科学的钱币学,就没有科学的货币学。

3. 钱币学研究可以为古文字学、美术史学等学科提供科学的资料

先秦币文同陶文、钟鼎文等同样都是古文字学的重要资料。《先秦货币文编》《古币文编》就是两部古币文字综合资料集。先秦钱币文字研究是古文字学的一个分支。钱币造型、书法和图案是美术史的重要资料。压胜钱的文字和图案有助于道教史、思想史的研究。此外，钱币学对于古代度量衡制度、中外交通、古代地理、古代民族等方面的研究，都有不同程度的作用。

4. 钱币学对冶铸和印刷技术有着重要意义

铸币和纸币是钱币的主要形态。通过对钱币史的研究，可以了解古代冶铸和印刷技术。明代宋应星《天工开物》中就有铸钱一节；金代钞版至今还保存着。现代铸币和纸币的制造直接推动着冶铸业和印刷业的发展。

5. 钱币文化研究的作用

钱币文化研究可以显示出中华文明源远流长和在古代取得的辉煌成就，对提高民族自信心和加强中外文化交流有着不可低估的作用。

总之，钱币学是一门独立的学科。它与货币学联系紧密，对国民经济的发展和科学技术水平的提高，关系非常大；具有悠久的历史，又呈现很大的潜力。我们应该努力把我国钱币学向更高的层次推进，使它在科学百花园中放射出异彩。

关于钱币学的几个概念问题

拙文《货币　钱币　钱币学》在《舟山钱币》刊出后，叶世昌先生写了《读〈货币　钱币　钱币学〉后》一文①，对拙文提出的观点，表示大部分同意，并对某些概念进行了认真推敲。指出拙文的“历史货币”“流通货币”“非流通货币”“实物货币”“专用货币”的内涵和外延有些不妥当，并一一作了论述。先生的看法给人以启迪，但对先生的有些提法笔者不敢苟同，对这些概念再说几句话。

一、历史货币、流通货币

笔者在讨论钱币学研究的对象时，将货币以三个标准划分为六类，即历史货币、现行货币；流通货币、非流通货币；实物货币、专用货币。两两相对，组成三对概念。在分类叙述时，以是否为钱币学的研究对象来考察，指出历史货币、现行货币、流通货币、非流通货币、专用货币是钱币学研究的对象，实物货币不是钱币学研究的对象。没有再将历史货币、流通货币进行细分。而在分类叙述了六类货币之后，笔者紧接着论述道：“以上六种类别之间，有对立关系，有交叉关系，还有从属关系。历史货币和流通货币均可分为实物货币和专用货币；现行货币是一种专用货币。当我们把历史货币、流通货币、现行货币作为钱币学研究的对象时，实际上是指其中的专用货币。综合起来，只有专用货币和非流通货币是钱币学的研究对象；历史货币和流通货币中的实物货币不为钱币学的研究对象。”可见笔者在使用历史货币和流通货币时，是注意到了应该包括称量货币和谷帛货币的。

---

① 载《舟山钱币》1991年第3期。

二、非流通货币

叶先生说:“货币都是流通的,不流通的不是货币,所以这名称难以成立。”从货币学的角度讲,这样的推论是正确的。不过从钱币学的角度讲,我们还要具体分析一下纪念币、压胜钱之类的情况。首先,这一类物品有两大特征,具备钱币要素和一般不参与流通。人们称之为“币”“钱”,这里的币、钱不是引申意义,而是钱币一词的原义。它们一般不参与流通,有些还是可以参加流通的。流通纪念币就可以;有些压胜钱(如周元通宝压胜钱)参与流通,人们也不拒绝;冥币就是让死人到阴间买东西的钱。其三,这是一个非常庞大的类别,细分有二三十种之多,它们是钱币学的研究对象,我们需要一个名词来称呼它们。因此,在划定钱币学的研究对象时,笔者根据具备钱币要素又不参与流通的特征,将这一类物品命名为“非流通货币”,以与流通货币相区别。在现实中,也有人用“非通货”一词来概括一些物品。所以,从货币学的角度讲,是不合理的;从钱币学的角度讲,还是可以成立的。关于压胜钱,叶先生认为笔者将其划分到历史货币中去了,并指出不是货币。其实笔者的历史货币中没有压胜钱,压胜钱是划分在非流通货币中的。

三、实物货币

叶先生说:“通常所说的实物货币则不包括金属货币,不能将碎银列入。”根据货币发展史,货币的四个阶段是:实物货币→金属称量货币→金属铸币→信用货币。叶先生所说的实物货币不包括金属货币就是从这个意义上说的。不过,根据实物货币的定义,作为实物货币的物品,在不同的商品交换场合是以不同的面目出现的,可以作为一般等价物,也可以作为商品。如魏晋时期的粟帛。在这种意义上,金属称量货币仍然具有实物货币的性质。李乾亨先生在《货币小史》一书中说:“严格地说,这时的金属货币仍然是金属铸块,它们还没有完全脱离商品货币形态。一方面它们作为货币使用，另一方面它们还是商品。……因而经济学家称它们为‘称量货币制度’。”①所以把金属称量货币划分到实物货币（商品货币）中，一般地讲也不为错。笔者认为，根据钱币学的研究对象，从钱币学的角度看，金属称量货币也不能全部划入实物货币。具有固定形状的金属称量货币就不能划入实物货币，如元明时期有元宝。因为元宝是一种货币，而不是货币以外的商品，它不再具备实物货币的性质。而没有固定形状的金属称量货币可以划入实物货币，如碎银。因为它们具有实物货币的性质。划入实物货币的碎银，不能成为钱币学研究的对象，没有划入实物货币的元宝，可以成为钱币学研究的对象。这种划分方法是可以成立的。

四、专用货币

叶先生说：“这名称大概是作者独创的，它的缺点是顾名难以思义，不如直接称铸币、纸币来得明白。”笔者认为，直接称铸币、纸币固然明白，但专用货币不仅是铸币、纸币，还包括布币、塑料币、具有固定形状的称量货币等。对于这一类物品，我们还需要一个名词来概括。否则一谈到这一类物品，把所有的都罗列出来是不方便的。专用货币，或许因为过去没人用过而显得生疏，叶先生说它顾名难以思义。但笔者“以是否为专职等价物”把货币分为实物货币和专用货币，只要是专职等价物就是专用货币，其含义还是很清楚的，并非让人费解。当然，随着时间的推移和讨论的深入，专用货币一词或许会被保留下来，或许会被另外更恰当的词语来代替，但不能没有这样一个概念。

要建立一种理论体系，就必须有一整套的概念。概念与理论体系的关系犹如柱子与房子的关系，没有柱子，房子是支撑不起来的。并且要求概念明确，模糊的概念也是无法撑起理论体系的。在建立钱币理论体系时，概念的来源有三。一、借用以往的或其他学科的现成概念，其内涵与外延不变。如钱币学中的历史货币、现行货币、流通货币等，都是从货币学中借用过来的。二、改造以往的概念，即重新定义以往的概念，使之符合所要概括的事

① 李乾亨：《货币小史》，江苏人民出版社，1981，第48页。

物，其内涵外延就与原来的有所不同。如钱币、钱币学。钱币原指铸币，而今天就不能单指铸币。我们平常所说"用钱买东西""一切向钱看"，就不是用铸币买东西、一切向铸币看，而是指整体货币（包括铸币和纸币等），因此钱币的概念就比以往扩大了。钱币学以往认为是研究"已经退出流通领域的货币实物"的一门学科，现在看来也过时了。钱币学研究的对象是古今钱币，包括具有固定形状的金属称量货币、金属铸币、钞票和非流通的压胜钱、纪念币等。前者可以概括为专用货币，后者可以概括为非流通货币。钱币学研究的内容是货币的非流通属性，如形制、文字、图案、轻重、成分、真伪等。据此，笔者认为"钱币学是研究具有专用货币形制的非流通意义上的货币的一门学科"。钱币的概念与钱币学的概念必须是统一的，所以从钱币学的角度讲，"钱币是具有专用货币形制的非流通意义上的货币"。三、创立新概念。如非流通货币、专用货币，这些在以往的钱币学和货币学中都是没有的。今天，研究越深入，钱币学中还会出现新名词、新概念。总之，笔者使用这些概念完全是从建立钱币学理论体系的需要出发，根据钱币学的现状和货币的不同划分提出来的。

钱币学方法论

方法论根据适应范围的广狭不同而有不同的层次。适应最广的是哲学方法论，其次为一般科学方法论，再次为专门科学方法论。专门科学方法论也有不同的适应范围，仍然可以分为更细的层次。钱币学方法论是对研究钱币方法的归纳与总结。

一、哲学方法论

哲学方法论是支配人们认识活动和实践活动的一般方式、方法的理论体系。它所研究的是自然界、社会和思维发展中最一般的东西。它是以各门具体科学为基础，经过哲学加工而概括出来的最一般的原则、规律和结论。因此，它同各门具体科学相比，具有高度的抽象性和概括性的特点，有最大的普遍性意义，是方法论的最高层次，适用于一切领域和部门。

我们说"用马克思主义指导钱币学研究"，主要是指用马克思主义哲学方法论指导。马克思主义哲学方法论有"个别和一般""现象和本质""原因和结果""必然性和偶然性"等。

哲学方法论同现实的联系比较间接，只有经过一系列的中间环节才能作用于现实。它只是为人们认识世界和改造世界提供总的指导原则，而不提供具体的方法。当哲学方法在各个领域或部门实际运用时，就产生了具体方法论。具体方法论是以某一专门学科为对象而进行研究时所采用的方法、原则及程序等的总和。

由于哲学方法论对于钱币学研究距离较远，我们不再展开讨论。

二、一般科学方法论

只有哲学方法论，并不能解决现实科学研究中的具体问题，因此，在谈钱币学方法论时，如果只说“用马克思主义指导”，就显得空泛。一定要有具体的方法论。具体方法论可以分为一般方法论和专门的方法论两个层次。

一般方法论是既可用于钱币学研究，又可用于其他许多学科领域。一般方法论是哲学在认识和实践中的贯彻和应用，又是对专门方法论的概括和总结，在层次上高于具体科学方法论，又低于哲学方法论，处于中间的层次上。

一般科学方法有许多种，如信息论、系统论、控制论、公理方法、归纳法、演绎法、历史与逻辑相统一法等。在钱币学研究中较为常用的和必须使用的方法主要有归纳法、演绎法、逻辑和历史相统一的方法。

1. 归纳法

归纳法是指从个别前提得出一般结论的方法，即从许多个别事物的特点中找出这一类事物的共同的普遍的特点的方法。

在钱币学研究中，归纳法应用得较为普遍。蔡运章先生对平肩弧足空首布出土地点进行统计归纳，发现此布均出土于东周王畿之内，所以肯定此布为周王室铸币。蒋若是先生对秦半两出土地点进行综合归纳后发现秦半两均出土于秦国出兵的路线上。徐殿魁先生对唐代纪年墓出土开元通宝钱的归纳排列，总结出唐代开元通宝早、中、晚三期的特点，为开元通宝的阶段划分提出了可靠依据。

2. 演绎法

演绎法是指从一般到个别，即根据归纳等方法得来的一般原理推论出个别事物的结论的方法。

在钱币学研究中，演绎法也是经常应用的。如“布泉”钱，根据史书记载，北周铸造“布泉”，据此可以认定“布泉”为北周铸币。但布泉有两种书体，一种为玉箸篆，一种为铁线篆。玉箸篆布泉与北周的永通万国和五行大布风格一致，定为北周钱没有问题。铁线篆布泉则与北周钱风格不同，而与王莽钱币风格一致。根据演绎法的原理，铁线篆布泉就可定为王莽铸币。考古材料也证明了这一点。1984 年第 3 期《中国钱币》有一篇《春秋代布考》的文章，认为“伐”字平肩弧足空道布为春秋时期代国（伐、代互通）所铸，蔡运章先生根据平肩弧足空首布是春秋中后期周王畿的铸币这一公认的结论，指出代国在时代和地域上都是不可能铸造平肩弧足空首布的，从而否定了代国有布币的说法。① 彭信威先生根据孙权铸币的等级划分，认为应该有“大泉五十”。后来果然发现不同于王莽钱币而与孙吴钱币风格相同的“大泉五十”。

3. 历史和逻辑相统一的方法

对于事物的结构、本质、规律的概括既要符合历史的方法，又要符合逻辑的方法。

我们在建立中国钱币学理论体系时，必须运用历史和逻辑相统一的方法。历史的方法，就是按照客观事物的历史发展去分析和揭示事物的本质及其运动规律的方法。这种方法是从事物全部具体性和丰富性上再现客观事物的发展过程和人类认识的历史发展过程。建立中国钱币学理论体系，首先要对中国一千多年钱币学的历史进行研究。通过研究，总结出钱币学的对象、内容和方法，找出钱币学的本质特征。如果不从历史出发，对历史进行简单否定，抛开历史去建立钱币学理论体系，其结论必定与历史实际相违背。一千多年来，钱币学家沿着同一道路进行钱币研究，其中一定有其合理性和必然性。我们要从钱币学的历史出发，建立钱币学的理论体系，反过来使之符合千余年来的钱币学历史。有人认为过去的钱币学家“就钱论钱”，不研究货币流通问题，是旧钱币学的根本症结，从而要建立包括货币制度、货币流通、货币理论在内的新钱币学。因为不是从历史出发，不是从钱币学内部去找规律，所以这种新钱币学就无法解释千余年来的钱币学史。

当然，历史的方法也有一定的缺陷。运用历史的方法，有时不得不追随历史进程中的各种曲折性和偶然性的因素。如过去的钱币学著作往往辗转抄袭，轻信神话传说；停留在就钱论钱，没有进行理论归纳和综合等等。所以我们在建立理论体系时，还需要运用逻辑的方法，进而排除非本质东西的

① 蔡运章、韩维亚：《〈春秋代布考〉商榷》，《中国钱币》1985 年第 2 期。

干扰。

逻辑的方法就是在分析综合的基础上，根据一定的逻辑规则，推演出根据充分、论证严密、首尾一贯的理论体系，从而去揭示、描述事物的本质、结构、规律的方法。以往的钱币学著作当中，有一部分关于货币制度、货币流通的记述，还有提出“要按诸货币原理”来研究钱币。这些就需要运用逻辑的方法将其排除在外，因为这是货币学研究的内容，只有运用逻辑的方法，才能把钱币学与其他学科（主要是货币学）区分开来。

因此，在建立钱币学理论体系时，必须运用历史与逻辑相统一的方法。只有运用这一方法建立起来的理论体系才是科学的合理的。在这里，“除了逻辑的要求和实践（历史）的检验以外，无论是几千年的习俗、宗教的权威、皇帝的敕令、流行的风尚统统是没有用的”①。

三、钱币学方法论

钱币学早期是金石学的一部分，后来是考古学的一个分支。这样，钱币学方法论有许多是从考古学借用的，有些是在钱币学发展中形成的。

1. 地层学方法

通过对不同类型的“文化层”的排列顺序的研究从而确立考古资料相对时序和演变顺序的方法。如果没有经过扰乱，上层的必然比下层的年代为晚。这一方法是典型的考古学方法。而这一方法又是从地质学中学来的。钱币学研究中经常用到这一方法。特别是对先秦钱币的研究。如山西侯马 1959 年出土 12 枚大型耸肩尖足空首布，其地层为春秋晚期。根据地层学的方法，这 12 枚大型尖足布即为春秋晚期之物。

2. 类型学方法

类型学方法又叫标型学方法，通过类型划分和排列科学地归纳、分析考古资料的方法。在近代科学中，生物学最早使用这一方法。类型学使考古学从传统历史学中分化出来，成为一门利用古代遗物资料来认识人类历史

① 齐民友：《数学与文化·绪言》，湖南教育出版社，1991，“绪言”第 5 页。

的学科。类型学是钱币研究最常用的方法，尤其是对钱币实物的研究。

先秦钱币分为贝、布、刀、环四大类，布币分为空首布和平首布，空首布分为弧足和尖足，弧足布又分为平肩和削肩，如此等等。宋代元丰通宝分为四大类，每一类又分为若干小类。在钱币学中的版别，就是运用类型学方法划分的。

3. 金相分析

金相分析即研究金属和合金的内部组织结构和化学成分的方法。通过金相分析，我们可以知道钱币的各种金属成分及其比例，从而了解各时期钱币铸造等技术。根据这一方法，我们看到宋代钱币合金比例比唐代及其以前更为合理。在这一方面，戴志强、周卫荣等先生已做了大量工作。

4. 古文字考据方法

古文字考据方法是通过对古代文字、语言词义的诠注解释进行历史研究的方法。这是我国传统考据学的方法，它包含两层方法论上意义。一是通过各种手段，考证清楚古文字本身的含义；二是以古文字为史料依据，去说明和研究某一历史问题。钱币学研究中运用古文字考据法主要在以下几个方面：先秦钱币、辽代钱币、西夏钱币、西域钱币、西藏钱币、元代钱币、清代钱币等。在这方面较有代表性的人物和著作有马昂的《货布文字考》、商承祚的《先秦货币文编》、张颔的《古币文编》等。

5. 文化学方法

文化学是研究人类文化现象和文化体系的新兴学科。其研究方法除了社会调查外，主要有语言分析、心理分析、结构功能分析、系统分析、象征符号分析、文化比较分析、跨文化研究、文化区域与文化圈、传播研究等。钱币学研究中运用文化学方法主要有文化区域与文化圈、传播研究等。彭信威先生把从古代流传到现代的钱币划分为两个系统，一是希腊的系统，一是中国的系统。李铁生先生则划分为四个，除上边所述之外，又增加印度钱币体系和阿拉伯钱币体系。

6. 文化圈分析法

文化圈是指一定数量的文化因素在某地形成以后、以该地区为中心向外传播所形成的具有相同文化因素的区域。东方钱币文化圈形成于秦汉时期的以黄河流域为中心的广大区域，并随着文化和经济的对外交流向四方传播。唐代传到日本，五代时期朝鲜和越南开始仿铸中国钱币，以后又向南洋传播。彭信威先生说："中国钱币的光芒照亮了周围的世界。"西方钱币文化圈起源于小亚细亚的吕底亚，形成于希腊时期的地中海沿岸，后来向北向东传播，一直到中亚和南亚。

7. 五字鉴别法

五字鉴别法是指清代学者翁树培在研究宋钱时提出的鉴别方法。他说："辨之于其字、于其形、于其色、于其质、于其声，兼此五者，而精审焉。"① 这就是"字、形、色、质、声"五字法。二百年来，钱币学家不但用此方法研究宋钱，还用来研究其他钱币。彭信威先生在五字之外，又增加一"重"字。这一方法在钱币研究中是最基本和最常用的方法。

8. 七字版别划分法

七字版别划分法是指中日学者在划分宋钱版别时采用的方法。七字即"样(径)、缘、穿、郭、背、文(文字)、综(综合)"，但在具体运用中又有不同认识。周昆宁、杜宪一等先生认为应按上述顺序进行版别划分，周开骏、袁林等先生认为"字"是版别划分的第一步。②

---

① 翁树培:《古泉汇考序》，载丁福保编《古钱大辞典》上册，中华书局，1982，第114页。

② 杜宪一、周昆宁:《北宋三圣铜钱的版别与对钱》，《陕西金融·钱币专辑》1996年第24期，第24页。袁林、光平畋松、王立君:《大观通宝平钱版刍议》，《陕西金融·钱币研究》1993年第12期，第2～7页。周开骏:《版别区分第一位要素应是"字"》，《陕西金融·钱币研究》1997年第1期，第7页。

关于中国钱币学史的两个问题

钱币学史是研究钱币学产生与发展的历史。自南朝刘氏《钱志》、顾烜《钱谱》到彭信威《中国货币史》，其间关于钱币学方面的著述有130多种，散见于各种文集的零星材料则更多。钱币学史正是以这些遗产和当代的成果为对象，研究钱币学产生的历史背景、发展阶段、内容与方法、成就与不足以及对钱币学的总体认识，进而探讨钱币学发展的内在规律，为当前的钱币学研究提供借鉴。本文仅就其中的两个问题略述管见，就教于学界同仁。

一、文化背景

钱币学的产生由许多因素促成，主要的有两条。第一，货币经济有相当程度发展，尤其货币种类需要非常丰富，这是钱币学产生的前提条件。第二，钱币学的出现是一种文化现象，它必定与一定的文化发展相联系。战国时期，货币种类很多，但没有相应的文化背景，也没有产生钱币学。

魏晋南北朝时期，史官制度严密，私人著史风行，史籍数量急剧增加。二十四史中的《后汉书》《宋书》《三国志》《南齐书》《魏书》都是这一时期完成的。同一段历史有许多人同时撰写，如作后汉书的有14家，作晋史的有26家。历史学的空前发展促成了钱币学的产生。从广义上讲，钱币学是历史学的一部分。纵然顾烜《钱谱》大部分记录的是当时流通的钱币，仍然是历史学的一部分。因为中国史学从《春秋》《史记》以来，均把当代史作为历史学的一部分。其次，图谱方法的运用也进入一个高峰时期。战国时代已经有天文、地理、人口分布等图，但运用图谱并不发达，汉以后，图谱有所衰落，魏晋开始，图谱兴盛起来。郑樵《通志》对此曾有论述："汉初……内外之藏，但闻有书而已。萧何之图，自此委地。后之人将慕刘、班之不暇，故图消而书日盛。……宋齐之间，群书失次，王俭于是作《七志》，以为之纪。六志收书，一志专收图谱，谓之《图谱志》。"①这一时期出现的图有丧服、乐器、卤簿、州县、欹器、兵阵、天文、祥瑞、针灸、导引等。图谱的广泛应用，为钱币学的产生奠定了方法基础。因为"钱币著述主要的是以文字叙述历代钱币的演变，并附以简单的钱币拓摹绘描图片，这便是最基本的钱币学研究方法"②。

西方钱币学的产生同样有其深刻的文化背景。古代希腊货币经济比较发达，货币种类很多，每个城邦都可以铸造货币。古代罗马，也曾经允许地方政府铸造铜币，产生钱币学的前提条件已经具备，然而都没有产生钱币学。15 世纪前后，人们开始对古代希腊罗马的哲学、文学、艺术、建筑等进行广泛深入的研究，形成了一个持续二三百年、覆盖大半个欧洲的历史文化热潮，史称"文艺复兴"。正是在这种历史文化热潮和绘画艺术高度发展的基础上，产生了西方钱币学。

社会文化背景不仅制约着钱币学的产生，也制约着钱币学的发展。中国钱币学有四次高潮。宋代产生第一次高潮，这与宋代哲学、文学、艺术、史学的发展密切相关，古代史学的各种体例到宋代均已出现，产生了《资治通鉴》等历史巨著，特别是金石学，使包括钱币在内的各种古代器物、碑碣的研究形成了体系。清代出现第二次高潮，直接原因是考据学的兴起，考据学使文字、音韵、训诂、辨伪、辑佚、考史、金石等科目空前繁荣，有人把乾嘉时期称作中国的"文艺复兴"。民国时期形成第三次高潮，当时中国文化一方面继承古代文化，另一方面受到西方文化的影响，形成中西文化大交融的局面，西方货币学、考古学的传入，都不同程度地促进了钱币学的发展。改革开放迎来了第四次高潮，这是当前各种文化学术大发展的结果。

文化背景从整体上影响着钱币学的发展。通过对文化背景的研究，我们可以找到钱币学产生和发展的直接动因，对钱币学有一个合理的认识，也可以预见当前钱币学发展的方向和可以达到的深度及广度。

---

① 郑樵：《通志二十略·图谱略》，中华书局，1995，第 1826 页。

② 马新华：《魏晋隋唐时期钱币著述概论》，《中国钱币》1990 年第 2 期。

二、阶段划分

任何事物都是波浪式发展的，发展常呈现出一定的阶段性。有人根据社会发展史把中国钱币学史划分为三个阶段①，即古代时期(南朝到 1760 年)、近代时期(1760～1949 年)、中华人民共和国时期(1949 年～今)。笔者认为，这种以社会发展来划分钱币学史不失为一种简明的划分方法。但是，我们不能为划分而划分，而应该通过划分，阐明钱币学在研究对象、内容、方法及总体认识上是如何前进的，揭示钱币学发展的内在规律，从而认识钱币学目前所处的位置。用“社会发展”就很难做到这一点。

任何学科都有自己的研究对象、内容和方法，其中任何一项(尤其是研究方法)的突破都会使该学科获得明显的进步。另一方面，每门学科随着经验材料的积累，必然产生把经验材料依据其内在联系进行系统化的理论体系，使该学科由经验型上升到理论型。这两个方面，后者以前者的充分发展为基础，反过来，理论体系的建立，又对研究对象、内容、方法进行概括、厘定，使之升华。因此二者是一致的，不过后者对学科史呈现的阶段性影响更大。根据这样的标准，中国钱币学史可以划分为经验型和理论型两大阶段，南朝至清代为第一阶段，民国至今为第二阶段。

1. 第一阶段

在总体认识上，是为了“证经补史”，钱币学只是经学和史学的一项具体工作，没有认识到钱币学是一门独立学科，更没有建立理论体系的意识，有的则完全是为了玩赏。研究对象有铜币、纸币、金银钱；研究流通币，也研究非流通币(压胜钱等)。研究内容主要是发行单位、大小、轻重、文字和版别。研究方法逐渐形成以字、形、色、质、声较全面的经验型单体性研究方法，还有以出土地点为依据的方法。这一阶段，对钱币学的认识比较简单，研究对象不太周延，研究内容不很充分，研究方法较为低级。

这一阶段可以划分为前后两个时期。前期从南朝到乾隆十六年(1751

① 赵会元:《从钱币学产生发展探讨其使命和意义》,《中州钱币》1987 年第 1 期。

年)梁诗正等奉敕完成《钦定钱录》,后期从乾隆中期到清末。前期是钱币学的草创期,研究方法是最基本的描述摹绘,成果形式(著作体例)是单一的谱录,对先秦货币的穿凿附会一直延续着。后期是钱币学的发展期,主要特征是考据学方法的运用,以字、形、色、质、声和出土地点进行研究主要在这一时期。由于新方法的运用,钱币学产生了一次大的飞跃,首先解决了刀布的时代等重大课题,其次迎来了钱币学的辉煌时期,产生了一大批造诣很深的钱币学家和钱币学著作。

2. 第二阶段

民国以来,钱币学受到来自两个方面的重大影响,一是西方货币学理论,包括资产阶级货币学理论和马克思主义货币学理论;二是近代考古学方法与技术。清末,随着中国资本主义的发展和西方货币体系在中国的逐渐加强,资产阶级的货币理论传入中国,20 世纪 20 年代,马克思主义货币理论也传入中国。这样,中国钱币学界不再满足于"忽略制作,偏重文字,斤斤于色泽肉好,戚戚于珍藏多寡,范围狭隘"的简单的经验型研究,提出研究钱币要"按诸货币原理,以究其制作沿革,变迁源流,利病得失之所在,治乱兴替之所系"。① 二三十年代,中国近代考古学产生了,考古学的方法和技术使钱币的研究方法上升到科学的水平。这样,钱币学进入一个既要求有理论指导又有科学方法的新时期,因此我们把民国以后定为第二阶段。

第二阶段在总体认识上有一个发展过程。从接受货币学理论指导,到"钱币学"概念的提出,再到建立"中国钱币学理论体系"的设想,为认识上的三部曲。在研究对象、内容、方法上更加准确、科学。对象方面,去掉了藕心钱等非专用货币形制的东西,加入了银锭、贝币等。内容方面增加了理论研究、制作技术等。方法有地层学、标型学、金相化验等。

第二阶段也可以划分为前后两个时期。前期从民国初年到 1954 年彭信威《中国货币史》的出版,后期从 20 世纪 50 年代中期到现在。民初以来,尽管钱币学界自觉接受货币理论的指导,但进行的仍然是钱币学方面的研究,如《古钱大辞典》《历代古钱图说》等。彭信威先生在《中国货币史》中首先提出了"钱币学"的概念,明确了钱币学对于货币学来说是一门相对独立的学

① 张䌹伯:《本刊发刊词》,《泉币》1940 年第 1 期。

科，并初步指出钱币学“是对钱币实物的研究”。这种认识是对以前认识的突破，因此我们把《中国货币史》的出版作为前后期的界标。在提出钱币学概念之后近30年时间里，钱币学界较为沉寂。1982年中国钱币学会成立，出现了繁荣局面。1989年出现了建立中国钱币学理论体系的讨论，这是认识上的又一次突破，也是中国钱币学走向成熟的标志。

谈谈钱币史的著作体例

中国是世界上最早使用钱币的国家之一，中国应该有一部钱币史。中国钱币学会成立以来，一些有识之士一直呼唤中国钱币史的诞生，并把它作为钱币学发展到我们这一代的历史任务来看待。为此，钱币学界做了许多准备。首先是对历史钱币做了大量研究工作，其次是组织编辑出版了各种资料性专著，如《中国历代货币大系》等，这些都为撰写钱币史奠定了内容方面的基础。但是，对于钱币史的理论却准备不充分。比如，什么是钱币史？怎么安排钱币史著作的编纂体例？这些都是在撰写钱币史著作之前需要明确的。

笔者在《货币　钱币　钱币学》①中提出“钱币是具有专用货币形制的非流通意义上的货币”的观点，而钱币史就是具有专用货币形制的非流通意义上的货币发展史。基于这种认识，本文打算对钱币史著作体例问题浅疏己见，并对几部有关著作的体例进行分析，以期钱币史理论的完善和钱币史著作的早日问世。

一、钱币史研究的内容与著作体例

著作体例是一种结构形式，是由所反映的内容决定的，是为表述内容服务的。因此，在谈钱币史的著作体例之前，应该先谈谈钱币史的内容。

钱币的主体是专用货币，其次是具有专用货币形制的冥币、压胜钱、纪念币等非流通货币。钱币史也应以专用货币为主体，以非流通货币为支脉。

---

①　全文发表在《舟山钱币》1990 年第 3 期至 1991 年第 2 期，摘要发表在《中国钱币》1990 年第 3 期。

钱币史的内容有以下几个方面：

1. 钱币的产生

(1) 专用货币的产生。根据人类社会发展史，货币是在商品交换中逐渐产生的。最初的货币为实物货币和金属称量货币。严格地讲，金属称量货币也属于实物货币。[①] 因此，在货币产生以后相当长一段时间内，人们交换完全处于实物货币阶段。随着交换的发展，金属铸币产生了，金属铸币是一种专用货币。这时，钱币也就产生了。钱币史研究的上限就是最早的专用货币。

(2) 非流通货币的产生。货币出现以后，产生了一种神奇的力量。这种力量反映在人们的观念上，就是货币拜物教思想。于是，为了使死人也能像活人一样享受，人们就生产了冥币；为了使神灵保佑自己，就生产了压胜钱；为了表彰功德，就生产了纪念币等。这些非流通货币，是按照专用货币的形制制造的，所以也属于钱币之列。

2. 钱币的发行及流通区域

(1) 发行单位。对于历史上的钱币，首先要研究是哪个国家、政权、金融机构发行的。

(2) 发行时间及时代背景。每种钱币都是在一定政治、经济、文化、军事诸背景下产生的，因此，对钱币发行时间及时代背景的研究，是钱币史的一项重要内容。

(3)流通区域。钱币都有一定的流通区域，有的全国流通，有的地区性流通。如先秦有刀币流通区域，有布币流通区域；北宋有铁钱流通区域，有铜钱流通区域。流通区域研究是钱币史的一项基本内容，可以为钱币史的其他内容提供帮助。如先秦布币流通区域的研究成果，对布币的国别确立、地名文字隶定起了关键性作用。

3. 钱币材料、形制、图案、文字

(1) 钱币材料。历史钱币的材料有许多种，如金、银、铜、铁、铅、夹锡、锑、镍以及纸、布等。钱币史要研究每种钱币的主要成分，有时也需要研究特殊成分，如金属成分分析和纸币纤维分析。

① 李乾亨：《货币小史》，江苏人民出版社，1981，第48页。

(2) 钱币形制。钱币形制是构成钱币的基本要素，是区别钱币版式的主要依据之一，因此是钱币史研究的重要内容。钱币形制主要指钱币形状、大小、厚薄、轻重四个方面。

(3) 钱币文字和图案。几乎所有钱币上均标有文字或图案，这些文字或图案，有的一脉相承，连绵数百年；有的变化多端，一时呈异彩；形成中国钱币文化的特征之一。

4. 钱币铸印技术

历史上的钱币主要分为铸币和纸币两大类。随着人类社会科学技术的不断发展，钱币的生产技术也不断进步。钱币史应当对钱币生产技术进行研究，从而更准确地把握钱币演变规律。

(1) 铸造技术。大体可以分为三个阶段：唐代以前的范铸，唐以后的翻砂，近代以来的机器制造。

(2) 印刷技术。大体可以分为两个阶段，古代木版、铜版手工作坊式印刷和近代以来机械印刷。

5. 钱币演变规律

任何事物都有其发展演变规律，钱币也不例外。研究钱币史，正是要揭示钱币演变的规律，达到对钱币的总体认识，为我们今天的钱币工作服务。钱币演变规律有不同层次，可以分为一般演变规律和特殊演变规律。一般演变规律如钱币产生、发展、消亡规律，由多元到一元规律，由铸币到纸币规律等；特殊演变规律如铸币重量趋于恒数规律(古代的 4 克)，铸印技术与一般科学技术相一致规律等。

以上是钱币史研究的基本内容。为了准确地表述这些内容，使钱币史与货币史相区别，需要创立钱币史的著作体例。

第一，钱币史是对钱币发展进行规律性的表述，要求有系统文字；同时钱币史也是对钱币的直观认识，要求有精确的图案。这就构成了钱币史体例的基本要素：图文并茂。

第二，钱币的产生与演变规律是通过钱币史的研究来揭示的，应作理论性探讨，钱币史著作要设专章论述。

第三，每一个时代的钱币，每一种钱币，都有其发行、币材、形制、文字、图案等方面的资料与数据，这是钱币史的基本内容，钱币史著作要分章对各个时代的钱币进行论述。

第四，钱币的铸印技术是钱币史的专题内容，应设专章论述。

第五，非流通货币是钱币的一部分，虽然不那么重要，但也要顾及，可设专章论述。

第六，钱币史的上限是钱币的产生，下限到当代为止。因为历史，从时间上讲，指已过去的所有事物。作为一部专门通史，就要囊括全部历史，只有这样，才能更好地与现实连接起来，为现实服务。

把钱币史著作的体例直观地表述出来，可以形成这样的表式(见表 1)。

表 1 钱币史著作体例

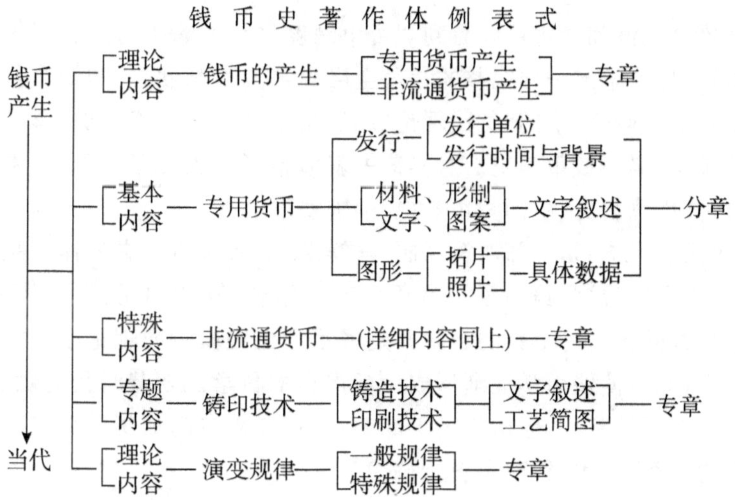

二、几部有关著作的体例分析

货币史有货币史的著作体例，钱币史有钱币史的著作体例，二者虽有类似之处，但泾渭分明，互不混淆。下边我们对几部有关著作进行简单的体例分析，从中找出二者的区别，以加深对钱币史著作体例的认识。

1.《中国货币史》

彭信威著，上海人民出版社 1965 年版，1988 年印刷。其体例见表 2。

表 2　《中国货币史》体例

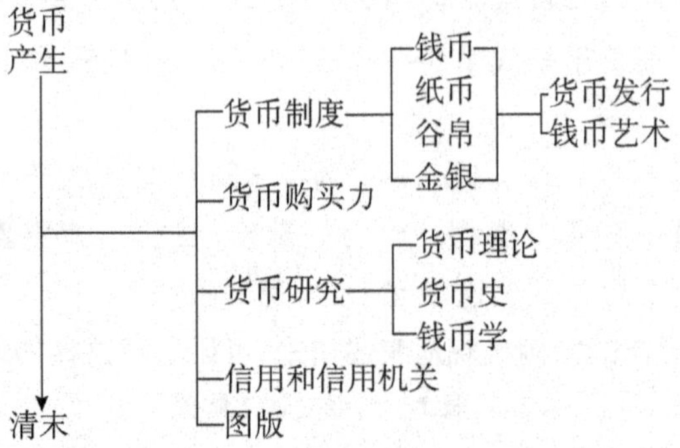

从该书体例和内容可以看到,“货币制度”“货币购买力”加上“信用和信用机关”三部分组成一部完整的货币金融史,“货币制度”中的钱币艺术属于钱币史,“货币研究”中的“货币理论”属于货币思想史,“货币史”属于货币学史,“钱币学”属于钱币学史。这样该书就囊括了中国货币金融史、中国钱币史、中国货币思想史、中国货币学史、中国钱币学史。

《中国货币史》是一部鸿篇巨制,洋洋 76.9 万余言。它的体例是时代的产物,从中可以看到,钱币学与货币学互相结合、互相利用,开一代风气,使两门学科共同跃上一个新的台阶。是钱币学由经验型向理论型转化过程中的第一个标志,使钱币学逐渐形成一门严密的科学。随着时代的发展,这种体例有可能还被利用,但由于过于庞杂,将逐渐被专门的货币史、钱币史、货币思想史、货币学史、钱币学史所替代。

2.《中国古代货币史》

萧清著,人民出版社 1984 年出版。其体例见表 3。

表 3　《中国古代货币史》体例

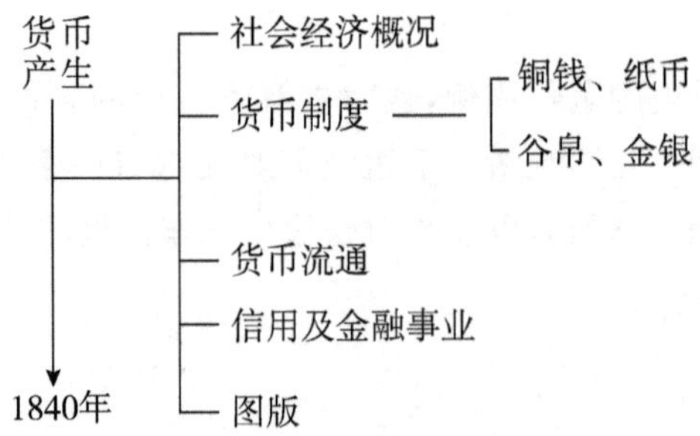

该书为标准的货币金融史著作体例，首先阐明每一时代的社会经济概况，即各种货币出现的时代背景，详尽地论述了专用货币和实物货币的制度和一般流通情形，进而兼顾了货币融通情形。

3.《中国北方民族货币史》

李侠、晓峰编著，黑龙江人民出版社 1989 年出版。其体例见表 4。

表 4 《中国北方民族货币史》体例

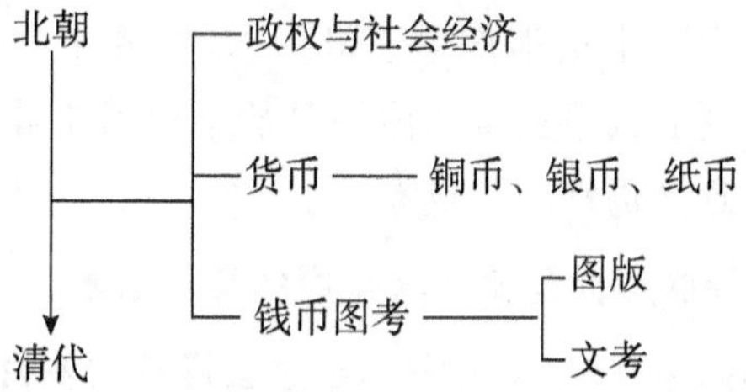

该书命名为货币史，但不谈实物货币，又不涉及货币流通，与货币史体例比较，多出一个“钱币图考”部分，因此，该书不是货币史。然而，将该书体例与钱币史著作体例比较，已经具备钱币史的雏形，在钱币学史上，可以称为钱币史著作的萌芽。我们之所以称为“雏形”“萌芽”，其理由是：首先，在作者的概念中，货币史、钱币史的关系是不清楚的（不光该书作者，整个钱币学界大多如此，下边还要论述），因此误将钱币史称为货币史；其次，与钱币史著作体例比较，该书有许多不完善的地方。纵然如此，该书开启了钱币史著作的先河，对于钱币学史来讲，是值得庆贺的。

通过对以上三部书的体例分析，我们可以得到这样的认识，货币史与钱币史联系非常紧密，在体例方面有相同的地方，如均有货币发行时间与时代背景，货币流通区域等。但是由于二者在研究对象、内容、方法等方面存在差异，决定了在体例方面也存在差异。其一，货币史研究实物货币和专用货币；钱币史研究专用货币和非流通货币。其二，货币史研究货币制度和货币流通；钱币史不谈货币流通。其三，钱币史包括钱币的设计与铸印；货币史不涉及此类问题。其四，钱币史有精确的图版和关于钱币自身的详尽的数据，图版和数据是钱币史的有机组成部分；货币史只把图版作为直观的形象的辅助资料，不与图版发生内在联系。总之，货币史体例为研究货币的流通规律服务，钱币史体例为研究货币的非流通方面的规律服务。

三、创立钱币史著作体例的意义

史书体例，是史书的结构形式、组织形式和表述形式。每种体例的出现，都是时代的产物，也是史学研究领域矛盾运动的结果。中国古代四大史书体例(编年体、纪传体、典志体、纪事本末体)的产生就是这样。每一种体例的产生，都对当时和后世史学产生了极大影响，使史学产生了一次飞跃。钱币史是一门专史，创立钱币史著作体例虽然不像通史体例那样意义深远，但对于钱币学来讲，意义仍然非常重大。

1. 是钱币学由经验型向理论型转化中的又一台阶

中国钱币学已有1400多年的历史，在过去漫长的岁月中，钱币学著作的体例为谱录。这种体例只对钱币的发行单位和形制文字进行记述和考释，只是孤立地就钱论钱，使钱币学处于经验型阶段。近代以来，社会政治与经济发生了深刻变化，马克思主义货币理论的传入，使中国货币学的理论体系很快建立起来了。为了使货币史的研究和钱币学的研究向前发展，20世纪30年代以来，治货币史和钱币学的专家学者就有意识地使二者互相结合、互相利用、互相促进，并取得了丰硕成果。从这个时期起，钱币学逐渐脱离经验阶段，开始向理论方面转化。彭信威先生的《中国货币史》为代表作，是转化过程中的第一个台阶。近十年来，人们通过对钱币学的深入研究，认识到钱币学是与货币学有紧密联系、但不同于货币学的一门学科，有自己的理论和方法。钱币学应该建立自己的理论体系，应该有在这种理论指导下编著的钱币史著作。笔者在《货币　钱币　钱币学》一文中提出“钱币学是研究具有专用货币形制的非流通意义上的货币的一门学科”的观点，简单地构列了钱币学的理论框架。现在，在这种思想指导下，提出了钱币史的著作体例。这种体例的创立，为钱币史著作的编著提供了组织形式、结构形式和表述形式，超越了谱录的体例，可以说使钱币学向理论型转化又上了一个台阶。

2. 明确了钱币史的概念

自从彭信威先生在《中国货币史》中使用“钱币史”的提法以后，近几年也有人谈到"钱币史",不过钱币史的含义不清楚。钱币史是钱币学的一个组成部分,是与货币学中的货币史相对立的概念。在过去谈到"货币史"时,几乎全部用"钱币学"与之相对,这是钱币史概念不明确的典型例证。从《中国货币史》和其他谈到钱币史的文章看,钱币史似乎就是货币史。这是钱币史概念模糊的又一表现。笔者在《货币　钱币　钱币学》一文中曾对钱币史概念进行了辨析,现在又对钱币史的著作体例进行了探讨,旨在使钱币史的概念更加明确。

3. 丰富了钱币史研究的内容

在没有明确钱币史的概念之前,人们还无法从史的角度对钱币进行认识,对钱币的研究都是比较具体的,比如形制、文字、图案、色泽肉好、出土地点、铸印技术等。在我们明确钱币史的概念、创立钱币史的著作体例的时候,提出了研究钱币发展演变规律的课题。而对钱币发展规律的认识,是由个别到一般、由具体到抽象的一个过程,是钱币史研究的终端产品。这样,钱币史研究的内容就由过去的具体而微的单一类型发展到现在的具体研究和抽象研究两种类型。

中国钱币大辞典编纂纲要

一、释名

1. 钱币

钱币是指具有专用货币形制的非流通意义上的货币。

此钱币概念为钱币学意义上的概念，而非一般意义上的概念。钱币学是一门独立的学科，它的独立性是相对于货币学而言的。因此，钱币的概念与货币的概念就是一对既有联系而又对立的概念。

2. 中国钱币

在中国境内发行和流通的钱币即为中国钱币。

（1）从地域上讲，只要是在中国境内发行和流通的钱币，均为中国钱币。

（2）从时间上讲，从先秦直至当代。

（3）从发行机构上讲，中国各级政府，中国各种团体，外国在华各种机构。

（4）从流通情形上讲，在中国境外发行的但在中国境内流通的也属于中国钱币的范畴，当然这些钱币也是发行所在国的钱币。

3. 中国钱币大辞典

《中国钱币大辞典》是以当代百科全书形式编纂的中国历代钱币的辞书。

（1）从内容上讲：中国钱币，一要全面，二要系统。

（2）从编排方式上讲：以时代顺序和具体内容分类排列。

（3）从词条形式上讲：分为词条名称、定义语、定义释文三部分，具体词条加上钱币图片。从词条名称和定义语的关系讲，词条名称即为“被定义语”。

二、宗旨

为什么要编纂《中国钱币大辞典》，其意义何在？这是我们必须首先明确的一个问题。

1. 研究中国钱币铸造、印刷、发行等方面的规律

《中国钱币大辞典》（以下简称《大辞典》）只有在对中国钱币深入研究的基础上才能编写，因为《大辞典》对每一个钱币问题均须有一个结论。谱录只要把钱币图片排列出来即可，《大辞典》与一般的谱录的区别正在于此。譬如对汉初钱币的演变，榆荚半两、四铢半两、八铢半两、郡国五铢、三官五铢、赤仄五铢等必须有明确的结论，否则无法写出词条。所以，编纂《中国钱币大辞典》实际上是对中国钱币一次全面的、深入的研究，在一些关键问题上须得出结论，从而总结出内在的规律性。

2. 总结前人和当代钱币研究的成果

《中国钱币大辞典》根据体例要求，所反映的均是结论性的东西。这些结论，即科研成果，并非编纂者个人所独有，而是对前人和当代钱币学者成果的继承、吸收和归纳。这就要求我们站在历史的高度，既要继承，又要超越。譬如对于宋钱的研究，日本有三大钱谱、《符合泉志》等，中国有《古钱大辞典》《历代古钱图说》等，这些著作均达到了一个相当高的水平，我们必须吸收他们的成果，并且超过他们。丁福保的《古钱大辞典》正是汇综了各种钱币学著作的精华。我们通过编纂《中国钱币大辞典》，也要对到目前为止的钱币学成果进行一次全面总结。

3. 弘扬中国钱币文化

中国钱币文化是东方钱币文化的代表，与西方钱币文化有很大区别。主要表现在：(1) 以铜铁为主，西方以金银为主；(2) 圆形方孔，西方为圆形无孔；(3) 以铸造生产，西方以打制生产；(4) 中国纸币产生得早，是以国家权力强制发行的；西方纸币产生得晚，是以商业信用券形式发行的。

中国钱币文化自先秦至民国，延绵三千年没有中断，在世界历史上是独一无二的。但是到目前为止，还没有一本以百科全书形式出版的中国钱币辞书。这与我们有悠久的钱币文化历史和著名的文化大国地位是不相称的。在宋钱的研究上，日本人曾经走在我们前面。在当今世界上，以美国出版的《世界硬币标准目录》和《世界纸币标准目录》最具权威性。因此，编纂一部多卷本的《中国钱币大辞典》，对于弘扬中国钱币文化，既是一种开创性的工作，也是一种长志气、扬国威的工作。

4. 为当前的经济建设服务

钱币学研究的内容是钱币的质地、形状、大小、文字、图案、制造、印刷、防伪等。通过对中国历代钱币的研究，可以直接为当前的钱币设计与制造提供借鉴，使之更适合经济建设的需要。

其次，钱币学研究是货币学研究的基础，没有科学的、深入的钱币学，就没有科学的、深入的货币学。所以，通过钱币学的研究，可以更好地发现和研究货币发行和流通的规律，为当前的金融决策和经济决策服务。

5. 为当前的文化建设服务

在中国历史上，几次大的钱币学研究高潮均出现于文化高度发展时期，如宋代、清代乾嘉时期、清末民初。现今可作为中国钱币学的第四个高峰。反过来，钱币学的发展也促进了历史学、地理学、美学、铸造技术、印刷技术等的发展。如清代初尚龄将刀布定为春秋战国的货币，一扫过去对传说时代的附会，对历史学、对货币史作出了巨大贡献。今天我国经济大发展、文化大发展，也要求钱币学有一个大发展，编纂《中国钱币大辞典》正是适应这一经济、文化大背景的需要。同时，编纂成功，也必将是中国文化界的一件盛事，对中国文化的发展起着巨大的推动作用。

三、框架

1. 分卷

《中国钱币大辞典》是一部多卷本的大型辞书，它以时代发展为序分为若干卷。分卷的标准为历史发展的阶段性和钱币发展的阶段性，同时兼顾各卷的容量。具体划分为多少卷,本文从略。

2. 单卷的结构

《中国钱币大辞典》各卷内容是独立的,但由于是同一部书,其结构形式是一致的。具体如下:

(1)《中国钱币大辞典》编纂委员会名单

(2) 彩色图版

(3) 出版说明

(4) 序

(5) 凡例

(6) 词目

(7) 正文

(8) 附录

(9) 词目笔画索引

(10) 后记

四、体例

体例是对著作结构和形式的一种规定,是由著作的性质和内容决定的。《中国钱币大辞典》的体例规定如下:

1. 凡例部分

凡例是对全书内容安排和技术处理的规定。

(1) 词条名称选取与确定的规则。

(2) 词条排列的方法。

(3) 内容相关、相近条目的处理。

(4) 图片的使用及说明内容。

(5) 引用资料截止时间。

(6) 其他需要作者遵守和向读者交代的问题。

2. 词目部分

(1) 词目的选取。《中国钱币大辞典》词目的选取是以钱币版别的划分为基础的,至于版别划分的层次每卷可根据情况具体确定。其次要有对各种版别进行不同层次的归纳与概括的词条。我们可以把版别词条称为具体词条,把概括性词条称为综合词条。

(2) 词目的排列。词目排列以时间先后为经,以钱币类别与版别为纬。如宋代钱币,以年号钱的先后排列为经,以年号钱中铜、铁、夹锡等为纬。铜钱再划分为小平、折二等,小平再划分为各种版别。

3. 释文部分

释文部分要按照百科全书形式的要求进行写作。

(1) 释文的层次结构。一个词条分三个部分:词目名称、定义语、定义释文。词目名称和定义语是相关联的一个完整句子。定义释文要分层次地对这一句话进行解释。如"宋元通宝"为"北宋钱币",定义释文要从发行时间、面文、背文、币材、折当、版别、各种数据、珍稀程度等方面进行描述。

(2) 释文的语言

a. 要使用规范的现代汉语,严禁文言文,力诫半文半白。

b. 要使用统一规范的钱币学名词。

c. 要使用统一的科学的度量衡名称。

(3) 释文的格式。词目前边空两个字的位置,词目后空一格写正文,正文结束,空一格写撰稿人姓名,姓名外加小括号()。

(4) 释文中的技术处理

a. 引用书目要加小括号、书名号。

b. 内容相关或相近的词条,可用"参见"方式。

c. 其他。

4. 附录

(1) 历史年表

(2) 历史地图

(3) 简繁字对照表

(4) 各卷特殊内容的附录

5. 词目笔画索引

(1) 按首字笔画多少顺序排列,首字相同者按第二字笔画多少顺序排列,余类推。

(2) 首字笔画相同者，按笔顺横、竖、撇、点、折顺序排列，首笔笔顺相同者，按次笔笔顺排列，余类推。

附1 《中国钱币大辞典·宋辽西夏金编》写作体例和写作要求

《中国钱币大辞典·宋辽西夏金编》写作体例

任何一部著作都有写作体例，体例是由著作的性质和内容决定的；反过来，体例对著作的内容起到规范的作用，同时也是著作质量的保证。所以任何一部著作都要有统一详细的写作体例。体例的最基本要求是统一，全书均需按照一种体例进行写作。

根据以上要求和大辞典的性质，特制定《中国钱币大辞典·宋辽西夏金编》编写体例。

一、一级综合词条

1. 词条层次

一级综合词条是全书的纲领，是全书内容的高度概括。一级词条只有一条，即"宋辽西夏金钱币"。

(1) 词目名称：宋辽西夏金钱币。

(2) 时间跨度：907～1279年，以辽建国为始，以南宋灭亡为终。

(3) 政治情况：叙述宋辽西夏金各政权演变更迭情况，包括立国、帝王世系、幅员变化、灭亡等。

(4) 经济状况：农业、手工业、畜牧业、财政、贸易等。

(5) 钱币情况：各政权铸造和印制的钱币种类以及与之有关的文化背景。

(6) 本期钱币在中国钱币史上的地位：本期钱币的特点、在钱币史上的地位、对东方钱币文化圈的形成所起的作用等。

(7) 本期钱币的研究状况：概述古代著录和今人研究的情况。

(8) 署名。

2. 总体要求

字数3000字左右，各项内容均为综述性质，抓住核心，不蔓不枝，不展开论述。

二、二级综合词条

1. 词条层次

本书分四大版块，即四个政权的钱币，因此，二级综合词条就有四个，分别为“宋代钱币”“辽代钱币”“西夏钱币”“金代钱币”。二级综合词条的层次为：

(1) 条目名称。

(2) 时间跨度。

(3) 政治情况。

(4) 经济状况。

(5) 钱币情况。

(6) 该国钱币的特点和历史作用。

(7) 研究情况。

(8) 署名。

2. 总体要求

字数2000字左右，各项内容比一级综合词条更加具体。

三、三级综合词条

1. 词条层次

三级综合词条为钱文名称级别的词条，如“宋元通宝”“天显通宝”“天盛元宝”“大定通宝”等，因此，有多少种钱文就有多少个三级词条。三级词条分以下层次：

(1) 条目名称：正面钱文为条目名称，如“宋元通宝”“交钞”。

(2) 定义语：政权名称加“钱币”二字，如“宋代钱币”“辽代钱币”“西夏钱币”“金代钱币”。

(3) 制造时间：铸造或印刷于什么时间或什么时期，如“铸于宋太宗太平兴国年间(976～983)”“印制于金海陵王贞元年间(1153～1155)”。

(4) 总体情况：面文、质地、书体、读法、折当、背文、符号、钱监、径穿、重量等。

(5) 特征：综述此类钱币的主要特征。

(6) 署名。

2. 总体要求

字数不超过 1000 字，把此种钱文的钱币整体叙述清楚。

四、四级综合词条

1. 词条层次

四级综合词条为类别词条，即在三级词条(钱文名称词条)之下，按质地、折当、书体、读法等分为类，每类为一综合词条。这是最低一级综合词条，其下层为具体词条，即版别词条。四级综合词条的层次为：

(1) 词目名称：质地＋书体＋读法＋折当＋钱文，铜质不注，如“隶书对读小平宋元通宝”“铁楷书旋读小平绍兴通宝”。

(2) 定义语：同三级综合词条，政权名称加钱币，即“宋代钱币”“辽代钱币”“西夏钱币”“金代钱币”。

(3) 铸印时间：同三级综合词条，如“铸于宋太祖建隆年间(960～962)”“铸于宋高宗绍兴年间(1131～1162)”。

(4) 总体情况：质地、面文、书体、读法、折当、背文、径穿大小、重量。

(5) 特征：总体明显特征。

(6) 出土地点：只标至县市级，如“河南省许昌县出土”。

(7) 署名。

2. 总体要求

字数不超过500字，把此种类别的钱币整体叙述清楚。

五、具体词条

1. 词条层次

具体词条是全书的基本内容，是各级综合词条的基础。具体词条为版别词条，每一类别可分若干版别。从类型学角度说，版别是钱币划分的最小单位。纵然宋代有些钱币细小的区分不可穷尽，如“元丰通宝”，有人区分了1000多种，仍然没有到头，但我们只能要而约之，每种类别之下，将有显著特征的区别开来。具体词条的层次如下：

(1) 条目名称：类别名称（第四级综合词条名）加钱币特征。如“铁折二行书旋读圣宋元宝・大样・背同”。

(2) 定义语：政权名称加钱币。如“宋代钱币”“辽代钱币”。

(3) 铸印时间：铸印于什么年间或时期。如“铸于徽宗大观年间(1107～1110)”。

(4) 钱币情况：币材、面文、书体、读法、折当、钱面特征、背文、符号、穿郭特征、铸造精整程度、大小数据、重量数据。

(5) 出土或收藏。

(6) 珍稀程度：普通品不注，其余按“少见”“罕见”“极罕见”三级标注。

(7) 撰稿人姓名。

2. 总体要求

字数不超过200字，把此种版别的钱币叙述清楚。

六、图注

图注分为四项：1. 词条名称；2. 厚度；3. 重量；4. 出土地点。没有出土地点的不注。两张以上的图片，要加编号。如：

楷书旋读小平淳化元宝·缩水

1. 厚 0.15 厘米，重 3.50 克，河南省××县出土。

2. 厚 0.20 厘米，重 4.15 克。

《中国钱币大辞典·宋辽西夏金编》写作要求

一、观点正确，没有政治性、政策性和历史性错误。

二、综合词条只有主目，具体词条既有主目，也有副目。综合词条不附图，具体词条附图。每一词条附图不超过三个。一、二级综合词条分段书写，四级综合词条和具体词条一段写完，三级综合词条可分别情况一段或数段写完。

三、词条的内容顺序，严格按照体例规定的层次书写，不得前后移动。

四、释文文字是规范化的现代汉语，无语法和逻辑错误。避免使用主观性和时代性的称谓。如“我国”改为“中国”，“解放后”改为“中华人民共和国成立后”。

五、宋辽西夏金称“代”不称“朝”。如“宋代钱币”“辽代钱币”。

六、铸印时间，采用帝王年号加注公元纪年方式。如“铸于太宗淳化年间(990～994)”。只铸印于某一年或某几年者，直接写为某年。如纯熙元宝“铸于孝宗乾道九年(1165)”。不能确定具体年代者，写作“铸于某某时期”。

七、币材，分别注明为铁质、铅质、锡质、金质、银质、纸质、绫质等，铜质省略不注。

八、钱文，汉文钱直接标出，少数民族文字只写汉文译文。

九、只用旋读和对读。旋读不说环读和回读，对读不说直读。

十、词目中的书体，汉字只分楷书、篆书、隶书、行书、草书五体，词条中描写时可以细分。如楷书再分为瘦金体、宋体，篆书再分为古篆、九叠篆等。

十一、折当，不同折当分别称为小平、折二、折三、当五、当十、当百。折和当之间不互换使用。即折二、折三不说当二、当三，当五、当十不说折五、折十。

十二、数据，长度单位为厘米，精确度为百分之一(0.01)。重量单位为克，精确度为十分之一(0.1)。

十三、出土地点，标注到县级，稀有珍贵品可到县以下。无出土地点的珍稀品注收藏单位，个人藏品不注，普通品不注。

十四、引用文献资料，必须注明详细出处，精细校对。

十五、历史地理名称要注当今名称，放小括号内。地名要用全称。如东京（今河南省开封市）。

十六、钱币特征名称，专文另定。

附2　《中国钱币大辞典·民国编·县乡纸币卷》凡例

一、本卷收录时限：1912年至1949年9月。

二、收录范围：县公署、县财政局等县机关，区镇村公所等自治团体，县镇商务会、行业协会等准权力部门，钱庄、银号、当铺、票号、钱局、钱铺等金融机构，商店、工厂、矿山、寺院、福利院等非金融部门发行的纸币；跨县纸币。革命根据地的县乡纸币已收入《革命根据地编》，本卷不再收录。

三、具体词条词目，由发行主体或券名、印制年份、面额三个要素构成。券名中无发行地的，增加发行地名称。

四、排序：省际根据1948年4月全国行政区划简表为序；发行主体或券名按汉语拼音排序（有数字者按自然数排序，简称某邑者排在全称县名后边）；同一主体纸币依印制时间早晚为序；同一主体同一时间纸币依面额小大为序。

五、省名变迁者，以后者为准，如河北省包含原直隶省，辽宁省包含原奉天省。县级归属变化者，以当时归属为准，如阿拉善旗当时归宁夏省。发行机构变化者，以后发行者为准，但在词条中可描述原发行者。

六、为便于排序和检索，词目中发行主体、券名使用通行字，如"龙岩（巖）、仙（僊）游（遊）、汇（滙）兑券（劵）、支款（欵）证（証）"等；民国纪年以汉字数字一至九表示，干支、年号后注明公元纪年。词条引用票面文字一般使用通行字，英文译为中文。

七、图片为缩小图，原图尺寸以毫米为单位，横式券为长×宽，直式券为宽×高。未能收集到彩图者使用黑白图片。供图单位和引用书名有用简称，如"嘉德"（中国嘉德国际拍卖有限公司）、"诚轩"（北京诚轩拍卖有限公司）等，见附录二。

八、本卷收录词条3587条，其中综述性词条33条，具体词条3554条。附图片4148张。

钱币的要素和基本特征

从钱币学的角度讲,钱币是货币的载体。在一定意义上钱币学是研究货币载体的一门学科。因此,对于钱币的设计和制造来说,钱币学不仅是滞后研究,也应该是超前研究;它不但要提供以往的经验与借鉴,还要提供设计与制造的理论根据。只有这样,钱币学才是一门完整的学科,才能充分发挥钱币学的社会功能。为实现这一目的,就必须回答钱币的组成条件,亦即钱币的要素,以及钱币的基本特征。

一、钱币的要素

钱币从最早的金属铸币——铜贝算起,已有三千多年的历史。根据钱币要素的完善程度,可以分为低级形态和高级形态两个时期。其完善程度的标志是17世纪中叶银行纸币的出现。在低级形态时期,钱币中所含钱币要素是不全面、不充分的。在高级形态时期,钱币中所含钱币要素是完整的、充分的。而当代钱币又是高级形态的最新发展。因此,我们以当代钱币为对象,来探讨钱币要素。

钱币要素概括进来,有四方面的内容,即币材、形制、文字、图案。

1. 币材

币材是钱币的物质实体,其基本要求是耐磨损、不变形;本身价值不能高于面值;纸币要求不褪色,有些币材还有防伪功能。历史上,币材种类很多,有金、银、铜、铁、铅、锡、锑、镍、镁、铝、骨、石、玉、陶、泥、皮、布、纸等。当今币材可分为普通材料和专用材料两大类。普通材料如金、银、铜、锡、铅、镍、铝等,市场上都可买到,一般用于铸币;专用材料如专用纸、专用颜料、专用塑料等，市场上买不到，一般用于钞票。

2. 形制

当代钱币的形制，硬币为圆形（也有圆形的变形，如六边形、七边形等），纸币为长方形。原因是这两种形制携带方便，且有对称美感。历史上，钱币形制是不断变化与发展的，在实物货币转入金属铸币的初期，铸币形制是仿实物货币的，经过人们的长期探索，最后固定在圆形上。纸币则一开始就是长方形，历史上也偶有正方形，但数量极少。

3. 文字

从内容上讲有6项。(1) 面值和货币单位；(2) 发行机构名称；(3) 年版；(4) 冠字号码；(5) 签字或印章；(6) 纪念文字（是纪念币的一个要素）。历史上钱币文字是多种多样的，有纪地、有纪重、有纪钱监、有纪炉次、还有吉语、宗教教条等。有关流通的法律文字曾是钞票的一个要素，如今已在大多数钞票上消失了。

钱币文字有5种形式。(1) 正常文字；(2) 盲文；(3) 缩微文字；(4) 隐形文字；(5) 特别记号（用于机器识读的标记）。

4. 图案

分主景图案和花饰图案两大类。从内容上分有以下几种：(1) 人物；(2) 建筑物；(3) 风景；(4) 场景；(5) 动物；(6) 植物；(7) 器物；(8) 国徽；(9) 行徽；(10) 几何纹；(11) 其他。

图案的形式有5种：(1) 平印图案；(2) 凹印图案；(3) 水印图案；(4) 变光图案；(5) 隐像图案。

钱币的四种要素不是平行起作用的。钱币是以物质的形式来承载货币的。货币是价值尺度和流通手段的统一。货币能够作为价值尺度和流通手段，是它代表了一定货币单位的数量，即货币面值所显示的数量。因此，面值文字是货币成为价值尺度和流通手段的根本所在。钱币所承载的正是货币的这种单位数量，所以，面值文字是钱币要素的中心环节，在诸要素中居于主导地位。币材是面值文字赖以存在的物质基础，与面值文字的关系最为密切。形制、图案、其他文字是辅助性的要素，它们可以使发行机构和公众确认面值文字的准确性和合法性。然而，钱币的四种要素又是共同起作用的，每一种都不可或缺。只有面值文字没有币材是不可想象的现象；仅有币材和面值文字，无法确定真伪和承担法律责任的机构，公众不会承认其为钱币，也就无法完成货币载体的任务。

二、钱币的基本特征

钱币是币材、形制、文字、图案的有机结合。这种结合，形成了钱币的六大特征，即方便携带、经久不坏、便于识读、赏心悦目、仿造困难、民族特点。反过来说，只有充分显示了这六大特征，钱币中的要素才是完整的、充分的和协调的。所以钱币的六大特征决定着钱币的四大要素，并决定着四种要素之间的结合条件与要求。

1. 方便携带

货币是一种特殊商品，是从商业贸易活动中产生并为之服务的。商业贸易活动在很大程度上是一种异地活动，需要携带货物或货币到外地去，因此，货币必须具有便于携带的特点。是否便于携带，取决钱币的重量、形状和大小。

最早的专用货币是金属铸币，其特点是比重大，并且一定数量的货币单位与一定重量的金属相联系。如半两钱重十二铢，一磅货币是一磅白银，一千磅货币就是一千磅白银。钱币的这种情况在商品经济不很发达的时代还可以存在，但到了高度商品化的时代显然不能适应，因为大量的非常沉重的钱币不便于携带。我国 11 世纪出现的古代纸币，是对钱币重量的历史性突破。17 世纪中叶，欧洲出现了近代纸币。这两种纸币的产生，都是因为金属铸币不便携带引起的。由于纸币轻，适应了便于携带的要求，所以成为现代钱币的主体。

金属铸币，从便于携带的角度讲，要轻重适度。当代铸币，我们统计了 19 个国家和地区正在流通的硬币资料，最重的是新加坡 1967 年版 1 元(16.85 克)，最轻的是中国 1955 年版 1 分(0.67 克)。目前，0.67 克可以认为是铸币的最轻限度，而 16.85 克则高于最高限度。这就为铸币大幅度减重奠定了钱币学理论基础。因此，铸币将逐渐变轻。如新加坡硬币，1985 年版比 1967 版减重 41.3%；美国铸币 1982 年以后减重 24%。铸币的这种减重现象，正是为了便于携带。那么，重量的上限是多少呢？从目前情况看，以10克为宜。这19种铸币中有10种没有超过10克的，新加坡若以1985年版计，则为11种。超过10克的8种铸币多为1975年以前版。

近20年来，硬币平均重量在向4～5克集中。中国第五套人民币1元为6.1克，1角为3.2克，平均重4.65克。欧元2元重8.50克，1分重2.30克，平均重5.4克。

钱币的形状很早就固定下来了，即铸币的圆形和钞票的长方形。圆形无棱角，长方形好握拿，不但便于零星使用，而且便于整捆、整箱地包装运输，所以圆形和长方形成为钱币的固定形状。下面我们分析圆形铸币的穿孔问题。在古代，以中国为主的东方铸币有穿孔，以希腊为主的西方铸币无穿孔；目前，世界上还有少数国家的部分铸币保留穿孔，如日本50元、5元，丹麦25欧尔等。在交易中，如果大量地使用铸币，把铸币贯穿起来显然方便。中国古代以铜铁等贱金属为货币，价值低，在交易中需大量使用，故穿孔就成为必要。这是中国古代铸币有穿孔的一个很重要的原因。西方以金银等贵金属作货币，交易中只需少量货币即可；若大规模交易，则用箱子等容器把铸币装起来。因此没有穿孔的必要。近代，铸币只作为小面额主币和辅币，辅币还规定了在交易中的使用限额，因此也没有穿孔的必要。日本、丹麦铸币上的穿孔也不用于贯穿。

钱币大小一直是人们探索的一个问题。我们对23个国家和地区的钞票资料进行统计和计算，总结出这23种正在流通的钞票不同面额之间的票幅关系有以下6种。

(1) 无规律：丹麦，挪威，新加坡(1986年版)。

(2) 长宽分别等距离递增：中国(长11毫米，宽7毫米)，瑞士(长11毫米，宽4毫米)，马来西亚(长不定，宽4毫米)。

(3) 等宽长比率(宽÷长＝宽长比率)：德国、澳大利亚、中国香港、奥地利为0.5，中国澳门、泰国为0.51，法国为0.53，英国为0.56。

(4) 等宽：意大利(70毫米，1000里拉除外)。

(5) 等宽、长度等距离递增：日本(宽76毫米、长递增5毫米)，瑞典(宽82毫米、长递增10毫米)，比利时、荷兰(宽76毫米、长递增6毫米)。

(6) 等长宽：美国(156毫米×66毫米)，加拿大(155毫米×70毫米)，菲律宾(161毫米×67毫米)，芬兰(142毫米×69毫米)。

这6种关系，从第1种到第6种，规律性逐渐加强。从发展趋势看，也是这样，钞票将向规范化(等长宽)发展，起码是向等宽发展。规范化钞票整齐划一，不同面额的钞票同时携带，可以码放得整整齐齐。同时还可满足机器识读的需要。历史上，前5种属于欧洲风格，第6种属于美国风格。当前，两种风格都在发展，并在某些方面互相渗透。在现实中，美国风格不可能全部取代欧洲风格，但欧洲风格的钞票在自身范围内向最有规律的方向发展是没有疑问的。

具体来说，这23种钞票，1980年代发行的，票幅最长的为新加坡1986年版1000元(197毫米)，最宽的为法国1985年版500法郎(97毫米)，最短的为意大利1982年版1000里拉(112毫米)，最窄的为德国1980年版1马克(60毫米)，最大宽度与长度比为瑞典1984年版克朗(82÷130=0.631)，最小宽度与长度比为中国1980年版2元(63÷145=0.434)。从发展趋势看，票幅将逐渐变小，这种趋势已持续了近一个世纪。最终票幅将稳定在如下范围：宽度66～76毫米，长度140～150毫米，宽长比率0.47～0.53。

近20年来，许多国家发行了新钞票。票幅尺寸的变化证明了上述观点。中国第五套人民币由第2种变成了第5种，即阶梯等宽(1元、5元为63毫米，10元、20元、50元为70毫米，100元77毫米，长递增5毫米)。丹麦克朗由第一种变为第5种(宽72毫米，长递增5毫米)。大面额欧元也是等宽的(100欧元、200欧元、500欧元为82毫米)。韩国元2007年以前等宽76毫米，以后等宽为68毫米。

在19种硬币中，最大直径是新加坡1元(33.3毫米)，最小直径是丹麦5欧尔(15.5毫米)。看来，15.5毫米可作为铸币直径的最小限度，而最大限度则以30毫米为宜。这19种硬币有14种没有大于30毫米的，新加坡若以1985年版计则有15种。

中国第五套人民币1元直径25毫米，1角直径19毫米。欧元2元直径25.75毫米，1分直径16.25毫米。

纪念币不参与流通，不受以上所论规格限制。

2. 经久不坏

货币为保持稳定，不能更新太快，一般要用几年、十几年，长者几十年、上百年。中国半两、五铢到清末民初还在用，长达两千多年。因此，钱币必须具有经久不坏的特点。经久不坏，即不断裂、不变形、耐磨损、纸币不褪色。能否经久不坏，主要在于币材和币形。

钞票纸一般以纤维较长的棉花、亚麻等为基质，再加入有特殊功能的添加剂，可以使钞票挺括、耐磨、不起毛、不断裂、防水、防油、阻燃。使用特殊油墨，可以使钞票不褪色。长方形整齐的边缘可以减少磨损。小型规整的票幅，可以使人们在携带时免于折叠，对延长钞票寿命有一定意义。

塑料作为钞票币材是新出现的，在解决防伪的基础上，将是很有希望的好材料。澳大利亚 1988 年发行的塑料钞票，在实验时曾在水中煮 5 小时，在地下埋 9 个月，再放洗衣机里搅拌 5 小时，仍完好无损。据说折叠 50 万次也不会断裂。20 多年来，已有 25 个国家和地区发行过塑料钞票，大多是非流通的纪念币。

铸币的币材本身就有耐磨损、不变形的特点。圆形可以防止断裂（其他形状如中国古代刀形、耒形币就较容易折断）。另外，铸币的外廓也有耐磨损的功能。

3. 便于识读

钱币识读主要指对面值的识读，分为常人识读、盲人识读、机器识读。盲人识读靠盲文，有的依靠票幅，有声货币的声响装置也主要供盲人识读之用。机器识读靠暗记，而规范化的票幅也便于机器识读。常人识读靠面值文字、票幅、图案、颜色。从理论上讲，一套钞票，要想不引起面值之间的误读，必须以面值文字作为唯一的或主要的识读标记，其他如票幅、图案、颜色可以与面值相脱离。从实践上看，欧式钞票大多以票幅、图案、颜色作为识读的辅助标记。这里有两种情况，票幅、图案、颜色设计得当，非常便于识读；设计不当，往往引起误读。美国钞票不以票幅、颜色、甚至图案（因为图案基调相同）作为识读的辅助标记，据说没有误读现象。美元作为国际货币，有些版别流行百年而不废，证明不用票幅、颜色来识读是完全可以的。从发展趋势看，票幅将首先失去识读的作用；图案和颜色会继续成为识读的辅助标记，但必须从理论和实践上解决图案和颜色引起误读的问题。

4. 赏心悦目

钱币是一种使用十分广泛和频繁的物品，作为价值尺度被人们接受的同时，也必须在美感方面被人们所接受。不能设想人们会每天与非常丑劣的钱币打交道。此外，钱币是由金融机关或国家发行的，是发行机构的一种象征，也必须美观大方。在一定程度上，钱币反映着一定国度、民族的文化水准和艺术修养。19世纪初，英国由于钞票本身设计的保守，一位批评家写道："我认为公众团体应该关心他们国家的荣誉。……我希望外国人不要把银行钞票看作是英国艺术的样品。"可见他们把钞票的艺术内容看作是一个国家的艺术样品，关系着国家的荣誉。所以钱币要有赏心悦目的特点。

钱币的美感包括三个方面，即币材、形制和艺术内容。币材要精良，不管钞票或硬币，材料都要光洁、坚挺。形制要稳重大方，长方形和圆形就符合这一要求。关于圆形铸币的穿孔，从美学的角度看，破坏了圆形的整体美，同时也无法在币面设置优美的图案。中国古代方孔钱能够流行两千多年，其中一个原因就是只有文字没有图案，且汉字的方块形能够配上方孔。而当时的压胜钱，由于有穿孔，其图案艺术就无法充分展示。彭信威先生在《中国货币史》中分析这一现象的文化根源时指出："中国文化重视抽象的概念，重视善恶，所以钱币上多用些好的字眼；欧洲文化重视具体现象，重视美丑，所以钱币上注重图型。"①近代方孔钱形制被淘汰，除了携带时不需要贯穿之外，币面无法安排图案。形体缺乏美感也是一个重要原因，如现代有些国家的有孔铸币不如无孔铸币美观。

钱币的艺术内容主要是图案，其次是文字，这是钱币能否赏心悦目的关键。图案和文字是通过不同的制造印刷方法形成的，这就要求各方面完美和谐。每一张（一枚）钱币应该是一件高雅的艺术品，每一套（序列）钱币应该是一套完整的艺术品。

5. 仿造困难

制造钱币有利可图，尤其钞票更是一本万利。因此，从古到今，伪造钱币的事件从未中断。为了防止伪造，一方面靠法律制裁，另一方面靠钱币本身的防伪功能。所以钱币要有仿造困难的特点。钱币防伪分钞票防伪和硬币防伪。

钞票防伪靠币材和印刷技术两个方面的作用。伪造钞票大致有四种类型，即印刷、复印、涂改、手绘。涂改和手绘是原始的和低级的手段，形成的

---

① 彭信威：《中国货币史》，第59页。

伪钞粗劣，较易识别。胶印和彩色复印的伪钞质量好，数量大，对货币流通构成相当威胁。因此，钞票必须靠多种防伪措施来加强安全性。

通过币材的防伪措施有：专用纸、水印、安全线等。通过印刷技术的防伪措施有：平、凸、凹印刷，互补对印、边线对接、彩虹印刷、隐形文字、缩微文字、全息标识、光变油墨、荧光油墨、磁性油墨等。

6. 民族特点

钱币一般是由国家机构或一定的经济集团或政治集团发行的，是在金融方面的一种象征。因此，钱币要有发行机构所在国家和民族的风格。这种风格是通过文字和图案来表现的。文字，从形式上讲是国语使用的文字，同时可有流通区域内常用的其他文字。如人民币上除了有汉文外，还有蒙文、壮文等。从内容上讲，也反映民族风格。如美元有“我们信仰上帝”，英镑有“上帝保佑女王”的文字。图案中的人物、风景、场景、动物、植物等必须是发行国所有的或有直接联系的。如人民币上的中国领袖人物、珠穆朗玛峰，英镑上的滑铁卢战场，美元上的白头海雕，日元上的樱花等。相反，第二次国内革命战争时期苏区币上印刷“武装保卫苏联”，显然是瞿秋白、李立三等执行共产国际的错误指示而出现的反常现象。

除了以上六个方面决定钱币要素外，其他因素也对钱币要素的形成有影响，如传统习惯、宗教信仰、成本造价等。传统习惯、宗教信仰可以归纳到民族特点中，成本造价则属于第二层次的因素。钱币必须首先满足这六个方面的要求，然后才能考虑成本。

钱币学理论体系是逻辑与实践的统一

——兼答陈连光先生

陈连光先生的《略论钱币学概念的逻辑意义及验证方法》文章①，对笔者关于钱币学的一些概念进行了逻辑学方面的推敲，提出了一些不同看法。对此，笔者表示欢迎。学术研究只有通过互相切磋，才能不断发展。至于各人所持什么观点，这是各人的自由。建立中国钱币学理论体系是一个庞大的理论工程，非一人一时能够完成，因此，需要在不同的学派、不同的观点之间进行讨论。

任何一门成熟的学科，都有自己的理论体系。中国钱币学提出建立理论体系的任务，标志着中国钱币学正在走向成熟。一个完整的理论体系必须经受两个方面的检验。一是逻辑的检验，即概念要明确，推理合乎逻辑，准确地表达该学科研究的对象、内容和方法，并清晰地将该学科与其他学科区分开来。二是实践的检验，即符合该学科的历史和现状。本文拟从这两个方面对中国钱币学理论体系作一粗浅的论证，并就陈连光先生讨论的问题谈一下笔者的看法。

一、逻辑的检验

在钱币学理论体系的讨论当中，主要形成两种观点。一种观点认为钱币学与货币学是有区别的。叶世昌先生表述为“钱币学是研究钱币形态理论的学科”②。笔者表述为“钱币学是研究具有专用货币形制的非流通意义

① 载《安徽钱币》1995 年第 1 期。

② 叶世昌:《钱币学和货币史》,《中国钱币》1991 年第 1 期。

上的货币的一门学科”①。另一种观点认为钱币学研究的对象和内容是多层次、多方面的，不仅包括了全部钱币学，而且包括了全部货币学。②

两种观点有相容的地方，也有排斥的地方。这里涉及的关键问题有两个：一、钱币学是否为一门独立的学科；二、钱币学与货币学的关系。

钱币学是否为一门独立的学科，答案是肯定的。彭信威先生说：“钱币学倒是一开始就是作为一门独立的学科而产生的。”③中国钱币学会的成立，也是建立在它是一门独立的学科基础上的。现在不管持何种观点的人，即不管认为钱币学是一门什么样学科的人，都是在承认钱币学是一门独立学科的前提下进行讨论的。反之，如果钱币学不是一门独立的学科，就没有建立钱币学理论体系的必要。

中国钱币学是一门独立的学科，但中国钱币学理论体系还没有建立起来，还没有形成一整套的基础理论和方法论。彭信威先生在《中国货币史》一书中提出钱币学的概念，并规定了钱币学的任务，为我们今天进行讨论奠定了基础。中国钱币学会成立以后，李德宣先生、赵会元先生、郭彦岗先生、叶世昌先生、黄成先生、汪昌桥先生、戴志强先生等为建立中国钱币学理论体系进行了艰辛的努力，使这一工程大大向前推进了一步。戴志强先生说：“关于钱币学，叶世昌教授……提出了一个非常重要的问题，即：‘钱币学作为一门独立的学科，应该有自己的学科体系。’这个问题，随着钱币学自身的发展，已经摆在了我们的面前。”“现在的任务是，要根据我国钱币学发展的实际，尽快把学科自身的理论体系健全完善起来。”④

钱币学与货币学的关系，是两种观点互相排斥的焦点。

从整体上讲，钱币学研究的对象和内容是钱币学所独有的。钱币学与

---

① 白秦川：《货币 钱币 钱币学》，《舟山钱币》1990年第3～4期、1991年第1～2期。

② 这方面的文章有许多篇，代表性的有：李德宣的《〈中国钱币学〉科学体系发凡》，载《安徽金融研究》增刊1990年第2期；郭彦岗的《建立中国钱币学理论体系的初步设想》，载《中国钱币》1990年第3期；黄成的《跳出传统古钱学圈子构筑多层次钱币学体系》，载《中国钱币》1991年第1期；汪昌桥的《试论钱币研究的方向及其现实意义》，载《舟山钱币》1992年第4期；王凯的《建立我国的新钱币学科》，载《中国钱币》1991年第3期。

③ 彭信威：《中国货币史·序言》，“序言”第20页。

④ 戴志强：《钱币学应该有自己的学科体系》，《钱币博览》1995年第1期。

处于同一层面的其他学科的关系（为了论述的方便，我们把任何一门其他学科用A学科来代替）有以下三个特点：（一）A学科研究的对象和内容与钱币学研究的对象和内容不能完全重合，否则，就不需要划分为A学科和钱币学两门学科，即使强行划分，也是无法分开的。（二）钱币学不能包含A学科的全部研究对象和内容，否则，A学科就是钱币学的一个分支，就不能与钱币学并行存在。（三）A学科也不能包含钱币学的全部研究对象和内容，否则，钱币学就是A学科的一个分支，钱币学就没有独立存在的必要。

与钱币学关系较远的学科，如文学、哲学、法学以及数学、化学、电子学等，对钱币学能否形成一门独立的学科，关系不大。货币学由于与钱币学有着千丝万缕的联系，钱币学能否独立，主要决定于与货币学的关系。货币学是一门早已成熟的学科。按当前货币学说的源流讲，首先是西方古代中世纪的经济学，资产阶级古典政治经济学，到马克思主义政治经济学。马克思主义货币学说是马克思主义政治经济学的一个组成部分。

要阐明钱币学的独立性，必须首先正面回答货币学研究的对象与内容。货币学研究的对象是作为一般等价物的特殊商品，货币学研究的内容是关于货币流通的理论。这是马克思主义货币学说。也是其他货币学说所规定的。对此，我们还没有见到反对意见。

反过来再看钱币学，目前我们还没有完善的钱币学理论体系。根据钱币学与其他学科的关系的三个特点，钱币学不能等同于货币学，不能包含全部货币学，也不能被货币学全部包含。如果钱币学等同于货币学，或者被货币学全部包含，那么货币学理论体系就包含了钱币学理论体系，就不需要再建立钱币学的理论体系。如果钱币学把货币学全部包含了，我们今天使用的货币学说也一定是不完善的。事实确是相反（这里是指货币学研究的对象和内容的规定性，至于具体内容当然是不断发展的）。

因此，钱币学作为一门独立的学科，应该有自己质的规定性，即与货币学有质的区别。

货币学研究的对象是作为一般等价物的特殊商品，即货币。钱币学也研究货币，但与货币学有两点不同。（一）钱币学不研究实物货币，如布、帛、粟、非规定形状的金银、玉石等，货币学则研究一匹布的购买力、一石粟的购买力、一两银子的购买力。（二）货币学不研究非流通货币，如压胜钱、纪念币、冥币等，而钱币学则要研究。货币学研究的内容是货币的流通情形，钱币学则不研究这方面的内容。若钱币学研究这方面的内容,那就与货币学没有什么区别了。钱币学研究货币的非流通方面的情形。

钱币学研究的对象是具有专用货币形制的流通货币和非流通货币,钱币学研究的内容是非流通方面的属性,这就是钱币学的质的规定性,也是钱币学与货币学的质的区别。

钱币学与货币学有本质区别,并不是说二者势如水火。我们说过,它们之间有着千丝万缕的联系。首先研究对象大部分重合,即专用货币;在研究内容上部分重合,如金属铸币的重量等。

二、实践的检验

在实践中有许多问题,我们的理论也必须给以严肃的回答。如果钱币学理论体系包括货币学,在实践中将产生无法克服的矛盾。

1. 源流不同

货币史是货币学的一个分支,过去的钱币学与这个分支的联系更为紧密,因为过去的钱币学主要研究古钱,即退出流通领域的货币。但二者是有区别的,从源流上讲,"可以说是泾渭分明。钱币学的源流是历代钱谱,货币史的源流是历代食货志(包括《史记·平准书》)中的货币部分"①。

2. 学史有别

中国钱币学产生于南北朝时期,时间大约为公元 500 多年。关于这一点,持两种观点的人都没有异议。② 这样,我们在写中国钱币学史的时候,从公元 500 多年的梁代顾烜谈起,是顺理成章的。主张钱币学包括货币学的观点认为,钱币学研究"历代对钱币稳定的愿望、政策、理论、执行结果及其历

① 叶世昌:《钱币学和货币史》,《中国钱币》1991 年第 1 期。

② 黄成先生说:"以古代钱币为研究对象的传统古钱学,发端于南朝梁代,形成于两宋之际,成熟于清末民初。"(黄成《跳出传统古钱学圈子构筑多层次钱币学体系》,《中国钱币》1991 年第 1 期)汪昌桥先生同样认为:"中国钱币研究是一门古老的学科,它发端于南朝的梁代,形成于两宋之际,成熟于清末民初。"(汪昌桥《试论钱币研究的方向及其现实意义》,《舟山钱币》1992 年第 4 期)

史背景、历史经验"①。钱币学研究的对象"不仅包括各种货币本身，还包括与货币铸造、发行、流通有关的历代钱监、范母、铸造工艺、信用机构、货币政策、理论等；不仅包括货币的各方面，还应包括历代研究货币的人物及其著述、文献等。总之，只要是与钱币相关的事物、人物和理论，都可以作为新钱币学研究的范畴"②。这就是说，钱币学研究货币政策、货币理论。

周景王二十一年(公元前524年)，单旗针对周景王要铸大钱的举措提出了"子母相权论"，这是中国最早的货币理论。之后，《管子》一书的作者提出了"轻重论"。子母相权论和轻重论是中国古代货币理论的两根支柱。如果钱币学研究货币理论，这两种理论在中国钱币学史上是不可或缺的。这样，从公元500多年才开始的中国钱币学史，就没有办法处理此前一千多年间的货币学说。

3. 学家难冠

马克思创立了马克思主义政治经济学，包括马克思主义货币学说，因此，我们可以说马克思是一位货币学家。若按照钱币学包括货币学的理论，马克思应该被称为钱币学家，这显然不符合一百多年来人们对马克思的认识。彭信威先生在中国货币史、中国货币理论史、中国钱币学、中国钱币学史等方面均有建树。按照钱币学包括货币学的观点，只称彭信威先生是钱币学家就够了，这显然也不能涵盖彭信威先生的贡献。在现实中，人们从来不把马克思当作钱币学家，也不把彭信威先生仅仅看作钱币学家。

4. 栏目相左

《中国钱币》杂志是中国唯一获国际连续出版物的国家级钱币刊物，反映了国内钱币研究的最新动态和最高水平。其栏目设置有十多个，其中主要是《钱币学论坛》和《货币史研究》。这两个栏目代表了货币研究的两个方面，即钱币学研究、货币学研究。翻开这五十多期刊物，我们看到，这两个栏目的分野是很清楚的。如果钱币学包括货币学，整本杂志的内容都可以称为钱币学研究，《钱币学论坛》栏目的设置就是多余的。同时直接用《钱币史研究》可以包括《货币史研究》，《货币史研究》栏目就没有必要存在。这样的

① 郭彦岗：《建立中国钱币学理论体系的初步设想》，《中国钱币》1990年第3期。
② 汪昌桥：《试论钱币研究的方向及其现实意义》，《舟山钱币》1992年第4期。

假设显然是不能成立的。

5. 组织相重

中国人民银行下设的学会，有中国金融学会和中国钱币学会，两个学会分别创办有《中国金融》和《中国钱币》刊物。简单地讲，中国金融学会及其《中国金融》杂志是以研究货币流通、特别是当前的货币流通为宗旨的，即进行的是货币学研究。此外，我国还有中央财政金融学院等各级金融院校，这些院校的任务是培养货币金融方面的高级人才。如果钱币学包括货币学，那么，中国金融学会应该并入中国钱币学会，《中国金融》杂志应该并入《中国钱币》杂志，中央财政金融学院应该改名为中国钱币学院。显然这是行不通的。

三、寻根溯源

认为钱币学包括货币学的观点，在理论上、实践上均有无法克服的矛盾，因而是难以成立的。那么，产生这种观点的根源是什么呢？我们认为有客观和主观两方面的原因。

从客观上讲，即从时代背景上讲，这种观点是中国钱币学由经验型向理论型转变过程中的过渡性理论。中国钱币学自南北朝产生，一直到清朝末年，始终处于经验型阶段。民国初年，由于西方货币学理论和考古学技术的传入，对中国钱币学产生了很大影响。经验型的钱币学已不能适应社会发展的需要，要使钱币学向上向前发展，必须有理论指导。但是，西方货币理论和考古学技术并没有给中国钱币学提供现成的理论。在当时的情况下，人们就把钱币学和货币学当成一门学科。这样，钱币学就可以把货币学的理论当作自己学科的理论来应用。于是，出现两种情况，一种是钱币学被货币学或货币史所包含；另一种就是20世纪80年代以后出现的钱币学包括全部货币学的观点。不管钱币学包括货币学还是货币学包括钱币学，其共同特征为二者是一门学科。这种现象正是钱币学需要理论而理论贫乏的反映。因此，这种观点是钱币学由经验型向理论型过渡过程中的特殊产物，它有着明显的时代特征。

从主观上讲，即从认识论的原因分析，这种观点的产生有以下几个方面：

1. 对以往古钱学的简单否定

从南朝到清末，“千余年来的古钱学研究，主要是对钱币资料的搜集、鉴别和考订”①。“在旧社会，所谓‘钱币学家’大多是指一些‘玩古钱’的人，他们以玩赏、鉴别收藏为满足。”②对于这些局限和不足，民国以来，许多学者进行了批评。张絅伯在《泉币·本志发刊辞》一文中说：“往昔泉币，视同小道，列诸金石之旁门。迹涉荒诞，不脱旧谱之陋习。忽略制作，偏重文字，斤斤于色泽肉好，戚戚于珍常多寡，范围狭窄，学识疏陋，无多取焉。”怎样克服这种局限性，是当代钱币学家的任务。由于旧钱币学没有进行货币学方面的研究，所以，新钱币学应该将货币学研究的内容拉过来充实自己。张絅伯先生说：“要在详稽实物，参证史志，按诸货币原理，以究其制作沿革，变迁源流，利病得失之所在，治乱兴替之所系。”③郭彦岗先生说：“把钱币学同货币史有机地结合起来，形成一门新的学科，可暂定名为‘中国新钱币学’。”④黄成先生认为新钱币学“必须跳出传统古钱学的圈子”，“钱币学理论体系的框架应该是多层次的”，“第二层次从钱币运动的角度切入，将钱币置回历史的流通领域中进行考察，包括钱币流通方式、流通渠道、流通速度、价值和价格、储藏和信用、支付和比价、形态的初级和高级，等等”⑤。汪昌桥先生表述为：“概而言之，中国钱币的研究方向和目的应该是：以辩证唯物主义和历史唯物主义为指导，以钱币实物研究为基础，以货币史研究为主体”，“随着钱币研究的深入发展和现代化建设的需要，钱币研究的主体内容已逐步从静态的钱币实物研究转向动态的货币运动研究。即将钱币学和货币史融为一体（彭信威先生的《中国货币史》即为显著例子），将钱币置于历史的经济环

---

① 《中国大百科全书·考古卷》“古钱学”条，中国大百科全书出版社，1986，第143页。

② 千家驹：《研究钱币，振兴中华》，《中国钱币》1985年第1期。

③ 见《泉币》1940年第1期。

④ 郭彦岗：《开拓钱币研究的新路子》，载薛健文主编《钱币文论特集》，安徽钱币学会，1988，第8页。

⑤ 黄成：《跳出传统古钱学圈子　构筑多层次钱币学体系》，《中国钱币》1991年第1期。

境中进行考察，在钱币实物研究的基础上，深入研究历代货币的流通方式、流通渠道、流通速度、货币职能、货币政策、制度及其与政治、经济、社会生活的关系和影响。这就是新钱币学与旧式古钱学相区别的关键，也是解放思想，拓宽钱币研究新路子的关键所在。”①李德宣先生在《〈中国钱币学〉科学体系发凡》一文中说：“这门科学的科学研究体系，即应以中国古钱币的发生、发展、本质、职能、流通，以及其经济效应，作为科学体系而进行研究。”“这门科学的研究任务，在于本着以古鉴今，古为今用的宗旨，研究历史上古往今来的货币制度，从中汲取经验教训，作为当今制定货币政策，推展货币经济的参考。”②

从上边论述可以看出，他们认为只要加进货币学的研究内容，就是对旧钱币学的超越，就可以形成新钱币学。这种认识看似合理，表面上跳出了传统古钱学的圈子，但由于始终无法回答货币学研究的对象和内容，货币学与钱币学之间的关系这两个问题，使新旧钱币学的划分仍然没有得到解决。

那么，怎样才能克服旧钱币学的局限性，怎样才能将新旧钱币学区分开来呢？首先，对旧钱币学要有一个总体认识。张季琦先生说，以前的钱币研究者，“他们对我国钱币研究事业的发展，曾经做出过宝贵的贡献，留下了很多成果，有些至今仍有现实意义，在研究内容和方法上，他们注重史料的收集整理，重视实物资料的收藏和出土情况的考证，并在实践中不断提高钱币鉴定的基本功，这些作(做)法，都是我们应该继承的，甚至视为开展研究工作的基础”，但他们“在治学态度和方法上又有轻信神话传说，就钱论钱，为盈利而收集、为研究而研究的现象，或往往以茶余饭后的鉴赏为目的”③。月氏先生说：“旧的钱币学，从研究内容到研究方法，形成了一套独特的体系，只是过去不曾有人做过总结与归纳。研究总结传统钱币学的体系，不仅对初学者入门是必要的，就是对今天的中青年学者继承传统，推陈出新，也是必需的。研究旧体系，不是目的，我们还要通过继承、借鉴和创新，建立以马

---

① 汪昌桥：《试论钱币研究的方向及其现实意义》，《舟山钱币》1992年第4期。

② 李德宣：《〈中国钱币学〉科学体系发凡》，《安徽金融研究》增刊，1990年第2期。

③ 张季琦：《我国钱币的新发展及其社会应用》，载中国钱币学会编《中国钱币论文集》第二辑，中国金融出版社，1992，第472页。

克思主义为指导的新的钱币学理论体系。"①这是对旧钱币学的比较准确的概括。有了这样的总体认识，我们就不会简单地否定旧钱币学了。

其次，我们应该看到，古代钱币学者没有进行货币学方面的研究，这是事实，但是这种研究是由同时代的另外一批人进行的。且不说单旗的"子母相权论"和《管子》的"轻重论"早于钱币学研究几百年、上千年，即使在宋代、清代钱币学的鼎盛时期，仍然有周行己的"虚实论"和王鎏的名目主义等。我们有什么理由来指责他们没有进行货币学方面的研究呢？这种由两批人进行研究、出版两种不同体裁的著作的现象，古代有，近代有，现代仍然有，将来这一现象仍将继续。对于实践中存在的普遍性问题，仅仅给予指责是无济于事的。我们也应该反过来检讨一下自己的理论是否正确。这一现象之所以自古及今存在的原因是：钱币学与货币学是两门学科。

笔者认为，现代钱币学与古代钱币学相比较，研究对象更加准确，研究内容更加完善，研究方法更加科学。② 戴志强先生说："现在我们所说的钱币学，是古钱学的发展，它的研究对象，比之古钱学，大大丰富了。""当代钱币学的研究目的和意义，和当初古钱学的概念相比较，也大大地丰富和发展了。""钱币研究只有在继承和发扬传统治学方法的基础上，再吸收和补充适合学科发展的现代手段，才能既保持学科自身的治学特色，又可以及时跟上时代的步伐。特别是钱币的版式鉴别和文物价值的核定，只有在长期摸索钱币的实践中，才能积累起丰富的经验。这正是钱币学作为一门独立学科的个性所在，也正是它区别于其他学科的一个重要标志。"③戴先生的论述，既概括了钱币学的主要特性，也指出了现代钱币学对古代钱币学的发展。

2. 对马克思主义货币理论的直接套用

钱币学需要有自己的理论体系，但到现在还没有建立起来；与钱币学关系最为密切的货币学早已有了成熟的理论体系。而在钱币学的研究中，有时需要货币学方面的理论指导，这就是彭信威先生提出的"理论与实际相结

① 月氏：《钱币研究十年回顾》，载中国钱币学会编《中国钱币学会成立十周年纪念文集》，中国金融出版社，1992，第 81 页。

② 白秦川：《关于钱币学史的两个问题》，《中国钱币》1993 年第 1 期。

③ 戴志强：《钱币学应该有自己的学科体系》，《钱币博览》1995 年第 1 期。

合，货币学与钱币学相结合”①的研究方法。这种研究方法，目前已得到持各种观点的人的支持。但是，对这种方法的理解却是不同的。有的学者直接把马克思主义的货币理论当作钱币学的理论。李德宣先生在《〈中国钱币学〉科学体系发凡》一文中说：“这门科学的编写体例，应当按货币学的要求来制定。”②“钱币与货币是通义语。这就是说，研究钱币就是研究货币的意思”，“货币，作为一门科学，研究的重点可分为三：其一，是货币的基础理论……货币的基础理论，在马克思经典作家的著作中有着极其丰富的内容。其中，他提出了货币的起源、本质、职能以及货币流通方面等等重大理论问题”。③ 其他持这种观点的学者也都把马克思主义关于货币的起源、货币的本质和职能、货币流通等理论作为钱币学理论的组成部分。

钱币学与货币学相结合的研究方法，并不是把二者合而为一，马克思主义货币理论不能成为钱币学理论的组成部分。在钱币学的研究中，以马克思主义为指导，是《中国钱币学会章程》规定的，也为大多数学者所遵循。这种指导作用表现有两个方面。一方面是马克思主义哲学，即辩证唯物主义与历史唯物主义；另一方面，是马克思主义货币理论。这两方面的指导作用，概括地讲，就是世界观和方法论。世界观是指唯物主义的世界观，认为世界的本原是物质，是不依赖于人们的意识而独立存在的客观实在，意识是人脑对客观世界的反映。物质是第一性的，意识是第二性的。方法论是指用发展的、联系的、辩证的观点来看问题，用马克思主义货币学说来看问题。

但是，这绝不是用马克思主义哲学和马克思主义货币学说来代替钱币学理论。首先，马克思主义哲学只为各门具体科学提供最一般的世界观和方法论，只为各门具体科学提供最一般的指导原理，而不提供各门具体科学的具体研究方法。因为马克思主义哲学是对自然界、人类社会和人类思维的最一般规律的概括和总结，有着普遍的适应性，而各门具体科学的具体研究方法是各不相同的。哲学提供了最一般的世界观和方法论，但不是由哲学来包打天下，各门具体科学可以躺在哲学原理上睡大觉。各门具体科学

① 彭信威：《中国货币史·序言》，“序言”第23页。

② 李德宣：《〈中国钱币学〉科学体系发凡》，《安徽金融研究》增刊，1990年第2期。

③ 李德宣：《略论钱币与货币》，载薛健文主编《钱币文论特集》，安徽钱币学会，1988，第31、32页。

要把哲学提供的最一般的方法变成各自的具体方法才能有效，否则，即使把辩证的方法背得烂熟也是不能产生出科研成果的。其次，马克思主义货币理论对我们研究钱币学有重要的指导意义。中华人民共和国成立后，正是在马克思主义货币理论指导下，钱币学研究才出现许多突破性的进展。但是，正如千家驹先生所说"马克思对货币理论有系统的科学的论述，那就是说明货币的产生、发展与流通的规律，这是属于货币论的范畴"①。马克思主义货币理论也没有为钱币学提供现成的具体的理论和方法。即使把马克思主义货币理论作为钱币学理论的组成部分，也仍然解决不了钱币学的理论和方法问题。月氏先生说："有了新的理论体系，钱币学的深入发展才能真正由必然走向自由，但一个理论体系的建立，一要靠实践的进展，二要靠辛勤的探索，在这方面，我们可能还要走一段较长的道路。"②这就是说，我们不能认为有了马克思主义货币理论就可以完全解决钱币学的理论问题了。杨煦春、何小平先生在《钱币研究管见》一文中非常辩证地论述了钱币学与货币学关系："要把钱币学研究同商品货币学的研究有机地结合起来。……钱币的产生和发展既同商品经济的发展有着密切的关系，又带有独特的客观规律性。所以，钱币学的研究，一定要以商品生产和商品交换为主线，结合商品货币学一起研究，决不能就钱币论钱币；同时，也要注意突出个性，建立自己的研究体系，不要'囊括四海'、'并吞八方'，把商品货币学研究的内容也包罗进来。"③叶世昌先生明确指出："钱币学研究要结合货币史，并不是要否定钱币学的独立存在，也不是要用钱币学来涵盖货币史。事实上这两门学科各有自己的研究对象，可以互相促进，而不能以其中的一门'吞并'掉另一门。"④

钱币学方法论根据其适应范围的不同有四个层次。一，哲学方法；二，一般科学方法；三，货币学方法；四，钱币学方法。马克思主义方法论对钱币

---

① 千家驹：《把钱币研究工作百尺竿头提高一步——在中国钱币学会第二届年会上的总结发言(摘要)》，《中国钱币》1986年第1期。

② 月氏：《钱币研究十年回顾》，载中国钱币学会编《中国钱币学会成立十周年纪念文集》，中国金融出版社，1992，第81页。

③ 杨煦春、何小平：《钱币研究管见》，载杨煦春主编《钱币研究文选》，中国财政经济出版社，1989，第34页。

④ 叶世昌：《钱币学纲要·绪论》，上海古籍出版社，1995，"绪论"第2页。

学的指导作用表现在第一层次和第三层次。所以，用哲学和货币学理论来代替钱币学理论是混淆了方法论的不同层次，是错误的。我们在研究钱币学时接受马克思主义指导，绝不是用马克思主义来代替钱币学理论和方法。

3. 对为现实服务、为经济服务的狭隘理解

旧钱币学"就钱论钱"，作为文人雅士茶余饭后的谈资，这是一种时代的局限性。在中国钱币学会成立之初，也曾有人认为钱币学是一门没有用的学科。针对这种情况，钱币学界提出了钱币学要为现实服务、为经济服务的任务。第一个《中国钱币学会章程》规定：钱币学要"为我国四化建设作出贡献"①。第二个《章程》修改为钱币学"为我国经济建设作出贡献"②。否则，"钱币学的研究如果和经济脱节，不为现实服务，就会使钱币学萎缩，就会成为一门对社会意义不大的学科"③。

那么，怎样来为现实服务、为经济服务呢？郭彦岗先生在《开拓钱币研究新路子》一文中，谈到"联系实际为现实服务"时举了三个问题："(一)关于货币稳定问题"；"(二)钱币铸造发行权问题"；"(三)货币政策与财政政策配合运用问题"④。赵会元先生在《以马克思主义为指针开展钱币研究工作》一文中说："我们通过对历史货币研究，找出它的经验教训，对于研究今天的经济建设和掌握货币流通，不会没有参考价值。"⑤李德宣先生认为："《中国钱币学》是一门经济性质的科学"⑥，"研究中国古钱币的目的，在于古为今用，以古鉴今。为要达到这个目的，主要途径在于研究古钱币中各种币制的利弊得失，以资借鉴"⑦。汪昌桥先生认为：如果不研究"动态的货币运动"，"中

---

① 见《中国钱币》1983 年第 1 期。

② 见《中国钱币》1987 年第 1 期。

③ 赵会元：《以马克思主义为指针开展钱币研究工作》，载中国钱币学会编《中国钱币论文集》，中国金融出版社，1985，第 7 页。

④ 郭彦岗：《开拓钱币研究新路子》，《苏州钱币》1988 年总 4 期。

⑤ 赵会元：《以马克思主义为指针开展钱币研究工作》，载中国钱币学会编《中国钱币论文集》，中国金融出版社，1985，第 8 页。

⑥ 李德宣：《〈中国钱币学〉科学体系发凡》，《安徽金融研究・增刊》，1990 年第 2 期。

⑦ 李德宣：《谈谈中国钱币研究的方向问题》，《安徽金融研究・钱币增刊》1991 年第 2 期。

国钱币学就很难发展，也很难实现‘古为今用，洋为中用’，为现实服务的目的，而古老的中国钱币学也不可能获得新生”。① 从这些论述中我们看到，上述观点把为现实服务、为经济服务理解为与经济、货币问题有直接的联系。由于货币发行、流通等本身就是社会经济问题，所以钱币学为现实服务、为经济服务就只能如此。本文第一部分已经谈过，货币政策、货币流通、货币理论是货币学的研究内容，而不是钱币学的研究内容。即使进行这方面的研究，也不能记在钱币学的功劳簿上，而应记在货币学的账上。

研究钱币学有重要的现实意义，只是不通过研究货币政策、货币流通来体现，而是通过以下几方面实现的。首先是为货币的设计和制造服务；其次是为货币学的研究提供重要的科学的资料；第三是为美术史学、古文字学、历史学等提供重要的资料；第四对研究冶铸和印刷技术有重要意义；第五为进行爱国主义教育服务②。

张季琦先生在总结“钱币研究的社会应用”时谈了以下几点：

一、钱币研究与货币金融工作结合，为现行货币金融工作服务。已产生明显效益。

1. 钱币研究对现行货币的印制与发行可从多方面启迪人们的智慧，提供历史借鉴。

2. 钱币研究与金银收兑、拣选等管理工作相结合，可以说大有用武之地。

3. 钱币研究对金银等各种纪念币(章)的生产和销售有重要参考价值和促进作用。

二、开展钱币研究，推动了钱币文物、文献的收集和整理，加强了钱币鉴定与文物保护工作。

三、开展钱币研究，对推动文物工作的开展，对加强博物馆文化宣传阵地，也有积极促进作用。

四、开展钱币研究，可以宣传爱国主义和革命传统，为社会教育服务，为加强政治思想工作服务。

① 汪昌桥：《试论钱币研究的方向及其现实意义》，《舟山钱币》1992 年第 4 期。

② 白秦川：《货币　钱币　钱币学》，载《舟山钱币》1990 年第 3～4 期、1991 年第 1～2期。

五、开展钱币研究，已成为加强对外文化交流的内容和渠道。

六、由于钱币研究的广泛开展，不断开拓新领域，取得新成果，这对历史学、考古学、金石学、古文字等学科，特别对经济史、财政史、金融史、货币印制史的发展，起到了相辅相成、相互促进的作用。①

戴志强先生在《钱币研究的现实意义》一文中总结了四个方面的内容：(一)确立钱币的文物价值。(二)弥补史书记载的不足，纠正史书记载的谬误，拓宽史学研究的思路，推进史学研究的发展。(三)总结前人和他人的经验，直接或间接地为社会主义的货币政策，现行货币的设计、制造和发行，提供借鉴意见。(四)增进我们自强的信心，提高我们早日跨入世界先进行列的勇气。②

张先生和戴先生对钱币研究的现实意义和为经济服务的论述是比较严格和中肯的。总之，我们不能把钱币研究为现实服务、为经济服务狭隘地理解为去研究货币问题，如货币政策、货币流通等；不能认为舍此就无法为现实服务、为经济服务。

4. 对当今钱币学界研究状况的笼统归纳与概括

《中国钱币学会章程》规定："本会是全国钱币学、货币史工作者，钱币工作者，收藏者的群众性学术团体。""本会的宗旨是：……推进钱币学、货币史研究，为我国社会主义建设作出贡献。"③在现实中，各级钱币学会会员也是如此做的。郭彦岗先生在谈到"我国钱币研究现阶段的动向"时，把钱币队伍从研究的层次类型上分为四类："一是集币型"；"二是发掘型"；"三是考证型"；"四是史鉴型"。第四类"着重从历史货币在历史时期内运动的角度进行动态研究"。"前三类则从历史货币本身形态进行相对的静态研究"④。这样，从表面上看，钱币研究就包括有货币史，货币史是货币学的一个分支。钱币学理论体系要对钱币界的研究状况进行概括与提炼，似乎应当包罗钱

---

① 张季琦：《我国钱币研究的新发展及其社会应用》，载中国钱币学会编《中国钱币论文集》第二辑，中国金融出版社，1992，第469～477页。

② 戴志强：《钱币研究的现实意义》，《舟山钱币》1989年第2期。

③ 《中国钱币》1991年第4期。

④ 郭彦岗：《钱币研究的目的、任务及其主要途径》，《安徽金融研究·增刊》1990年第3期。

币学与货币学。其实，这里有一个学会分工与学科划分是否能够画等号的问题。《中国钱币学会章程》规定研究钱币学、货币史是完全可以的，这属于学会分工。钱币学会会员研究货币史也是完全可以的，这属于个人爱好，有时则是研究钱币学的需要。叶世昌先生说："至于研究者个人，自然两方面都可以研究，就像彭信威先生的《中国货币史》包含了部分钱币学的内容一样。"①而学科划分则是由学科内部的矛盾规定性所决定的，它不以研究者的身份、地位和研究面的宽窄为转移，也不以某一团体通过的决议为转移。我们应该把钱币学家研究的内容与钱币学研究的内容区分开来。一个钱币学家可以研究钱币学，也可以研究货币学，还可以研究文学、史学、社会学、法学等，我们不能因此而建立一个包括钱币学、货币学、文学、史学、法学等的钱币学理论体系。《中国钱币学会章程》规定了钱币学会的宗旨，但这个宗旨并不是建立钱币学理论体系的最终结论。况且这个宗旨明明强调的是"钱币学、货币史"，本身就说明钱币学与货币史是两门学科。关于这个问题，本文第四部分"关于钱币学与货币学的定义"中将进一步论述。

5. 对钱币、钱币学概念的粗略分析与推论

李德宣先生说："钱币与货币是通义语。这就是说，研究钱币也就是研究货币。"②赵会元先生说：钱币学"这门科学涉及钱币、货币、历史货币三个名词，含意不同，有联系也有区别。就其躯体说，钱币、货币是一个东西。就其特性论，前者是退出了流通领域，失掉了价值尺度和流通手段，剩下的躯体，一般叫钱币，因为曾经起过流通作用，所以也叫历史货币；后者是担负着价值尺度和流通职能，正在流通，一般称货币"③。

既然钱币与货币是通义语，那么，钱币学理论体系就包括了货币学的对象与内容；既然钱币是历史货币，那么，钱币学理论体系最起码包括历史货币研究的全部对象和内容。由于这是一种粗线条的分析与推论，所以经不起精细的分析与严密的逻辑推敲。平时我们可以说钱币就是货币，但作为学科分类，在建立钱币学理论体系时，必须严格区分概念的不同含义。既然

① 叶世昌：《钱币学和货币史》，《中国钱币》1991 年第 1 期。

② 李德宣：《略论钱币与货币》，载薛健文主编《钱币文论特集》，安徽钱币学会，1988 年，第 31 页。

③ 赵会元：《从钱币学产生发展探讨其使命和意义》，《中州钱币》1987 年第 1 期。

钱币学与货币学是两门学科，那么，在这里，钱币就不是货币的通义语，钱币就不是货币的历史部分。关于这个问题，本文第四部分“关于钱币文化、货币文化、货币系统的定义”中有进一步的论述。

四、概念分析

下面谈谈陈连光先生讨论的几个问题。

1. 关于流通货币与非流通货币的划分

陈先生认为笔者“把非货币的压胜钱、纪念章（笔者文章中提的是压胜钱、纪念币）、冥币也包括在非流通货币里，使同一思维过程中被划分的母项与划分后的母项的外延不一致，从而违反了‘同一律’”。他的理由是“因为流通货币就是现行货币，不流通的只能是已经废止、停用的历史货币”。

“流通货币就是现行货币，不流通的只能是已经废止、停用的历史货币”不是笔者的划分，用不是笔者的划分来证明笔者的思维过程违反了“同一律”，这在逻辑上是站不住脚的，因为这种划分和笔者的思维过程不相干。

笔者强调的是“参与过”，现行货币参与过流通，历史货币同样参与过流通。只要是“参与过”流通，不管是现行货币还是历史货币，笔者统统称为“流通货币”。笔者这样使用概念是为了区别压胜钱、纪念币、冥币等。后者是一个非常庞大的类别，它们是钱币学的研究对象，具有钱币要素，但与流通货币有一个根本区别，即没有作为一般等价物“参与过”流通，故笔者称它们为非流通货币。

2. 关于实物货币和专用货币的划分

陈先生认为笔者把货币划分为实物货币和专用货币犯了“遗漏子项”的逻辑错误。陈先生指出龟、贝、珠、玉、皮币、飞钱、交子、钱引、会子、关子、钱牌、庄票、票号、转账支票、现金支票等是无法明确划入这两类之中的。

笔者在论述过程中确实是用是否为专职等价物为划分标准的。作为货币，有些除了作为交换媒介外，还有其他实用价值，可以用作直接的消费，如粟可以吃，帛可以穿，这就是实物货币。除此而外，只作为交换媒介用，没有其他用途的，就是专用货币。也就是说，专用货币是专职等价物，实物货币不是专职等价物，因此，所有货币，不是专用货币，即是实物货币。龟、贝、珠、玉在用作货币的同时，还有装饰和避邪的作用，所以是实物货币。飞钱、交子、钱引、会子、关子、钱牌、庄票、票号、转账支票、现金支票等除了用作货币外，没有其他用途，所以是专用货币。纵然有些书籍称它们为变相货币或代用货币，但它们的实质仍然是货币。

陈先生说："龟、贝、珠、玉这些原始货币，它们不但有实物形态具有实用价值，还在原始社会晚期至奴隶社会初期作为专职等价物，流通使用过很长一段时间。"专职等价物是笔者在论述钱币学理论体系时提出的一个概念，是指除了用作货币以外没有其他实用价值的物品。龟、贝、珠、玉既然具有实用价值，就不是专职等价物，也就不会"作为专职等价物，流通使用过很长一段时间"。这里的龟、贝、珠、玉是一般等价物，而不是专职等价物。一般等价物与专职等价物在逻辑上是大小不同的两个概念，它们之间是类种关系。所以笔者的划分没有遗漏龟、贝、珠、玉等子项。相反，陈先生并没有理解"专职等价物"的含义，才说出龟、贝、珠、玉既有实用价值又是专职等价物这样矛盾的话。

陈先生说："在实物货币和专用货币之间有交叉关系，单就古代的皮币、飞钱、交子、钱引、会子、关子、钱牌，以及近代钱庄的庄票、票号及现代的转账支票、现金支票等这些变相货币和代用货币究竟应该划入实物货币类还是专用货币类?"如上所述，笔者是将它们划入专用货币的。即使按陈先生的看法，它们处于二者的交叉点上，既可以说是实物货币，又可以说是专用货币，两种货币都包含有它们，也推不出"遗漏子项"的逻辑错误。

关于"专用货币"这个名词是可以讨论的。专用货币在表述专职等价物时是否发生了歧义？顾名思义，专用货币就是专门用作货币的货币，没有其他用途的货币．专用是与多用(包括两用)相对而言的。实物货币是一种货币，但不是专门用作货币的货币，它还有其他用途，所以，使用"专用货币"一词并不使人费解。陈先生说："专用货币的含义一般指专门在某一方面使用的货币，就像会计学里的专用资金一样，指在规定某一方面使用的资金，比如，救灾资金、支农资金、农副产品收购资金等。"(一)货币与资金的含义是不一样的，货币是作为一般等价物的特殊商品，资金是国民经济中物资的货币表现。资金可以按购买商品的范围划分为专用和多用，作为专职等价物的货币且作为一般意义上的货币是没有购买商品范围限制的，是不能从使用范围上划分为专用和多用的。比如，我们不能把中国人民银行发行的人民币规定某种号码或某种券别只能购买某类商品。（二）有些代用货币，如《钱币漫话》一书所记载的“旧上海的公共汽车专用币”①和现代社会中用于购买某类商品的代金券，它除了用作货币外，没有其他用途，所以是专用货币。同时，它们又是专门购买某类商品的货币，从这个意义上可以理解为“在某一方面使用的货币”。但不能由此推导出作为专职等价物的货币且作为一般意义上的货币可以划分为专用和多用。因为这些毕竟是代用货币，是准货币，而不是一般意义上的货币。因此，专用货币只能理解为除了用作货币以外没有其他用途的货币。（三）中国银行兑换券如陈先生所说：“不能像人民币一样在全国城乡广泛流通使用，只能用外币兑换并在指定的商场流通使用。”这与陈先生所说的“专门在某一方面使用的货币”是不一样的。专门在某一方面使用的货币（按陈先生的理解是专用资金，按笔者的理解是某些代用货币）②是购买某类商品的货币，如救灾商品、农用商品等。中国银行兑换券不限制购买商品的类别，只限制流通区域（指定的商场）。中国银行兑换券不是陈先生的“专用货币”定义的外延，怎么能把中国银行兑换券作为唯一的“专门在某一方面使用的货币”的论据呢？（四）如果限制了流通区域的货币是专用货币，那么，宋代四川铁钱区的铁钱是专用货币，河东、陕西铜铁并用区的铁钱不是专用货币。显然是不能这样来划分专用货币和非专用货币的。广而言之，任何货币都有一定的流通区域（美元也是如此），就更无法划分专用货币与非专用货币了，所以用是否限制流通区域（如中国银行兑换券）的标准来划分专用货币与非专用货币是不对的。（五）陈先生说：“在我国，专用货币只有一种，即中国银行兑换券……”不知陈先生这一结论的来源是什么？是文件规定，是货币学论著，还是自己推论出来的？陈先生说“专用货币的含义一般指专门在某一方面使用的货币”，又说“在中国，专用货币只有一种，即中国银行兑换券”，并且说“这种货币不能像人民币一样在全国城乡广泛流通使用，只能用外币兑换并在指定的商场流通使用”。上边说过，中国银行兑换券不是陈先生“专用货币”定义的外延，也就是说，陈

---

① 朱卓鹏、马传德等：《钱币漫话》，上海教育出版社，1989，第337页。

② 本文不深入研究中国银行兑换券的性质，只就陈先生文章论述范围所及来讨论中国银行兑换券。

先生并没有在逻辑上建立起自己的“专用货币”概念。没有自己的严密的“专用货币”概念，怎么能去批评别人“专用货币”“似乎不很恰当”呢？这就存在一个对别人使用的概念是否真正理解的问题。如上所述，既然陈先生没有理解“专职等价物”的含义，也就很难说对“专职等价物”的指代名词“专用货币”有真正的理解。

其实，在笔者之前，已有学者使用“专用货币”一词，并且概念非常清晰。张䌹伯先生在《钱泉辨名》一文中说：“吾国自金属发明，专用货币产生，分为三大支派，各有其独立系统。”①张先生说的“专用货币”即布币、刀币和圆钱。张先生并且列表对此进行解释：

非金属货币	龟贝——货 粟帛——币	以货作币，一物两用
金属货币	布 刀——>泉 钱	专门货币，不作别用。

郑家相先生的《中国古代货币发展史》一书，把“专用货币”一词用作章节的标题，“第三章金属两用货币”“第四章金属专用货币”。他的“金属两用货币”指铜刀、铜铲和金银，“金属专用货币”指布化、刀化和贝化。郑先生在谈到铜刀、铜铲时说：“此种铜刀铜铲，既可用之为器具，又可用之为交换，故别之曰两用货币。然古之媒介物，皆两用货币。不但此也，即自然物货币与制造物货币，有时亦为佩饰器物，仍属两用货币耳。至铜质之刀布，则货币始为专用矣。”②

3. 关于钱币的定义

陈先生说：“白先生给钱币下的定义是‘钱币是具有专用货币形制的非流通意义上的货币’。我觉得这个定义存在含义不清的弊病。因为白先生在定义里使用的‘专用货币’和‘非流通意义’两个概念，含义不清，逻辑性不严，而含糊的概念是不能使用的。”

陈先生在关于实物货币与专用货币的划分问题时谈了“专用货币”不恰当，笔者回答已如上述。“专用货币”和“非流通货币”两个概念在本文和拙

① 张䌹伯：《钱泉辨名》，《泉币》1943年第21期。

② 郑家相：《中国古代货币发展史》，三联书店，1958，第22页。

文《货币　钱币　钱币学》中均有论证，而陈先生说："含义不清，逻辑性不严"，不知有何根据？这样不作论证的空洞结论，是没有说服力的。既然陈先生说"非流通货币"这个概念"含义不清，逻辑性不严"，陈先生怎么还在下文把汪昌桥先生的"现行流通中的货币"改为"现行非流通货币"呢？这不是自己仍然在使用吗？陈先生在文章中说："任何理论体系都是一种思想体系，是人们对某一客观事物的理性认识，钱币学也不例外。理性认识不是用感觉、知觉、表象等感性形式反应（这里应该为'反映'）客观事物的，而是用概念、判断和推理等思维形式反应（同样应该为'反映'）客观世界的。"既然如此，陈先生怎么能用"我觉得"来下结论呢？

再者，《中国历代货币大系·先秦货币》也是把没有作为一般等价物参与过流通的货币叫作"非流通货币"①。

4. 关于钱币文化、货币文化、货币系统的定义

陈先生在引用笔者对钱币文化和货币文化下的定义后指出："其实形态特征和流通特征都是钱币（货币）的共同的本质属性，抛开钱币的具体形式，单就作为一般等价物这个核心内容来讲，钱币＝货币。由此推论，钱币文化和货币文化的含义是基本相通的，这一点，我们可以从近年来国内的钱币专家、学者们的讲话和题词中看到。"

首先应该明白，我们现在讨论问题的前提是什么，这就是建立钱币学理论体系，如果忘记了这一条，就没有讨论的基础。也就是说，如果我们讨论的不是同一个问题，纵然名词概念完全相同，也是没有必要的。

在现实生活中，我们拿到一枚硬币或一张纸币，可以称其为货币，也可以称其为钱币。在学科分类中，由于钱币学的研究对象与货币学的研究对象是一种交叉关系，其交叉部分即是专用货币。对于专用货币，可以称货币，也可以称钱币。但是，若由此推论整体货币等于整体钱币，就犯了逻辑学上混淆概念的错误，即把交叉关系当成同一关系来理解和使用了。

就货币整体来讲，不但有专用货币，还有实物货币，如粟帛。粟帛向来不是钱币学研究的对象，所以向来没有人称粟帛为钱币。就钱币整体上讲，不但有专用货币，还有非流通货币，即压胜钱、纪念币、冥币等，对于后者，不

① 马飞海总主编《中国历代货币大系》第1卷《先秦货币》，"图录"第21类为"非流通货币"，上海人民出版社，1988。

是货币学研究的对象，所以一般不称为货币。陈先生说："单就作为一般等价物这个核心内容来讲，钱币＝货币。"这一点是正确的，即笔者所说的专用货币。陈先生的错误是"由此推论，钱币文化与货币文化的含义是基本相通的"。并以近年来国内的钱币专家、学者的讲话和题词为根据。遗憾的是陈先生没有引用一句专家、学者的讲话和题词，我们无从看到专家、学者是怎样为陈先生的观点论证的。即使专家、学者有这方面的讲话和题词，也是可以讨论的，并不是中国钱币学理论体系的终结。货币制度、货币流通和货币思想是货币学研究的内容，由此形成的文化是货币文化。钱币的形制、文字、图案、币材、铸造工艺等是钱币学研究的内容，由此形成的文化是钱币文化。这里的钱币文化和货币文化都是从整体上讲的，不再是单纯专用货币范围内的文化。因此，钱币文化与货币文化的含义是不相通的。

关于"钱币文化是指在一定时期、一定地域使用的有共同形态特征的货币系统"正确与否的问题，陈先生说货币系统有六类货币（其中第二类为实物货币），钱币文化的外延包括货币系统，还包括压胜钱、纪念币、冥币等非货币系统以及其他有关方面，并用逻辑学的欧拉图予以表示。毫无疑问，陈先生的钱币文化包括六类货币中的实物货币。实物货币不是钱币学的研究对象，怎么会成为钱币文化的组成部分？在这里陈先生仍然把货币学与钱币学混为一谈，得出"钱币文化这个概念，不但内涵深，而且外延广"的结论。

5. 关于钱币学与货币学的定义

笔者的钱币学定义是"研究具有专用货币形制的非流通意义的货币的一门学科"。陈先生认为不符合当今中国钱币学界的实际，指出过去钱币学研究面很狭窄，现在研究的对象很广泛，并引用钱币学者汪昌桥先生的一段文字为论据。陈先生说钱币学过去研究面窄，现在广泛，笼统讲是对的，但仔细分析，也存在问题。

笔者承认，笔者的钱币学定义与当今中国钱币学界的实际研究内容不相符合。当今中国钱币学界是指以中国钱币学会为代表的全国各级学会与会员组成的钱币学研究群体。中国钱币学界研究的对象和内容包括了钱币学的全部对象和内容，此外，还包括了部分货币学的对象和内容。陈先生引文中的关于"发行、流通"的"货币政策与理论"是属于货币学的范畴，《中国钱币》杂志的"货币史"栏目也是货币学的范畴。这一现象的存在，有其历史的和现实的原因。在中国钱币学会成立之初，与中国金融学会进行工作分工时，规定中国金融学会研究现行货币，中国钱币学会研究历史货币，并把这一任务写进了《中国钱币学会章程》。在后来的具体工作中，现行货币的非流通内容的研究也由钱币学会承担了，这就是《中国钱币》中的《人民币》《纪念币》等栏目。这样，中国钱币学界研究的对象和内容就包括了历史货币的全部和现行货币的非流通部分。对历史货币的研究又分为钱币学和货币史两个方面。中国钱币学界不研究现行货币的流通内容，《中国钱币》等钱币类刊物不刊载这方面的文章即是明证。陈先生所引汪先生的原文有一句话："不仅包括退出流通领域的各种历史货币，还包括现行流通中的货币。"不知道是由于排版的错误，还是陈先生意识到钱币学不研究现行货币的非流通内容，引文被改为："不仅包括退出流通领域的各种历史货币，还包括现行非流通货币。"总之，当今中国钱币学界研究的对象和内容为对古今货币的钱币学研究和历史货币的货币学研究（即货币史）。

现在我们可以明白，陈先生所说的"当今钱币学研究的对象很广泛"，实质上是指当今"中国钱币学界"研究的对象很广泛。这可以从陈先生批评笔者的钱币学定义不符合当今中国钱币学界的实际和引用的一段文字里得到证明。由于当今中国钱币学界研究的对象和内容超出了钱币学研究的对象和内容（超出部分为货币史），所以，中国钱币学界研究的对象和内容不等于钱币学研究的对象和内容。陈先生正是把"钱币学界"研究的对象和内容当成了"钱币学"研究的对象和内容来论述的，犯了一个"偷换概念"的逻辑错误，得出的结论自然就靠不住了。

陈先生既然谈当今中国钱币学界的实际，认为钱币学包括了货币学研究的对象和内容，那么陈先生能否对本文第二部分指出的由于这种认识而产生的几个矛盾，试着给以解答？陈先生说："如此内容丰富、范围广泛的新钱币学，岂是白先生用'专用货币'和'非流通意义'两个名词概念所能容纳得下的？"陈先生的内容丰富、范围广泛的新钱币学，笔者向来没有想到要钱币学容纳它，笔者是让钱币学和货币学两门学科来容纳它的。陈先生没有从逻辑学的角度论证他的新钱币学与货币学的关系，而是非常含糊地把货币学包括进去了。这种不正面回答货币学研究的对象和内容、不从逻辑上论证钱币学与货币学的关系的新钱币学，因为失去了建立钱币学理论体系的前提和基础，很难自圆其说。

陈先生说:"诚然,白先生对逻辑学有一定的造诣,但是如果对当今钱币学界的研究现实和发展趋势缺乏了解和认识,对当今钱币学的客观实际把握不准,是无法正确地给当今钱币学下定义的。"首先,陈先生所说的"当今钱币学的研究现实和发展趋势",由于没有明确说出,笔者不知所指,也就无法"了解和认识",更"把握不准"。其次,陈先生与笔者素昧平生,不知道陈先生是通过什么渠道确认笔者"对当今钱币学界的研究现状和发展趋势缺乏了解和认识,对当今钱币学的客观实际把握不准"的。笔者自认还是比较注意收集钱币界的各种动态,对各种观点也是比较注意学习和吸收的。第三,在不得其解的情况下,只有一个途径,即拙文,使陈先生得出了如上看法。那么,拙文引用的材料并不全是中华人民共和国成立前的,或是民国以前的,文中没有陈先生所谈的信息。这样,笔者只好把陈先生所指的"当今钱币学的研究现实和发展趋势"理解为他的"内容丰富、范围广泛的新钱币学",理解为笔者对这种新钱币学"缺乏了解和认识"是不予认同。我想这没有曲解陈先生的原意。从这种语句态势上可以看出,陈先生是非要笔者认同他所认同的观点,否则"是无法正确地给钱币学下定义的"。笔者给钱币学下的定义是否正确,不敢妄断,只有留待时间的考验。但陈先生这样随意教训持不同观点的人,就不是在平等基础上来讨论问题,是文风不正的一种表现。

陈先生的小标题是"钱币学与货币学",但陈先生从未有一句论及笔者的货币学定义,也没有谈他自己对货币学的看法。这是无意的遗漏呢,还是有意回避?

6. 关于学会宗旨与名称

陈先生说:"有人认为钱币学会的名称里有'钱币'二字,就以为钱币学会只研究传统的、历史的钱币,而不研究当今的现行货币,这是一个认识误区。"这个误区确实存在过,1982 年 6 月 29 日通过的第一部《中国钱币学会章程》第三条为:"本会的宗旨是:……为推动我国历史货币研究工作的发展,为提高我国历史货币研究的科学水平,为我国四化建设作出贡献。"①这是在学会初创阶段的认识。经过实践,学界同仁很快发现这种认识不尽合

① 见《中国钱币》1983 年第 1 期。

理，于是在1986年11月召开的第二次会员代表大会上，制定了第二部《中国钱币学会章程》，将中国钱币学会的宗旨修改为："为推进钱币学、货币史研究，提高学术水平，为我国经济建设作出贡献。"①这标志着中国钱币学界从1986年已经开始走出这个认识误区。

陈先生说："钱币学会不但研究传统的历史货币，也研究当今的现行货币，钱币学会也就是货币学会，只是为了使学会具有中国特色，才借用'钱币'这个名词而去掉'货币'这个名词来作为学会的专业名称而已。在日本，钱币学会的名称就叫'货币学会'。"

首先，陈先生所说的钱币学会也就是货币学会，与中国金融学会有无区别？如果无区别，就不需要两个学会并列存在；如果有区别，区别在什么地方？其次，如果仅仅因为去掉"货币"这个名词而借用"钱币"这个名词就会使中国钱币学会具有中国特色，这个中国特色得来的价格也太低廉了。这好像是说中国钱币学会的定名是在玩一种文字游戏，而不是学科发展的必然结果。其三，日本全国性的钱币学会叫作"货币学会"，是由于日本国的特殊情况决定的，在日语里，没有"钱""币"连用的习惯②，因此，不能用日本的"货币学会"来反证中国的"钱币学会"。其四，如果按照陈先生所讲，不用货币而用钱币就表示具有中国特色，那么，美国钱币学会（American Numismatics Society）③名称中不用"货币"（Money 或 Currency）这个名词而用了"钱币学"，是否也具有中国特色？退一步讲，是否也具有美国特色？如果用了"钱币"一词就具有本国特色，那么，日本没用"钱币"一词就没有日本特色了？因此，用是否借用"钱币"一词是无论如何也推论不出中国特色的。其五，"中国钱币学会"定名的原因恰恰是要和其他国家的名称相吻合。1982年6月4～5日在北京召开了中国历史货币学会（暂定名）筹委会工作会议。会上提出了学会名称的选择方案，分别为"中国历史货币学会""中国货币学会""中国货币史学会""中国钱币学会"。1982年6月28日在中国钱

---

① 见《中国钱币》1987年第1期。

② 辽宁人民出版社《新日汉辞典》、日本岩波书店《广辞苑》、日本平凡社《世界大百科事典》等辞书均无"钱币"条目。日本大修馆书店《新汉和辞典》修订版（昭和四十二年）在汉语"钱布"词条的释文中有"钱币"一词。这说明日语习惯上不用"钱币"一词，只在解释汉语词汇时引用的汉语中出现"钱币"。

③ 马新华：《美国钱币学概览》，《中国钱币》1987年第4期。

币学会成立大会上，“会议代表根据专家、学者的建议，按照学会的宗旨、性质、任务和适应对外交流的需要并和国际类似组织名称相吻合，不发生概念的混淆，一致同意学会名称为‘中国钱币学会’”①。

① 杨秉超、朱纯德：《钱币史上的里程牌——中国钱币学会成立前后的回顾》，载中国钱币学会编《中国钱币学会成立十周年纪念文集》，中国金融出版社，1992，第12页。

钱币学史研究

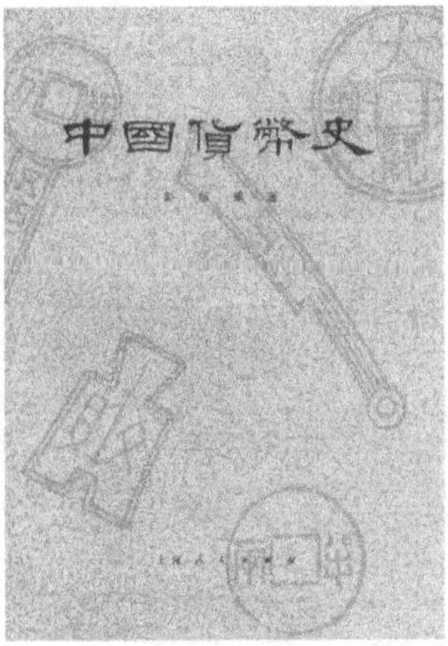

彭信威钱币学思想初探

中国钱币学在20世纪三四十年代发生了重大转折，标志之一是钱币研究受货币理论的影响，提出了钱币学与货币学相结合的治学方法。其代表人物是彭信威先生，而代表作则是彭信威先生的《中国货币史》。彭先生的钱币学思想至今仍然指导着我国的钱币学研究，因此，对彭先生钱币学思想进行系统的整理，一方面可以看到彭先生对钱币学的理论贡献，另一方面可以推动当前的钱币学研究。彭先生丰富的钱币学思想散见于《中国货币史》一书，笔者经过认真爬疏、整理、分析，忝成此文，作为对彭先生的纪念。

一、彭信威对钱币学理论的贡献

20世纪30年代前后，西方各种学说陆续传入中国，使中国学术界各个领域都发生了革命，文学、艺术、经济、历史、哲学等，无不如此。钱币学由于受西方货币学理论、考古学技术和钱币文化（废两改元、法币改革）的启发和影响，也必然发生革命。这种倾向在《古泉学》和《泉币》杂志时期初露端倪，而真正开创新局面的则是彭信威先生，他对中国钱币学理论做出了很大贡献。

1. 提出了“钱币学”的概念

钱币一词在古代指铜铁等金属铸币，有时也泛指所有货币，其使用频率高于货币一词。近代以来，西方货币理论传入中国，经过讨论筛选，最后把作为一般等价物的特殊商品用“货币”一词来承担，而为大家所熟悉的钱币一词则坐了冷板凳。钱币学以往被称为“古钱学”“古泉学”“泉币学”“泉货学”等，一般称为“古钱(泉)学”。彭信威先生首先使用钱币学的提法。这不仅是变换一个名词，而是标志着概念更周延。古钱(泉)学研究的对象是退出流通领域的货币，钱币学则包括现行货币。所以彭信威先生说："它不仅考古，而且考今，所以近代人把钱币学称为古钱学，严格地讲，是不正确的。"①"钱币学虽然包括一切时代的钱币，流通中的钱币也在内……"②把现行货币作为钱币学的研究对象，"泉币学社"就曾经提出过。其简章规定"以研究古今泉币……为宗旨"，因而定名为泉币学。王莽复古改制，把"钱"称为"泉"，后来的文人雅士便称"泉币""泉学""泉谱"，一般老百姓则不知所指，只知道使用的是钱。而正史中也不使用泉币，多用钱币、钱钞等。这样，称钱币学就比叫泉币学更通俗易懂，也更符合治史习惯。钱币学起源于对硬币的研究，而钱币的原意就是硬币，因此使用钱币学也恰到好处。由于以上几方面的原因，当彭信威先生提出钱币学之后，就被学术界所接受，如今已几成定论。

2. 提出了钱币学与货币学相结合的研究方法

钱币学与货币学是联系紧密但各自独立的学科，20 世纪 30 年代以后，二者结合的趋势是明显的。关于此点，《泉币·发刊词》论述颇详："方今泉币一门，成为独立专门科学，应作有系统之推讨，谋划时代之进步，因知泉币莫非历代日用通货，物之平凡通常，无过于此，而性质之神妙玄奥，原理之错综复杂，种类之繁富夥颐，变化之万绪千端，亦未有过于泉币者也。要在详稽实物，参证史志，按诸货币原理，以究其制作沿革，变迁源流，利病得失之所在，治乱兴替之所系。"③从文中可以看出，这里的泉币学，既包括钱币学，也包括货币学，这是符合当时人的认识水平的。西方货币理论是一种比较成熟的理论，刚传入中国时，中国学者只能采用"拿来主义"，来指导学术研究；只有把钱币学和货币学当作一门学科，否则就无法接受货币理论的指导。随着研究的深入，人们又认识到二者不是一门学科，但二者研究对象很大部分相重合，因此，必须互相结合，才能使二者共同发展。彭信威先生就是这样认识的，他的认识要比《泉币》时期的认识前进一步。他说："一定要书本和实物相结合、理论与实际相结合、货币学与钱币学相结合，这样才能

① 彭信威：《中国货币史》，第 283 页。

② 彭信威：《中国货币史》，第 284 页。

③ 见《泉币》1940 年第 1 期。

了解真实情况。”①彭信威先生的认识有两层意思：(一)货币学与钱币学是两门学科；(二)二者在研究上要互相结合。这种认识是对钱币学理论的重大发展，为我们今天完善钱币学理论奠定了基础，同时也是对古代钱币学研究方法的重大突破。

3. 创立比较钱币学的研究方法

比较钱币学即对不同地区不同时代的钱币进行比较、中国和外国的钱币进行比较、东方和西方的钱币进行比较的一种研究方法。中国以往的钱币学家，由于受地理环境和知识面的限制，主要研究中国古代钱币，至多包括日本、安南、朝鲜、琉球等国家的钱币。由于只在一种钱币文化中探索，很难总结出这一文化的本质特征，很难在最高层次上来认识这种钱币文化。彭信威先生利用自己对西方钱币文化的渊博知识，大胆地创立比较钱币学的研究方法，并成功地运用这一方法来分析中国历代钱币，从而使我们对中国古代钱币有了一个明确的、总体的认识。在1954年版《中国货币史》一书中，彭先生论述道：“外国银元的流入，在中国的货币文化上，引起一次大革命。人类史上，主要只有两种独立的货币文化：一是希腊的系统，一是中国的系统。西方货币是以金银为主，没有穿孔，一开始就在币面铸些鸟兽人物草木。东方货币以铜铁为主，有方孔，币面只有文字，没有图画……西方的货币文化，在中世纪非常低落，自文艺复兴以后，又开始进步，后来完全适合资本主义经济的需要。中国的货币文化，自南宋以后，也开始后退，一直退到满清末年，水准越来越低。自然更不足以适应资本主义社会的要求。所以中国的封建势力无论怎样强，经过两三百年的斗争，终于完全为西方资本主义的货币文化所征服。”②这一段文字，除个别字句今天看来有失偏颇外，所讲道理是非常精辟的。遗憾的是在以后的版本中被删掉了。为要很好地运用比较钱币学的研究方法，就必须如彭先生所说，“不但要懂得中国钱币学，还要懂得外国钱币学。”③

① 彭信威：《中国货币史·序言》，“序言”第23页。

② 彭信威：《中国货币史》，群联出版社，1954，第502～503页。

③ 彭信威：《中国货币史·序言》，“序言”第22页。

二、彭信威钱币学思想辨析

彭信威先生认为："货币制度史和物价史的研究，不但要有货币学的基础，而且要有钱币学的基础。"①为了研究货币史，彭先生在钱币学方面下了很大功夫，并且提出如上述具有深远影响的看法。但是彭先生研究的重点是货币史，无意也无暇建立钱币学理论体系，只是在研究过程中形成一些看法，随时表述出来。因此，有些看法就缺乏系统性。今天，我们应当对彭先生的有些提法进行推敲，促进钱币学的发展。

1. 关于钱币的定义

彭先生在其巨著《中国货币史》中没有给钱币下定义，他把汉以后的货币分为钱币、金银、谷帛、纸币四大类，钱币是货币中的一类，即金银以外的金属铸币(只有汉武帝白鹿皮币放在钱币中论述是例外)。作为历史形成的概念，钱币的意义是明确的，在货币史著作中如此使用也是可行的。但是，彭先生在许多地方又谈到了钱币学。钱币是钱币学的研究对象，反过来，钱币学研究的对象都是钱币。如果把彭先生货币制度中的钱币概念与他钱币学中的钱币概念进行对照，二者的外延就不相等了。在《钱币学》一目所列钱币学著作中，有纸币著作，也有记录压胜钱的。在谈到外国钱币学时，举了流入中国的各种银元，可见彭先生的钱币学还包括金银币。这样，钱币学中的钱币范围要比货币制度中的钱币范围大得多。因此，从钱币学的角度讲，彭先生的钱币概念需要进一步定义。

2. 关于钱币学与货币学的关系

彭先生首先认为钱币学是一门独立的学科，并且是与货币学相对立(或与货币史相对立)的一门学科。他说："钱币学倒是一开始就是作为一门独立学科而产生的。"②"因为钱币学本身是一门独立的科学，所以货币史和钱

① 彭信威:《中国货币史·序言》,"序言"第 21 页。

② 彭信威:《中国货币史·序言》,"序言"第 20 页。

币学的划分问题，并不是很困难的。”①“一定要……货币学与钱币学相结合。”②但是，他又认为，钱币学是货币史中的一门学科，“研究货币史显然必须研究钱币学，而且应当包括钱币学”③。他还认为，钱币史与货币史没有严格的界限。“本来货币史和钱币史也没有严格的界限，真正研究货币史的人应当把文献资料和实物资料并重。实际上，优秀的钱币学家，没有不钻研史籍的。”④以上三种关系显然不能并存，也就是说，有的恰当，有的不当。如果钱币学是与货币学相对立的一门学科，那么货币史就不应当包括钱币学，也不应当把货币史与钱币学相对立，钱币史与货币史应当有严格的界限。因为货币史是货币学的一个分支，犹如钱币史是钱币学的一个分支一样。

3. 关于钱币学与货币学的区分

彭信威先生认为，钱币学与货币学的区别在于所用资料不同，钱币学研究实物资料，货币学研究文献资料。“历代史中的钱币部分不是钱币学，因为它们是根据文献资料写出来的，钱币学必须是对钱币实物的研究。”⑤这种区分方法，粗略地讲，似无不可，而要使钱币学真正成为一门独立学科，就不缜密。从内容上讲，“钱币学是研究钱币的形制、制作、文字和图型”⑥。根据这一原则，凡是记录钱币形制、制作、文字、图型的书籍都应该称为钱币学著作。历代史书中的钱币部分也多有这方面的记载，如《三国志》记载，董卓“更铸小钱，大五分，无文章，肉好无轮郭，不磨鑢”。《宋史》记载，太宗“亲书‘淳化元宝’，作真、行、草三体”。货币学研究货币制度，金属铸币的重量是一项重要内容，“到底某一时期的钱币，离开标准重量与成色有多么远，史书中就很少记载了，偶有记载也是不详不尽，这就非从钱币学来研究不可了”⑦。另外，彭信威先生还认为，“货币文化也是钱币学所要研究的一个重要方面。所谓货币文化，在广义上，是指一个社会发展到使用货币所需要的

---

① 彭信威：《中国货币史》，第 624 页。

② 彭信威：《中国货币史·序言》，“序言”第 23 页。

③ 彭信威：《中国货币史》，第 283 页。

④ 彭信威：《中国货币史》，第 624 页。

⑤ 彭信威：《中国货币史·序言》，“序言”第 20 页。

⑥ 彭信威：《中国货币史》，第 282 页。

⑦ 彭信威：《中国货币史·序言》，“序言”第 22 页。

各种先进的条件，包括生产力和同这种生产力相适应的各种典章制度”①。从上面三个例子可以看出，按照彭信威先生的有些看法，史书中也有关于钱币学的记载，研究货币史也必须研究钱币实物，而对他说的广义货币文化进行研究，恰恰需要文献资料。这样，用实物资料和文献资料作为标尺就很难把钱币学与货币学区分开来。

那么，钱币的定义、钱币学与货币学的关系、钱币学与货币学的区分应如何表述呢？笔者认为，钱币是具有专用货币形制的非流通意义上的货币，钱币学与货币学是互相联系但各自独立的学科，钱币学与货币学的区别主要在于是否研究货币流通，研究流通问题的是货币学，研究非流通问题的是钱币学。②

三、彭信威钱币学思想的时代意义

彭信威先生的巨著出版于1954年，距《泉币》停刊已有十个年头了，为什么还要以彭信威先生及其著作为代表呢？

20世纪三四十年代，钱币学形成一次大的研究高潮，出现了许多收藏家和研究者，硕果累累，出版了如《古钱大辞典》《历代古钱图说》等权威性著作，提出了许多新观点和新方法。但是，能够从理论上对这一时期进行概括的，当时还没有，能够用这些新观点和新方法对中国钱币史进行系统研究的也没有，唯有彭信威先生做了这方面的工作。他的《中国货币史》是对三四十年代中国钱币学的一个总结，反映了三四十年代至五十年代初我国钱币学的研究水平。况且，《中国货币史》一书着手写作的时间是1943年，当时正值《泉币》时期，彭信威先生同当时许多钱币学家也有过交往。

《中国货币史》不仅是对以往的总结，更重要的是开创了一个时代。中国钱币学从顾烜《钱谱》算起，已有1400多年的历史，但在20世纪30年代以前，钱币学只是金石学的一个分支；钱币学是一门什么样的学科，它的研究对象、内容、方法是什么，没有人做过系统回答；钱币学家们只是继承前人的

---

① 彭信威：《中国货币史・序言》，“序言”第20页。

② 白秦川：《钱币与钱币学》，《中国钱币》1990年第3期。

方法，做一些谱录工作；钱币学一直处于经验阶段。三四十年代，由于钱币学研究热潮的兴起和货币学的影响，钱币学为经济服务的思想出现了。王荫嘉先生在《泉币》第六期上指出："我国之治泉币学者，向仅囿于古钱，以为玩好之资，偏于赏鉴小道，而于经济大纲，国计民生，返多忽视，误莫甚焉。比年诸同志有鉴于此，力谋改革，恢张斯道，实事求是，举凡历代之经济实物，罔不穷搜冥索，务求毕备。"①这标志着钱币学渐渐脱离了经验阶段，开始向理论阶段过渡。彭信威先生提出钱币学与货币学相结合的理论和方法，是钱币学向理论阶段迈出的第一步，也是非常重要的一步。这一理论一直指导着我国的钱币研究工作，所以我们说彭信威先生的钱币学思想在中国钱币学史上具有划时代的作用。

① 王荫嘉：《中华民国二十九年中国银行天字第一号伍圆钞票》，《泉币》1941年第6期，第43页。

彭信威先生在研究钱币学史方面的贡献

任何一门学科的发展都是以前人的成果为基础的，一个优秀的学者必须重视学科史的研究，这就是牛顿所谓“站在巨人的肩膀上才高大”之意。彭信威先生在钱币学理论方面开一代新风，使钱币学发生了一次飞跃发展，他在钱币学史方面也有独特的建树。他把钱币学史作为一门学科史进行研究，注重研究方法的进步，纠正钱币学史上的不良倾向。下面分别进行论述。

一、以“史”治史

自刘氏《钱志》、顾烜《钱谱》创立钱币学之后，后来的钱币学家大都非常重视钱币学史研究。他们研究的方法大体有两种，一是辗转抄录不加评论，或很少评论，如洪遵《泉志》百分之九十是引述前谱的文字。二是就谱论谱，不成系统，如丁福保对各家谱录的整理与研究。这两种方法在钱币学史上有重要贡献，前者如《泉志》保存了大量学史资料，使后人能够窥见《泉志》以前之梗概。后者对各种谱录进行统计，并对各谱内容进行甄别，使后人免蹈踵舛袭谬之覆辙。然而，这两种方法得到的是钱币学史资料，不是严格意义上的钱币学史，无法使人们了解钱币史的发展阶段以及是如何发展的。

彭信威先生是站在学科史的高度来研究钱币史的。

1. 阶段划分

学科史必须按历史顺序进行叙述，并按一定的标准进行阶段划分。彭信威先生按照《中国货币史》的体例，把钱币学史划分为晋至隋、唐五代、两宋、金元、明、清几个阶段。对各阶段钱币学的成果进行总结,并对钱币学著作进行系统介绍与评价,使我们对每个阶段的钱币学状况有全面的了解。例如两宋时期,他说,研究钱币的人很多,著作有陶岳的《货泉录》、金光袭的《钱宝录》、杜镐的《铸钱故事》、于公甫的《古今泉货图》和《钱氏钱谱》等;简单介绍了董逌《续钱谱》和李孝美《历代钱谱》,着重介绍了洪遵的《泉志》,指出"这是中国现有最早的钱币学著作"①。对《泉志》的成书、分类、内容及总的评价进行论述。最后,由于罗泌《路史》"对后代钱币学有一定影响"②,也对《路史・论币所起》进行了介绍。

2. 阶段发展

研究学科史,不能只简单地按照朝代顺序平铺直叙,而要通过对学科史的研究,认识到该学科是如何发展的。彭信威先生认为,中国钱币学有两次发展,五代和两宋为第一次,清代乾嘉时期为第二次。他说:"在封建社会中,一切学术都是进步很慢的。中国的钱币学也不例外。在五代和两宋才有进一步的发展,可是很大部分还是抄袭前人的著作,创见不多。尤其是明代,可以说没有一部有价值的钱币学著作。一直到清代乾嘉年间,由于考证学的风行,对于研究的方法,有显著的改进,中国钱币学才获得空前的发展。"③

3. 辑佚工作

彭信威先生根据《泉志》及其他史书做了大量的辑佚工作,勾画出了南宋以前学史的概貌。中国钱币学自南朝产生,到南宋初以前八百年间,所有的著作均失传了。以往的学者谈到这段历史,只列一下书目,无法叙述具体内容,形成了早期钱币学史的空白。

4. 发展动因

研究钱币学史,除了系统、全面地叙述学史内容之外,还需要进一步研究产生的条件、发展的动力等深层次的问题。彭信威先生第一次做了这方面的工作。他认为:"钱币学的产生,有一定的条件。其中之一就是要当时

① 彭信威:《中国货币史》,第 531 页。

② 彭信威:《中国货币史》,第 533 页。

③ 彭信威:《中国货币史・序言》,"序言"第 22 页。

的钱币能引起人们的注意,使人们对于收藏它和研究它发生兴趣。"①彭信威先生运用这一观点,详细分析了南北朝时期钱币学的产生,较为合理地解释了唐代至元代钱币学的起伏。南北朝时期,"货币流通很复杂,非一般史家所能弄得清楚,非专门研究这一问题的人,处理不好",所以"有钱币学的产生"②。"唐代钱币学不发达,是……因为唐代的钱币制度很简单。"③"到了五代,钱币制度又繁杂了,这替钱币学的发展提供了有利的条件。"④"宋代的货币经济有飞跃的发展,货币制度非常复杂,钱币艺术达到高度的水平,钱币种类之多,可称空前。……所以研究钱币的人也多。"⑤"元代不大用钱,所以钱币学的不发达是容易理解的。"⑥

二、注重研究方法

中国钱币学在宋代、特别在清代乾嘉时期获得空前发展,除了币制复杂、种类繁多之外,还有着深刻的文化背景。宋代金石学的兴起,自然要促进钱币学的发展;清代考据学,"不可避免地要影响到金石学和钱币学"⑦。中国钱币学的发展,除了内容的不断扩充外,主要是研究方法的发展。因此,在研究钱币学史时,必须重视研究方法的发展。彭信威先生非常重视这一方面。

1. 翁树培方法

翁树培在《古泉汇考》一书中提出研究钱币的"字、形、色、质、声"五字法,是对古人研究方法的总结。"由于翁树培受到后来的钱币学家的推崇,因而他所提出的研究方法也受到重视。"⑧彭信威先生虽然说他还不够全面,

---

① 彭信威:《中国货币史》,第283页。
② 彭信威:《中国货币史》,第284页。
③ 彭信威:《中国货币史》,第377页。
④ 彭信威:《中国货币史》,第378页。
⑤ 彭信威:《中国货币史》,第530页。
⑥ 彭信威:《中国货币史》,第623页。
⑦ 彭信威:《中国货币史》,第928页。
⑧ 彭信威:《中国货币史》,第930页。

漏掉了钱币的重量,但还是肯定他的研究方法比较进步。

2. 出土地方法

根据出土地点、地层、同坑器物进行研究,是当代考古学的基本理论和方法。彭信威先生对采用这种方法的钱币学家都给予充分肯定。五代张台《钱录》,“对于直百五铢,他知道从出现地区来推定它的来源。……足见他所用的方法是合乎科学的”①。清代初尚龄的《吉金所见录》“最大贡献是把刀布断归春秋战国,打破了旧日对三皇五帝的附会。初尚龄是根据出土实物来进行研究的,所用的方法基本上是合乎科学的”②。

3. 实践方法

钱币学是一门实践性很强的学科,在研究方法上,必须文献与实物并重。彭信威先生十分强调这一点,他说:“一定要书本和实物相结合、理论与实际相结合、货币学与钱币学相结合,这样才能了解真实情况。”③清代钱币学成就比较大的主要原因就是采用了这个方法。如“把中国的钱币学推进到一个新的水平”的翁树培“是第一个致力于钱币板别的人,……板别的资料就只能从实物的研究上才能取得。可见他是书本与实物两者并重的,无怪钱币学界把《古泉汇考》看作钱币学的总汇”④。

三、批评几种不良倾向

研究钱币学史,对前人的贡献要充分肯定;对前人的不足要明确指出,以免贻误后学;对于一些带倾向性的、习惯性的不良做法,则要进行批评,不能为贤者讳。彭信威先生就批评了几种不良倾向。

1. 简单抄袭

不分良莠,辗转相抄,踵舛袭谬,这是过去钱币学著作的通病。彭信威

① 彭信威:《中国货币史》,第378页。
② 彭信威:《中国货币史》,第931页。
③ 彭信威:《中国货币史·序言》,“序言”第23页。
④ 彭信威:《中国货币史》,第929页。

先生指出:“一般钱谱所列书名很多,对于书的内容则不加审查分析,只是有闻必录,所以一些毫无价值的书却不断地被人介绍,不加评论。这种情况不限于钱币学方面,而是过去中国学术界的普遍现象……一部价值很大的著作,同一本毫无价值的书,在史书中往往受到同样的重视,占据同样多的篇幅。”①

2. 浮夸学风

治学态度与研究成果往往成正比,严谨的态度一般成就大些,反之成就小些,甚至无成果。彭信威先生非常严肃地批评了明代到清初“不联系实际,不实事求是”的浮夸学风,指出这种“学风很不利于学术的发展”,在货币史和钱币学方面也是这样。“钱币学因为应当以实物为主,所以成就更加小。实际上明代没有真正的钱币学著作”②。“考证学发源于顺康年间,但研究钱币学的人,一时还没有受到这种考证方法的熏陶。他们还保留明代理学那种主观唯心论的治学态度:不重视实物,不实事求是,不严肃,不忠实,只知摹仿抄袭”③。

3. 缺乏全面意识

任何一门学科的发展,都是由点到面,逐步展开的,个别材料积累到一定程度,就需要进入全面系统的研究阶段。中国钱币学发展到乾嘉时期,应该达到这个程度,却没有出现全面研究的现象,主要原因是没有全面研究的意识。彭信威先生论述道:“近代中国研究历史的人,倾向于抓两头,忽视中间。钱币学方面也是这样。大部分人不是喜欢近现代的金银铜币和纸币,便是喜欢古代的刀布,中间一大段就不那么热门,特别对于明代钱币,很少有人专门研究。”他强调指出:“如果把钱币学真正当作一门科学来研究,那就一定要关心那些薄弱的环节,使这门科学得到全面而平衡的发展。”④

4. 方法落后

研究钱币学,要有正确的指导思想和科学的研究方法。钱币的出藏、转

① 彭信威:《中国货币史》,第 939 页。
② 彭信威:《中国货币史》,第 738 页。
③ 彭信威:《中国货币史》,第 928 页。
④ 彭信威:《中国货币史》,第 940 页。

手,不是钱币学研究的内容;交游、玩好,不是钱币研究的出发点。彭信威先生对嘉道和咸同间的钱币学者进行了中肯的批评:“那一班人著书,不是为利,而是从玩好出发,多少带一点交游应酬性质,所以书中往往互相标榜。钱币的出藏、转手,为他们生活中的大事。正由于此,所以他们虽然另有正业,却肯穷毕生精力来研究钱币。这种热情,加上他们的财力以及所享受的闲暇,论理应当使这一门科学提到很高的水平。然而由于他们的研究方法还不十分合乎科学,知识面不够广,逻辑性不够严密,所以许多论断似是而非,成就还是不如理想,甚至有些不应有的错误。”①

通过彭信威先生的工作,展现在我们面前的,不再是钱币学史的资料堆砌,而是有条理的、理论分析的钱币学简史,反映出彭信威先生在钱币学史研究方面的系统性和完整性,为我们今天深入研究奠定了思想方法基础。他强调研究方法的重要性及对几种不良倾向的批评,对当前的钱币学研究仍有指导意义。

① 彭信威:《中国货币史》,第 938 页。

《中国货币史》对外国钱币的评介及其意义

货币史与钱币学是联系非常紧密的两门学科，为了研究货币史，彭信威先生深入地研究了钱币学。不但如此，在《中国货币史》一书中，彭信威先生对外国钱币，特别是希腊系统的钱币概括地作了介绍，并且与中国钱币进行比较，使中国钱币学的研究跨进了一个新阶段。这在当时以至今天，都有着重大意义。

一、介绍及评价

《中国货币史》对外国钱币的介绍较为全面，有东方的，也有西方的。东方钱币，如日本、越南、朝鲜等国的钱币，以往的书刊做过大量介绍，所以该书的重点是西方钱币。主要反映在以下几个方面。

1. 希腊钱币体系的源流

希腊钱币是西方钱币的代表，最初发源于小亚细亚，后来向东西两边传播。向东传入波斯人和以色列人那里，向西传播到希腊，又被罗马所继承，后来随着亚历山大的远征，一直传播到埃及、西亚、中亚及印度北部。现代欧美国家的钱币，又是承袭了罗马的制度。①

2. 希腊钱币的特点

东方钱币以中国为代表，西方钱币以希腊为代表，通过比较，彭信威先生总结了希腊钱币的特点。“人类史上，主要有两种独立的货币文化：一是

---

① 彭信威：《中国货币史·序言》，“序言”第3～4页。

希腊的系统，一是中国的系统。西方货币是以金银为主，没有穿孔，一开始就在币面铸些鸟兽人物草木。东方货币以铜铁为主，有方孔，币面只有文字，没有图画。"①在后来的版本中又多次深入地论述了这三个特点。②

3. 希腊钱币的艺术性

欧洲人一向把他们的钱币看成艺术品，特别是古代希腊的钱币，在美术品中占有重要地位。③ 其艺术性主要表现在图案上，"自公元前四八〇年前后到公元前三三六年，这是希腊文化登峰造极的时代，货币文化也包括在内；雕模技术进步，图案千变万化，没有定型。而且两面都有图型，大半是神话中的人物"④。

4. 西方钱币学的产生

中国和希腊约略同时产生铸币，但收藏和研究钱币的科学即钱币学，大约在一千年以后才产生，而且首先是在中国产生。这就是公元 4 世纪的刘氏《钱志》和顾烜《钱谱》的出现。西方钱币学比中国钱币学又晚了一千年，是到文艺复兴时期才出现的。彭信威先生谈到其中的原因时说道："钱币学的产生，有一定的条件。其中之一就是要当时的钱币能引起人们的注意，使人们对于收藏它和研究它发生兴趣。中国战国时期的钱币和古希腊的钱币应当是具备这一条件的，却没有产生钱币学；……中国人在战国时期和古希腊人只把钱币当作购买手段来保存，不是当作一种研究的标本来保存。"⑤

5. 外国货币的铸造

对于金银币，早期由地方分散铸造，后来演变为帝王或政府垄断铸造。对于铜币，波斯和马其顿都认为铜辅币不值得由中央政府来铸造，多责成地方政府供给。罗马由于一向用铜币，所以和中国一样，铜币的铸造一向为国家的特权。⑥ 在六七世纪的时候，现在法国范围内有几百个铸钱的地方。⑦

---

① 彭信威：《中国货币史》，群联出版社，1954，第 502～503 页。

② 彭信威：《中国货币史・序言》，第 58～59 页，"序言"第 20 页。

③ 彭信威：《中国货币史・序言》，"序言"第 20 页。

④ 彭信威：《中国货币史》，第 57 页。

⑤ 彭信威：《中国货币史》，第 283～284 页。

⑥ 彭信威：《中国货币史》，第 198～199 页。

⑦ 彭信威：《中国货币史》，第 307 页。

欧洲的金银币，在中世纪的时候也不是整齐划一的，虽然铸成金币，由于轻重不一，在流通时也要秤称授受。①

6. 外国钱币对中国的影响

和阗马钱没有穿孔，一面是怯卢文，一面是汉文，怯卢文的一面有马或骆驼的图形。这种钱币是中国钱币文化和希腊钱币文化双重影响的产物。②汉武帝的白金三品，在形式上同中国传统的钱币形式不合，也许是受了外国币制的影响。③ 唐代开元通宝背面的星文、月文，可能是受了外来的影响。④云南用贝可能是受印度影响。⑤ 外国银元的流入，在中国钱币史上引起了一场大革命。最后，银元彻底代替了宝银，铜元代替了方孔铜钱。⑥ 外国钱币对中国的影响，和阗马钱是没有疑问的，银元及银行券是深刻的，其他几种是推测，还需要进一步研究。

二、介绍及评价的意义

希腊系统的钱币产生于公元前7世纪，公元前3世纪，随着亚历山大的东征而传播到中亚等地。由于丝绸之路的开通，中国人在秦汉时期已知道了这种钱币。司马迁在《史记·大宛列传》中谈道："安息在大月氏西可数千里。……以银为钱，钱如其王面，王死辄更钱，效王面焉。"⑦这是我国关于希腊体系钱币的最早记载，以后《汉书》等史书不断有记录。到了宋代，洪遵《泉志》专设《外国品》一卷，其中收录了13枚没有方孔面为图案的希腊系统钱币。明代中叶，外国银元开始流入中国，及至晚清，外国银元充斥市场，这一时期，描述外国货币的人和书更多。1889年，中国用机器自铸的第一套银

① 彭信威：《中国货币史》，第661页。
② 彭信威：《中国货币史》，第116页。
③ 彭信威：《中国货币史》，第113页。
④ 彭信威：《中国货币史》，第300～302页。
⑤ 彭信威：《中国货币史》，第28页。
⑥ 彭信威：《中国货币史》，群联出版社，1954，第502页。
⑦ 《史记》卷一二三《大宛列传》，中华书局，1959，第3162页。

元问世。1897 年，中国通商银行成立，发行中国自己最早的银行兑换券。1900 年，中国铜元出现。此后，中国传统钱币文化逐渐被淘汰，中国钱币走向了近代化，实际上是纳入了希腊钱币体系。

然而，自司马迁到近代，我国完全采用希腊体系的钱币，人们只了解这种钱币形式方面的特点，对于它的来龙去脉，却言之寥寥。《中国货币史》一书站在世界钱币文化的高度，论述了这种钱币文化的许多方面，使我们对钱币学这门学科的认识更全面、更深刻。

1. 丰富了我们对外国钱币学方面的知识

鸦片战争以前，我国学者对外国钱币的描述，均以在中国出现或流通的为限。洋务运动开始，一些士大夫走出国门，带回了有关外国钱币生产制造和流通方面的信息，大大开阔了国人的眼界。如郑观应在《盛世危言》中写有《铸银》一篇，详细记载了洋钱在中国的流通及铸银钱的方法。中国自铸银元、铜元，标志着人们对希腊体系钱币直观认识的完成，因为从制造到流通已没有缺环。《中国货币史》一书又带给了我们许多外国钱币学的知识。例如希腊钱币体系的源流，迦太基历史文物主要是美丽的钱币，贵霜王朝要靠钱币来排顺序，埃及、印度钱币的希腊化，古希腊钱币的三个阶段，古代希腊罗马钱币的标准重量也是 4 克以及前边谈到的其他知识等。这些知识扩大了我们的视野，使我们对外国钱币学的了解不再局限于中国周边国家如日本、朝鲜、越南等东方钱币体系，也不再只是对西方钱币的直观认识，而是对东西方钱币学全面地、历史地了解。

2. 提高了我们对钱币学的认识

钱币学如同考古学一样，可以证史、补史、纠史，这些特点在中国钱币学的研究中已经得到了充分的体现，外国钱币学也有同样的功能。彭先生专门论述了这个问题，他说："钱币学对于历史的研究有一定的贡献。世界历史上有过一些国家，除了钱币以外，没有留下什么东西，它们的历史主要靠从钱币上来考据。例如古代的大夏以及大月氏的贵霜王朝就是这样。就是一度同罗马争雄而且任何方面也不亚于罗马的迦太基，除了美丽的钱币以外，也没有遗下什么。"①其次，中国钱币以文字为主，希腊钱币以图案为主，

① 彭信威:《中国货币史·序言》,"序言"第 20 页。

为什么会产生这种不同的特征呢？彭信威先生分析道："这种不同代表两种文化的特点。中国文化重视抽象的概念，重视善恶，所以钱币上多用些好的字眼；欧洲文化重视具体现象，重视美丑，所以钱币上注重图型。"①这一论述已经成为分析两种钱币文化的经典语言，也为我们认识钱币特征提供了方法基础。

3. 提出了研究外国钱币学的任务

从《史记》到鸦片战争，中国学者对外国钱币主要采用谱录的形式加以记载，洋务运动以后主要从货币制度方面进行研究，而没有人从钱币史的角度进行考察。彭信威先生对外国钱币学进行的较为全面的评介，促进了中国钱币学的深入研究。由此可见，若要把中国钱币学引向深入，除了对中国钱币自身研究之外，还须研究外国钱币学。

自古至今，中国境内一直有外国钱币存在或流通，对这些钱币进行研究，是中国钱币学的一项基本任务。中国钱币研究的对象和范围应该是在中国境内制造和流通的一切钱币，当然也包括存在于中国的外国钱币。其次，中国钱币在世界钱币中的地位如何，只有对两种钱币进行比较以后才能知道。彭信威先生通过研究得出结论：人类历史上，主要有两种流传到近代的钱币文化，中国钱币为其中一种。说明中国钱币文化在世界钱币文化中占有重要地位。彭信威先生说："研究中国货币史，不但要懂得中国钱币学，还要懂得外国钱币学。"②从这个意义上研究外国钱币学，其目的是为了更好地研究中国钱币学，所以是以中国钱币学为主，以外国钱币学研究为辅的。

另一方面，自改革开放以来，中外文化交流日益增多，中国钱币学界与外国钱币学界进行了多次合作与交流，1987 年，中国钱币学会正式加入国际钱币学会，成为会员国。这一切都表明，中国钱币学界正在走向世界。我们要走向世界，一是靠"中国钱币"这个宝库，靠对这个宝库研究的深度与广度；二要靠"外国钱币"这个宝库，靠对外国钱币这个宝库研究的深度与广度。我们与外国钱币学界进行学术交流，不能永远停留在关于"中国钱币"的学术领域，应该主动地介入"外国钱币"的学术交流。外国人研究中国钱币，出了许多成果，较典型的如日本，有四部规模较大的中国钱谱。我们中

---

① 彭信威：《中国货币史》，第 59 页。

② 彭信威：《中国货币史・序言》，"序言"第 22 页。

国钱币学界对“外国钱币”不能无动于衷，而应奋起直追。彭信威先生做了这方面的工作，中国钱币学会成立以来，发表、出版了一批文章和书刊。如马新华等同志的系列文章、刘森翻译的《西方钱币简史》和各种版本的“世界货币图册”，但这远远不够，还无法拿出国门与人交流。我们应该定下一个目标，经过一个时期的工作，中国应该出现“外国钱币”研究方面的专家、组织、刊物。这样，中国钱币界在世界钱币界的地位才能进一步提高。

论《中国货币史》对清末钱制改革的评价

鸦片战争以后，由于资本主义在世界范围的兴起，外国帝国主义的侵略，中国社会遇到了“两千年来未有之变局”，生产方式、政治制度等都无法按照原来的模式继续前进。其中钱币形制也遇到了严重挑战。银元畅通无阻，新式纸币——银行券层出不穷，使得中国原有的流行了两千年的方孔圆钱，一千年的银两制度，以及旧式纸币，渐渐招架不住，终于让位于前者，这就是清末的钱币形制改革。对于这次变革，有过许多评价，本文不打算作系统探讨，只从具有重要影响的彭信威先生的《中国货币史》一书入手，分析一下彭先生的有关论述，进而谈谈对这个问题的认识。

一、评价趋向保守

在《中国货币史》第八章《清末的钱制改革》一目中，彭信威先生说：“这次钱币形制的变革，差不多比得上秦始皇的一次变革。秦始皇把各种大小的刀布改为方孔圆钱，肯定是前进了一步；清末把方孔钱改为没有方孔的铜元，就不一定是进步了。……在长期看来，这种变革的价值是值得怀疑的。方孔钱是中国两千多年来的传统，这种传统完全没有打破的必要。从艺术的角度看来，欧洲式的钱币，是雕刻家的园地，特别是人像的雕刻。实际上欧洲的钱币艺术，是以人像雕刻为中心。中国美术家长久不重视人像雕刻，因而中国新式的银铜币上也不以人像为图型。清末只有四川卢比也用人像，那个人像就雕得非常坏。其他新式银铜币的图型也没有什么可取。当时如果用机器铸银铜两种或金银铜三种方孔钱，也是完全符合要求的。”①彭先生这段话有三层意思：(一)此次变革是一次重大变革，与两千年前秦始皇用方孔钱统一钱币同样重大；(二)此次变革意义不大，甚至没有必要；(三)因为方孔钱是中国的传统，不需要打破，再则中国美术家不重视人像雕刻。

这次变革同秦始皇的变革同样重大是没有疑问的，但仅以方孔钱是中国的传统和中国美术家不重视人像雕刻就说变革没有意义，其理由是不充分的。对于传统，优秀的要继承，落后的要抛弃，需要具体分析。中国美术家不重视人像雕刻，只说明过去，一旦时代需要，他们也会重视，并且雕刻得很好；况且这与采用新式钱币与否没有必然联系。这一点已为后来的实际情况所证明。

我们认为彭先生的这种认识是保守的。

中国社会到了清末，已经迈进了资本主义的门槛，但清朝的货币制度，银两制和制钱制，严重阻碍着社会经济的发展。银两没有统一的形状、重量、成色，并且各种宝银形成非常狭小的流通圈儿，甚至在一个城市形成几个区域。制钱同样形成不同的流通区域，各地计算方法千差万别，甚至比银两的流通区域还要小。由于铸造技术落后，私铸钱、外国轻小钱充斥，特别是咸丰大钱破产后，铜钱滞壅不行。所以，银两制和制钱制已到了山穷水尽的地步，不改革不行了。

清末货币制度改革的方向只有银元和铜元制度。从明朝正德年间开始，外国银元在中国前后流通了约四百年。在前一二百年间，银元是作为一种银两存在的，使用时按重量计算。后来，由于银元整齐划一，不需要每次称重量，逐渐改为计数行使。其次，银元的成色没有纹银高。这样，在“劣币驱逐良币规律”和整齐划一的形式双重作用下，银两必然让位于银元。到了清末，中国亟须确立银本位制度，而制钱必须作为银元的辅币出现。因此制钱只能转变为铜元。即使采用机器铸造，也只能为铜元，而不能继续为方孔圆钱，当时出现的光绪通宝、宣统通宝机制币不能普及正说明这个问题。

从艺术角度讲，西方钱币以图案取胜，东方钱币以文字见长，这是在两种不同的文化基础上所形成的，本来可以独立地向前发展，没有孰优孰劣之分。但是，当我们在二者中间只能采用一种时，就要放在一起进行比较。中

① 彭信威：《中国货币史》，第775页。

国钱币的文字美在历史上呈现了几次高峰，如玉莽钱币、北周三品、宋徽宗钱币、金章宗钱币等。但这种美感只存在于知识阶层，而对于绝大多数不识字的老百姓来讲是无所谓的。如电影《黄土地》中的农民不识字，春联上只画了几个圆圈，在他看来，这与大书法家书写的盈联是同样的。董卓铸小钱，"大五分，无文章"，即没有文字，虽然物价上涨万倍，但没有人说他铸的不是钱币。可见钱币的文字美在封建时代的中国是没有群众基础的。西方钱币的图案具体生动，各种人物、鸟兽、花木都是写实的，艺术水平任何人一望即知。因此，它的美感更接近大多数钱币使用者。当清末对两种风格的钱币进行取舍时，人民，或者说历史自然地选择了具有图案的钱币。

穿孔也是区别东西方钱币的一个重要标志。先秦时期的平首布和刀币，从考古发掘的资料来看，是捆扎成捆携带和使用的，圆钱的穿孔也是为了贯穿。从整体形状上看，圆形正中出现穿孔，破坏了圆的整体美，特别是方孔，更与圆形不相协调。所以，古今中外，我们很难再找到方孔圆形的图案或艺术造型。方孔圆钱能够流行两千多年，在于方孔的实用性，一是贯穿方便，二是加工钱币时锉磨方便。此外，中国的方块字刚好也能与方孔相配合。其次，方孔圆钱无法在币面设置优美的图案。由于圆形的整体性遭到了破坏，使币面失去了重心与中心，即它的重心与中心位置是空的，无论怎样高明的艺术家都无法驾驭这种图形。中国古代压胜钱上的图案没有出现精美者，原因主要在此。当清末确立带图案的币形时，方孔也就随着制钱一起退出历史舞台，不可能再出现金银铜的方孔钱。

二、趋向保守的原因

彭信威先生为什么会有这种认识呢？由于彭先生没有谈到这种认识的根源，我们不便于推测。但通过对照该书其他地方的论述和1954年版的相应文字，结合清末的实际情况和50年代中期以后中国的政治形势，我们还是可以捋出一些线索的。

下面是该书中一些与此相反的论述：

> 新铸铜元制作整齐精巧，大受人民欢迎，而政府也获大利，因此各

省先后仿行。①

……外国银元流入内地时，经过短期的试验后，便大受欢迎，而且作价高于它的实价了。②

（铸造铜元）作为一种具体措施，是无可非议的，因为当时流通的钱币，轻重参差，大小不等，一律改用机器制造的铜元，确有一新耳目的效果；对当时的货币流通，也发生一些好的作用。③

从这些论述中，我们可以看到，彭信威先生是赞成这种变革的。在1954年版有两段文字更为典型：

到了近代，西方资本主义逐渐发达，欧美的银元流入中国，终至战胜中国的封建式的货币，使中国的货币也欧化，那是尽人皆知的事。④

西方的货币文化，在中世纪非常低落，自文艺复兴以后，又开始进步，后来完全适合资本主义经济的需要。中国的货币文化……自然更不足以适应资本主义社会的要求。所以中国的封建势力无论怎样强，经过两三百年的斗争，终于完全为西方资本主义的货币文化所征服。⑤

这是何等精辟的文字，在1965年版中不但没有被进一步论证，反而被删除了，又增加了保留方孔钱的议论。这种认识上的变化是由正视历史向否定历史发展的变化，前后比较，是一种退步。

通观《中国货币史》全书，彭信威先生不是历史倒退主义者，他的要求保留方孔钱的认识实际上是当时时代的认识。

外国银元流入中国，一开始就是伴随着殖民主义的侵略而来的，特别是鸦片战争后，更是伴随着中国人民被侵略、被奴役、被掠夺而来的。历史上，白银的流出和银元的流入曾形成循环，使中国经济遭受极大的损失。中华人民共和国成立后，随着中国近代史知识的普及和20世纪五六十年代外国对中国的封锁，再加上中国国内政治形势的紧张，使上上下下对有关外国帝国主义侵略中国的问题非常敏感。尤其是彭信威先生在1954年版中使用了

① 彭信威：《中国货币史》，第773页。

② 彭信威：《中国货币史》，第780页。

③ 彭信威：《中国货币史》，第775页。

④ 彭信威：《中国货币史·序言》，群联出版社，1954，“序言”第7页。

⑤ 彭信威：《中国货币史》，群联出版社，1954，第502～503页。

"欧化""征服"等字眼,更是不能见容于当时的社会。叶世昌先生在《我和〈中国货币史〉》一文中回忆道:"在强调'突出政治'的年代,彭先生及其《中国货币史》都曾受到不公正的待遇。"①1955 年第 8 期的《新建设》杂志曾发表文章,说彭信威先生上述 1954 年版两段文字是为帝国主义侵略找理由②。固然,彭信威先生没有正面指出帝国主义的侵略,但也不能扣上为帝国主义侵略找理由的帽子。在这样的政治氛围中,就有了删除 1954 年版的两段文字,增加保留方孔钱的议论的变化。

三、肯定性评价

那么,关于清末的钱制改革应该怎样认识呢?

一部中国近代史,就是一部帝国主义侵华史,也是中国人民的屈辱史。对于帝国主义的侵略,我们将永远给予谴责,这是任何时候都不会改变的。但是,我们在控诉帝国主义罪行的时候,决不能失去向西方学习先进的技术与制度的勇气。西方殖民主义者,为了开拓市场,到处侵略,同时也把一些先进的技术与制度带到了殖民地。马克思在评价拿破仑的对外战争时指出,拿破仑发动的战争是侵略战争,但它横扫了欧洲封建势力的马厩,带去了资本主义生产方式。对于历史,我们后人无法选择,但要正视它。对于先进的东西,不能因为来自帝国主义国家而拒绝它、反对它,譬如"民主""科学",也包括他们的货币制度。近代史上,魏源、严复、康有为、孙中山就是向西方寻求真理的代表人物。西方货币制度中的银元、银行券比中国的银两制、方孔钱、钱票先进,我们就要勇敢地承认它、接受它,不必因为它与帝国主义侵略相联系而否定它。从太平天国洪仁玕提出兴银行到清朝"币制则例"的出台,其间经历了整整半个世纪的探索与争论,最后才十分艰难地以法律形式确立银元制度。民国时期,"废两改元""法币改革"也是朝着同一方向前进。新中国成立后,把帝国主义赶跑了,人民政权并不因为新式纸币与辅币是帝国主义带来的而废弃,也并不因为方孔钱是中华民族的传统而

① 叶世昌:《我和〈中国货币史〉》,《钱币博览》1994 年第 2 期。
② 李瑚:《评〈中国货币史〉》,《新建设》1955 年第 8 期。

重新捡起来。这一切都表明，中国人民在反抗帝国主义侵略的同时，也能够学习、吸收与之俱来的先进制度与技术。

因此，对于清末的钱制改革，我们应该给予肯定。

1. 货币制度先进

钱币形制是货币制度的形式，货币制度是钱币形制的内容。在一般情况下，一种内容可以用不同的形式来反映，一种形式也可以反映不同的内容；但在特定条件下，内容与形式具有强烈的对应关系。清末的钱币形制就是这样。正如彭信威先生所说：清末西方的钱币形制完全适合资本主义经济的需要，反映了资本主义货币制度的内容，而中国传统的钱币形制反映的是封建式的货币制度的内容。因此，清末的钱制改革实质上是资本主义货币制度对封建主义货币制度的胜利。五六十年代，全国大批资本主义，对资本主义在历史上的进步作用也讳莫如深。马克思说过，资产阶级在历史上曾经起过非常革命的作用。在中国近代，资本主义比之封建主义是进步的，因此，当时采用资本主义的货币制度也是进步的。

2. 铸钱技术革命

在古代，人们制造钱币都是手工操作。18 世纪，英国首先完成了工业革命。19 世纪上半期，欧洲大陆各国也先后完成了工业革命。这样，手工劳动就被机器化大生产所代替。中国历史上，一直采用浇铸法铸钱，这是符合当时生产力水平的。这种方法前后延续了两千多年，到了近代，已不能适应社会经济发展的要求。彭信威先生总结中国货币制度的四大特点，其中之一便是"铸造技术的不进步"。说"这也是封建社会的特点。用这种原始方法来铸钱，式样就难得精美，成色常有参差，而轻重也不易一律"①。19 世纪 60 年代，中国开始了大规模的洋务运动，亦即中国的工业革命。在这样的背景下，以制造银元为契机，又开始了机器铸钱。这是中国钱币制造史上划时代的事件。此后，浇铸法与方孔钱相伴随，逐渐遭到淘汰，由钱币形制改革导致铸钱技术的革命。

3. 美学要素升华

从美学角度讲，方孔圆钱只有文字，可以称作朴素的美，银元、铜元图文

---

① 彭信威：《中国货币史・序言》，"序言"第 9 页。

并茂，则是华丽的美；方孔钱的形制是一种缺憾美，而银元、铜元则是圆满美；浇铸法生产工艺是粗率美，而机器生产工艺则是精致美。这是两种不同层次的美，原因是审美出发点不同。中国人以善为美，西方人以真为美。中国古代钱币的朴素美、缺憾美、粗率美适应了古代人的审美观，而华丽美、圆满美、精致美更符合现代人的审美情趣。因此可以说，清末钱制改革带给我们的是更加美丽的、更加赏心悦目的钱币造型与纹饰。

钱币学史有新篇

——读《钱币学纲要》

上海市钱币学会史松霖先生主编的《钱币学纲要》①一书，是国内近十年来水平较高的钱币学专著。它集十多位钱币学专家、学者的智慧于一炉，反映了当今钱币学方面的最新研究成果。该书系统地介绍了古今钱币的基础知识和编著者对有关问题的独到见解。限于篇幅，不再一一列举。本文仅从钱币学史的角度谈一些笔者的看法。

一、钱币学新时期的代表

民国以来，钱币学由于受西方货币学理论和考古学技术的影响，出现了新的面貌，由原来的经验型逐渐向理论型过渡。从系统性、典型性和对钱币学产生过重大影响讲，主要有丁福保的《古钱学纲要》、彭信威的《中国货币史》和千家驹、郭彦岗合著的《中国货币史纲要》。

丁福保的《古钱学纲要》，是他的《古钱大辞典》的摘要本。丁著是对以往千余年来中国古钱学的继承和发展，不但详细地汇总归纳了各种钱图，而且认真搜集著录了历代钱谱。他是中国古钱学的集大成者。他在钱币学的研究对象、内容、方法等方面仍未脱离古钱学的窠臼。不过，他的同时代人如张䌹伯、郑家相等人有着西方货币学的深厚造诣，并且在《泉币》杂志明确喊出要“按诸货币原理”来研究钱币的呼声。这就使丁著不再是旧式谱录的简单翻版，而是有着深刻的时代烙印。因此，我们仍把丁著作为现代钱币学史上的一座里程碑。

彭信威先生的《中国货币史》，包含有钱币学和钱币学史两大部分。创

---

① 史松霖:《钱币学纲要》，上海古籍出版社，1995。

立了“钱币学”的概念，提出了“钱币学是研究钱币实物的一门学科”的界定和钱币学与货币史相结合的研究方法。彭先生的钱币学思想是对古钱学的超越，对近半个世纪以来中国钱币学的发展产生了重大影响。时至今日，中国钱币学在很大程度上仍然是在彭先生构筑的框架中前进。

千家驹、郭彦岗先生合著的《中国货币史纲要》，虽然名为货币史，实际是一本钱币学与货币史相结合的专著。该书的写作目的，主要是因为“国家将培训大批钱币专业干部……为了配合形势的发展和适应实际需要”①。该书继承了彭信威先生的钱币学与货币史相结合的思想，补充了彭著以后的新材料，反映了80年代中期，即中国钱币学会成立之初的钱币学的认识和成果，对当时钱币知识的普及和钱币事业的发展做出了贡献。

史松霖先生主编的《钱币学纲要》，是继《中国货币史纲要》之后的综合性钱币学专著。在这十年中间，中国钱币学获得了长足发展，出版了各种大型图录和普及读物，新材料、新观点不断涌现，《中国钱币》等刊物还组织了“关于建立中国钱币学理论体系的讨论”。这一切都为钱币学的重新归纳与概括创造了条件。正是在这种情况下，“上海市钱币学会经过多年的努力，组织上海钱币界专家、学者和学会的学术委员会成员编撰了《钱币学纲要》一书”②。该书是中国钱币学十年来科研成果的结晶，必将对钱币学的发展产生重要影响。

二、几个特点

《钱币学纲要》与前几部有代表性的著作相比，与当前其他钱币著作相比，有几大特点。

1. 对钱币学理论的倡导与发展

民国年间，已有学者提出钱币学理论问题。把钱币学理论写入钱币学

---

① 千家驹、郭彦岗：《中国货币史纲要·编后记》，上海人民出版社，1985，第268页。

② 汪庆正：《钱币学纲要·序一》，载史松霖主编，上海市钱币学会编《钱币学纲要》，上海古籍出版社，1995，“序一”第1页。

专著,并作为专著中的有机部分,《钱币学纲要》为第一本。这一部分主要反映在叶世昌先生写的《绪论》和戴志强先生所写的《序》中。这是对 20 世纪 80 年代以来关于钱币学理论体系讨论的继续,也是钱币学发展到今天的必然结果。叶世昌先生进一步论证了钱币学与货币史的关系。他说:“钱币学研究要结合货币史,并不是要否定钱币学的独立存在,也不是要用钱币学来涵盖货币史”,同时“也不要把货币史的学科体系作为钱币学的学科体系”①。戴志强先生则精辟地论证了当代钱币学对古钱学的发展。“它的研究对象,比之古钱学,大大丰富了”。“当代钱币学的研究目的和意义,和当初古钱学的概念相比较,也大大地丰富和发展了”。“当代钱币学的研究方法,也已经不是当初古钱学的概念。”②

当然,钱币学理论体系仍在讨论之中,该书的观点并不是定论。叶世昌先生说:“究竟应该建立怎样的体系,仍有待于钱币学家们的进一步探讨。”③戴志强先生说:“现在的任务是,要根据我国钱币学发展的实际,尽快把学科自身的理论体系健全完善起来。”④总之,对钱币学理论的倡导与发展是该书的一大特色。

2. 钱币学研究的对象完整全面

钱币学研究的对象随着时代的发展不断丰富。民国以前,主要是刀、布、圆钱,现代钱币学则包括各类古今专用货币和非流通货币。该书把钱币分为铜铸币、纸币、银锭、铜元、压胜钱几类,基本上涵盖了钱币学的主要研究对象。以往的钱币学著作,或包括钱币学的货币史著作,不是缺少纸币类,就是没有压胜钱类。所以,该书能够把当今钱币学研究的对象全部收纳其中,是又一大特色。

① 叶世昌:《钱币学纲要·绪论》,载史松霖主编,上海市钱币学会编《钱币学纲要》,上海古籍出版社,1995,第 2 页。

② 戴志强:《钱币学纲要·序二》,载史松霖主编,上海市钱币学会编《钱币学纲要》,上海古籍出版社,1995,“序二”第 2～3 页。

③ 叶世昌:《钱币学纲要·附录一》,载史松霖主编,上海市钱币学会编《钱币学纲要》,上海古籍出版社,1995,第 325 页。

④ 戴志强:《钱币学纲要·序二》,载史松霖主编,上海市钱币学会编《钱币学纲要》,上海古籍出版社,1995,“序二”第 4 页。

3. 研究内容向钱币学回归

中国古代的钱币学与货币史是两条线，即在研究内容方面联系很少。民国以来，由于受货币理论的影响，钱币研究逐渐增加了货币史方面的内容。特别是新中国成立后，在对“钱币学与货币史相结合”的研究方法简单理解的情况下，钱币学研究的内容不断扩大，以至于把货币史都包括进来了。从彭信威先生的《中国货币史》到千家驹、郭彦岗先生的《中国货币史纲要》，形成了整整一个时代。《钱币学纲要》从理论到章节安排，非常清楚地把钱币学与货币史区分开来，整书不涉及货币史方面的内容。这就使钱币学研究的内容从古钱学的单纯性，在经历了钱币学与货币史的混合之后，在更高的层次上向钱币学方面的回归。这是符合钱币学发展的一般规律的。它反映了钱币学理论在古钱学阶段的缺省，在钱币学与货币史混合时期的渴望和在当前的逐步建立。

三、几点建议

《钱币学纲要》虽近完美，但在体例和章节名称方面还有可商之处。故提几点建议。

1. 体例方面

(1) 第二章《中国钱币发展史》是全书的提纲挈领，应该为《绪论》的一个组成部分。虽然紧跟《绪论》，编排也很醒目，但直接排入《绪论》会更好。

(2) 第十三章《人民货币》讲的是新民主主义革命时期和社会主义建设时期在中国共产党领导下的人民武装部队、团体和银行发行的纸币，属于纸币范围，应该与第九章《纸币》前后排列。

(3) 钱币学研究的内容有技术研究，技术研究包括钱币的设计与制造和对钱币的鉴定等。戴志强先生在《序》中说：“钱币的版式鉴别和文物价值的核定，只有在长期摸索钱币的实践中，才能积累起丰富的经验。这正是钱币学作为一门独立学科的个性所在，也是它区别于其他学科的一个重要标志。”本书简单地涉及钱币的铸造，但没有钱币鉴定。作为一本综合性的钱币学著作，应该设专章讲述钱币鉴定。

2. 章节名称

(1) 人民货币。在本书中“人民货币”是指纸币，因为在《人民货币》一章中只讲了纸币。而“人民货币”应该指在中国共产党领导下的各人民武装部队、团体和银行发行的纸币和其他货币。如第十一章《银元》中的“革命根据地铸造的银元”和第十二章《铜元》中的“革命根据地铜元”，均属“人民货币”的范畴。其次，本书的体例是按“钱币”“纸币”“银锭”“银元”“铜元”分块，各块再按年代排序。而《人民货币》与《纸币》中的时代有重叠的部分，即新民主主义革命时期的货币与民国时期的纸币在时代上重叠，与体例不符。其三，若认为《人民货币》是独立于以上五块之外的一块，也与本书体例不符，《人民货币》是以政权性质划分的，其他五块是以币材、币形划分的。所以，“人民货币”一词本身是能够成立的，但在本书作为章节名称是不恰当的。

(2) 厌胜钱。厌胜是古代的一种巫术，厌胜钱又叫压胜钱，本义是指与巫术有关的钱币，后来有人泛指一切非正用品钱币。本书第十四章为《厌胜钱》，“厌胜”一词，词意偏狭，本不能概括古代的各种非正用品，如洗儿、撒帐、纪念、娱乐、吉祥、凭信等，更不能包括近现代的纪念币、章。宣森先生在《为厌胜钱正名》一文中指出：“以往钱谱列入厌胜类中的多数钱币，其用途与‘厌胜’是毫无关系的。”因此“名实不符，难以用‘厌胜’概之”①。其次，第十四章《厌胜钱》作者郭若愚先生说：“我国现在造币厂每年以金、银、铜、镍等铸造的纪念章，就是我国古代铸造厌胜钱的延续。”实际也应包括纪念币。在钱币学中，近现代纪念币、章应该有一席之地。本书介绍了两枚“中华民国”早期的纪念币，其他现代纪念币、章均未论及，这也是由于章名用“厌胜钱”而限制了内容的展开。其三，郭若愚先生又说：“厌胜钱大都供玩赏需要，故又称‘玩钱’。又因钱币上大多有人物图像，又称‘画钱’‘花钱’，日本名之为‘绘钱’。这些名称都不十分确切。因其铸有吉祥语及吉祥图像，而且其制造的目的是佩带之后，祈求吉祥，故不如称之为‘吉祥钱’。”②可见作者对用“厌胜钱”作为章名也不甚满意。所以，用“厌胜钱”作为章名来概括非正用钱币是不恰当的。笔者建议用“非流通货币”来指称这一类币、章。

① 余榴梁、徐渊、顾锦芳等：《中国花钱·概说》，上海古籍出版社，1992，“概说”第1页。

② 郭若愚：《钱币学纲要·厌胜钱》，载史松霖主编，上海市钱币学会编《钱币学纲要》，上海古籍出版社，1995，第286页。

西夏钱币研究的扛鼎之作

——读牛达生先生的《西夏钱币研究》

牛达生先生的《西夏钱币研究》于2013年10月由宁夏人民出版社出版，全书268页，20万字。该书是西夏钱币研究文献及各种论题的集大成者，是西夏钱币研究的扛鼎之作。

一、扛鼎之作

钱币学在中国是一门小学问，但联合国教科文组织划分的19个人文与社会科学一级学科中就有钱币学。虽然钱币学本来不是一门显学，而西夏钱币研究在20世纪80年代前实实在在变成一门绝学。由于历史文献不足，西夏文在以前还是一种死文字，西夏钱币研究就显得异常困难。200年前，中外学者筚路蓝缕，开创了这样一门学科。但到了20世纪50～70年代，几乎再没有人涉及这一领域。牛达生先生正是在这样的背景下，毅然投入到西夏钱币研究中来的。1984年，在《中国钱币》杂志发表《西夏钱币辩证》一文，引起轰动。此后笔耕不辍，小至一枚钱币的辨析，大到钱币制度和货币经济的研究，林林总总，对西夏钱币都有所涉及，至今已发表论文、报告等50多篇。

通过对这些论文和报告进行梳理和编辑，形成了今天我们见到的《西夏钱币研究》一书。

该书吸收了200年来前人的学术成果，更多的是牛先生个人的研究心得。牛先生通过研究，厘清了西夏钱币有西夏文5种、汉文13种，排除了一些伪品，也指出了一些待考品。研究了西夏铁钱，对西夏铁钱专用区的设置进行了论证；研究了西夏对钱，提出了自己的对钱概念和形成机理；研究了西夏白银和交钞的使用，填补了西夏无纸钞的空白；研究了西夏货币经济，提出了宋夏贸易是宋钱流入的主要渠道的观点；研究了前人对西夏钱币研究的贡献，丰富了西夏钱币学史；整理了西方学者对西夏钱币的研究，肯定了他们的成果。总之，该书呈献给我们的是一本立体的西夏钱币的完整图卷，是一本承往继绝的西夏钱币研究的扛鼎之作。

二、巨人之肩

牛达生先生站在西夏学与钱币学的交叉点，立意颇高。但他又是谦虚的，把没有解决的问题也明确指出来，给他人和后学者留下研究的空间。如"西夏钱币还有很多问题等待着我们去深入研究。如'天授通宝''大德通宝'是否是西夏正用品钱，西夏钱币的版别和对钱问题等。还有，为什么天盛以前的'大安通宝''元德通宝'等钱币数量极少，难成规模，而到仁孝时数量骤增？为什么'天盛'钱在数量上有较大突破，而'乾祐'钱又明显减少？为什么铁钱与之相反，'乾祐'钱数量颇巨，而'天盛'钱仅为'乾祐'钱的十分之一？为何仁宗之后几代，只铸铜钱而不继续铸行铁钱？再者，内蒙古河套地区因大量出土西夏铁钱，被学界认为是西夏为对抗金而设置的铁钱流通区，而在西夏的西南，即今甘肃、青海一带与金接壤的地方，是否也是铁钱流通区呢？虽然在敦煌、武威也有少量铁钱出土，似乎还未见有人论及。再有，西夏社会的购买力，夏钱与宋钱的比值、宋夏货币理论和货币政策的比较研究，西夏钱币与西夏政治、经济、文化之间的联系等。以上种种，问题多多，都需要我们做进一步的探讨，都有待于我们进行深入研究"①。

其次，该书对西夏钱币出土资料进行了汇集与整理，对西夏钱币学史资料进行全面著录，并提供了西夏钱币论文、资料索引。

通过问题的提出与资料提供，大大方便了其他人对西夏钱币的研究。可以这样说，该书就是一个巨人之肩，让后来者的研究能够更加深入与提高。

① 牛达生：《西夏钱币研究・自序》，宁夏人民出版社，2013，第7～8页。

三、白壁微瑕

西夏钱币研究是一项巨大的工程，且是一项涉及知识面极广、极深的工程，牛先生达到的成就已属难能可贵。但见仁见智，笔者就书中的两个问题提出自己的一点看法。

1. 西夏对钱

牛先生指出这个问题还需要深入研究。他使用专章讨论西夏对钱问题，并给出了肯定的结论。戴志强先生提出了对钱的高标准和低标准的观点。牛先生在书中说："我对西夏对钱的搭配，正是按'低标准'进行的。"①戴志强先生说："西夏后期，受两宋对钱的影响，乾祐、天庆到光定年间的铸钱也出现了对钱。……但它们和两宋对钱相比，不仅数量不可同日而语，在制作上也不是那么严丝合缝，这又是西夏对钱的特色"，"当然，这是低标准的对钱。对于学者，古钱收藏家，或者钱币博物馆的收藏来说，这样的要求显然是不够的，那么，不仅要考虑钱文，考虑时代特征，而且要寻找它们的区域特征，制作特征，进而探索不同版别所具有的不同文物价值"。② 因此，笔者主张不必过分强调西夏钱币的对钱搭配及其意义。

2. 西夏银铤

书中引用了三批银铤，认为是西夏银铤。其实这三批银铤，不能证明西夏铸造过银铤。武威出土银铤没有证据证明为西夏银铤，个人收藏的两枚银铤为今人所铸，银川发现的两枚，信息量更少，也没有指向西夏铸造。

总之，该书的出版，既是对牛先生西夏钱币研究的总结，也为我们进一步研究提供了基石。可喜可贺。

---

① 牛达生：《西夏钱币研究》，宁夏人民出版社，2013，第 175 页。

② 戴志强：《对钱浅释》，《戴志强钱币学文集》，中华书局，2006，第 105～106 页。

张台《钱录》成书于宋代

张台《钱录》是洪遵《泉志》引用较多的一种，但张台是什么时代人，史书无传。彭信威先生说："旧史说张台是唐人，但他提到湖南马楚的钱，应当是五代人。"①《中国钱币大辞典·泉人著述编》认为是五代时人。叶世昌先生认为是唐末至五代人。清人张端木认为"则五季人而宋初犹或在也"。丁福保认为是宋代人。认为是唐人的《郡斋读书志》和认为是宋人的丁福保均未提出证据。根据《泉志》②，我们认为张台《钱录》成书于宋代。《泉志》中有两条"大兴钱"，钱文均为"大平兴宝"。第一条在卷五《伪品下》，"董逌曰：'张台云：冯洪所铸。'"第二条在卷七《不知年代品下》，"李孝美曰：此钱径八分，重四铢，面文曰'大兴平宝'，复有一'丁'字在背文穿上。余按：此钱今世至多。背文'丁'字不常其处，或在穿上或在穿下。""大平兴宝"张台说是冯洪所铸显然是错误的。此钱为安南所铸。刘燕庭考证，《大越史记》："丁部领以宋开宝元年，平十二使君，建国三年，改元太平，号曰丁朝。"面太平纪年，丁纪国号也③。开宝三年为公元 968 年。张台虽然将"大平兴宝"钱归属划错，但他知道此钱无疑。因此，张台应该是宋人或者五代宋初人，其《钱录》成书于宋代。

① 彭信威：《中国货币史》，第 378 页。

② 洪遵：《泉志》，载桑行之等编《说钱》，上海科技教育出版社，1993，第 547、552 页。

③ 李佐贤：《古泉汇》卷一八《利集》，载马飞海、王贵忱主编《中国钱币文献丛书》第 16 辑，上海古籍出版社，1992，第 1562 页。

先秦、秦汉钱币研究

朋无定数

一、贝的单位

商周时期，以贝为货币。货币要有单位，贝的单位是什么呢？王毓铨先生在《我国货币的起源和发展》一书中说："当作货币用的贝，在使用上有三种计算法，按数目，按重量，或按'朋'。"①

按数目计算的例子有：

甲骨文："豕二贝。"②

金文：商代《小子□簋》铭："卿事锡小子□贝二百。"③

从道理上讲，贝币以数目计算应该是不成问题的。但有趣的是，"在现有的卜辞和铜器铭文中却绝少"④。这一现象需要我们进一步研究。

按重量计算的例子有：

> 西周穆王时期的《□卣》："□从师雍父戍于古师，蔑历，易贝卅锊。"⑤

遗憾的是，按重量计算是一个孤例。汪庆正先生对这一孤例进行了分析：

> "贝"用金属重量单位"寽"来计算，不能不引起人们的思考。而传

---

① 王毓铨：《我国货币的起源和发展》，科学出版社，1957，第 18 页。

② 《甲骨文合集》第 11432 片，中华书局，1979。

③ 罗振玉：《三代吉金文存》卷七，第 2 器，中华书局，1983，第 47 页。

④ 王毓铨：《我国货币的起源和发展》，科学出版社，1957，第 18 页。

⑤ 马承源：《商周青铜器铭文选》第 182 号，文物出版社，1988。本文引用资料多见古代文字，因排版困难，尽可能隶定为现代汉字，或直接用"□"代替。

世有三件同期、记载相同事实的青铜器：

𤼈鼎："师雒父省衜至于𢦚。𤼈从。其父蔑𤼈曆、易(锡)金。"

遹甗："师雒父戍才(在)古𠂤(屯)，遹从，……易(锡)遹金。"

臤觯："臤从师雒父戍于𤔲𠂤……易(锡)金。"

由此可见，记载相同内容的四个器，三个明言赐的是金(青铜)，而稽卣却为"贝"，但又以"寽"为计算单位，显然，这个"贝"字应指"铜贝"或直接是"金"字而言。①

由于这唯一的例子也基本被否定了，所以，在没有新材料出现之前，以重量计算"贝"可以暂不考虑。

在甲骨文、金文、古文献中，贝常常是按"朋"计算的。在甲骨文中，按《殷墟甲骨刻辞类纂》的统计，言朋 20 次。金文中，赐贝有二朋、三朋、五朋、十朋、廿朋、卅朋、五十朋、百朋等。古文献中，有"既见君子，赐我百朋"，"或益之十朋之龟"等。

二、朋有定数之误

贝既然是按朋计算的，一朋为多少贝应该搞清楚。朋有"二贝"说、"五贝"说、"十贝"说、"二十贝"说几种观点。下面我们分析一下这几种观点的来源与论据。

1. 二贝说

王莽改制，规定二贝一朋。"大贝四寸八分以上，二枚为一朋，直二百一十六。壮贝三寸六分以上，二枚为一朋，直五十。幺贝二寸四分以上，二枚为一朋，直三十。小贝寸二分以上，二枚为一朋，直十。不盈寸二分，漏度不得为朋，率枚直钱三。是为贝货五品。"②王莽的龟货也是以朋计算的。"元龟岠冉长尺二寸，直二千一百六十，为大贝十朋。公龟九寸，直五百，为壮贝十朋。侯龟七寸以上，直三百，为幺贝十朋。子龟五寸以上，直百，为小贝十

① 汪庆正《总论》，载《中国历代货币大系·先秦货币》，上海人民出版社，1988，第 10 页。

② 《汉书》卷二四《食货志》。

朋。是为龟宝四品。”①

2. 五贝说

此说出于《毛诗》郑玄笺。笺云:“古者货贝,五贝为朋。‘锡我百朋’,得禄多,言得意也。”②

3. 十贝说

此说出自王国维。王国维在《说珏朋》一文中指出:“又旧说,二玉为珏,五贝为朋(《诗·小雅·菁菁者莪》笺),然以珏、拜诸字形观之,则一珏之玉,一朋之贝,至少当有六枚。余意古制贝玉皆五枚为一系,合二系为一珏,若一朋。《释器》:‘玉十谓之区。’区、瑴双声,且同在侯部,知区即瑴矣。……贝制虽不可考,然古文朋字确象二系。康成云:‘五贝为朋。’五贝不能分为二系,盖缘古者五贝一系,二系一朋。后失其传,遂误为五贝一朋耳。观珏、拜二字,若止一系三枚,不具五者,古者三以上之数,亦以三象之。如手指之列五,而字作。许君所谓指之列不过三也。余目验古贝,其长不过寸许,必如余说,五贝一系,二系一朋,乃成制度。古文字之学,足以考证古制者如此。”③

4. 二十贝说

此说出自吉卜森(Gibon)。他根据“朋”字在卜辞和吉金中的书法,认为一朋是两串,分系在一条木棍的两端,每串为十贝,一朋应是二十贝。④

以上诸说,只有“二贝为朋”是公开实行的制度,但不知此制度的根据是什么。况且,同样是一朋贝,由于大小不一样,价值相差 20 多倍。实际上“朋”没有固定的价值标准。因此,“二贝为朋”不足以证明商周时期的“贝朋”问题。“五贝为朋”和“二十贝为朋”,由于缺乏充分的论证,影响不大。现在占主导地位的是“十贝为朋”说。千家驹、郭彦岗《中国货币史纲要》,萧清《中国古代货币史》,朱绍侯《中国古代史》,《辞海》等书均持此说。

我们认为,“十贝为朋”的说法也是值得怀疑的。

① 《汉书》卷二四《食货志》。

② 王先谦:《诗三家义集疏》,中华书局,1987,第 606 页。

③ 王国维:《观堂集林》卷第三,中华书局,1959,第 162～163 页。

④ 彭信威:《中国货币史》,第 21 页。

首先,王国维的结论主要是出于臆测。一则说以字形观之,“一朋之贝,至少当有六枚”,“贝制虽不可考……”;一则是经过推测,没有根据地说:“必如余说,五贝一系,二系一朋,乃成制度。”这个结论下得未免有些武断。

郭沫若后来是主张“十贝为朋”的,但也没有提出什么根据。他在《甲骨文研究·释朋》一文中说:“知珏朋之朔本为颈饰,则知构成珏朋之玉贝自可多可少。故双玉为珏可(《诗·菁菁者莪》郑《笺》),谓三玉为珏亦可(《淮南·道应训》‘玄玉百工’下,高《注》:‘三玉为一工。’工即珏。)谓五贝为朋可,(同上《诗笺》),谓二贝为朋亦可。三五之作奇数者,盖连胸坠或项坠而言,此不足为异。至谓珏必十玉,朋必十贝,此于玉贝已成货币之后理或宜然,然必非钰朋之朔也。”①1959 年 6 月 30 日参观安阳后冈殷墓后作诗云:“宝贝三堆难计数,十贝为朋不模糊。”②后冈的例子是不能说明“十贝为朋”的。1958～1960 年中国科学院考古研究所安阳发掘队在安阳后冈南坡先后两次对一个殷代杀殉坑进行了清理,其中有一个人架上放有三串海贝,第一串二十贝,第二串十贝,第三串五贝。郭沫若就是根据这三串贝得出了“十贝为朋不模糊”结论的。我们看看整个后冈杀殉坑用贝的情况:杀殉坑共有 54 具人架,其中 9 具有贝饰和随贝。“贝饰或系于手臂或系于腰部。第一层人架中的 16 号人架左尺骨的一串最为精美,由 45 枚海贝串合而成,其间并缀有铜泡、铜铃各一。挂在腰部的贝多发现于盆骨之上,以第二层 27 号人架为例,在右盆骨上发现有排列规整的海贝三串,第一串二十贝;第二串十贝;第三串五贝。贝孔皆向下,似有线索穿贯其间。随葬贝的数目多少不一,最少一枚,最多达三百枚左右。有的放在口中;有的压于胸下或腹下;也有成堆装在麻布袋中的。”③从这个杀殉坑中,可以得出“十贝为朋”的结论,也可以得出其他结论,如 5 枚为朋等。实际上,从发掘报告看,此坑用贝十分混乱,除 27 号人架的稍为整齐外,其他 8 具人架都得不出“十贝为朋”的结论。即是 27 号人架,第三串五贝就无法说明“十贝为朋”。反过来,按照王国维的解释,“必如余说,五贝一系,二系一朋”,第三串五贝为“一系”,属于半朋。这样,第一串、第二串的二十贝、十贝就又无法解释,因为二十贝、十贝是不

---

① 《郭沫若全集·考古编》1,科学出版社,1982,第 109～110 页。
② 郭沫若:《安阳圆坑墓中鼎铭考释》,《考古学报》1960 年第 1 期。
③ 安志敏等:《1958～1959 年殷墟发掘简报》,《考古》1961 年第 2 期。

能为"系"的,否则"二系一朋"的朋就是四十贝、二十贝了。总之,无论怎样解释,都是说不清楚的。

陈梦家也是主张"十贝为朋"的。他说:"我们以为一朋应是十贝,《三代》13.42.2～3所录一般代的卣,既曰'商某贝二朋',又曰'贝隹廿',二朋为二十,则一朋为十贝,乃有明证。"①这可以说是"十贝为朋"的唯一证据,若此条成立,乃为铁证。但遗憾的是,陈梦家先生是误释了。我们查对了原拓,并对照《商周青铜器铭文选》第五号该器的释文,该铭文应为:"乙子(巳),子令(命)小子□先以人于堇,子光商(赏)□贝二朋。子曰:'贝,隹(唯)□女(汝)历'。□用乍(作)母辛彝。"②陈梦家先生把隹(唯)下的"口"误释为"廿"了,因而得出"十贝为朋"的结论。陈梦家先生还说:"卜辞取贝百、取贝六百亦是以十为单位,贝百即十朋。"③在没有其他证据的情况下,贝百、贝六百是无法得出以"十"为单位的结论的,因为凡是百、六百的公约数均可为一个单位,如二、四、五、二十、二十五、五十。

由此可见,"十贝为朋"说也是20世纪以来建立在推测之上的一种观点,到现在还没有见到一条有说服力的证据。

其次,从古文字、古文献、考古材料中作出的都是与之相反的证明。在甲骨、金文中,"朋"大约有八种写法④,这八种写法反映四种类型。第一种,每系一贝,每朋二贝;第二种,每系三朋,每朋六贝;第三种一系三贝,一系二贝,每朋五贝;第四种,每系二贝,每朋四贝。王国维先生是从甲骨文的字形入手讨论"朋"的,得出的却是与甲骨、金文字形不相符合的结论。古文献中,有"二贝一朋","五贝一朋",但没有"十贝一朋"的说法。

更重要的,在考古材料中,我们几乎找不到"十贝一朋"的情况。《中国历代货币大系》一书对新石时代晚期至西周货贝出土情况进行了列表统计,共统计50次出土,每座墓葬或灰坑出贝数目可以统计的有:1枚、2枚、3枚、4枚、5枚、7枚、9枚、10枚、11枚、12枚、15枚、17枚、20枚、22枚、24枚、26枚、95枚、180枚、195枚、6880余枚等。其中出土10枚的为两次,一次为后

① 陈梦家:《殷墟卜辞综述》,中华书局,1988,第557页。
② 马承源:《商周青铜器铭文选》第5号,文物出版社,1988。
③ 陈梦家:《殷墟卜辞综述》,中华书局,1988,第557页。
④ 高明:《古文字类编》,中华书局,1980,第497页。

冈殉葬坑,上边我们已经谈过;一次是甘肃灵台白草坡西周墓,五座墓出贝分别为:95 枚、15 枚、1 枚、9 枚、10 枚。显然,这五个数字也得不出“一朋十贝”的结论。

论述至此,我们可以认为二贝说、五贝说、十贝说、二十贝说都是不能成立的。从上述古文字和考古材料中,同样不能得出朋为其他确切数目的结论。

三、朋无定数

因此,我们认为“朋无定数”,理由如下:

1. 观念原始

在殷周时期,由于商品交换处于原始低级状态,可供交换的物品种类也少,特别是西周“工商食官”,自由贸易几乎是不可能的,因而,人们对货币数量的观念还不严格。萧清先生说:“(贝)作为实物货币,古人价值观念可能不若后人要求精确。”①殷周金文中,赐贝与彝器之间没有正比例关系。“有时支付的朋数少,造一大器,有时支付的朋数多,反而造一小器。这种情形在周代还是有。”②世界上其他较落后的民族没有严格的货币数量观念也可作为旁证。

2. 流通之疑

贝作为货币,其流通情形,我们知之甚少。贝在哪些人群中作货币,在哪些商业贸易中作货币,购买力如何?这些问题现在几乎无从解决。贝作为价值尺度,只有两条材料,一是《遽伯睘彝》铭文:“遽伯睘乍(作)宝尊彝,用贝十朋又四朋。”③二是《卫盉》铭文:“矩白(伯)庶人取堇章(瑾璋)于裘卫,才(裁)八十朋,厥贮,其舍田十田。矩或(又)取赤虎(琥)两、麀两、韍韐一,才(裁)廿朋,其舍田三田。”④在古文字中,大量的记载,贝是作为赏赐用的。

① 萧清:《中国古代货币史》,人民出版社,1984,第 36 页。
② 彭信威:《中国货币史》,第 15 页。
③ 罗振玉:《三代吉金文存》卷六,第 2 器,中华书局,1983,第 46 页。
④ 马承源:《商周青铜器铭文选》第 193 号,文物出版社,1988。

按照上下级关系讲，下级对上级的赏赐是不能也不应该详细计算每串贝的数目的。

3. 种类繁多

贝在殷周时期，有十多个品种，如货贝、拟枣贝、阿文绶贝、虎斑纹贝、伶鼬榧螺、石贝、骨贝、珧贝（蚌贝）、玉贝、陶贝、铜贝、鎏金铜贝、铅贝、银贝、金贝等。大小不一，珍稀程度有别。同样一串贝，大的可能少些，小的可能多些，因此也无法确定其数目。

4. 后代旁证

从历史上看，汉以后，人们对货币数量的概念应该是很严格了，但由于各种原因，在论串计量货币时，也往往不严格。汉文帝时贾谊上书说："民用钱，郡县不同：或用轻钱，百加若干；或用重钱，平称不受。"①梁朝时，"自破岭以东，八十为陌，名曰东钱；江、郢已上，七十为陌，名曰西钱；京师以九十为百，名曰长钱。中大同元年，天子乃诏通用足陌。诏下而人不从，钱陌益少。至于末年，遂以三十五为百云"②。北宋时期，"都市钱陌，官用七十七，街市通用七十五。鱼肉菜七十二陌，金银七十四，珍珠、雇婢妮、买虫蚁六十八，文字五十六陌。行市各有长短使用"③。汉以后的千余年间，作为货币计算单位的"陌"尚且如此混乱，商周时期"朋"无定数就比较好理解了。

5. 他家之说

对于"朋无定数"，彭信威先生、汪庆正先生、乔志敏先生都曾或隐或显地论述过。彭信威先生说："一朋到底等于多少贝，也没有一致的说法。有人说是两贝，也有人说是十贝，普通多以为是五贝。两贝的说法，不大合情理，只要看朋字的书法，就可以明白。五贝的说法似乎也不合理，因为从朋字书法来看，似乎应当是双数，如六贝、八贝或十贝；但后来发展成货币之后，数目也可能变更，甚至以五贝为朋也没有什么不可以。"④虽然他没有明确说朋无定数，但他赞成六贝、八贝、十贝，甚至五贝，可见没有一定数量。

---

① 《汉书》卷二四《食货志》。

② 《隋书》卷二四《食货志》。

③ 孟元老：《东京梦华录》卷三《都市钱陌》，中华书局，2006，第 332 页。

④ 彭信威：《中国货币史》，第 15～16 页。

汪庆正先生也对二贝说、五贝说、十贝说提出了怀疑，他说："一'朋'究竟有多少贝，还有待进一步探索。"①乔志敏先生在论证了"朋无定数"后指出："古代货币史上使用的贝货的价值，还应该按贝来计算，朋在当时只是沿袭了做装饰品的习惯，是一个为了携带、贮藏和支付方便的手段，是串在一起的贝的名字，而绝不是贝货的价值单位，因此没有一定量的数额限制。"②

他们三人的论述，对我们都有启发。彭信威先生的论述比较中肯，汪庆正先生则是提出了问题，乔志敏先生作了论证，但他的结论是需要修正的。他认为朋"是串在一起的贝的名字，而绝不是贝货的价值单位"，"贝货的价值，还应该按贝来计算"。显然，这也是没有根据的，因而也难以成立。首先，以贝计数，如前所述，在甲骨、金文中很少见到。特别金文，几乎全是论朋。《中国历代货币大系·先秦货币》对青铜器铭文中关于"贝"材料的统计中，只有一条材料讲"贝"是带数目字的。即《小尊》(西周时期)："王商子寅瓒一贝百。"材料来源为"马承源《商周青铜器铭文选》文物出版社待刊"。我们查阅已经正式出版的该书，上边没有此条。我们又查《小尊》，该器著录于中国科学院考古研究所陈梦家《美帝国主义劫掠的我国殷周青铜器集录》一书。马承源先生在《商周青铜器铭文选》书稿中收录有该器，后来可能对该器存疑，在正式出版时又将该器删去了。其次，既然普遍用朋，"朋"与"贝"应该是有区别的，"朋无定数"本身就说明是有区别的。第三，甲骨、金文、古文献明显都是用"朋"来计算的，这是无法否认的事实。

---

①　汪庆正《总论》，载《中国历代货币大系·先秦货币》，上海人民出版社，1988，第10页。

②　乔志敏：《"贝""朋"新论》，《中原文物》1988年第2期。

耸肩尖足空首布起源于耒说

耸肩尖足空首布(以下简称尖足布)是布币的重要一支。过去的钱币学著作,没有专门论述其起源问题,只是在分类叙述时,将其单独列出。有的直接说,尖足布由平肩弧足空首布(以下简称弧足布)演变而来。① 我们认为,这种看法有商榷的必要。

一、耸肩尖足空首布不是由平肩弧足空首布或原始布演变来的

1. 省铜说不成立

认为尖足布由弧足布演变来的学者说:"空首币像铲为形,前端亦作微凹,间有平刃甚少。后以省铜之故,积渐凹深,左右化为两足,初制益漓。"② 此说显然是一种推测。我们把各种类型弧足币和尖足布的重量列表作一对照③:

	特大型	大　型	中　型	小　型
弧足布		30 克左右	24 克左右	15 克左右
尖足布	45 克以上	33.8 克	30.7 克	14.7 克

从表中可以看出,除特大型弧足布缺重量数据外,大型的和中型的没有

① 王献唐:《中国古代货币通考》,齐鲁出版社,1979,第 67 页。

② 王献唐:《中国古代货币通考》,齐鲁出版社,1979,第 67 页。

③ 所引数据见蔡运章、余扶危:《空首布初探》,载中国钱币学会编《中国钱币论文集》,中国金融出版社,1985,第 80～102 页。

减重现象，尖足布反而略重于弧足布；只有小型的略微偏轻，但不说明整体上的减重。况且小型布都是在布币流行相当长时期以后（战国中期）出现的，对于解释布币的起源是没有说服力的。可见“省铜”说难以成立。

2. 时代上不成立

如果尖足布由弧足布演变而来，在时代上，后者应早于前者。但是，到目前为止，还没有见到这方面的确证。根据考古发掘的材料，却是前者早于后者。山西侯马出土的12枚大型尖足布，“是目前所知根据考古发掘判定的年代最早的布币”①。

3. 地域上不成立

在地域上，尖足布铸于晋国，弧足布铸于周王畿内，两地不相统属。平王东迁后，王室衰微，大国争霸，名义上作为天下共主的周天子，已没有能力号召诸侯，更没有办法在诸侯国推行自己的货币。作为春秋时的大国，晋国也不需要把周天子的货币拿过来改造一番而在自己的国内推行。相反，当时各诸侯国都在谋求提高自己的地位，称王称霸，标新立异，正如孔子所说“礼崩乐坏”。在这种情况下，曾经称霸中原一百多年的晋国，是不会借用周王室的货币制度的。齐刀、楚爰金、蚁鼻钱不从周制，也是一个佐证。

4. 器形上不成立

从器形上看，尖足布与弧足布是不相仿的。尖足布的两足从原始阶段就非常明显，我们找不到弧足布向尖足布演变的过渡型。弧足布的平肩一直没有上耸的迹象，相反是向削肩发展。由平肩向削肩发展符合器物发展的一般规律，使器物更美观，并减弱了角的锐利程度。

尖足布的长銎、耸肩、尖足，是极易折断致残的，而较紧凑的弧足布相对讲就没有这种缺陷。晋国不会把优越的弧足布形式改变成易损坏的尖足布形式。

先秦货币的演变规律，均由重大渐趋轻小。轻重已见上述，大小如何

---

① 中国社会科学院考古研究所编《新中国的考古发现和研究》，文物出版社，1984，第317页。

呢？我们把两种布币各部位的数据列表于下①：

（单位：厘米）	特大型				大型				中型				小型			
	通长	身长	肩宽	足宽	通长	身长	肩宽	足宽	通长	身长	肩宽	足宽	通长	身长	肩宽	足宽
弧足布					10	6.2	5	5.2	8.3	5.2	4.5	4.6	7	4.2	3.8	4
尖足布	14.5	10	5.7	5.9	13.7	9.3	5.2	6.5	12.2	8.1	5.3		11.7	8	4.9	5.3

从表中我们可以看出，各型尖足布都大于同型的弧足布，如果尖足布由弧足布演变而来，就违背了演变规律。同时我们注意到，二者都有自身的递减演变规律，而没有交叉的递减演变现象。

5. 工艺上不成立

从铸造工艺看，尖足布由于器形特别，铸造工艺要比弧足布复杂，当时还没有防止假冒的必要，尖足布的铸造者不需要由简到繁，自找麻烦，把弧足布改造成尖足布。货币铸造是一件利润相当可观的事情，铸造者都是尽可能地快速铸造，而由简到繁，势必影响铸造速度，减少收入，他们又何苦呢？

由此，认为尖足布由弧足布演变而来的说法，不能成立。

有的著作在分类列表时，将尖足布与弧足布并列于原始布之后②，意即尖足布和弧足布同源于原始布。这种看法同样没有确证。

原始布是农具钱（铲——见蔡运章等《空首布初探》）向弧足布演变的过渡形态，承上启下，既有农具钱（铲）的特征，又具弧足布的雏形。它的发展可以分为两个阶段。前期形体重大古朴，与钱（铲）无异，币面没有文字。后期形体变小，銎部变短，币面出现文字。王毓铨先生在《我国古代货币的起源和发展》一书中列有十件原始布，前八件的通长和文字如下：

号数	1	2	3	4	5	6	7	8
通长（厘米）	16.40	16.05	12.20	13.70	14.60	11.70	11.70	10.60
文字	（无）	（无）	（无）	（无）	（无）	上	山	宂

① 蔡运章、余扶危：《空首布初探》，载中国钱币学会编《中国钱币论文集》，中国金融出版社，1985，第 80～102。

② 郑家相：《中国古代货币发展史》，三联出版社，1958，第 37 页。蔡运章、余扶危：《空首布初探》，载中国钱币学会编《中国钱币论文集》，中国金融出版社，1985，第 98 页。

这八件原始布,1～5 号为前期,6～8 号为后期。弧足布由后期原始布直接递变而来。尖足布与后期原始布有无关系呢?我们可以比较一番。

其一,后期原始布的通长没有超过尖足布的通长,最长的后期原始布只与战国中期的小型尖足布相等(均为 11.7 厘米)。而最短的后期原始布也比大型弧足布长。其二,后期原始布铸有铭文已成定式,而尖足布大部分没有文字,特别是早期尖足布,更是如此,因而人们习惯地称之为无文大布。而弧足布基本上都有铭文,有的铭文且与原始布相同,如山、益等。其三,同弧足布一样,原始布与尖足布在形状上互不相仿。原始布比较尖足布不容易折断致残。可见原始布发展的结果是弧足布而不是尖足布。尖足布与原始布没有演变继承关系。

二、耸肩尖足空首布是由耒演变来的

尖足布是早期金属铸币之一种,根据货币发展史,应由商品货币演变而来。这种商品货币就是我国早期农业生产中使用的掘土工具——耒。

耒,有时与耜、臿连称,为耒耜、耒臿,是我国古代重要的农业生产工具。从新石器时代一直沿用到秦汉。古文字、古文献资料中"耒"出现得很多:

甲骨文中的"耤"字,郭沫若说,"像人持耒耜而操作之形"①;

甲骨文、金文中的"方",也是耒的象形字,其本义就是用耒耕作;

《诗经》有"实方实苞",实方"就是用平行的两歧双齿农具——方——来发土掘田"②;

《易·系辞》有"神农氏作,斫木为耜,揉木为耒,耒耨之利,以教天下";

《国语·齐语》有"权节其用,耒耜耞芟";

《孟子·滕文公上》有"陈良之徒陈相,与其弟辛,负耒耜而自宋之滕";

《淮南子·主术训》有"一人跖耒而耕,不过十亩"等。耒最早是有尖的木棒,后来演化为双齿带刃的形状,其分叉形式有两种:Ⅰ式为树杈式的斜分叉,Ⅱ式为两齿垂直平行叉。耒柄的下方有足踏横木。在考古发掘中,也

---

① 郭沫若:《甲骨文字研究》释耤,人民出版社,1952,第 38 页。

② 孙常叙:《耒耜的起源及其发展》,上海人民出版社,1959,第 24 页。

有耒的出现。陕西临潼姜寨新石器时代遗址中有几组清晰的木耒掘土痕迹①;河姆渡遗址出土有大量石耜、木耜、骨耜,其中的双叉骨耜,就是耒的形状;偃师二里头遗址在灰坑壁上有木耒痕②;殷墟"不少窖穴壁上有清晰的木耒痕迹,都是双齿的"③;河北各地商代"遗址中还发现木耒痕迹"④。由于耒是木制的,很少能够遗留到现在。可喜的是1979年在湖北江陵楚都纪南城出土了两件战国时期保存基本完好的套有铁刃的双齿木耒⑤。从文献记载和考古发掘来看,殷周时期用耒是相当普遍的。到了汉代,人们还能见到双齿木耒的使用,郑玄注《考工记》时说:"今之耜,歧头两金。"汉以后,由于铁制农具取得了决定性优势,木制的耒就逐渐消失了。不过有时还能见到耒的影子,元明时期的"长镵",徐光启《农政全书》认为"亦耒耜之遗制也",是殷周时期耒的一个变形。

殷周时期,耒是农业生产的重要工具,其地位和作用相当于后来的犁。所以有人称犁耕以前的农业为耒耕农业。当时,农业是最大的生产部门,耒是农民的必备工具。《管子·海王篇》说:"耕者必有一耒一耜一铫。"《礼记·月令·季冬》有"冰已入,令告民出五种,命农计耦耕事,修耒耜,具田器"。春天来临,天子籍田,祈求丰收,用的也是耒。《礼记·月令·孟春》记载籍田时说,"天子亲载耒耜,措之于参保介之御间,帅三公、九卿、诸侯、大夫躬耕帝籍,天子三推,三公五推,卿诸侯九推"。籍田仪式起源很早,殷代甲骨卜辞中就有籍田的记载⑥;周宣王不籍千亩,说明周初也有这个仪式。这反映了不但劳动人民使用耒,统治阶级也把耒从一般农具中提升出来作为沟通人与天的祭器。《说文解字》释耒条说:"凡耒之属,皆从耒。"今天有许多表示农耕的字,如耕、耘、耨、耙、耧等都是耒字旁,也说明古代用耒很普遍。

金属货币是由商品货币发展来的。商品货币是当地生产的有用而且可

---

① 西安半坡博物馆等:《陕西临潼姜寨遗址第二、三次发掘的主要收获》,《考古》1975年第5期。

② 北京大学历史系考古教研室商周组编《商周考古》,文物出版社,1979,第20页。

③ 安志敏等:《1958～1959年殷墟发掘简报》,《考古》1961年第2期。

④ 唐云明:《河北商代农业考古概述》,《农业考古》1982年第1期。

⑤ 徐中舒:《耒耜考》上,《农业考古》1983年第1期。

⑥ 吕振羽:《殷周时代的中国社会》,三联书店,1962,第35～36页。

以转让的东西。古代牲畜、兽皮、五谷、布匹、石刀、石斧等都曾充当过商品货币。作为常用农具——耒，也完全可以充当商品货币。首先，耒是有用的，使用相当普遍，人们不会拒绝接受；其次，耒是有价值的，包含了一定的劳动量，可以用它作为一般等价物来衡量其他商品的价值；第三，耒计数简便，适宜转让；第四，有足够的来源，保证交换使用。耒在长期充当商品货币的过程中，形成了自己的货币信誉，一旦金属货币出现时，就会模仿耒的形状，以适应人们对耒的信赖心理。

从器形看，尖足布与耒很相似。长长的銎表示木耒有很长的柄，双足与耒的双齿相同，且与Ⅰ式更接近。耸起的双肩表示什么呢？我们认为这是耒的足踏横木。足踏横木一般是平直的，但也有上耸的。金文中的耒字（图1），其横木是上耸；甲骨文、金文中的方字（图2，为方的一种写法），其横木是上耸的；《农政全书》中的“长镵”（图10），其横木也是上耸的。在殷代，或许有一种耒就是耸肩尖足型。新乡市博物馆藏有一件商代铜簋（在安阳郊区出土，铭文见图3），铭文的前一字是“子”，后一字还没有考释出来，疑即耒的又一象形字，尖足布的形状与这一象形字一模一样。退一步讲，若尖足布与耒不相仿，它又像什么呢？就目前所知的材料，我们还没有见到双齿带刃的非耒农具。

我们把视线放得远一些，可以明显地看到，两足布（包括尖足布、方足布、圆足布）在发展过程中，不断受到耒的影响，尖足布只是耒向两足布钱转化的第一个环节。我们把现在所能见到的耒的图形材料和两足布各阶段的图形作一对照（见图1至图16），就会发现，两足布自始至终没有离开耒的基本形状。尖足与殷墟的耒痕和上海博物馆所藏青铜耒的足部是相似的；战国时期的方足布，特别是楚国的长布（殊布当圻），与江陵发现的木耒形状更是如出一辙；新莽的布钱（十布及货布）与汉代所见耒的形状也完全一样。这说明，两足布是随着耒的发展而发展的，当然，我们也不排除布币自身发展的因素。

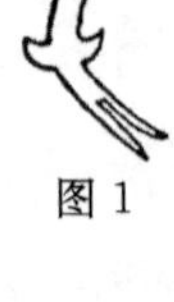
图1

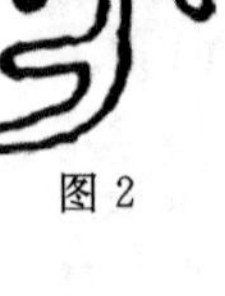
图2

图3

图4

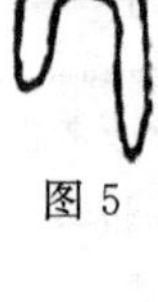
图5

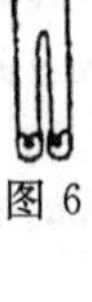
图6

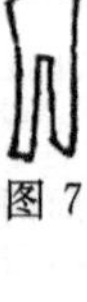
图7

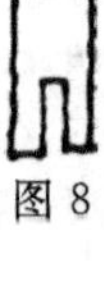
图8

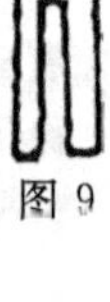
图9

图10

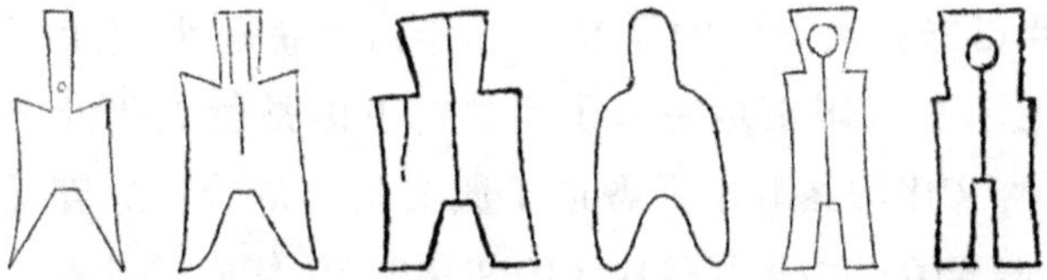

图 11　图 12　图 13　图 14　图 15　图 16

图 1　金文“耒”。见《三代吉文存》卷六第 3 页

图 2　金文“方”。见《商周青铜器铭文选》第 279 页

图 3　金文“子耒(?)”。见《考古》1964 年第 11 期

图 4　殷墟窖穴土壁上的木耒痕迹

图 5　上海博物馆藏西周青铜耒　　图 6　江陵楚都纪南城出土战国木耒

图 7　长沙出土西汉木俑所执耒　　图 8　山东武梁祠东汉画像石夏禹所执耒

图 9　河南灵宝县出土东汉陶俑所执耒　　图 10　《农政全书》所记长镵

图 11　耸肩尖足空首布　　图 12　耸肩尖足平首布

图 13　方肩方足平首布

图 14　圆肩圆足平首布(此乃一种特殊现象,属布币自身发展因素所致)

图 15　长布(殊布当圻)　　图 16　王莽布钱(货布)

治农史的学者早已注意到了两足布与耒的相似性,他们认为耒的形状可以由两足布来说明。但由于他们把农具钱(铲)和耒混为一谈,或颠倒了布币的发展顺序①,因此没有明确认识到,正是耒充当了尖足布的最早范型。

三、为什么晋行耸肩尖足空首布,而周行平肩弧足空首布

尖足布是晋国的铸币,弧足布是东周的铸币,二者有相似的空首(銎),但形体的本质是不一样的。作为邻国,为何有这种差异呢?

1. 不同的文化背景

晋国在西周时期处于汾水下游和运城盆地,是夏文化的发祥地。春秋时,晋文公取威定霸,晋国强大起来,称霸中原前后一百多年。春秋中期,晋

① 孙常叙:《耒耜的起源及其发展》,上海人民出版社,1959,第 24 页。徐中舒:《耒耜考》下,《农业考古》1983 年第 2 期。

景公连续两年出击赤狄(前594至前593年),大获全胜,兼并了赤狄。把赤狄原来占领的大片卫国土地并入了晋国。卫国是殷文化的中心区域。这样,晋国在原有文化的基础上又融进了殷文化的成分。随着晋国不断东进争霸,促进了原来地区和新开辟地区的文化交流,使先进的殷文化逐渐成为晋国文化的重要组成部分。

关中是周文化的发祥地。周公东征后,为了有效地控制东方,营建洛邑,派八师兵力驻扎在这里,周文化开始进入河洛伊地区。平王东迁,洛阳就成为周文化的中心地带。

徐中舒先生在《耒耜考》一文中考证:“耒为殷人习用之农具,殷亡以后,即为东方诸国所承用。”“耜为西土习用之农具,东迁以后,仍行于汧渭之间。”①

徐先生所说的耒,即上文论述的双齿带刃的木耒。殷人大量使用,这一点已被考古发掘所证明。殷被周灭后,以殷墟为中心的广大殷文化地区还一直使用。徐先生所说的耜,指的是单刃“木制的圆头平叶式的农具”。到了铜器时代,“在平叶前端嵌入半圆形的金属制耜”。从这种有金属臿头的形式看,耜就很像我们所说的钱(铲)了。这种地区文化上的差异,反映在货币上,就出现了晋国的尖足布和东周的弧足布。有人会问,周天子籍田不也使用耒吗?我们说这是周因殷礼,并不说明周文化区域普遍用耒。

2. 地理环境的明显差异

每种农具都是劳动人民在生产实践中因地制宜发明并推广使用的,不同的地理条件,就有不同的农业生产工具。因此,就某种农具而言,可以显示一定的区域性。晋国处于运城盆地,西周春秋时期,这一带湖泊沼泽很多。后来又东出太行山,进入黄河下游两岸地区。这两大区域内,都存在着治水问题,也存在水田耕作的情况。耒主要是用来挖沟翻地的;相传大禹治水,疏通河道,用的就是耒;楚都纪南城使用耒,也说明水田用耒比较适宜。晋国的地理环境,耒比其他农具实用,当然就会普遍存在。周人在关中时,主要用耜(铲)。洛阳是洛河冲积平原,与关中泾渭平原相似,土地平整,无旱涝之灾,作为挖沟排水工具的耒,就不实用,耜(铲)为其传统农具,在地理

① 徐中舒:《耒耜考》下,《农业考古》1983年第2期。

环境没有大变化时，周人还是用耜（铲）。

尖足布和弧足布，作为不同的货币类型，反映了晋周不同的文化背景和地理差异，也说明春秋战国时期货币形式的多样化。

布名源流

空首布、平首布是春秋战国时期较为流行的货币之一，经过前人和当代学者的努力，我们对此已经有了较全面而深刻的认识，空首布是由农具演变来的。但是，是由哪种农具演变来的，见仁见智，尚未统一认识，因而对称“布”的根据也就看法不一。过去，人们从声训和币形方面做了大量研究，今天，我们换个角度，即从“布”名源流的角度，来探讨空首布、平首布的起源和称谓。

空首布之所以叫“布”，一般认为布是由农具“镈”演变来的，布、镈古音相同，布是镈的假借字，布即是镈。① 汪庆正先生认为这种观点是王毓铨先生于1957年在《我国货币的起源和发展》一书中最早提出来的②。其实，在此之前，杨宽在1955年出版的《战国史》一书中已有论述：“布是镈的假借字，形状像农具中的镈（即今所谓铲）。这种形式的铜币，该是从镈这种农具在商品交换的发展中转化而来的。”③这是笔者见到的“布镈通假”的最早出版物。王献唐在《中国古代货币通考》一书中也提到“布镈通假”，他说：“农器之镈，与布帛之布，古音相同，同音即可通假，因凡异地称铲币为镈者，或书字为布。于是铲币之名，又由镈变布。”④该书作于1946年，惜当时未出版（直到三十多年后的1979年才由齐鲁书社出版），无法作为正式提出的依据。

从上引三书的情况，我们推断，“布镈通假”观点的提出，应在20世纪40年代末到1955年之前，并且通过口头或书信在历史学界和钱币学界不大的

---

① 布镈通假，在音韵学上是成立的，在本文中“布镈通假”只指“布”名起源的这种观点。

② 汪庆正：《总论》，载《中国历代货币大系·先秦货币》，上海人民出版社，1988，第13页。

③ 杨宽：《战国史》，上海人民出版社，1955，第51页。

④ 王献唐：《中国古代货币通考》，齐鲁书社，1979，第111页。

范围内传播。彭信威《中国货币史》1954年版中没有提到(1958年版已采用此说),范文澜《中国通史简编》1955年版说:“金银币之外,又有铜币,分贝形、刀形、钱(耕器)形、圆形四种。”可见在学术界还没有产生影响。至于谁最早提出这一观点,还需要进一步考证。

由于“布镈通假”解决了铲形币称“布”的理由,所以这一观点很快为钱币学界和历史学界所接受。但是,到了80年代,由于1975年云梦睡虎地秦简的发现,有人对“布镈通假”观点提出了疑问。赵德馨、周秀鸾先生指出:“布币的实体是布匹”,“把‘布’币之名戴到铲形或刀形铸币上,是名实不符的,是张冠李戴了”。① 朱绍侯、孙英民先生撰文,除引用《秦简》外,还正面论述了“先秦时期的铲状币不称为镈,而称之为钱,因而根本不存在‘镈’转假为‘布’的问题”②。蔡运章、余扶危先生的《空首布初探》③一文,可以说是研究空首布方面的经典之作。文中又一次详细地论证了空首布不是从农具镈演变来的,并指出:“空首布既然不是从叫镈的农具演变来的,布钱之‘布’‘是镈字的同声假借字’的说法,也就成了无源之水,不攻自破了。”

不过,否定“布镈通假说”的只是一家之言。1985年出版的千家驹、郭彦岗先生的《中国货币史纲要》仍采用“布镈通假说”。1988年出版的《中国历代货币大系·先秦货币》,汪庆正先生在《总论》中,不但坚持了这一观点,还在王毓铨先生论证的基础上,又补充了三条论据,最后得出结论:“由此可知,‘布’‘镈’是相通的。”

蔡运章、余扶危先生在否定了“布镈通假”说之后,认为:“大概到了战国时期,由于金属铸币的广泛流行,逐渐排斥了布币在社会上的流通作用。人们对新出现的铲币,也就习惯地采用古老的布币的名称而叫作布钱了。朱俊声《说文通训定声》说‘古以布为币,后制泉(钱)即以名之’,讲的就是这个意思。这如同钱本是铲币的名称,后来人们却习惯地把别的货币也叫作‘钱’一样。”他们虽然否定了空首布起源于镈的说法,但仍然认为从战国时

---

① 赵德馨、周秀鸾:《关于布币的三个问题——谈云梦秦简(金布律)札记》,《社会科学战线》1980年第4期。

② 朱绍侯、孙英民:《“布”非铲状铸币刍议——兼论钱镈的原始形态》,《江西社会科学》1983年第2期。

③ 蔡运章、余扶危:《空首布初探》,载中国钱币学会编《中国钱币论文集》,中国金融出版社,1985,第80～102页。

期开始，人们就把铲形币叫作“布”了。

可是，实际情形怎样呢？

空首布是春秋战国时期的一种货币，秦灭六国之后，这种货币就再没有使用过，以至于无人知晓。对“周景王铸大钱”的故事，一直就没人与铲币联系过。到了清代中叶，古钱学家在研究了大量出土的铲形器之后，终于认识到这是春秋战国时期的货币。首先著录的是初尚龄的《吉金所见录》，该书刊行于嘉庆二十四年(1819 年)。其后，冯云鹏昆仲的《金石索》(道光元年)、孟麟的《泉布统志》(道光五年)、张崇懿的《钱志新编》(道光六年)、戴熙的《古泉丛话》(道光十七年)、刘燕庭《嘉荫簃论泉绝句》(道光十八年)、马昂的《货布文字考》(道光二十二年)、谢坤的《钱式图》(道光二十二年)、许元恺的《选青小笺》等均有著录。在最早著录空首布的一批著作中，对空首布的称谓是非常混乱的。《吉金所见录》《嘉荫簃论泉绝句》称“铲币”，《金石索》称“古铲币”，《古钱丛话》称“空首化”，《泉布统志》称“空首金”，《钱式图》说：“俗称铲币，亦名空心币。”《货布文字考》列入“钱货类”。这七种著作均不把空首布与“布”相联系，只有《选青小笺》和《钱志新编》与“布”相联系。《选青小笺》说：“右布形制如铲，旧谱谓铲币。”《钱志新编》在引历鹗《樊谢山房集》时，把空首布称为“古布”。

“空首布”一词最早出现于咸丰、同治年间。李佐贤的《古泉汇》(同治三年)有古布类十四卷，其中第十卷为《空首布》。鲍康在《观古阁泉说》中也称“空首布”，但他对此提出疑问：“空首布俗呼铲布，状绝类铲。首厚数分，作方孔，中空，可以纳柄。不知其义何取？”①

从上边论述我们可以看出，“空首布”的定名是在 19 世纪六七十年代，当时就有人“不知其义何取？”，更遑论有什么战国人的依据。当时的钱币学家之所以定名铲币为“空首布”，是他们看到了铲币与平首布有联系。初尚龄把铲币放在平首布之后，但他认为“细玩其铜质篆文，似在前诸布之先”②。戴熙认为：“空首化，前人概未之见，故未有确定为何代物者。余以为空首化要当在邑化之前。自来钱法先大后小，先精后粗，先繁后简，以空首化较邑

① 丁福保：《历代古钱图说》，上海书店，1986，第 2 页。

② 彭信威：《中国货币史》，第 931 页。

化固大而精且繁者也。”①既然平首布称“布”，空首布与平首布形制相同，又在平首布之前，故也应称“布”。

空首布之“布”缘于平首布，平首布之“布”缘于王莽。“刀布之制，秦汉以后，惟王莽一行之。”②始建国二年(10年)，王莽实行“宝货制”，其中有“小布一百”“么布二百”“大布黄千”等，是为“布货十品”。天凤元年(14年)，又铸“货布”。这是王莽铸行的11种“布”钱。

对于王莽11布的解释，主张“布镈通假说”的一方认为，王莽之布与春秋战国时期的空首布、平首布一脉相承，是由农具镈演变来的，因形得名。因为王莽是托古改制，将秦汉已经废除的龟、贝、刀、布全部恢复了。这也是现在大部分教科书和货币史著作所持的观点。

但是，对于因形得名的观点，五代以前没有明确记载。最早记载王莽币制的《汉书》，在《食货志》中有这样几段文字：

食谓农殖嘉谷可食之物，货谓布帛可衣及金刀龟贝，所以分财布利通有无者也。

凡货，金钱布帛之用，夏殷以前其详靡记云。太公为周立九府圜法：黄金方寸而重一斤；钱圜函方，轻重以铢；布帛广二尺二寸为幅，长四丈为匹。故货，宝于金、利于刀、布于布、束于帛。

在班固论述与货币有关的文字中，“布”有两种意思：一、布帛；二、流布。一点没有布(铲)形货币之意。

三国时，如淳注“流于泉”曰：“流行如泉也。”注“布于布”曰：“布于民间。”③到了唐代，颜师古注《汉书》，谈到王莽十布，说：“布亦钱耳。谓之布者，言其分布流行也。”④司马贞说：“布者，言货流布，故《周礼》有二夫之布。”⑤贾公彦疏《周礼》说：“此官言外言布，取名于其流行于外为称。”⑥

---

① 戴熙：《古泉丛话》第2页，载桑行之等编《说钱》，上海科技教育出版社，1993，第248页。

② 翁树培：《古泉汇考序》，载丁福保编《古钱大辞典·总论》上册，中华书局，1982，，第111页。

③ 《汉书》卷二四《食货志》。

④ 《汉书》卷二四《食货志》。

⑤ 《三家注史记》卷三〇《平准书》“索隐”。

⑥ 《周礼注疏》，《十三经注疏》上册，中华书局，1980，第41页。

根据《后汉书·光武帝纪》载:"王莽乱后,货币杂用布、帛、金、粟。"其实,在王莽当政期间,即进行币制改革期间,也用布、帛、绵、缣为货币。始建国四年(12 年),"群公奏请募吏民人马、布、帛、绵,又请内郡国十二买马,发帛四十五万匹输长安"。天凤三年(16 年)五月,"莽下吏禄制度曰:'予遭阳九之厄,百六之会,国用不足,民人骚动,自公卿以下,一月之禄,十緵布二匹,或帛一匹。'"六年"一切税天下吏民訾,三十取一,缣帛皆输长安"①。在王莽之前,以布帛为货币的思想在西汉曾多次出现。昭帝始元六年(前 81 年),在盐铁会议上,贤良、文学认为:"古者市朝而无刀币,各以其所有易所无,抱布贸丝而已。后世即有龟贝金钱,交施之也。币数变而民滋伪。……汉初乘弊而不改易,畜利变币,欲以返本,是犹以煎止燔、以火止沸也。"②他们非常崇尚抱布贸丝的交易方式,对汉代货币变革持否定态度。元帝时,贡禹明确提出以布帛为货币,上书:"宜罢采珠玉、金银、铸钱之官,亡(毋)复以为币。市井勿得贩卖,除其租铢之律,租税禄赐,皆以布帛及谷,使百姓重归于农,复古道便。"③

在这样的背景及王莽仍然以布帛为货币的情况下,把金属铸币之"布"解释为农具的变形,其概念的混淆是显而易见的。作为王莽改制的设计者、古文经学的一代宗师,刘歆不至于在概念上如此糊涂,把同时作为货币流通、同样命名为"布"的布帛和金属铸币解释成两种截然不同的东西。

有人以为,王莽托古改制,"每有所兴造,必欲依古得经文"④。把"十布"称为"布",不会没有根据。关于这种说法,只是推测之辞,到目前为止,没有人找到一条直接证据。

可见当年王莽的布货之"布"是取"布"字的动词意义,即"流布"。这从王莽后来铸"布泉",不从布形,也可得到证明。

把布之"流布"意义转变为"布形"意义,大概是五代时期的事。洪遵《泉志》除著录王莽十布外,还有异布等。"异布"指先秦时期的平首布,在这些条目下,有张台和《旧谱》的论述。据彭信威先生考证,张台和《旧谱》的作者

① 《汉书》卷九九《王莽传》。
② 《盐铁论·错币》,上海古籍出版社,1990,第 18 页。
③ 《汉书》卷七二《贡禹传》。
④ 《汉书》卷二四《食货志》。

均为五代人①。就目前见到的文献材料，张台和《旧谱》的作者是最早把先秦平首布称为"布"的人。他们是看到王莽称布，以类相推，也称布。后来的钱币学家因循不改，一直到当代，认为王莽"十布"是因形得名。

布名由来肇始于王莽，但王莽时期并不是因为十布的形状而得名。因此，我们今天以形取名是无稽可征的。那么，问题还没有完全解决，主张"布镈通假"观点的一方从春秋战国到秦汉找了许多论据，我们也需要分析一下这些材料。

> 外府掌邦布之入出，以共百物，而待邦之用，凡有法者，共其王及后、世子之衣服之用。凡祭祀、宾客、丧纪、会同、军旅，共其财用之币赍，赐予之财用。②
>
> 凡宅不毛者，有里布……③
>
> 凡任民：……任嫔以女事，贡布帛；……凡无职事者出夫布。④
>
> 廛无夫里之布，则天下之民，皆悦而愿为之氓矣。⑤
>
> 农有余粟，女有余布。⑥
>
> 县鄙将轻田野之税，省刀布之敛……⑦
>
> 今之世而不然，厚刀布之敛……⑧
>
> 余刀布，有囷窖……⑨
>
> 先王……以珠玉为上币，以黄金为中币，以刀布为下币。⑩

《周礼》原名《周官》。"王莽时，刘歆为国师，始建立《周官经》，以为《周礼》。"⑪刘歆是王莽改制的设计者，《周礼》是所据主要蓝本之一。"莽以《周

① 彭信威：《中国货币史》，第378页。笔者考证张台为宋初人，见本书《张台〈钱录〉成书于宋代》一文。

② 《周礼·天官·外府》，见《周礼正义》，中华书局，1987，第472页。

③ 《周礼·地官·载师》，见《周礼正义》，中华书局，1987，第967页。

④ 《周礼·地官·闾师》，见《周礼正义》，中华书局，1987，第975页。

⑤ 《孟子·公孙丑上》，见《孟子正义》，中华书局，1987，第230页。

⑥ 《孟子·滕文公下》，见《孟子正义》，中华书局，1987，第428页。

⑦ 《荀子·王霸》，见《荀子诂译》，齐鲁书社，1985，第311页。

⑧ 《荀子·富国》，见《荀子诂译》，齐鲁书社，1985，第242页。

⑨ 《荀子·荣辱》，见《荀子诂译》，齐鲁书社，1985，第87页。

⑩ 《管子·国蓄》，见《管子轻重篇新诠》，中华书局，1979，第255页。

⑪ 陆德明：《经典释文·叙录》，中华书局，1983，第11页。

官》《王制》之文，置卒正、连率……"①。王莽"十布"之布，持"布镈通假说"者认为来源于《周礼》之布，《周礼》之布就是空首布、平首布。自古注《周礼》之布，都与《孟子》之布相联系，说《周礼》之"里布"即《孟子》之"夫里之布"。

可是，在《周礼》《孟子》中，"里布"之布应该指"布帛"之布。如上引《周礼》"任嫔以女事，贡布帛"，《孟子》"农有余粟，女有余布"，明显是指"布帛"。《孟子》还有"布缕之征"的文字。因此，布帛本是先秦、秦汉乃至魏晋隋唐时期的实物货币，《周礼》《孟子》之"布"是指这种"实物货币"，而不是什么金属铸币。我们再看看经学家们的注释。郑司农云：

> 宅不毛者，谓不树桑麻也。里布者，布参印书，广二寸，长二尺，以为币，贸易物。《诗》云"抱布贸丝"，抱此布也。或曰：布，泉也。《春秋传》曰："买之百两一布。"又《廛人·职》："掌敛布之次布、儳布、质布、罚布、廛布。"《孟子》曰："廛无夫里之布，则天下之民皆说而愿为其民矣。"故曰宅不毛者有里布，民无职事出夫家之征，欲令宅树桑麻，民就四业，则无税赋以劝之也。故《孟子》曰："五亩之宅，树之以桑，则五十者可以衣帛。"不知言布参印书者何？见旧时说也。②

郑玄曰：

> 布，泉也。布读为宣布之布。其藏曰泉，其行曰布，取名于水泉，其流行无不遍。③

从这两段经典释文中，我们看到，郑司农将布解释为"布帛"之布，进行了详细的论述，提出了作为实物货币的布的长、宽尺寸，并要盖印章。虽然他也说不清来源，但"见旧时说也"，声明不是杜撰。其中也提到"或曰：布，泉也"，但无一字进行解释。郑玄接受了郑司农"布，泉也"的提法，但也没有从"布"是农具的角度讲，而是从"流行"的意义上进行了解释。况且，他的解释与王莽的币制也是矛盾的。"其藏曰泉，其行曰布"，段玉裁指出："明泉布异名同物。"即泉布是一种东西，有两种名称。而王莽的"泉""布"却是泾渭分明的。郑玄后王莽近二百年，对王莽称"布"看来也无法解释，只好含糊其辞，说泉、布为一物。

---

① 《汉书》卷九九《王莽传》。

② 《周礼·地官·载师》注，见《周礼正义》，中华书局，1987，第968页。

③ 《周礼·天官·外府》注，见《周礼正义》，中华书局，1987，第469页。

王献唐先生是主张“布镈通假说”的，但他也认为《周礼》之布为布帛之布。“盖自新莽铸布以来，以布为钱。刘氏门下后世之古文家，亦相率以布为钱。郑君笃守家法，著入经注。复以刘氏以下师说，易钱为泉，致与经义相违。条而疏之，知周实以布帛为货币。本质为布，故名曰布。与铲币形制，初无关涉也”①。“彼（刘歆）以泉府即钱府。既掌征布，布必为钱。”②“《周礼》之布，初指布帛，不为铲币。刘盖熏染旧说，未细玩《外府》经文，致有此误。”③

《周礼》之布为布帛，其他古籍呢？王献唐先生说：“因凡《管》《荀》诸书，皆呼铲币为镈，皆书其字为布。史迁修史，因循不改。降及刘歆，复为莽造十布，布仍旧名也。”④王先生认为《管子》《荀子》中的布指农具镈。主要文字为上引几条，特点是“刀布”连称。刀为金属铸币，布也应为金属铸币。我们再分析一下《管子》《荀子》之布。

《管子·国蓄》有“以珠玉为上币，以黄金为中币，以刀布为下币”。在《管子·短语·侈靡》中有这样一段话：“故天子藏珠玉，诸侯藏金石，大夫畜犬马，百姓藏布帛。”我们把这两段文字对照来看，除了多出一个“大夫畜狗马”外，其他三句均照应。下币是百姓所用，故百姓藏布帛。那么，“刀布”之布这种下币为布帛是无疑的。在《国蓄》篇中，还有“黄金刀币，民之通施也”。《揆度》篇说：“刀币者，沟渎也。”“刀币”连称，与“刀布”连称是一个意思，“布”“币”在这里可以互换。西汉人“刀布”“刀币”是不分的，《盐铁论·错币》中“刀布”一见，“刀币”三见，意义相同。再次证明《管子》书中的“刀布”之布是“布帛”。按照马非百先生《管子轻重篇新诠》的考证，《管子·轻重》19篇均为西汉人所作，这种观点已为多数学者所接受。《国蓄》是《轻重》之一，其中的上、中、下三等币制最早为秦朝的制度。这样，用《国蓄》中的“刀布”就无法证明春秋战国的事情。

《荀子》书中的刀布，《荣辱》篇本身说得很明白：有人有鸡、狗、猪、牛、羊，不敢吃肉；有成库的刀和布，不敢穿丝帛；有成筐的财物，出门不敢乘马

---

① 王献唐：《中国古代货币通考》，齐鲁书社，1979，第107页。
② 王献唐：《中国古代货币通考》，齐鲁书社，1979，第112页。
③ 王献唐：《中国古代货币通考》，齐鲁书社，1979，第113页。
④ 王献唐：《中国古代货币通考》，齐鲁书社，1979，第112页。

坐车。① 这里说了食、衣、行三个方面，刀布之“布”明明说的是穿衣问题，为布帛是没有疑问的。至于把“刀”理解为货币是可以的。即是把“刀布”之布理解为货币，那也是指“布帛”这种实物货币，而不是农具镈。此外《荀子》书中还有“暖于布帛”②“粗布之衣”③“杂布与锦”④“布衣紃屦之士”⑤“贱为布衣”⑥等直指布帛之“布”，也说明《荀子》书中的“刀布”之布应为“布帛”。

关于《管子》《荀子》书中“刀布”连称，还有一个特点，即反映的都是齐国的情况。《管子》是假托齐桓公时期的齐相管仲所作，荀子一生大部分时间是在齐国度过的，曾“三为祭酒”。齐国以刀为货币，但没有以农具铲为货币，相反按照《汉书》的记载，“太公退，又行之于齐”的“九府圜法”，其中之一是以布帛为货币。此外，《墨子》书中以“刀”为货币，与墨子生活于宋、鲁一带，与齐接壤有关系。而反映周王朝铸币的《国语·周语》称“钱”不称“刀”，以平首布为货币的楚国有“三钱之府”，战国末期《韩非子》书中却是“钱布”连称。可见，称“刀”或者称“钱”有一定的区域性，并且这种区域性与当时的“刀币区”和“铲币区”相吻合。春秋战国时期，齐地不流通铲形币，《管》《荀》诸书的刀布之“布”就不可能指铲形币。

总之，在先秦史籍中，没有将“布”理解为农具镈的文字。历史上，只有“分布”空首布和王莽十一种布称“布”，但我们找不到这种“布”名与农具镈之间有何联系。古文经学家刘歆及其门徒是从“流布”的意义上来解释的，王莽的“布泉”、北周的“布泉”“五行大布”为方孔圆形也证明了这一点。东汉的班固、郑玄，三国的如淳，唐朝的贾公彦、司马贞、颜师古、白居易，清朝的戴熙、马昂，民国年间的丁福保，直到 20 世纪 50 年代初的彭信威等，都是

① 原文为：“今人之生也，方知蓄鸡狗猪彘，又蓄牛羊，然而食不敢有酒肉；余刀布，有囷窖，然而衣不敢有丝帛；约者有筐箧之藏，然而行不敢有舆马。”（杨柳桥：《荀子诂译》，齐鲁书社，1985，第 87 页）

② 《荀子·荣辱》见《荀子诂译》，齐鲁书社，1985，第 66 页。

③ 《荀子·正名》见《荀子诂译》，齐鲁书社，1985，第 641 页。

④ 《荀子·赋》见《荀子诂译》，齐鲁书社，1985，第 723 页。

⑤ 《荀子·富国》见《荀子诂译》，齐鲁书社，1985，第 266 页。

⑥ 《荀子·大略》见《荀子诂译》，齐鲁书社，1985，第 794 页。

从“流布”的角度来理解①。退一步讲，假如王莽十一布的得名是从农具镈而来，那也一定为王献唐先生所说，是刘歆“未细玩‘外府’经义，致有此误”。后人从因形得名上来理解，更是袭舛踵谬，一误再误。清代中叶，空首布大量出土后，初期，人们尚不知其为何名，多呼为“铲币”“空心币”“空首金”“空首化”等。当此之时，正值乾嘉“考据学”的兴盛时期，朴学大师们也只接受郑玄“布，泉也。其藏曰泉，其行曰布”的解释，没有进一步的考证。而“空首布”定名之后，钱币学家鲍康却感叹“不知其意何取?”20世纪四五十年代提出的“布镈通假说”，犹如给因形得名打了一支强心针，但终因1975年云梦睡虎地《秦简》的发现而遭到严重诘难。此后，一些学者就放弃了“布镈通假”的观点，如萧清先生在1984年出版的《中国古代货币史》，虽然仍称“布币”，但不再用“布镈通假”了，而说这是一个“习惯名称”。②

通过对布名源流的简单考证，我们看到，春秋战国时期，没有人将“空首布”“平首布”称为“布”，王莽称“布”是当“流布”讲。因此，将此类货币称为布本身就是没有根据的，也就不需要对它进行诸如“布镈通假”之类的考证。

那么，这一类货币，应该叫作什么呢？根据一般的定名原则，一是当时人的称呼，二是因形定名。当时人的称呼，现在已难考证。因此，只能按形定名，这种货币根据不同的类型应该称为“耒形币”和“耜(钱)形币”③。

---

① 班固、郑玄、如淳、颜师古、贾公彦如上述，白居易在《白氏六帖事类集》“泉布”条说：“言宝货之行如泉布之布故名之。”戴熙《古钱丛话》谈到王莽“货布”时说：“钱行曰布，取宣布之义。”马昂《货布文字考》说：“布者谓便于分布施行……”丁福保《古钱大辞典拾遗》“总论”中释“布”时也引颜师古的话：“布亦钱耳。谓之布者，言其分布流行也。”彭信威1954年版《中国货币史》说：“其所以名之为布，大概是取其流布的意思。”

② 萧清：《中国古代货币史》，人民出版社，1984，第45页。

③ 关于这个问题，参见白秦川《耸肩尖足空首布起源于耒说》，《中国钱币》1989年第1期。同时参见本文所引蔡运章和朱绍侯先生的文章。

铲形币在战国时称“布”证据不足

叶世昌先生《铲形铜铸币在战国时即已称“布”》一文①，通过对《管子》等书有关论述的推论，认为战国时铲形币已称“布”。我们认为此说证据不足。

叶老认为，“《管子·轻重》所说的‘币’不包括布帛，‘刀布’的‘布’只能指铲形铜铸币”，“只有否定了《管子·轻重》的‘刀布’是铜铸币，才有可能得出战国时的‘布’都是布帛之‘布’的结论”。因此，我们主要分析《管子·轻重》中“布”“刀布”等词语的含义。

一、“布”字的义项

“布”，《说文》：“布，枲织也。从巾，父声。”布是麻、苎、葛等织物的通称。段玉裁注：“引申之，凡散之曰布，取义于可卷舒也。”布有三个义项：第一，织物（丝以外）；第二，散开；第三，货币，钱币。第二个义项具体化后有以下几个意义：1.公布，宣布 ；2.陈述；3.展开，铺开；4.散布，分布；5.显露，显示；6.布施，施予。第三个义项有两层意思：1.具体货币；2.抽象货币。在先秦时期，“布”曾长期作为交易物使用，但总是以具体货币出现的。如《秦律》“钱十一当一布”。“布袤八尺，福（幅）广二尺五寸。布恶，其广袤不如式者，不行”②。由于布是一种实物货币，它的第一功能还是作衣服，人们谈到布时总是想到“织物”。作为抽象的“货币”概念是汉代才出现的。汉儒在解释先秦

① 叶世昌：《铲形铜铸币在战国时即已称“布”》，《中国钱币》2002年第2期。

② 《秦律·金布律》，睡虎地秦墓竹简整理小组《睡虎地秦墓竹简》，文物出版社，1978，第56页。

文献时，提出了“布，币也”①。“布，泉也。……其藏曰泉，其行曰布。”②在现代汉语中，“布”仍然有第一、二个义项，确没有第三个义项了。

二、《管子·轻重》中“刀布”的含义

在《管子·轻重》③中，出现“刀布”一词并与“刀布”有联系的有如下几条：

(1) 先王……以珠玉为上币，以黄金为中币，以刀布为下币。(《国畜》《地数》《揆度》《轻重乙》各一见，第255、411、462、570页)

(2) 黄金刀币者，民之通施也。(《国畜》，第215页)

(3) 黄金刀布者，民之通货也。(《轻重乙》，第584页)

(4) 刀币者，沟渎也。(《揆度》，第459页)

(5) 金币者，人之所重也。(《轻重戊》，第707页)

(6) 彼金钱，人之所重也。(《轻重戊》，第710页)

(7) 人君铸钱立币，民庶之通施也。(《国畜》，第225页)

(8) 今君铸钱立币，民通移……(《轻重甲》，第545页)

(9) 今刀布藏于官府，巧币、万物轻重皆在贾之。(《山至数》，第384页)

(10) 请散栈台之钱散诸城阳，鹿台之布散诸济阴。……故赋无钱布，府无藏财……邦布之籍，终岁十钱。(《山至数》，第370页)

从第2、3、4、7、8条可以看出，“通货”“通施”“通移”“沟渎”是一个意思，即我们今天所说的“货币”。“刀布”“刀币”是一个意思，在相关句子中是可以互换的。“刀布”就是“刀币”。这与《毛诗》中的“布，币也”正相符合。第10条中的“钱布”就是“钱币”。“鹿台之布”就是“鹿台之钱”④。

---

① 毛亨：《毛诗正义》“氓之蚩蚩”条，见王先谦《诗三家集义疏》，中华书局，1987，第290页。

② 《周礼·天官·外府》郑玄注，见《周礼正义》，中华书局，1987，第469页。

③ 《管子·轻重》，见马非百《管子轻重篇新诠》，中华书局，1979。

④ 一、鹿台之布与栈台之钱是相对的，布与钱是一个意思。二、《管子·管子解四》作“散鹿台之钱”，《吕氏春秋·慎大》作“赋鹿台之钱”。

进一步分析,“刀布”“刀币”“钱布”就是“钱币”,就是“钱”,就是“币”。“刀布”是不能拆分为“刀形币”和“布(铲)形币”的。如果“刀布”可以拆分,“刀币”也可以如此拆分。“刀币”拆分为“刀形币”和“币形币”,“币形币”是无解的。

《管子·轻重》19篇(现存16篇)作于西汉时期,几成定论。“刀布”即“刀币”是汉人通识。《盐铁论·错币》中,“刀布”一见,“刀币”三见,意义相同,可以互换。“古者市朝而无刀币,各以所有易所无,抱布贸丝而已。后世即有龟贝金钱交施之也,币数变而民滋伪。”在这句话中,“刀币”就是“龟贝金钱”,就是抽象的“货币”概念。这与《管子·轻重》中“刀布”“刀币”概念是一致的。所以《管子·轻重》中的“刀布”是不能拆分为“刀形币”和“布形币”的。

司马迁在《史记》中也介绍了“刀布”。“太史公曰:农工商交易之路通,而龟贝金钱刀布之币兴焉。……虞夏之币,金为三品,或黄,或白,或赤;或钱,或布,或刀,或龟贝。及至秦,中一国之币为三等,黄金以镒名,为上币,铜钱识曰半两,重如其文,为下币。而珠玉、龟贝、银锡之属为器饰宝藏,不为币,然各随时而轻重无常。”①司马贞在为《史记》所作的“索隐”指出,“布谓泉布”,“刀,钱也”,并总结说“平准之立,通货天下。既入县官,或振华夏。其名刀布,其文龙马”。这里更明确地肯定了“刀是钱”,“布是钱”,“刀布”是“通货”的名称。南朝顾野王说更直截了当,刀是钱的名字,有时候也称布,是由分布这个动词转化来的。② 当刀布连称的时候,其中的“布”已不是一个独立的币种。

《管子·轻重》的“三币说”,于古未闻。管仲所在的齐国只铸刀币,不铸布(铲)形币。秦朝实行三等币制,但上币不是珠玉,中币不是黄金,下币不是刀布。然而秦朝的下币“铜钱识曰半两,重如其文”,正与“三币说”中的下币“刀布”是铜铸币相吻合。汉承秦制,普通的货币仍然是铜钱。《管子·轻重》的作者正是以“刀布”来指代铜钱的。

---

① 《史记》卷三〇《平准书》。

② 《玉篇·刀部》:“刀……亦名钱,以其利于人也;亦名布,分布人间也。”胡吉宣:《玉篇校释》,上海古籍出版社,1989,第3249页。

三、“布”字没有铲形币之意

通过对“布”字义项和《管子·轻重》中“刀布”等的分析，我们可以得出如下认识：

（1）先秦时期，“布”字有“织物（丝除外）”和“散开”两个义项。作为“织物”，曾担当过货币的职能，但没有抽象的“货币”的意义，更没有铲形币意义。《荀子》中的“刀布”与《管子·轻重》中的“刀布”含义不完全相同。《荀子》中的“刀布”之“布”是指布帛。

（2）王莽时期，铸造“六泉十布”“货布”“布泉”，其中的“布”没有铲形币的意义。注《汉书》者，没有一家认为是铲形币，且“布泉”就不是铲形。王莽之“布”也是“币”的意思。

（3）将“布”理解为铲形币，是没有根据的。王莽之后，北周“布泉”“五行大布”不是铲形。清代中叶以前，铲形币没有固定的称谓。李佐贤《古泉汇》将铲形币称为“空首布”，之后，人们才逐渐形成铲形币是“布”的概念。其实这是一个错误。①

① 关于此点，请参阅白秦川：《先秦货币二考》，《历史研究》1997年第2期。

魏国钱币研究

一、魏国历史简述

魏国是战国七雄之一，在战国二百多年中，曾独霸中原一百多年。在政治经济方面，魏国首先进行改革，对当时各诸侯国及秦汉以后均有重要影响。①

公元前475年，中国进入封建时代。公元前453年，魏、赵、韩三家分晋。公元前403年，周天子正式承认三家为诸侯国。从公元前445年魏文侯即位，到公元前225年被秦国灭亡，魏国共有八位国君。他们是：

魏文侯，公元前445至公元前396年；

魏武侯，公元前395至公元前370年；

魏惠王，公元前369至公元前319年；

魏襄王，公元前318至公元前296年；

魏昭王，公元前295至公元前277年；

魏安厘王，公元前276至公元前243年；

魏景湣王，公元前242至公元前228年；

魏王假，公元前227至公元前225年。

魏文侯即位时，魏国已是中央集权的封建国家。在朝廷设置相、将统领

① 本文主要参考书有黄锡全的《先秦货币研究》《先秦货币通论》，朱活的《古钱新探》，丁福保的《古钱大辞典》，杨宽的《战国史》，中国钱币大辞典编委会编的《中国钱币大辞典·先秦编》，马飞海总主编的《中国历代货币大系·先秦货币》，马飞海、王贵忱主编的《中国历代钱币文献丛书》。

文武百官，在郡、县设置守、令统治人民。相、将、守、令等官吏不是世袭的，而是由朝廷任免的。文武官员分设，官僚制度完备。这一制度为当时各诸侯国所仿效，并为秦汉以后所沿用。

魏文侯任用魏成子、翟璜、李悝为相，任用乐羊为将，吴起为西河郡守，西门豹为邺县令，对经济、政治、军事进行改革。最著名的为李悝变法。李悝变法的主要内容为：(一)“尽地力之教”，即大力发展农业生产，及时总结、推广农业生产经验。(二)“平籴法”，即国家管理粮食的丰歉调剂，进而稳定国家和百姓的需要。(三)制定《法经》，规范新产生的封建的社会关系。李悝变法为战国时代各国变法之先河，尽地力之教，即发展农耕，是后来各国的基本国策之一。“平籴法”是后来历代封建王朝均输、常平仓等办法的开端。《法经》更是各国变法及《秦律》《汉律》的基础。

通过变法，魏国首先成为战国时期的强国。在文侯、武侯、惠王的百余年间，左扩右突，独霸中原。

从公元前413年到公元前371年，魏国占领了秦国的全部河西之地；借道赵国灭亡了中山国；联合赵、韩大败齐师，攻入齐的长城；与赵、韩联军多次打败楚军，夺取黄河以南大片楚国土地。其间魏国虽然曾被赵、楚联军打败过，但魏国的强国地位并没有被削弱。

魏惠王即位后，魏、赵、韩联盟趋于解散，三国在中原自谋发展。公元前364年，秦国攻击魏国石门(今山西省运城县西南)，取得大胜，斩首六万。这是秦国第一次胜利，也是魏国第一次被削弱。同年，魏国由安邑(今山西省夏县)迁都大梁(今河南省开封市)。至此，战国七雄并立的局面正式形成。

魏惠王时期，进一步进行改革。主要内容为：(一)兴修水利，开发山泽。(二)开创选拔“武卒”的制度。(三)加强防备和控制交通。因此，魏国国力进一步强大。这一时期，魏国迫使赵国和韩国与魏国调整交换土地，使魏国在中原大片土地连成一片，造成十分有利的形势。同时又开展活跃的外交活动，公元前356年，迫使鲁共侯、宋桓侯、卫成侯、韩昭侯入魏朝见魏惠王。公元前354年，齐军“围魏救赵”，打败了魏军，但过了两年，魏军还是把赵国的国都邯郸攻破了，并且魏惠王调用韩国的军队，打败了齐、宋、卫联军，齐不得已向魏求和，赵国也被迫与魏结盟。

公元前344年，魏惠王第一个在诸侯国中称王。并召集“逢泽(今河南省开封市南)之会”，邀宋、卫、邹、鲁国君及秦公子参加会盟，共同朝见周天子。

这时是魏国在战国时代独霸中原的又一高峰。

由于魏国的行为影响了其他大国的利益，打破了各大国间力量的平衡，引起其他国家的不满与抵制。此后，就发生了一系列针对魏国的战争。这些战争如齐魏马陵之战、秦魏河西之战等，魏国均遭到失败。魏国的国力开始削弱，各国间力量暂时平衡但关系非常紧张。

为了在列国中胜出，各国都在争取盟国，展开复杂的外交活动，这就是“合纵连横”。同时各国间进行了复杂的军事斗争。魏、韩两国地处中原，为形势上的必争之地，即“梁之地势，固战场也”。在大国间的战争中，魏、韩的向背有着重要影响。在公元前312～公元前311年，魏、韩两国与秦结盟，秦国战胜了齐、楚两国；在公元前301～公元前296年，魏、韩两国与齐结盟，齐国先后战胜了楚、秦、燕三大国。

公元前293年，秦国与韩魏联军在伊阙（今河南省洛阳市龙门）大战，韩魏联军失败，死亡24万。从此秦国对山东六国一直处于攻势。魏国被迫献出河东400里土地给秦国。公元前275～273年，秦国三次包围魏都大梁，由于燕、赵相救，秦国才得地退兵。

公元前257年，魏国信陵君“窃符救赵”，使当时形势发生了重大变化，秦国暂时减轻了对山东六国的压力。公元前254年，魏安厘王攻取秦的陶郡，并且灭亡了卫国。

公元前247年，秦攻取魏的高都（今山西省晋城市），同年信陵君发动合纵运动，率五国联军于河外，追至函谷关而还。公元前244年，秦攻取魏的畼、有诡。公元前242年，秦攻取魏的酸枣（今河南省延津县西南）、燕（今延津县东北）、虚（今延津县东）、桃人（今河南省长垣县西南）、山阳（今河南省焦作市东南）、雍丘（今河南省杞县）、长平（今河南省西华县东北）等20城。继而又攻取魏国兼并的卫地。

公元前241年，战国最后一次合纵形成，赵将庞煖带领赵、楚、魏、燕、韩五国军队攻秦，一直攻到蕞（今陕西省临潼县东北）。但无功而返，没有对秦造成重创。公元前238年，秦攻取魏的首垣、蒲、衍氏（均在今河南省长垣县附近）。

公元前225年，秦派王贲包围魏都大梁，引黄河、大沟水灌大梁，三个月后城坏，魏王假出降。魏国灭亡。

二、魏国钱币的种类

魏国钱币有桥裆布、方足布、锐角布、圜钱。

1. 桥裆布

桥裆布为魏国所独有。其主要特征为裆部是桥洞形和弧形。分有廓和无廓，面有竖钱和无竖钱，首有孔和无孔，缩颈和直颈，圆肩和平肩，桥洞裆和弧裆等。具体划分，有如下几种：

（1）缩颈圆肩桥裆。如“安邑二釿”。

（2）缩颈平肩桥裆。如“梁一釿”。

（3）直颈圆肩弧裆。如“梁正尚百当寽”。

（4）缩颈圆肩弧裆。如“安邑半釿”。

（5）缩颈平肩弧裆。如“槅釿”。

2. 方足布

方足布是三晋两周燕楚等国铸造的钱币，其显著特征是方裆方足。方足布有大、中、小型。大型者为楚布的“殊布当釿”，中型者有魏国的“戈邑”“梁邑”“安阳”等几种，其余为小型布。魏国方足布与其他国家相同，皆为缩颈平肩方裆方足，面中部有一竖线，背中部有一竖线，两边各有一斜线。有的束腰。

3. 锐角布

锐角布是韩魏两国铸造的钱币，其显著特征是布首两端各有一锐角。直首，方肩，方足，分大小二型：大型平裆、小型尖裆。过去均认为是韩币，最近有学者指出大型为韩币，小型为魏币。①

4. 圜钱

圜钱即圆形钱，分圆形孔和方形孔两种。魏国圜钱为圆形孔。

---

① 黄锡全：《先秦货币通论》，紫禁城出版社，2001，第126～129页。

三、魏国钱币的铭文

1. 桥裆布

(1)“安邑”,安邑是三家分晋后魏国的早期都城,在今山西省西南部夏县西北。魏文侯斯的七世祖魏绛,春秋为晋大夫,事晋悼公,由霍徙治安邑,文侯时立国,定为国都。安邑布有三种。

“安邑半釿”(图 1),一般通高 4.5 厘米,肩宽 2.8 厘米,足宽 3.3 厘米。币形为缩颈、圆肩、浅弧裆、方足,首中有穿孔,边有周廓。最重者 8.1 克,最轻者 6 克。

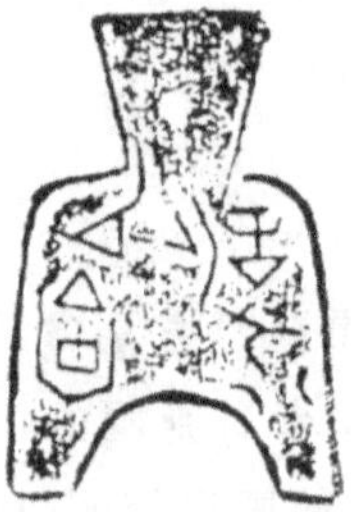

图 1

图 2

图 3

“安邑一釿”(图 2),一般通高 5.55 厘米,肩宽 3 厘米,足宽 3.5 厘米。币形为缩颈、圆肩、深弧裆、方足,无周廓。最重者 17.5 克,最轻者 11.5 克。

“安邑二釿”(图 3),一般通高 6～6.5 厘米,肩宽 3.3～3.5 厘米,足宽 4 厘米。币形同“安邑一釿”。最重者 31.1 克,最轻者 20 克。

(2)“陕”,旧释“虞”,周初建立的诸侯国,姬姓,地望在今山西省平陆县北。陕,《史记·秦始皇本纪》“使张仪代取陕,出其人与魏”。其地在今河南省三门峡,所辖包括黄河北岸部分土地,战国属魏。铸币有两种。

“陕半釿”(图 4),一般通高 4.5 厘米,肩宽 2.7 厘米,足宽 3 厘米。币形缩颈、圆肩、浅弧裆、方足,首中心有穿孔,有周廓。

图 4

图 5

“陕一釿”(图 5),一般通高 5.6 厘米,肩宽 3.3 厘米,足宽 3.6 厘米。币形缩颈、圆肩、深弧裆、方足,有周廓。最重者 16.5 克,最轻者 10.5 克。

(3) “禾”,读元或邧,邧即元里,其地在今陕西省澄城县南。

“禾半釿”(图 6),一般通高 4 厘米,肩宽 2.6 厘米,足宽 2.8～3 厘米。币形缩颈、平肩、深弧裆、方足,首部中心有穿孔,有周廓。最重者 8.2 克,最轻者 6.7 克。

图 6

图 7

图 8

“禾一釿”(图 7),一般通高 5 厘米,肩宽 3 厘米,足宽 3.4 厘米。币形同“禾半釿”。最重者 17.5 克,最轻者 11 克。

“禾二釿”(图 8),一般通高 6.5 厘米,肩宽 3.6 厘米,足宽 4 厘米。币形缩颈、圆肩、深弧裆、方足。最重者 31.4 克,最轻者 30 克。

“禾釿布”主要流通于魏文侯时期河西郡地区。《考古》1959 年第 11 期《陕西华阴岳镇旧战国古城勘察记》一文中载:“古城在华阴县东南 5 里,即古阴晋故城,战国时期已属魏。在城门内出现文化遗物有筒瓦、板瓦、半瓦当等。半瓦当素面,直径 14.1 厘米。另外有半残方足布一枚,‘梁(禾)一釿’币文倒书。城门附近发现的筒瓦、板瓦都是战国初期之物，而没有发现更晚的东西。”由此可证，“禾一釿”币是在“阴晋”尚未铸行“阴晋釿布”前，魏文侯在少梁铸造流通的布币。阴晋属于魏的河西郡，少梁城则位于阴晋城的东北，同为河西郡辖域。

(4) “共”，西周共伯封国。《左传・隐公元年(公元前 722 年)》“大叔出奔共”，即此。地望在今河南省辉县境。共邑春秋时属卫，战国时并入魏。有“共半釿”一种。

“共半釿”(图 9)，通高 4.8 厘米，肩宽 2.8 厘米，足宽 3.2 厘米。币形缩颈、圆肩、浅弧裆、方足，首部有穿孔，有周廓。

图 9

(5) “言阳”，即圁阳，旧释“晋阳”。属魏国上郡，其地在今陕西省神木县。魏襄王七年(公元前 312 年)，“魏尽入上郡于秦”①。言阳布有三种：

“言阳半釿”(图 10)，一般通高 4 厘米，肩宽 2.2～2.4 厘米，足宽 2.5～2.6 厘米。币形缩颈、平肩、深弧裆、方足。

图 10

图 11

图 12

① 《史记・魏世家》。

“言阳一釿”(图 11)，一般通高 6.5 厘米，肩 3.4 厘米，足宽 3.3 厘米。币形同“言阳半釿”。最重者 15.9 克，最轻者 13 克。

“言阳二釿”(图 12)，一般通高 6.5 厘米，肩宽 3.4 厘米，足宽 4 厘米。币形缩颈、圆肩、深弧裆、方足。

(6) “阴晋”，战国魏邑，地望在今陕西省华阴县城东南五里，铸布二种。

“阴晋半釿”(图 13)，一般通高 4 厘米，肩宽 2.5～2.7 厘米，足宽 2.8～2.9 厘米。币形缩颈、平肩、深弧裆、方足，首部有穿孔。

图 13

图 14

“阴晋一釿”(图 14)，一般通高 5.3 厘米，肩宽 3 厘米，足宽 3.3 厘米。币形同“阴晋半釿”。最重者 18.3 克，最轻者 14 克。

阴晋釿布与上述诸釿布不同之点在于币文的书写方式，一改上述诸种币文的倒书写法，而采取正书，开魏釿布正书之先河。

(7) “甫反”，即蒲坂，战国魏邑，地望在今山西省永济县西北。《史记·魏世家》襄王十六年(公元前 303 年)“秦拔我蒲阪、阴晋、封陵。……十七年，秦予我蒲阪”。铸布二种。

“甫反半釿”(图 15)，通高 4 厘米，肩宽 2.5 厘米，足宽 2.9 厘米。币形缩颈、平肩、深弧裆、方足。

图 15

图 16

"甫反一釿"(图 16),通高 5.2 厘米,肩宽 3 厘米,足宽 3.3 厘米。币形同"甫反半釿"。重 14.6 克。

(8)"高",即鄗,亦即郊。《左传·文公三年》"秦伯伐晋……取王官及郊也"。《史记·秦本纪》引作鄗。王官在今山西省闻喜县南,"鄗"应在"王官"附近。

"高半釿"(图 17),通高 4.2 厘米,肩宽 2.4 厘米,足宽 2.6 厘米。币形缩颈、平肩、深弧裆、方足。重 8.3 克。币文"高"字正书,"半釿"倒书,有周廓。

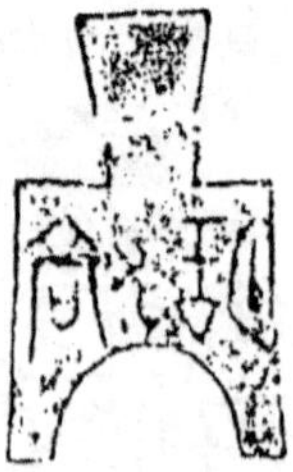

图 17

图 18

(9)"高安",今山西夏县西北。"高安一釿"(图 18),通高 5 厘米,肩宽 2.8 厘米,足宽 3.1 厘米。币形缩颈、平肩、深弧裆、方足。"高安"二字合文,币文倒书。"高安"或释"高奴",其地在今陕西省延安市东。

(10)"梁当寽","梁",今开封市一带。魏惠王六年(公元前 364 年)由安邑迁都于此。魏在大梁铸币可分为前后两期,各二种。

第一组:"梁币当寽"布二种。

"梁正币百当寽"(图 19),通高 5.5～6 厘米,肩宽 3.3～3.5 厘米,足宽 3.8～4 厘米。币形直颈、圆肩、浅弧裆、方足。有周廓者较早,平均重 13.5 克;无周廓者平均重 13 克,铸期较晚。

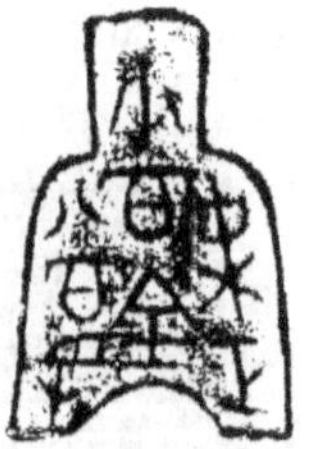

图 19

图 20

"梁半币二百当寽"(图 20),通高 4.3 厘米,肩宽 2.5 厘米,足宽 2.9 厘米。币形直颈、圆肩、浅弧裆、方足,有周廓。

第二组:“梁钘当寽”布二种。

“梁新钘百当寽”(图 21),一般通高 5.3 厘米,肩宽 2.8～3 厘米,足宽 3.2～3.3 厘米。币形缩颈、圆肩、深弧裆、方足。最重者 15.8 克,最轻者 12 克,平均重 12.8～13.1 克。

图 21

图 22

“梁新钘五十当寽”(图 22),一般通高 6 厘米,肩宽 3.3 厘米,足宽 3.8 厘米。币形同“梁新钘百当寽”。最重者 31 克,最轻者 26 克,平均 27.7 克。

(11)“山阳”,地望在今河南省修武县西北。分小、中、大三型,币形均为缩颈、圆肩、深弧裆、方足。正面正中有一条竖线,上自首下连裆。币文“山阳”二字,分别于竖中线两旁。正书,没有“钘”字。

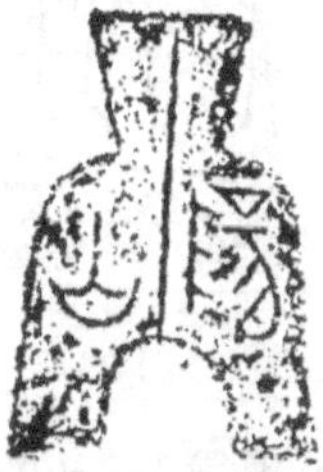

图 23

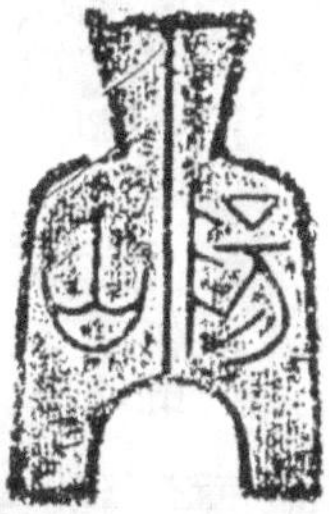

图 24

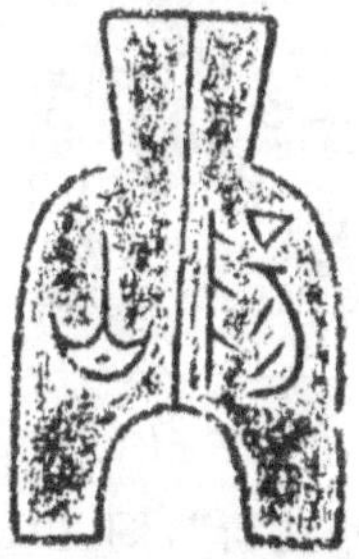

图 25

小型(图 23),通高 4 厘米,肩宽 2.5 厘米,足宽 2.6 厘米;

中型(图 24),通高 4.5 厘米,肩宽 3 厘米,足宽 3.1 厘米;

大型(图 25),通高 6 厘米,肩宽 3.4 厘米,足宽 3.8 厘米。

(12)“分布”(图 26)。分,汾省。“分布”,其地不详,当在汾水附近。通高 6 厘米,足宽 3.3 厘米,重 11.2～12 克。直首,平肩,首有一孔,足尖趋于圆形。“分布”,疑点颇多。①

图 26

(13)“吿一釿”(图 27),“吿”即“牧”,在今河南省汲县。旧释“京”。“吿一釿”币形缩颈、微耸肩、桥裆、无廓。通高 5.2～5.4 厘米,足宽约 3.3 厘米,重14.2～15.6 克。“吿一釿”还有圆肩形制的(图 28)。

图 27

图 28

图 29

(14)“垂二釿”(图 29)。垂即“垂”,《战国策 · 魏策》:“边城尽拔,文台堕,垂都焚。”《集解》引徐广曰:“句阳有垂亭。”《索隐》“垂,地名。有庙曰都,并魏邑名”。其地在今山东省曹县北。“垂二釿”缩颈、圆肩、桥裆、无廓。通高 5.6～6 厘米,足宽 3.6 厘米。

(15)“卢氏”,地望在今河南省卢氏县。处当时秦、韩、魏交界处,本属韩,战国前期可能一度属魏。程恩泽《国策地名考》附韩、魏地图中均有“卢

① 近十年河南长葛、鄢陵一带出土多枚,黄锡全撰文释为“汾陂”,地望在今河南省漯河市郾城区。黄锡全:《新见“分布”及有关问题》,《中国钱币》2007 年第 2 期。

氏”，也可能当时“卢氏”分属韩、魏。

“卢氏半釿”（图 30），缩颈，圆肩，弧裆。文字倒书，通高 4.5～4.8 厘米，足宽 3～3.2 厘米。

图 30

（16）“鄗氏”，有释“端氏”，有释“泫氏”。“端氏”未闻属魏，“泫氏”在今山西省高平县。确切释读还可研究。铸币二种。

“鄗氏一釿”（图 31），缩颈、圆肩、桥裆、无廓。文字倒书。通高 5.4 厘米，足宽 3.6 厘米，重 19.5 克。

图 31

图 32

“鄗氏半釿”（图 32），缩颈、圆肩、弧裆。通高 4～4.3 厘米，足宽 2.6～3 厘米。

（17）“阴安”，地望在今河南省清丰和南乐之间。或读“安阴”，地望在安邑（今山西省夏县）之南。有铸币二种。

“阴安二”（图 33），缩颈、圆肩、桥裆、有廓。通高 4.6～4.8 厘米，足宽 3.3 厘米，重 13.2 克上下。

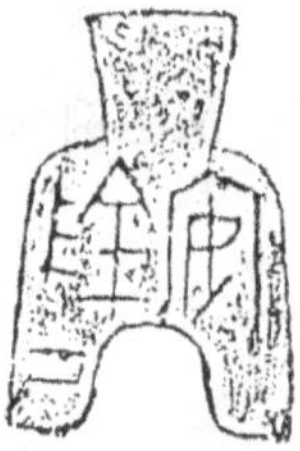
图 33

图 34

“阴安”(图 34),缩颈、圆肩、桥裆、有廓、首有孔。文字左读。通高 4 厘米,足宽 2.7 厘米,重 6.1～6.5 克。

(18)“垣釿”(图 35),垣,《史记·秦本纪》昭襄王十五年(公元前 292 年)“大良造白起攻魏,取垣”,其地在今山西省垣曲境。圆首、平肩、弧裆。文字倒书。通高 5.5 厘米,足宽 3.4 厘米。

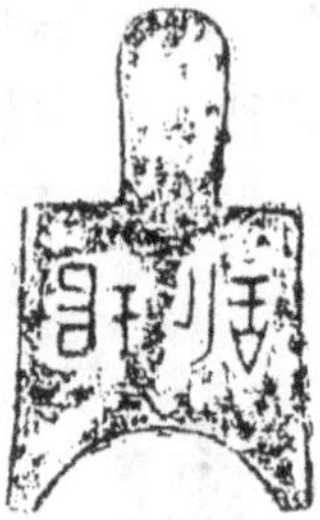
图 35

图 36

(19)“槁釿”(图 36)。“槁”读“郊”,地望在今河南省开封县陈留镇。“槁釿”缩颈、微耸肩、弧裆。文字倒书。通高 5.2 厘米,足宽 3.4 厘米。

2. 中型方足布

中型方足布形体较大,铸作较精,均为魏国铸造。面文有“梁邑”“安阳”“戈邑”“封邑”等几种。一般通高 5～5.2 厘米,身高 3.3～3.5 厘米,肩宽 2.8～3 厘米,足宽 3.1～3.2 厘米,重 8～16.5 克。

(1)“梁邑”(图 37),战国晚期在大梁铸行。通高 5 厘米,肩宽 2.9 厘米,足宽 3.1 厘米。重 8～12.5 克,背正中一竖直纹,两边各一条斜竖纹。

图 37

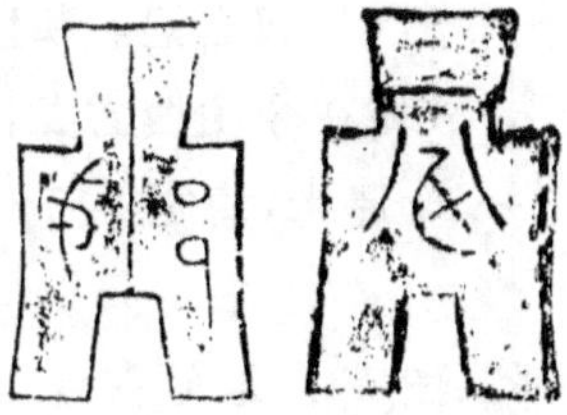

图 38

(2)“戈邑”(图 38)。戈,周封国,在郑宋之间,今河南省杞县。面文“戈邑”,背文“一半”。面一竖线,背无竖线,此特征与魏桥形布相同。重 9.1～14 克。

(3)“安阳”(图 39)。战国地名“安阳”者不少,有在今山东曹县者,有在今河北省苻县东北者,有在魏境内今河南安阳县东南者。

图 39

图 40

(4)“封邑”(图 40)。或释“封谷”,在今山西省薄县境。

3. 小型方足布

(1)“梁邑”(图 41)。梁,有大梁和少梁。少梁,今陕西省韩城县。大梁,今河南省开封市。通高 4.2～4.7 厘米,身高 2.8～3.2 厘米,肩宽 2.2～2.6厘米,足宽 2.5～2.9 厘米,重 4～6.8 克。常有反书。

图 41

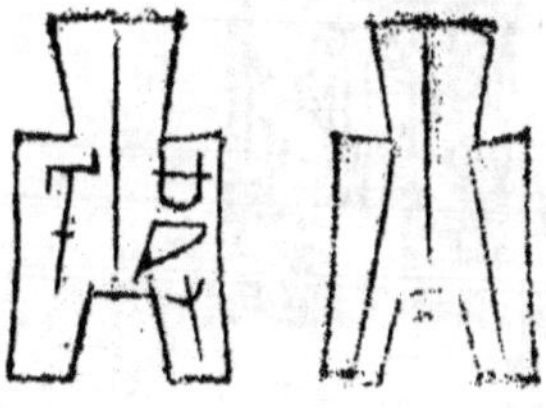

图 42

(2) “皮氏”(图 42),《史记·魏世家》魏襄王六年(公元前 313 年)“秦取我汾阴、皮氏”。故城在今山西省龙门县(一说河津县)。通高 4.1～4.5 厘米,身高 2.9～3.2 厘米,肩宽 2.3～2.5 厘米,足宽 2.5～2.6 厘米,重 5～6.5 克。

(3) “高都”(图 43),地望在今山西省晋城县东北。《水经注·沁水》记有“丹水出上党高都县故城”即是。铸币见有小型一种。通高 4.5～4.7 厘米,身高 3～3.2 厘米,肩宽 2.4～2.7 厘米,足宽 2.6～3 厘米,重5～6克,最重者达 7 克。《史记·秦始皇本纪》:“庄襄王三年(公元前 247 年),蒙骜攻魏高都,拔之。”其铸币下限,应在公元前 247 年。

图 43

图 44

(4) “平周”(图 44),地望在今山西省介休县。通高 5 厘米,肩宽 2.6 厘米,足宽 2.9 厘米。《史记·魏世家》:“惠王后元十三年(公元前 322 年),秦伐我,取曲沃、平周。”其铸币下限,当在公元前 322 年。

(5) “安阳”(图 45),《史记·秦始皇本纪》:“昭襄王五十年(公元前 257 年)拔新宁中,更名为安阳。”按此,魏安阳小方足布,其上限不会超过公元前 257 年。而布文“安阳”或非指地名,而为一种标号。

图 45

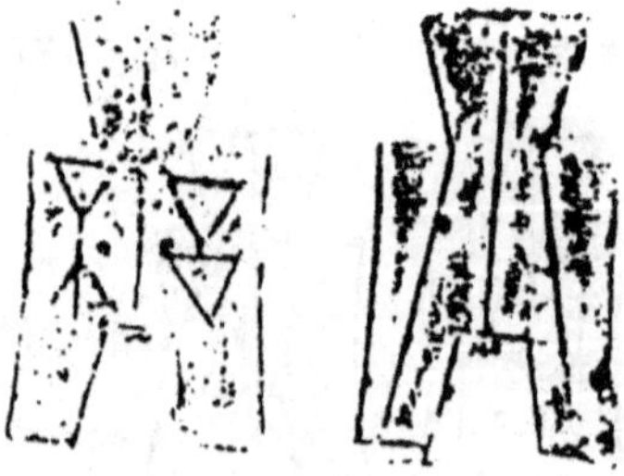

图 46

(6) “邳”(图 46),《史记·夏本纪》“东过洛汭,至于大邳”。在今河南省浚县东南。通高 4.5 厘米，身高 3 厘米，肩宽 2.4 厘米，足宽 2.6 厘米。

(7) “封”(图 47)，周初“封父”之封国，在今河南省封丘县境。通高 4.7 厘米，身高 3.2 厘米，肩宽 2.5 厘米，足宽 2.7 厘米。

图 47

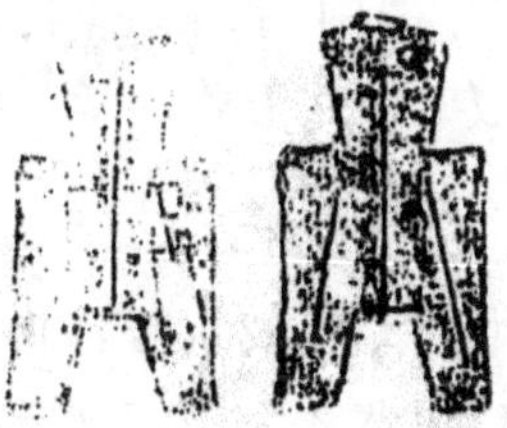

图 48

(8) “奉氏”(图 48)，即“封氏”，在今河南省封丘县境。通高 4.5 厘米，身高 3 厘米，肩宽 2.7 厘米，足宽 3.1 厘米，重 4.8 克。

(9) “奇氏”(图 49)，“奇”，猗省。“奇氏”，在今山西省临猗县的猗氏镇。通高 4.4～4.7 厘米，身高 3.1～3.2 厘米，肩宽 2.5～2.6 厘米，足宽 2.6～2.8 厘米，重 5.2～6 克。

图 49

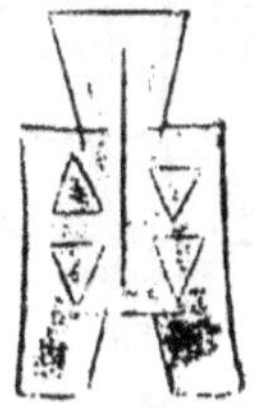

图 50

(10) “部”(图 50)，即郃阳，在今陕西省合阳县。通高 4～4.5 厘米，身高 2.8～3.1 厘米，肩宽 2.4～2.5 厘米，足宽 2.6～2.7 厘米，重 6～6.2 克。

(11) “蒲子”(图 51)，蒲，在今山西省隰县西北，一说在山西省蒲县境。通高 4.5～5.3 厘米，身高 3.1～3.9 厘米，肩宽 2.4～2.6 厘米，足宽 2.7～3 厘米，重 4.9～6.1 克。

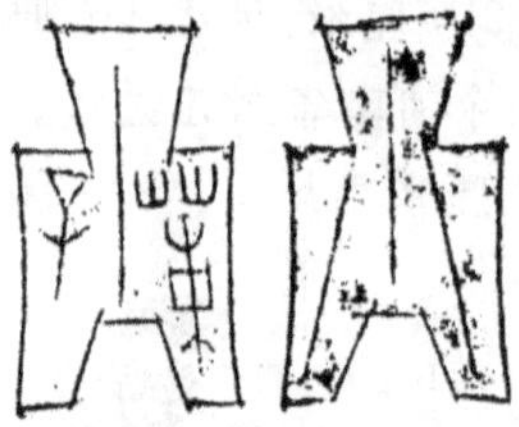

图 51

图 52

(12)“渝”(图 52),今河南省浚县西南。通高 4.3～4.7 厘米,身高 3～3.3厘米,肩宽 2.4～2.7 厘米,足宽 2.6～2.8 厘米,重 4.5～6.5 克。

(13)“虘阳”(图 53),“虘”通虞。《史记·秦本记》秦昭襄王五十三年(公元前 253 年)“秦使摎伐魏,取吴城”。吴城即虞城,在今山西省平陆县北。通高 4.4～4.5 厘米,身高 3～3.2 厘米,肩宽 2.5～2.6 厘米,足宽 2.6～2.8 厘米,重 4.5～6.5 克。

图 53

图 54

(14)“壤阴”(图 54),今山西省翼城县东。通高 4.3～4.5 厘米,身高 3 厘米,肩宽 2.4～2.5 厘米,足宽 2.5～2.6 厘米,重 5.2 克。

(15)“咎奴”(图 55),地望在今河南省安阳市西南。通高 4.2～4.6 厘米,足宽 2.4～2.8 厘米,重 4.9～6.7 克。

图 55

图 56

(16)“成阳”(图 56),地望在山东省菏泽东北。通高 4.3～4.5 厘米,身高 3 厘米,肩宽 2.5 厘米,足宽 2.6～2.8 厘米。

(17)“鄗氏”(图 57),读为“端氏”,今山西省汾水县东北。或说“鄗泫氏”,今山西省高平县。通高 4.2～4.6 厘米,身高 2.8～3 厘米,肩宽 2.4～2.6厘米,足宽 2.6～2.8 厘米,重 5.6～6.3 克。

图 57

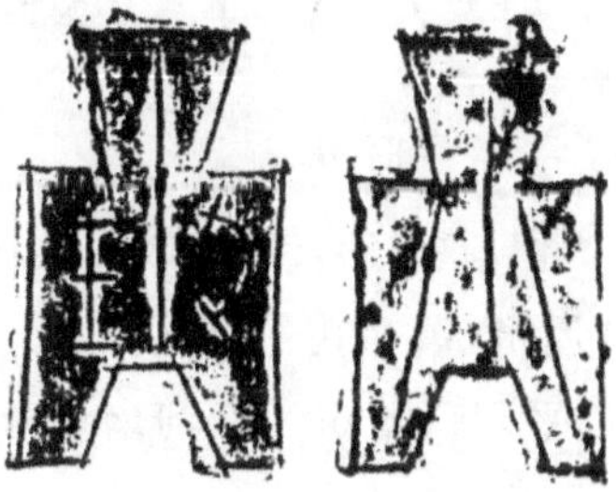

图 58

(18)“王匀”(图 58),读为“王垣”,在今山西省垣曲县东南。通高 4.2 厘米,足 2.6 厘米,重 5.4 克。

(19)“土匀(军)”(图 59),今山西省石楼县。通高 4.4～4.5 厘米,足宽 2.7～2.9 厘米,重 5.2～5.7 克。

图 59

图 60

(20)“王自(官)”(图 60),今山西省闻喜县南。通高 4.3 厘米,足宽 2.7 厘米,重 4.4 克。

(21)“郰(耿)”(图 61),今山西省河津县东南。通高 4.5 厘米,足宽 2.9 厘米。

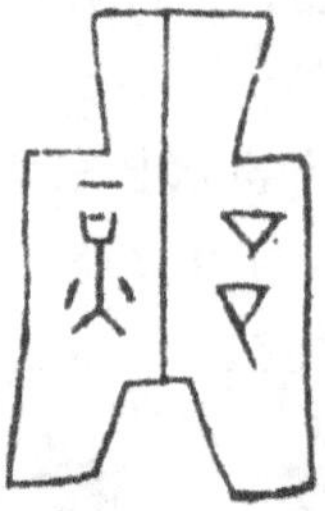

图 61

图 62

(22)“祁”(图 62),读作邧,今陕西省澄城县南。通高 4.4～4.5 厘米,足宽 2.8～3 厘米,重 5.8～6 克。

(23)“平阳”(图 63),今河南省滑县东南。

图 63

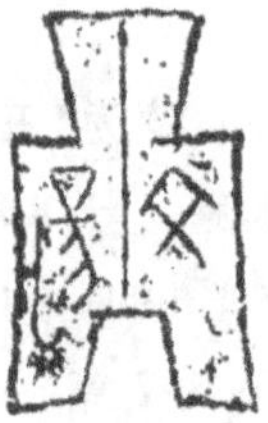

图 64

(24)“阳也(地)”(图 64),今河南省濮阳市。通高 4.3～4.5 厘米,足宽 2.6～2.7厘米,重 5.4～6 克。

(25)“坏句(沟)”(图 65),今山东省菏泽市西南。通高 4.2～4.4 厘米,足宽 2.7 厘米。

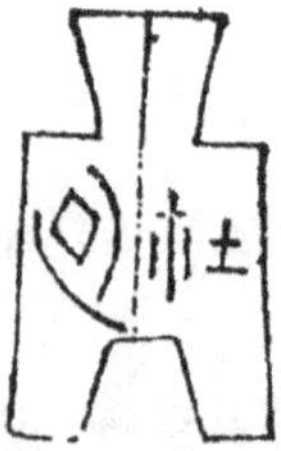

图 65

图 66

(26)“甲父”(图 66),今山东省金乡县。通高 4.3 厘米,足宽 3 厘米。

(27)“成邑”(图 67),今河南省范县东南。通高 4.6 厘米,足宽 2.6 厘米。

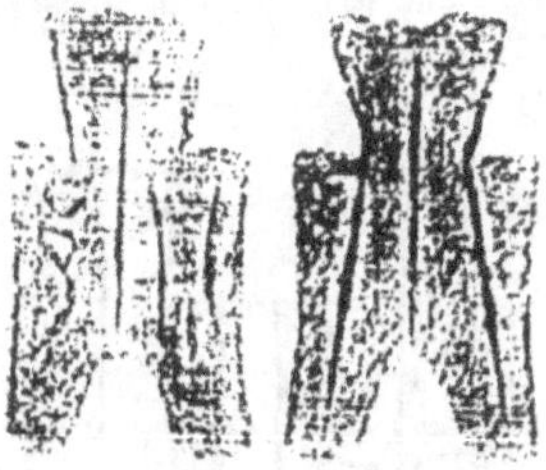

图 67

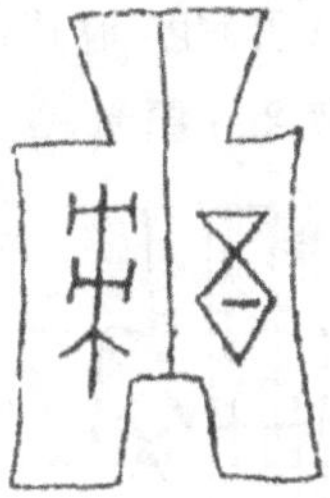

图 68

(28) “西(酸)枣”(图 68),今河南省延津县西南。通高 4.4 厘米,足宽 2.9 厘米。

(29) “安阳”(图 69),魏有“安阳”数处,今河南省陕县东、安阳市,山东省曹县。

图 69

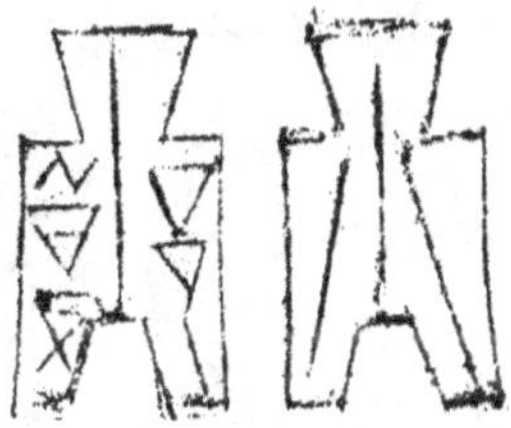

图 70

(30) “郇”(图 70),地点待定。通高 4.1～4.6 厘米,足宽 2.4～2.8 厘米,重 4.5～4.6 克。

(31) “郙”(图 71),今河南省尉氏县西南。通高 4.6 厘米,足宽 2.8 厘米,重 8.8 克。

图 71

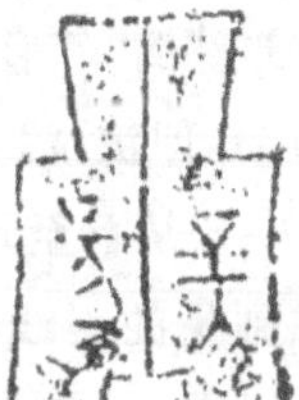

图 72

(32) “昊阳”(图 72),今河南省雍丘(杞县)西南。通高 4.5 厘米,足宽 3

厘米，重 7.8 克。

(33) “毌(贯)也(地)”(图 73)，即贯丘或贯，今山东省菏泽市南。通高 4.3 厘米，足宽 2.6 厘米。

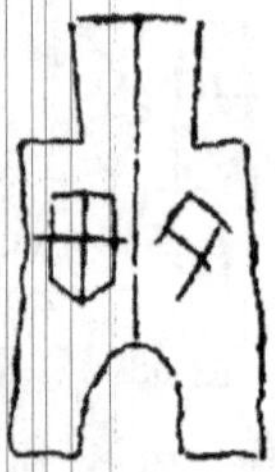

图 73

图 74

(34) “马雍”(图 74)，即“雍”，今河南省焦作市附近。旧释“马服邑”。

(35) “北屈”(图 75)，今山西省吉县北。通高 4.4～5 厘米，足宽 2.7～2.9厘米，重 5.5～9.1 克。

图 75

此外还有一些未释的小方足布，其中或许还有魏国钱币。

4. 小型锐角布

小型锐角布裆部呈倒“v”形，目前只发现两种面文。

(1) “台”(图 76)，即沇，浚本从沇，允声。今河南省浚县。本属卫，后属魏。正面两侧各有一条从首至足的竖线，中间一“台”。背面中间有一竖线，两侧各有一条从首到足的斜线。通高 4.5～5 厘米，足宽 2.8～3 厘米，重 5～7克。

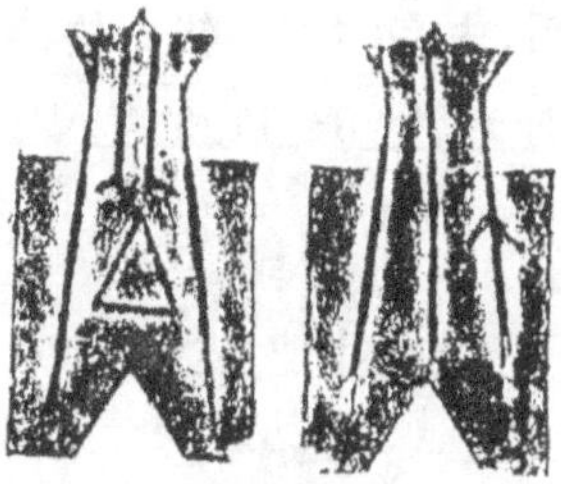

图 76

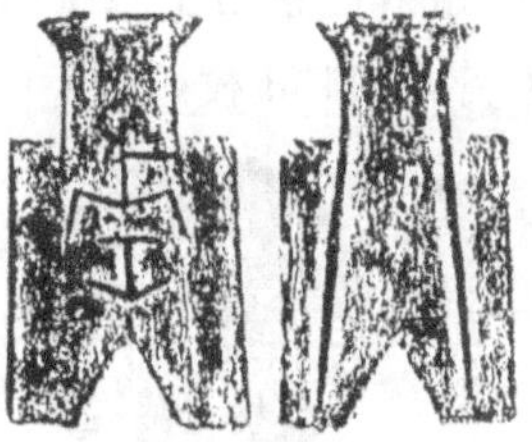

图 77

(2)“垦”(图 77),即牧。今河南省汲县。本属卫,后属魏。正面无竖线或斜线,背面两侧各有一条从首至足的斜线,有数字或“上”“下”等字。通高 4.8～5.2 厘米,足宽 3～3.2 厘米,重 9～10 克。

5. 圜钱

在战国七雄中,魏国是较早铸行圜钱的诸侯国家。圜钱圆穿孔者较早,与釿布并行流通。如“共半釿”与“共”字圜钱在太行山脉以东的魏国境内,已配合流通使用,故以后未见有“共一釿”出现,这也许是魏钱币文化的又一特征。1950 年在辉县固围村魏墓中,发现有圆孔圜钱和“梁正币百当寽”布共出,“共”字圜钱和“垣”字圜钱的始铸时间,可能比“梁正币百当寽”釿布要早些。

(1)“共”(图 78),圆形圆孔,背面平素,肉好无廓,厚重质朴。一般直径 3.9～4.6 厘米,分大、小两种。小型共字圜钱虽然与“共半釿”布币形态不同,然却系同一地点铸行,始铸时间或许稍有先后之差别,但币值近似。

图 78

图 79

(2)“共屯赤金”(图 79),形制大小与共字钱相同。钱文中的“屯”字,与纯同韵,可通假。“赤金”据《史记·平准书》“以赤金为铜”,“共屯赤金”,其含义即纯铜钱也。其始铸时间,应稍晚于“共”字钱。

(3)“垣”(图 80、图 81),地望在今山西省垣曲县。“垣”字钱在风格、形态上与共字钱基本一致,大小、轻重亦相近,也有些小型垣字钱重 8 克左右。

1981 年，鹤壁市狮跑泉出土一批战国钱币，内有“共”字钱 1 枚，直径 4 厘米，重 8 克；“垣”字钱 1178 枚，直径 4～4.1 厘米，重 8～11.5 克。①

图 80

图 81

(4) “桼垣一釿”(图 82)，桼垣，地名，即“漆垣”，今陕西省铜川市西北。形体与小垣字钱近似，而中心圆孔却大于“共”字和“垣”字圜钱。钱文旋读。径 3.6～3.8 厘米，孔径 0.6～1.2 厘米，一般重 9～13 克，其始铸时间晚于以上三种。

图 82

图 83

(5) “桼環一釿”(图 83)，桼環，即“桼垣”，圆形圆孔，币文旋读。钱径 3.5 厘米，孔径 0.7 厘米，重 11.45 克。

(6) “半釿”(图 84、图 85)，大半圆形，中有一小孔。面文“半釿”，“半”倒书。1991 年出土于陕西省富县，共两枚。一枚径 3.35 厘米×2.26 厘米，面孔径 0.45 厘米，背孔径 0.3 厘米，重 5.7 克。另一枚径 3.23 厘米×2.26 厘米，面孔径 0.32 厘米，背孔径 0.25 厘米，重 5.48 克。

图 84

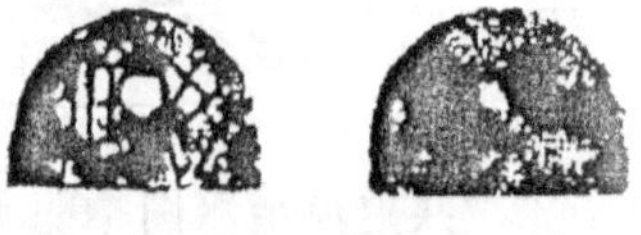

图 85

此外，在魏国钱币中，还有一种无文铜贝，辉县魏墓中亦有出土，这可能

① 刘荷英：《鹤壁市狮跑泉战国窖藏货币研究》，《中州钱币》1995 年总 5 期。

是作为辅币流通，或作为随葬品随葬墓中。

四、魏国钱币的历史地位及其重要意义

魏国的钱币，贯串着一种改革创新精神，最突出的一点即是在武侯和惠王时期先后所铸行的两组四种“梁釿当寽”布。由于都是在大梁所铸行，所以钱币界也称其为大梁铸币，俗称之为“大梁布”。它将魏、楚两诸侯国不同币质、不同币值的相互结算兑换比率标准，明确具体地铸到币文之中，这是世界货币发展史上的创举。它不仅树立起魏国货币的声望和信誉，增强了国内的凝聚力，同时也开拓了魏国货币的流通范围，沟通了各诸侯国之间的货币联系，对当时社会的农业、手工业的发展和商业的繁荣昌盛起着一定的推进作用。《史记》记载：“魏之大梁，秦之咸阳，楚之郢，皆出入大贾小商之地。”可证魏都大梁当时市容之盛。之后，战国晚期的楚国，亦仿效“梁釿当寽”布，而铸行“殊布当釿”和“四布当釿”的长足釿布，足见其影响之大，意义之深。

魏国是圜钱的诞生地。圜钱在中国货币发展史上的贡献，已人所共知，其体小而轻便，易携带和保存，深受广大商民的欢迎。其币形在我国已流通使用了两千多年，且对其他国家铸币也产生了一定影响。

五、魏国钱币研究与魏国货币研究

钱币学研究与货币学研究相结合，这是近代以来对钱币学提出的新要求。彭信威先生说：“一定要书本与实物相结合，理论与实际相结合，货币学与钱币学相结合，这样才能了解真实情况。”①由于研究的内容和所用资料的不同，魏国钱币研究与魏国货币研究存在极大差异。魏国钱币研究由于资料的不断发现和研究的不断深入，成果不断扩大。而魏国货币研究由于资料的贫乏而无法充分展开，甚至有些魏国货币史论著只是把魏国钱币的研

① 彭信威：《中国货币史·序言》，“序言”第23页。

究成果罗列一下。下面我们简单回顾一下魏国钱币研究和魏国货币研究的历史。

1. 魏国钱币研究

(1) 宋代。宋代有两部书较为详细地著录了魏国钱币,并且对后世产生了重大影响。一部是洪遵的《泉志》,一部是罗泌的《路史》。

《泉志》是现存最早的钱币学专著。卷九为“刀布品”,其中能够确定为战国布币的有15品。除一枚为楚国“殊布当釿”外,其余14品均为魏国钱币①。卷七“不知年代品(下)”有“一文钱”,即为魏“垣”字圜钱。魏国布钱《泉志》是引用《旧谱》、张台、李孝美等的,《旧谱》的作者和张台、李孝美为五代宋初人,说明最早著录魏国布币的是在五代时期。“垣”字钱是引用敦素的,敦素是唐朝人,最早著录魏国圜钱的是在唐朝。

罗泌的《路史》是一部上古史著作,其中的《论币所起》一节描述了一些魏国钱币。如太昊金、少昊金是“禾一釿”,皇帝货为“安邑二釿”,舜策乘马是“梁正币百当寽”。

《泉志》《路史》均未能正确释读魏国钱币的文字。洪遵承认文字不识,罗泌则无所不识。洪遵为后代留下了实事求是的优良传统,罗泌则把钱币学引入歧途。直到20世纪80年代还有人以罗泌《论币所起》为根据,证明金文早于甲骨文。②

(2) 元代。元代是钱币学的低潮,但陆友却首先对先秦布币作出了正确的考释。陆友,字友仁,一字宅之,号研北生,元吴县(今江苏苏州)人。在其所著《研北杂志》中,有如下论述:

> 先秦货布,篆文奇古,多铸地名。余在京师得数十品,曰“屯(音纯)留”、曰“安邑全货”、曰“平阴”、曰“高阳”、曰“安阳”者甚多。其文有不可尽识者。以《汉书·地理志》考之,“屯留”在上党,“高阳”在涿君,“安阳”在汝南,“安邑”“平阳”并在河东。③

---

① 大梁布6品,“禾一釿”1品,“京一釿”1品,“戈邑”背“半”1品,“安邑二釿”3品,未识(疑为“安阳”或“陶阳”)1品。

② 骆宾基:《金文新考》,山西人民出版社,1987。

③ 陆友仁:《研北杂志》,商务印书馆,影印文澜阁《四库全书·子部·杂家类》,第590页。

这段材料，在钱币学史中，在研究魏国钱上，都有着重要意义。一是正确地隶定了文字（当然也有未尽然者）；二是断定为先秦地名。这为先秦钱币研究提出了正确的方向。比之乾嘉时期重新确定这一方向早了400多年。遗憾的是过去我们对此未予足够的重视。

(3) 清代。清代近三百年，钱币学家辈出。对魏国钱币研究作出重要贡献的有如下数人。

厉鹗《樊榭山房集》，成书于乾隆四年（1739年）。其中有《陈振华藏先秦货布记》一文，记述了广陵人陈振华辨识先秦布币27种，魏国钱币有“北屈”“蒲子”“温”“尉氏”“安阳”“马领邑（马服邑，即马雍）”。厉鹗按照陆友的方法，指出其为先秦布币。

朱枫《古今待问录》，成书于乾隆三十四年（1769年）。主要贡献是描图逼真，著录了一批前人未识品，但解释仍抄袭《路史》。新著录的有“共”“共屯赤金”圜钱及“安邑一釿”“陕一釿”“分布”“梁邑”“寻氏”“蒲子”“皮氏”“言阳”“言阳半”“公”等。

初尚龄《吉金所见录》，出版于嘉庆二十四年（1819年）。主要贡献是正确释读了一批魏国钱币，如“垣”“安邑二釿”“安邑一釿”“戈邑”“高都”“蒲子”“皮氏”“平阳”。还有影响较大但有争议的释读，如“北长（桼）垣一釿”①“晋（言）阳一釿”“京一釿”“颍（禾）一釿”“垂”②“鲁（虞）阳”“郎（负邑）”“鄠（鄂）氏”“皛邑（酸枣）”“涑城（甫反）一釿”“马陵（雍）”。

倪模《古今钱略》，成书于嘉庆年间（1796～1820年）。正确释读的有“咎奴”③“襄阴”“奇氏”“皮氏”“成邑”“高邑”“蒲子”“平阳”“高都”“戈邑”“梁邑”“寻氏”。新著录的有“垀句（沟）”“王匀”“土匀”“水兼（渝）”“阳地”。

马国翰《红藕花轩泉品》，成书于道光十二年（1832年）。正确释读的有“共屯赤金”“共”④，并指出“北长（桼）垣釿”“系魏制无疑”。

马昂《货布文字考》，成书于道光十二年（1832年）。正确释读的有“酉（酸省）枣”“梁邑”“山阳”“安阴”“安阴二”“甫反（蒲坂）斤一金”。影响较大

① 据《吉金所见录》载，翁树培释“来垣一金货”，刘青园释“长垣一釿”。

② 据《吉金所见录》载，此字为赵北岚所释。

③ 据《古今钱略》载，此字为翁树培释。

④ 据《红藕花轩泉品》载，此字为谢坤《钱式图》所释。

但有争议的有“郎牙(寻氏)”“梁(禾)一釿”“谷(公,即水允,浚)”。

盛大士《泉史》,道光十四年(1834 年)出版。影响较大的是“梁之尚金当寽”,并指出“为战国时魏都大梁铸此币,寽,锊省”。

刘师陆《虞夏赎金释文》,成书于道光年间。影响较大的是对“虞(陕)一釿”的隶定。

王锡棨《泉货备考》,成书于同治二年(1863 年)。著录有一枚圜钱“共□釿□”(图 86)。未见人引用,也未有说伪。

图 86

李佐贤《古泉汇》《续泉汇》,分别出版于同治三年(1864 年)和光绪元年(1875 年)。正确释读的有“奇氏”“平周”。新著录的有“阳地(阳北)”“王匀(王毛)”“土匀(土毛)”“渝(涿)”“郚(郚)”“颍半金化(禾半釿)”。

叶德辉《古货杂咏》,光绪二十七年(1901 年)出版。新著录的有“共半金化(共半釿)”“阴晋半金化(阴晋半釿)”“阴晋一金化(阴晋一釿)”“垂二金化(垂二釿)”。

秦宝瓒《遗箧录》,光绪二十九年(1903 年)出版。新著录的有“贯邱(贯地)”。

(4) 现代。由于考古技术的应用和一批古文字学家的介入,魏国钱币研究取得了长足的进步。

郑家相《中国古代货币发展史》、王毓铨《我国古代货币的起源与发展》、朱活《古钱新探》、《中国历代货币大系・先秦货币》、《中国钱币大辞典・先秦编》、黄锡全《先秦货币通论》等著作,均对魏国钱币作了深入研究。

2. 魏国货币研究

货币研究是研究货币的流通情形,尤其是购买力。彭信威先生说:“古钱……的生命或灵魂是它的流通情形,尤其是它的购买力。”①魏国货币研究与魏国钱币研究比较,要薄弱许多。

① 彭信威:《中国货币史・序言》,“序言”第 13 页。

《史记·平准书》没有魏国货币和物价的专门记述。《汉书·食货志》有一段“李悝为魏文侯作尽地力之教”的文字，较详细地记述了粟价和农夫的消费水平。但是，由于这是一孤立的例子，人们无法进行比较研究，无法得出一般性结论。其次，有学者指出，此段文字是汉儒借李悝之口构想出来的①，不能以此来说明魏国的物价情形。

除此之外，还有5条战国和汉代文献谈到魏国货币情况。

(1)《庄子·外物》：“庄周家贫，故往贷粟于监河侯。监河侯曰：‘诺。我将得邑金，将贷子三百金，可乎？’”监河侯，《说苑》作魏文侯，我们故且按魏文侯处理。

(2)《尹文子》：“王问价，玉工曰：‘此无价，以当之五城之都，仅可一观。’魏王立赐献玉者千金，长食上大夫禄。”

(3)《战国策·魏策》：“[魏]王为[公孙衍]约车，载百金。”

(4)《贾谊集·新书·连语》：“梁尝有疑狱……二白璧……一者千金，一者五百金。”

(5)《新序·杂事第二》：“[魏文侯时]东阳上计钱布十倍，大夫毕贺。”

这5条材料中，要么是寓言故事，要么是虚数，从中无法得出魏国货币的具体情况。

因此，关于魏国货币的流通情形及购买力，由于史料的缺乏，几乎无从考证。

彭信威先生在《中国货币史》一书中，较为详细地论述了“战国货币经济的确立”。谈到货币流通时，也只引用了李悝的话。其他研究魏国货币的论著无出其右者。

---

① 胡寄窗：《中国经济思想史》(上)，上海人民出版社，1978年重印，第277页。

通许县出土魏国钱币整理报告

1974年春，河南省通许县孙营公社城耳岗大队马忠信，在取土时打破一个灰色陶罐，内装战国时期钱币538枚，均为魏国“釿布”系列。对于此批布币，刘心健先生曾给予简单报道。① 近来，我们又重新进行了整理，现报告于下。

钱币出土地点示意图

① 刘心健：《从通许县出土的魏布币谈起》，《中州钱币》1995年总第5期。

一、出土钱币情况

1. 梁正币百当寽

300枚，其中有廓95枚，无廓188枚，残17枚。平首直颈圆肩浅弧裆方足，个别微缩颈(220号)①。“币”字上边三划分“小”(3号，图1)和“ↄ|(”(57号)。有的币面无文字(187号、226号)。有的“币”字位置降到首部以下(88号)。通高最高64.57毫米，最低55.88毫米，身高最高45.20毫米，最低37.56毫米，首宽最宽39.70毫米，最窄13.45毫米，肩宽最宽39.70毫米，最窄30.80毫米，足宽最宽43.92毫米，最窄36.96毫米，最重17.1克，最轻8.5克，平均重13.4克。(图2、图3、图4)

3号

图1

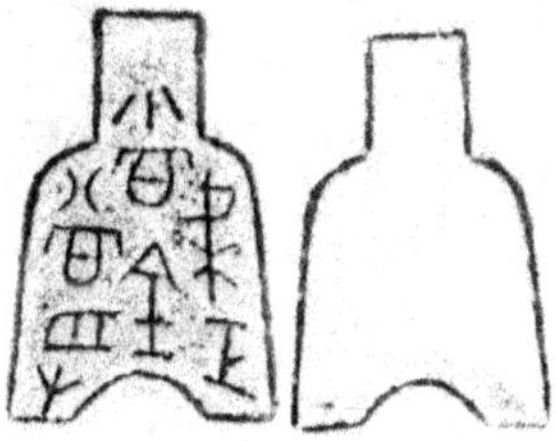

18号

图2

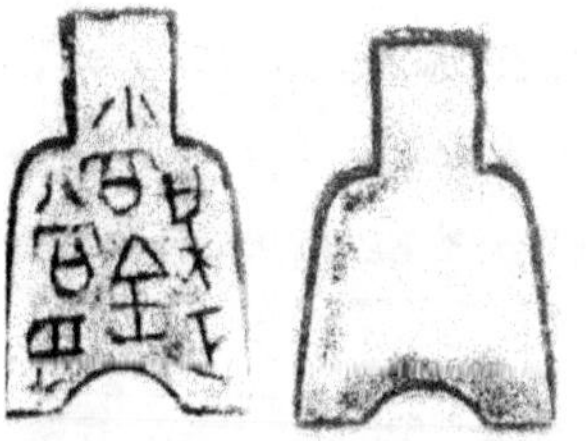

19号

图3

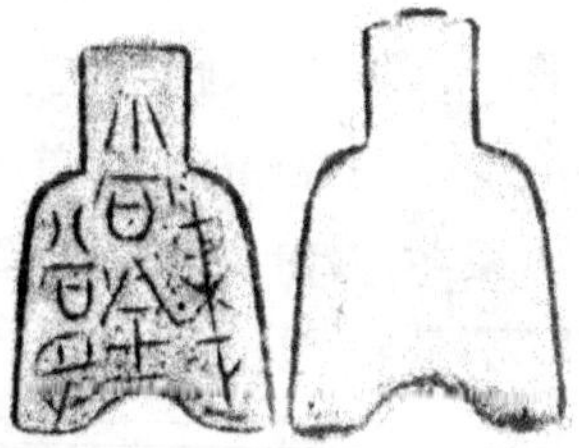

23号

图4

2. 安邑一釿

131枚，其中残10枚。平首缩颈圆肩深弧裆方足。无廓，个别有周廓痕

① 此号码为整理时的统一编号，下同。

迹(152 号等,图 5、图 6、图 7)。通高最高 55.16 毫米,最低 51.33 毫米,身高最高 39.88 毫米,最低 33.22 毫米,首宽最宽 21.06 毫米,最窄 17.24 毫米,肩宽最宽 32.86 毫米,最窄 28.27 毫米,足宽最宽 38.92 毫米,最窄 32.92 毫米,最重 17.4 克,最轻 11.1 克,平均 13.3 克。

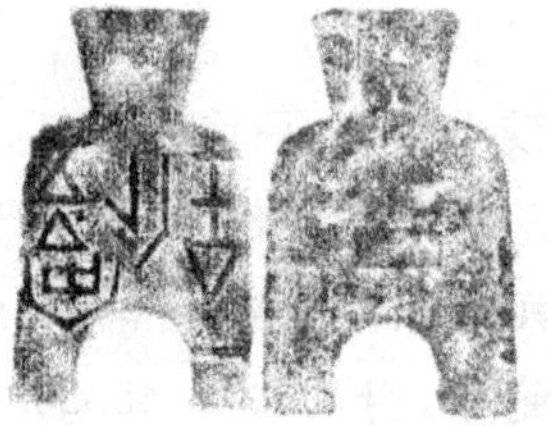

2号

图 5

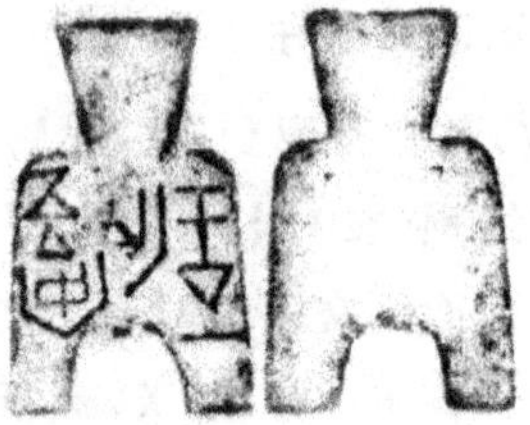

32号

图 6

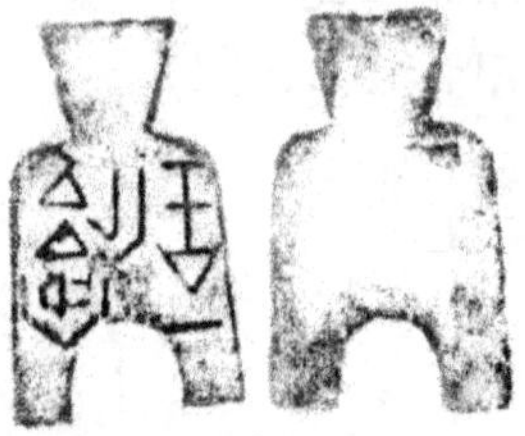

37号

图 7

3. 安邑二釿

89 枚,其中残 3 枚。平首缩颈圆肩深弧裆方足。无廓,个别有周廓痕迹(7 号等,图 8、图 9)。通高最高 70.50 毫米,最低 63.17 毫米,身高最高 51.69 毫米,最低 44.94 毫米,首宽最宽 24.46 毫米,最窄 19.96 毫米,肩宽最宽 38.76 毫米,最窄 34.05 毫米,足宽最宽 43.34 毫米,最窄 38.02 毫米,最重 32.2 克,最轻 20.9 克,平均 26.9 克。

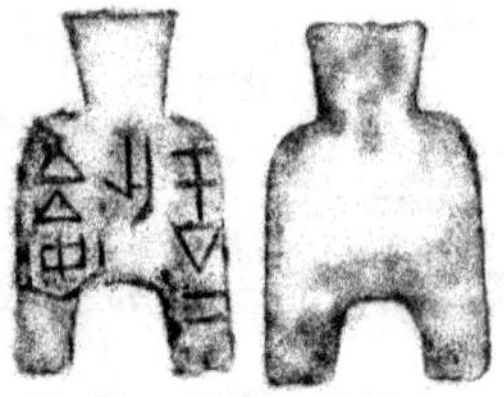

7号

图 8

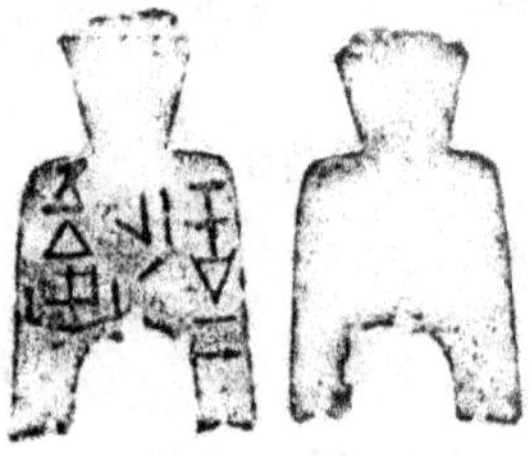

14号

图 9

4. 梁一釿

5枚。平首缩颈平肩深弧裆方足。文字倒书,“釿”字传形(镜相)。“梁”字第1笔向右开口,是否传形,尚须研究。4枚圆折(10号,图10),1枚方折(5号,图11)。通高最高56.25毫米,最低54.03毫米,身高最高39.78毫米,最低38.20毫米,首宽最宽17.40毫米,最窄15.93毫米,肩宽最宽32.20毫米,最窄30.47毫米,足宽最宽34.89毫米,最窄33.79毫米,最重15.3克,最轻12.5克,平均13.6克。

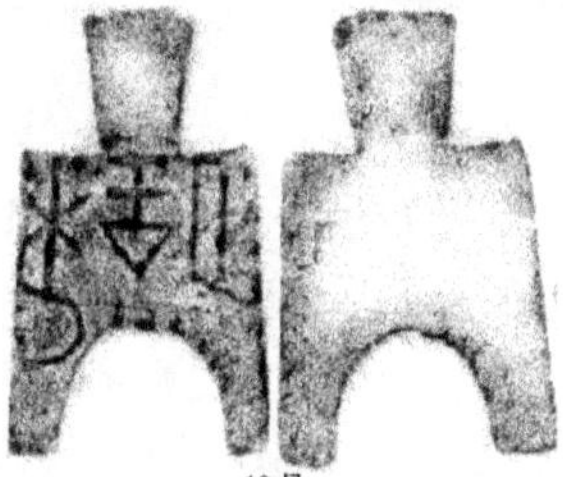
10号

图10

5号

图11

4. 虞一釿

11枚,其中残1枚。平首缩颈圆肩深弧裆方足,正背有廓。文字倒书,1枚正字(27号),9枚反字(传形,镜相,4号、25号等,图12、图13)。通高最高59.17毫米,最低54.82毫米,身高最高39.44毫米,最低36.24毫米,首宽最宽22.15毫米,最窄19.88毫米,肩宽最宽34.63毫米,最窄32.14毫米,足宽最宽38.37毫米,最窄35.76毫米,最重16.5克,最轻12.7克,平均14.7克。

4号

图12

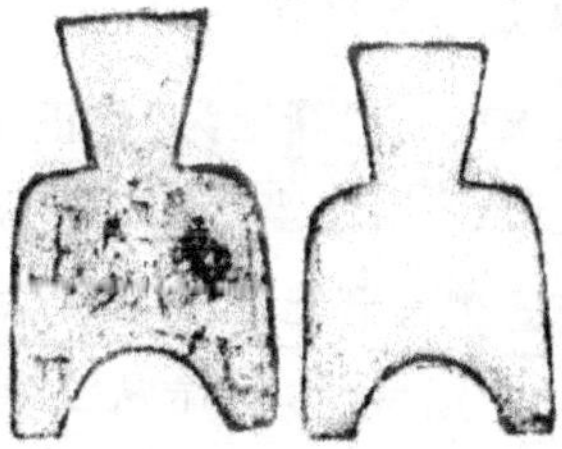
21号

图13

5. 京一釿

1枚(1号,图14)。平首缩颈平肩深弧裆方足。“京”字倒书,“一釿”正书。通高53.52毫米,身高38.65毫米,首宽17.75毫米,肩宽31.84毫米,足宽 35.33 毫米，重量 14.6 克。

1号

图 14

6. 甫反一釿

1 枚(407 号，图 15)。平首缩颈平肩深弧裆方足。通高 56.76 毫米，身高 40.38 毫米，首宽 18.19 毫米，肩宽 31.90 毫米，足宽 36.42 毫米，重量 14.2 克。

图 15

二、铭文释读

1. 梁正币百当寽

现在我们一般释定为“梁正币百当寽”，意思为梁(魏)国(地)正式发行的流通货币，一百个当楚国一寽金(铜)的价值。从著录到释读，有几个人贡献较大。李孝美首先著录，罗泌释出“当金”，刘师陆、初尚龄释“当锊”，蔡云释“梁正……当锊”，马昂从文字学的角度论证了“梁”字，王建训假设释“币”，彭信威进一步肯定“币”的假设，李家浩论证为“币”，朱德熙、裘锡圭释“百”。当然，有不同看法，汪庆正仍释为“尚”，郭若愚释为“铛”。

2. 京一釿

现在一般释为“京一釿”，最早释读者为初尚龄，马昂释为“赵”，近来有释“圅”“榖”“繁”“牧”等。

通许县出土魏国钱币统计表

(单位:毫米、克)

钱币名称	数量	周郭	币文	通高	身高	首宽	肩宽	足宽	总重	最轻	最重	平均
梁正币百当锊(全)	283		正	55.88-64.57	37.56-45.20	13.45-20.40	30.80-39.70	36.96-43.92	3781	8.5	17.1	13.4
梁正币百当锊	188	元	正	55.88-64.44	37.70-45.20	16.23-20.40	30.80-38.25	36.96-43.87	2537.6	8.6	17.1	13.5
梁正币百当锊(廓)	95	有	正	57.06-64.57	37.56-44.79	13.45-20.17	31.29-39.70	37.25-43.92	1243.4	8.5	16.1	13.1
安邑一釿	121	无	倒	51.33-55.16	33.22-39.88	17.24-21.06	28.27-32.86	32.92-38.92	1605.5	11.1	17.4	13.3
安邑二釿	86	无	倒	63.17-70.50	44.94-51.69	19.96-24.46	34.05-38.76	38.02-43.34	2314.1	20.9	32.2	26.9
梁一釿	5	无	倒	54.03-56.25	38.20-39.78	15.93-17.40	30.47-32.20	33.79-34.89	68.5	12.5	15.3	13.6
虞一釿	10	有	倒	54.82-59.17	36.24-39.44	19.88-22.15	32.14-34.63	35.76-38.37	146.8	12.7	16.5	14.7
京一釿	1	无	正	53.52	38.65	17.75	31.84	35.33	14.6			14.6
甫反一釿	1	无	正	56.76	40.38	18.19	31.90	36.42	14.2			14.2
合计	507								7944.7			

关于“釿”，刘师陆最早释出，后来虽有释“钱”“金化”“金斤”等，但现在学界一致认可为“釿”。

3. 虞一釿

此布刘师陆释“虞”，影响最大。张颔释“陕”，也获部分学者赞同。

4. 梁一釿

郭若愚《先秦铸币文字考释和辨伪》：“此币文字极难释，旧释‘梁’，不可信。”“是魏的古体。……可释为‘禾（魏）半釿’‘禾（魏）一釿’‘禾（魏）二釿’。禾（魏）是地名。……《史记·魏世家》《正义》：‘魏城在陕州芮城县北五里。’”①

黄锡全《先秦货币通论》：“禾字作，倒书，过去或释为颍、棣、梁、禾（利）、乘等。以释颍一说定为韩币影响最大。根据字形，以释‘禾’为是，因禾形与古玺禾旁类同。”②

此布现在一般释“梁”，而释“颍”释“禾”影响也较大。如郭若愚先生所说“此币文字极难释”，《中国历代货币大系》《中国钱币大辞典》均未作具体释读。

5. 甫反一釿

此布刘师陆释为“蒲坂”，一锤定音。

6. 安邑一釿、安邑二釿

五代宋初人张台最早著录并已释出“安”字和“二”字，洪遵明确释出“安”字。元代人陆友正式释出“安邑”二字。

---

① 郭若愚：《先秦铸币文字考释和辨伪》，上海书店出版社，2001，第5、9页。

② 黄锡全：《先秦货币通论》，紫禁城出版社，2001，第119页。

三、几个有关问题

1. 大梁布中“梁正币百当寽”最早铸行

大梁布共有4种，分为两组。第一组为“梁新釿百当寽”“梁新釿五十当寽”，第二组为“梁正币百当寽”“梁半币二百当寽”。郑家相认为第二组“仅著爰字，不著釿字，其铸行时期，似较著釿字者为晚”①。彭信威也认为“从制作上看来，可以断定第一套先铸，第二套后铸，因为第一套同安邑釿布一样”②。刘心健根据币型分析，认为第二组均为“平首圆肩浅弧裆方足”，“应是前期所铸的大梁布”；第一组均为“平首缩颈圆肩浅弧裆方足”，“应是后期所铸的大梁布”。③

此次出土布币，佐证了刘心健先生的看法。在出土的538枚钱币中，“梁正币百当寽”300枚，占55.7%。在4种大梁布中，只此一种，说明在窖藏此批布币时，只有“梁正币百当寽”，而没有其他3种。如果这是偶然的话，那么，除了此次，另外还有10次出土报道。在这10次出土中，只有“梁正币百当寽”而没有其他3种的占5次，既有“梁正币百当寽”又有其他2种（或1种）的占4次，只有其他2种没有“梁正币百当寽”的占1次。④ 同样说明，第二组先铸，第一组后铸，并且在第二组中，“梁正币百当寽”先铸。

2. 魏国1釿的重量

通过对507枚完整的钱币测量统计，安邑一釿121枚，共重1605.5克，平均枚重13.27克；安邑二釿86枚，共重2314.1克，平均枚重26.91克，平均1釿重13.45克；梁正币百当锊283枚，共重3781.0克，平均枚重13.36克；梁一釿5枚，共重68.5克，平均枚重13.7克；虞一釿10枚，共重146.8克，平均枚重14.68克；京一釿1枚，14.6克；甫反一釿1枚，14.2克。507枚共重7944.7克，除以593(507＋86)，平均1釿重13.4克。说明在魏惠王迁

---

① 郑家相：《古布釿字之研究》，《泉币》1944年第24期。

② 彭信威：《中国货币史》，第39页。

③ 刘心健：《从通许县出土的魏布币谈起》，《中州钱币》1995年总第5期。

④ 山木：《魏釿币初探》，《中州钱币》2002年总第10期。

都前后(公元前 360 年前后),魏国 1 釿的重量在 13.5 克上下。这一结论与黄锡全先生、山木先生的推论基本相符①。

3. 关于“梁”字的释读

“梁正币百当寽”和“梁一釿”的“梁”字,有释为一个字的,有释为两个字的。王毓铨《中国古代货币的起源和发展》释为一个字,并引裘锡圭先生的话否定为“梁”。现在一般释读为两个字。其实裘先生也是按两个字释读的。裘先生说:“‘梁二釿’等布,‘梁’本作,断非梁字,前人或释𥝩(颖)较可信。”②裘先生说的是“梁二釿”的梁,并非指“梁正币百当寽”的梁。两个字在两种钱币上没有混淆过,“梁正币百当寽”的梁写作“”,“梁一釿”的梁写作“”。

“梁正币百当寽”的梁一般写作“”,这次通许出土的钱币上还有一种写法作“”,并有多种变体,如、、等。即上边为“刅”,下边为“木”。上边的“刅”是否释读为刅,由于笔者不谙小学之道,不敢妄断。但从字形上看,“”即没有水旁的“梁”。《说文》:“梁,水桥也。”“桥,水梁也。”梁、桥互训。战国文字,增减偏旁,一般不影响本字的构成。“梁正币百当寽”的梁本来写作“”,时间长了,工匠为了简便,才写作“”,所以,“梁正币百当寽”的梁,正规写法应该为“”,而不是“”,释读为“梁”是有道理的。

“梁一釿”的梁,极难释读,迄无定论。如上所引,有释颖、棣、梁、禾(利)、乘、魏等。本文为了阅读的方便,仍然从旧,读为“梁一釿”。

---

① 山木:《魏釿币初探》,《中州钱币》2002 年总第 10 期。

② 王毓铨:《中国古代货币的起源和发展》,中国社会科学出版社,1990,第 55、174 页。

“钱”“泉”名辨

“钱”“泉”名称，应该说是一个早已解决的问题。民国年间，《泉币》杂志曾就此展开过专门讨论。但是，由于受许慎《说文解字》和《三家注史记》司马贞“索隐”的影响，现在仍不时有人提出“泉”早于“钱”的看法。林剑鸣《秦史稿》：“齐国的为刀币，三晋为布币，周为泉。”①岳森《中国钱币实用知识图说》“泉”条注：“此称从周代始有，及至秦时才将‘泉’改称为‘钱’。”②此外，一些权威辞书也持此说法。1987年版《辞源》“钱”条为：“钱，货币。铸金属为之。古以农器钱为交易媒介。其制币，因仿其形为之，名曰泉。取泉水流行周遍之义。”为此，我们还需要简单谈一下“钱”“泉”名称问题。

以“泉”为货币的材料有如下几条：

王莽铸“六泉”“货泉”“布泉”。

《说文·贝部》：“古者货贝而宝龟，周而有泉，至秦废贝行钱。”

《汉书·食货志》：“故货宝于金、利于刀、流于泉，布于布、束于帛。”

《周礼·外府》郑玄注：“泉取名水泉，其流行无不遍。”

《国语·周语》韦昭注：“古曰泉，后转曰钱。”

《三家注史记·平准书》司马贞“索隐”：“钱本名泉，言货之流如泉也。”

清人李佐贤在《古泉汇》凡例中说：“要之泉之称在前，钱之名在后。言泉可以概钱，言钱不可以概泉。故此谱以《古泉汇》名之。”③民国年间，张䌹伯从货币进化的角度，认为：“货币进化各有程序，以龟贝为中介而有货之

---

① 林剑鸣：《秦史稿》，上海人民出版社，1981，第292页。

② 岳森：《中国钱币实用知识图说》，宁夏钱币学会编印，1989，第2页。

③ 李佐贤：《古泉汇》，载马飞海、王贵忱主编《中国钱币文献丛书》第16辑，上海古籍出版社，1992，第46页。

名，以粟帛为中介而有币之名。至周刀布盛行，而有泉之名。圜金产生，方有钱之名。……由此以推，货字最早，币次之，泉又次之，钱字最后。”①

这一观点，随着空首布的发现和研究的深入而发生了动摇。梁启超在《中国古代币材考》中论述道：“钱即铫，铫即锹。古者以农具之钱为一种交易媒介之要具，后此钱币乃像其形而袭名曰钱。观古代之钱，其形与今之锹酷相类，则其名之所由可以见矣。钱为本字，周代或称曰泉者，乃同音假借字。后儒妄以如泉之流释之，(原注亦见《汉志》如淳注)实向壁虚造。”②

丁福保在《历代钱谱绪言》中说：“据《说文》当知钱为本字，泉为同音通借字，非泉为古字，钱为今字也。”③

陈铁卿在《再说钘为古钱字》一文中提出“泉乃后起之字”④，并著专文《“泉”后于“钱”说》⑤。罗伯昭也发表《钱泉平议》⑥，力主“钱”早于“泉”。

从双方讨论的情形和我们分析的结果，可以得出如下结论：

(1) 钱的本义为农具，即铲、铫，曾作为实物货币使用，后演化为专用货币，即我们今天所称的“空首布”“平首布”，当时作为货币，即叫作“钱”。

(2) “泉”为“钱”的假借字。泉，《说文》：“水原(源)也。”泉的本义是水源。在古代，钱、泉同音，泉，从母，元部；钱，从母，元部。从母双声，元部叠韵。所以，钱、泉可以通假。

(3) “泉”代替“钱”为货币名称，始于王莽。王莽于居摄二年(公元 7 年)五月，第一次货币改革，铸刀币和“大泉五十”。为什么要以“泉”代“钱”？在始建国元年(公元 9 年)废汉自立后说：“今百姓咸言皇天革汉而立新，废刘而兴王。夫‘刘(劉)’之为字，‘卯、金、刀’也，正月刚卯，金刀之利，皆不得行。”⑦以“泉”代“钱”是出于政治目的，在第一次改革时，即有代汉之意，但“王莽谦恭未篡时”，只是没有进行露骨的解释罢了。

(4) 先秦典籍，以“泉”为货币者，只有《周礼》一书。其他各书，“泉”字均

---

① 张䌹伯：《货币释名》，《泉币》1940 年第 1 期。

② 梁启超：《饮冰室合集》，第 3 册，中华书局，1989，第 70 页。

③ 见《泉币》1940 年第 1 期。

④ 见《泉币》1943 年第 18 期。

⑤ 见《泉币》1943 年第 21 期。

⑥ 见《泉币》1943 年第 21 期。

⑦ 《汉书》卷九九《王莽传》。

为"泉水"之意。如孔子不饮"盗泉"之水,《诗经》有《泉水》篇,《易经》"山下出泉",《周书》"见于泉下",《谷梁传》"毋雍泉",《左传》"不及黄泉",《孟子》"原泉混混","泉之始也",《礼记》"水泉必香"等。其实,《周礼》"泉府"之"泉"为王莽的国师刘歆所改。《汉书·食货志》:"国师公刘歆言,周有泉府之官。"东汉初年,郑众在注《周礼》时说:"故书,泉或作钱。"①唐朝贾公彦疏:"言'故书'者,郑注《周礼》时有数本,刘向未校之前,或在山岩石室有古文,考校后为今文。今古不同,郑据今文注,故云'故书……'。"②这就是说,刘向校书时,尚是"钱府",刘歆为王莽代汉寻找理论根据时,才将"钱"改为"泉"。在刘歆之前,司马迁在《史记》中,言"钱"四十六次,没有用一个"泉"来代替"钱"。在王莽之后八十多年,班固作《汉书》,提出"流于泉,布于布"的解释,又过几十年,许慎在《说文》中才提出"周而有泉"。

(5) 对于"泉"为货币,马端临在《文献通考》中解释为象形字。"自圜法流通于世,民实便之。古泉与刀并废,后人不晓其谓也。观古钱其形,即篆'泉'文也,后世代以'钱'字。故'泉'之文借为泉水之泉。其实'泉'之篆文,下体不从'水'也。先儒不知本末,因谓'流于泉,布于布,宝于金,利于刀',此皆沿凿之义也。"③他的意思是说,平首方足布(包括王莽布币),其轮廓线与篆文"泉"字很相似,那么,"泉"就是方足布的象形字。这种解释很巧妙,但是没有任何文字学根据,所以,自提出之后,没有人附和。

① 《周礼注疏》卷九,见《十三经注疏》,中华书局,1979,第699页第1栏。
② 《周礼注疏》卷二,见《十三经注疏》,中华书局,1979,第648页第2栏。
③ 马端临:《文献通考·钱币考》,中华书局,1986,第83页第2栏。

秦皇汉武统一货币问题再评价

秦汉是统一的封建帝国，秦代的许多政治经济制度，都为汉代及以后历代所仿效。秦皇汉武为巩固中央集权，解决财政危机，进行币制改革，发行了统一的秦“半两”、汉“五铢”。对此，以往的货币史著作都进行了高度的评价。

在中国钱制史上，“半两”“五铢”是应该肯定的，在“币形”和“币重”方面，奠定了中国封建社会长达两千年的币制基础。史家在评价时，还特别强调另外三个方面：(一)统一货币，巩固了中央集权；(二)汉武帝解决了财政危机；(三)为社会经济的发展创造了条件，促进了社会经济的发展。萧清先生说，秦始皇统一货币“有利于全国经济的发展”，“直接有利于发展货币经济”。① 汉武帝盐铁官营以及铸钱事业收归中央，“严重地打击了郡国豪强巨商等地方分裂势力，扭转了国家财政的困难局面，获得‘民不益赋而国家用饶’的巨大成效；……这一统一健全的货币制度的建立，又转而促进了社会经济的发展”②。千家驹、郭彦岗先生说：秦统一货币“这对发展生产，做到黔首是富，是有积极作用的”③。但若到此为止，不具体分析货币政策在当时执行的效果，就失之简单。若由此发展，把铸“半两”“五铢”的意义推向极端，就又失之偏颇。例如：“无论什么朝代或国家，币制的统一和整个社会经济的发展是有密切关系的。币制紊乱即为整个社会经济崩溃的先驱，而社会经济崩溃也必然地首先影响币制和币值。秦汉两个王朝能够得到统一并且趋于强盛，币制的稳定和统一也是一个重要因素。……要说秦皇汉武在中国历史上仍自有其不可抹煞的功绩，那么，统一币制就是他们两人的最大功

---

① 萧清：《中国古代货币史》，人民出版社，1984，第 83 页。

② 萧清：《中国古代货币史》，人民出版社，1984，第 113 页。

③ 千家驹、郭彦岗：《中国货币史纲要》，上海人民出版社，1986，第 26 页。

绩。因为，这是直接关系到社会经济发展和人民生活安定的重大决策。”①

史家称赞统一货币的四个方面，钱币形制和巩固中央集权两个方面已经得到历史的验证。对于汉武帝解决财政危机，我们不能用“民不益赋而国家用饶”一句话来概括，在这一过程中，对当时和后世的负面影响我们也必须充分认识。关于为社会经济的发展创造条件，这只能从理论上讲，实际情况如何还需要具体分析。

关于秦代货币的发行和流通情形，由于资料的缺乏，我们还不很清楚。但秦王朝统治的残暴是确凿无疑的。秦始皇统一中国后，北伐匈奴，南征百粤，修长城，建骊山墓和阿房宫，“力役三十倍于古”，社会经济遭到严重破坏。于是，大肆搜括人民的财富。当时，“租税二十倍于古”，“男子力耕不足粮饷，女子纺织不足衣服，竭天下之资财以奉其政，犹未足以淡其欲”②；“力罢（疲）不能胜其役，财尽不能胜其求”③。在这一掠夺过程中，作为财政经济政策的一个部分，其货币制度也是一种掠夺工具。

汉初，匈奴是汉王朝的一大边患，武帝即位后，对匈奴的反击是完全必要的。同时，汉武帝还对其他周边地区进行了大规模的战争。对内，汉武帝大兴功利，祭山、造庙、赏赐、挖河等。使汉王朝财政发生了严重危机，“藏钱经耗，赋税既竭”，“县官大空”。④ 汉武帝即位之初，由于文景时期遗留下来有充足的积蓄，汉武帝并没有统一货币的打算。元光二年（前 133 年），西汉与匈奴开始了长期的大规模的战争，财政出现空虚。元狩三年（前 120 年）筹备“盐铁官营”，第二年（元狩四年，前 119 年）进行货币改革，“更造钱币以赡用，而摧浮淫并兼之徒”，铸“三铢”钱，又造皮币及白金币，规定“盗铸诸金钱，罪皆死”。皮币、白金币是直接通过行政手段从王侯、宗室及商人手中强夺钱财。元狩五年（前 118 年），废“三铢”钱，铸“五铢”钱。这时还是分散由郡国铸造，“郡国铸钱，民多奸铸，钱多轻”。元鼎二年（前 115 年），令京师铸赤侧“五铢”钱。由于赤侧钱是“一当五”的虚价大钱，各地盗铸严重。两年后，元鼎四年（前 113 年），将铸币权收归中央，专令上林三官铸钱。至此，汉

① 钱剑夫：《秦汉货币史稿》，湖北人民出版社，1986，第 47 页。

② 《汉书》卷二四《食货志》。

③ 《汉书》卷五一《贾山传》。

④ 《史记》卷三〇《平准书》。

武帝统一了全国货币。①

在用变更货币制度解决财政危机的过程中，一直存在着大规模盗铸的问题。这种盗铸，不但有郡国、富商大贾，而且有平民百姓。史书所载，“民亦间盗铸钱，不可胜数”，“盗铸诸金钱罪皆死，而吏民之盗铸白金者不可胜数。”“自造白金五铢钱后五岁，赦吏民之坐盗铸金钱死者数十万人。其不发觉相杀者，不可胜计。赦自出者百余万人。然不能半自出，天下大抵无虑皆铸金钱矣。”②“会更五铢钱，民多盗铸钱，楚地尤甚。”③“后会五铢白金起，民为奸，京师尤甚。”④一种货币政策，假如是符合经济发展需要的，那也一定会得到百姓拥护。“天下大抵无虑皆铸金钱矣”，说明这种货币政策遇到广大人民的强烈反抗。人民群众为什么要反抗呢？是因为他们遭到了掠夺。而汉武帝改革货币的目的正是要从全国各阶层手中掠夺财富。虽然《汉书·食货志》记载，行五铢钱后，“民之铸钱益少，计其费不能相当，唯真工大奸乃盗为之”。但是，这种制度是建立在大规模残酷镇压的基础上的。另一方面，“真工大盗”仍然盗铸。《汉书·食货志》在抄录《史记·平准书》这部分文字之后，只用一句说：“宣元成哀平五世，亡所改变。”实际上对此后汉代铸钱是失载的（如昭宣时期的小五铢等就没有记载）。元帝初元五年（前44年），贡禹上言，“自五铢钱起已来七十余年，民坐盗铸被刑者众”⑤，说明武帝统一货币后，盗铸现象仍很严重。一种经济制度是建立在残酷镇压基础上的，那么，这种制度就一定不是适应当时的经济基础的。

春秋战国时期，由于“工商食官”制度的解体，在农业、手工业发展的基础上，商业贸易也获得了快速发展，出现了许多大商业都会，如洛阳、临淄、郢、寿春、邯郸、大梁、定陶等。大商人如子贡、范蠡、玄高、白圭、吕不韦等，所到之处，国君无不与之分庭抗礼。秦始皇统一期间，实行严密控制，无情镇压，包括对商人。“徙天下豪富于咸阳十二万户”⑥，多次将商人、赘婿与罪犯一起强迫迁到极远的百粤、阴山等边区作“谪戍”，使战国时期形成的第一

① 《史记》卷三〇《平准书》。
② 《史记》卷三〇《平准书》、《汉书》卷二四《食货志》。
③ 《史记》卷一二〇《汲郑列传》、《汉书》卷五〇《汲黯传》。
④ 《史记》卷一二二《酷吏列传》。
⑤ 《汉书》卷七二《贡禹传》。
⑥ 《史记》卷六《秦始皇本纪》。

次商业繁荣,短期内趋于消沉。

西汉王朝建立后,对商业的放任政策,"开关梁,驰山泽之禁",为商业贸易创造了宽松的环境。在短短几十年间,商品经济获得了蓬勃发展。"富商大贾,周流天下,交易之物莫不通,得其所欲",成为中国古代商品经济第二个繁荣期。

汉武帝为了弥补财政亏空,一方面实行盐铁官营,重税商贾的措施;另一方面通过改革币制搜刮钱财。最后实行"大告缗",用暴力剥夺工商业者的财富,"得民财物以亿计"。工商业者纷纷破产,第二次商品经济的高潮突然衰落。然后是"五铢"钱制的统一。对此,张南先生在《秦汉货币史论》一书中说:"元鼎三年,武帝开始全面打击工商业者,'告缗钱纵矣'。政府用暴力强夺私营工商业者的财富,'商贾中家以上大率皆破'。繁荣的商品经济从此低落,货币流通量锐减。次年,武帝统一全国货币获得成功。可以说,统一货币政策的成功,与当时商品经济突然收缩、货币流通量大减,有一定的关系。"①

秦皇汉武统一币制的代价就是对商品经济从而对整个社会经济的大破坏。这一点对中国古代社会的影响是巨大的,从此,重农抑商成为历朝历代的基本国策。商品经济是促进社会发展的一大动力。"商人对于以前一切都停滞不变、可以说由于世袭而停滞不变的社会来说,是一个革命的要素。"②马克思、恩格斯在《共产党宣言》中说资本主义制度的建立使社会财富像在地下冒出来一样丰富,正是因为资本主义社会比之封建主义社会的商品经济发展较快。相反,对商品经济的破坏,无疑会阻碍社会的发展。中国封建社会延续两千多年,发展缓慢,后来落在西方国家后面,与抑商政策不无关系。

此外,虽然从理论上讲,货币的统一为商品经济的发展创造了条件。但在中国历史上,有时却不尽然。战国纷争,货币异形,却出现了商业繁荣。文景时期,自由放铸,出现了"文景之治"。最典型的要数北宋,货币流通分为"铜钱区""铁钱区""铜铁兼用区""纸币区"等,货币种类有铜钱、铁钱、纸

① 张南:《秦汉货币史论》,广西人民出版社,1991,第8页。

② 恩格斯:《〈资本论〉第三卷增补》,《资本论》第3卷,人民出版社,1975,第1019页。

币、钱引、盐引、度牒、布帛、金银等，每一类又有许多变化。然而，北宋是高度中央集权的王朝，又是中国古代经济最为繁荣的时期之一。北宋政府非但不下令统一货币，反而多次下诏，规定各种货币分区域流通，不准越界。这种现象显然与我们所说的“统一货币是发展封建经济的必要手段”①是不符合的。

这就为我们提出一个问题，“货币的统一为经济发展创造条件”是否没有前提条件，是否为一种普遍、永恒的真理？秦汉时期统一货币除了巩固中央集权外，是否为社会经济的发展创造了良好的条件？

秦皇汉武统一货币是否为经济发展创造了条件，应该实事求是地回答，有就是有，没有就是没有。固然，经济的发展与许多因素有关，但与货币制度的关系肯定也是密切的。秦皇汉武时期，社会经济不但没有大发展，反而受到严重摧残。其货币政策，肯定没有促进经济的发展。关于这一点，即是充分肯定这种政策的学者也是清楚的，所以，只说为“以后”的经济发展创造了条件。如秦始皇统一币制，“对于后来的币制和整个社会经济的发展，都起了大为可贵的推动作用”②。一种政策，在当时对经济发展起负面影响，对几十年、几百年以后的经济发展起到“大为可贵的推动作用”。我们在评价这种政策时，是应该指出这种负面影响，还是避而不谈，去充分肯定所谓的“后来”效应呢？即是“后来”效应，又怎样联系呢？“文景之治”，秦始皇的统一货币政策起到了什么作用？

秦皇汉武统一货币没有促进经济发展，与他们的其他政治经济措施有关系。首先，他们统一货币的目的不是为了发展经济，而是为了搜括社会财富。王献唐先生说：“综武帝所改货币，凡有九种。计金币二品，银币三品，皮币一品，铜币三品。各有起因，而义用或殊，大体可分四端。一为应瑞，一为复古，一为牟利，一为杜奸。金币属于一、二两义，银币、皮币属于第三义，别饰以一、二两义。铜币则三、四两义，兼包并举焉。……其最初改制动机，厥为第三义。时以穷兵黩武，财用困乏。因师高帝故智，以少当多，于中图益。虽复泽以一、二两义，实后为主而前为宾，当分别观之也。”③林剑鸣先生

① 千家驹、郭彦岗：《中国货币史纲要》，上海人民出版社，1986，第 26 页。
② 钱剑夫：《秦汉货币史稿》，湖北人民出版社，1986，第 33 页。
③ 王献唐：《中国古代货币通考》，齐鲁书社，1979，第 865 页。

说："武帝时代的币制改革，直接导源于西汉时代的财政危机，而改革的目的则是增加政府收入。"①其次，他们要通过行政手段来控制全国的商业活动，如汉武帝的盐铁官营、平准均输等。对于汉武帝的经济政策，包括货币政策，当时的有识之士看得很清楚。董仲舒以儒家"民本论"为依据，激烈反对汉武帝的"与民争利"政策，他说：统治阶级"已受大，又取小"，"因乘富贵之资力，以与民争利于下"，引起人民"日削月朘，浸以大穷，穷急愁苦"。司马迁站在社会经济发展的角度，认为应该采取经济放任政策，反对汉武帝的经济干涉政策。他说，对于经济活动，"上者因之，其次利导之，其次教诲之，其次整齐之，最下者与之争"②。

总之，对秦皇汉武统一货币的评价，应掌握以下三点。

第一，秦皇汉武统一货币的正面意义有两条：一、是巩固专制主义中央集权制的一项有力措施；二、统一了货币形制，方孔圆钱成为此后两千多年的基本形制。它的负面影响也有两条：一、货币政策成为掠夺、搜括人民财富的手段，摧残了社会经济，特别是商品经济；二、重农抑商成为历朝历代的基本国策，严重影响了中国社会的发展。

第二，关于"统一"，我们应该具体分析，决不能一见"统一"二字就不分青红皂白地大加赞扬。政治上统一我们应该给予充分肯定，这是我们评价秦皇汉武的主要方面。在谈到货币统一问题时，有的学者喜欢引用恩格斯的一句名言："最重要的商品，即货币恰好正需要垄断。"③有的学者认为："坚持货币发行权的集中统一，货币的价值尺度的一元化，是马克思主义货币理论的精髓，是古今中外各国货币历史实践所证明过的真理。"④一般地讲，马、恩并没有讲错。但我们引用时，决不能不顾时代来套用这些论点。通过对马、恩原文的查对和分析，马、恩谈的均是资本主义社会的货币问题。经典作家们向来没谈封建社会的货币必须统一，相反，马克思在谈到封建社会的货币史时说："从中世纪至十八世纪末的整个货币铸造史就是这两方面的、

---

① 林剑鸣：《秦汉史研究的新收获》，载张南《秦汉货币史论》，广西人民出版社，1991，第 2 页。

② 《史记》卷三〇《平准书》。

③ 《马克思恩格斯全集》第 1 卷，人民出版社，1995，第 623 页。

④ 袁明祥：《探索钱币研究的新路子》，载中国钱币学会编《中国钱币论文集》第二辑，中国金融出版社，1992。

互相对抗的伪造铸币的历史。”①欧洲在16世纪以前，没有形成统一的民族国家，没有形成统一的国内市场，马、恩怎么会要求封建社会有统一的货币呢？

第三，彭信威先生在《中国货币史》一书中，批评王莽和清末的一些学者相信“制度万能”。他说：

> 我们很难理解：王莽为什么要采用这样一种制度。在这里，我们只有相信史家的判断，就是他“不能无为”，而且相信制度万能，“以为制定则天下自平”。②

> 货币本身就是一种制度，所以制度的研究，自然很重要，可是也不应当过分强调制度的重要性。清末以来，留心货币问题的人，正是犯了这种毛病：他们似乎相信制度万能……似乎只要货币单位定得好，货币种类选择得好，就能算是一种好的货币制度。不知货币制度的善恶成败，既不在于钱形的美观与否，也不在于单位的大小轻重，而要看货币的购买力能否维持，使其不致搅扰人民的经济生活。③

> （清末）至于中国的学者，对于货币问题，本不大了解，看到了外国的一些表面现象，又受到那些侵华分子的计划的欺骗，变得过分相信制度……他们以为货币制度的好坏，在于单位和货币种类的选择。这是本末倒置。他们不知道一种稳定的货币制度，关键不在于货币单位的大小，也不在于货币的种类，而在于财政和一般经济的稳定。④

秦皇汉武统一货币，我们在评价这种制度时，也应该用是否搅扰了人民的经济生活，是否保持了财政和经济的稳定的标准来衡量。显然，秦皇汉武的货币政策，搅扰了人民的经济生活，破坏了经济的稳定，因此，我们不能只看制度本身，还应该看执行的效果，这样才不至于犯“制度万能”的错误。

---

① 马克思：《货币或简单流通》，《政治经济学批判》第1篇第2章，《全集》第13卷，人民出版社，1962，第100页。

② 彭信威：《中国货币史》，第120页。

③ 彭信威：《中国货币史·序言》，“序言”第13～14页。

④ 彭信威：《中国货币史》，第920～921页。

宋、金、夏、元钱币研究

宋钱的特点与版别划分

提起宋代，人们会用“积贫积弱”来形容。其实，在两宋320年的时间里，从军事上，最后没有打败辽、金、元，但在经济文化领域，是超过汉、唐的。从钱币方面看，无论钱名数量、钱币艺术，还是钱币种类，都达到了中国封建社会的顶峰。年号为文、书体多样、铜铁并用、纸币出现、银铤定型，构成了这一时期的特点。

一、宋代钱币的特点

1. 年号钱

从成汉李寿铸“汉兴”(338年)开始，年号钱不时出现过。到了宋代，年号钱几乎成了定制。两宋建国共320年，历18帝，改元57次。48个年号铸有新钱，9个年号没有铸钱；48种新钱中，43种年号钱，5种非年号钱。

没有铸钱的9个年号是：太祖的乾德、开宝，太宗的雍熙、端拱，真宗的乾兴，仁宗的皇祐，前幼帝的德祐，端宗的景炎，后幼帝的祥兴。现在所见到的皇祐钱皆伪，祥兴钱为安南所铸。5种非年号钱是：太祖建隆年间的“宋元通宝”，仁宗宝元年间的“皇宋通宝”，徽宗建中靖国年间的“圣宋元宝”“通宝”和“建国通宝”，宁宗嘉定年间的“圣宋重宝”，理宗宝庆年间的“大宋元宝”“通宝”，理宗宝祐年间的“皇宋元宝”。皇宋、圣宋，南北宋相重，因此只有5种。

2. 多书体

中国钱币只有文字，没有图案，所以中国钱币的艺术主要表现在钱文书法上。宋代钱币书法艺术水平达到了登峰造极的地步。书体有真、草、隶、篆、行，并且有瘦金体、宋体、九叠篆等新出现的书体。宋钱书法艺术可分为三个时期。(1) 从建隆元年到淳化四年(960～993 年)为仿古期。宋元通宝和太平通宝，直接仿周元通宝、汉元通宝，间接仿唐代开元通宝。钱文均为隶书体。(2) 从淳化五年到淳熙六年(994～1179 年)为鼎盛期。宋太宗御书三体"淳化元宝"首开宋钱书法多种书体之先河，继之各种书体均在钱币上进行了展示。苏轼"元丰"、司马光"元祐"、蔡京"崇宁"均为钱文书法增光，宋徽宗的瘦金体把钱文艺术推向了高潮。(3) 从淳熙七年到咸淳八年(1180～1272 年)为衰落期。钱文均为宋体字，只有极个别的例外。

3. 对钱

对钱是宋钱的一大特色，也是宋钱书法艺术的集中体现。宋钱书体大部分是二体或更多，对钱就是在钱币大小、厚薄、缘廓、穿孔方面均相同，只有文字书体不同的两枚钱币。宋代对钱集中在天圣元年至淳熙六年(1023～1179 年)的 157 年之间。主要对钱书体如下：

仁宗天圣至神宗熙宁：篆书↔真书

神宗元丰至徽宗建中靖国：篆书↔行书

徽宗崇宁、大观：无对钱

徽宗政和至钦宗靖康：篆书↔隶书

高宗至孝宗：篆书↔真书

4. 铁钱

从汉代到清代都有铁钱，但作为常制，与政权相始终的只有宋代。五代十国时期，由于战乱，地方政权铸铅铁钱以敛财。宋代因循未改，并作为一种制度固定下来。宋代铁钱铸造时间长，行用广。有铁钱区，有铜铁并用区。

5. 配料合理

宋钱合金比例合理，这已为当代金相化验所证明。宋代钱币铜、铅、锡的平均含量的百分比为铜 64.75、铅 25.40、锡 8.70。戴志强、周卫荣先生通过对中国历代铜铸币合金成分分析后指出，"至北宋，对铸币的认识出现了飞跃，铸币技术的掌握亦臻成熟，所以铜含量下降到新的低谷，铅、锡含量上升到新的峰巅，形成了最合理、最科学的成分配伍。”①

6. 数量巨大

宋钱铸造数量是历史上最多的，平均每年 200 多万贯，元丰时年达 500 多万贯。如今，宋钱出土最多，全国各地均有发现，动辄成百上千斤。1967 年湖北黄石市西塞山宋代窖藏，共出土 22 万余斤。

7. 钱监多

中国历史上，除了汉代上林三官垄断铸造钱币外，基本上都是分散铸造。清代铸局最多时有 30 多个，宋代铸钱监现在能列出名字的有 90 多个。铸钱单位，在南宋前期有 236 个，后期有 416 个。各地铸造的钱币均有自己的特点。宋代钱监有饶州永平监、池州永丰监、江州广宁监、建州丰国监、韶州永通监、舒州同安监、舒州宿松监、蕲州蕲春监、睦州神泉监、邛州惠民监、兴国军兴安监、抚州裕国监、光州定城监、汉阳军汉阳监等。

二、宋钱的版别划分

中国古代钱币的版别研究，是以宋代为代表的，尤其北宋。先秦钱币一钱一范，可以说无版别之分。秦汉至隋唐，虽有版别之分，但文字稀少，书体单一，形不成严密的版别体系。南宋淳熙以后，历元、明、清，书体呆板，铸有钱局，版别划分的难易度大减。因此，近二百年来，宋代钱币的版别研究和先秦钱币的文字释读往往代表着古钱研究的时代水平。

“版别”一词，现在还没有严格的定义。它不是现在人民币“1999 年版”“2005 年版”的定义，也不是翻砂法的此一版与彼一版的定义，而是以类相从分门别类的意思。由于约定俗成，大家习以为常，我们不再推敲“版别”的其他含义了。

钱币的差别，由设计、铸造、锉磨、流通四个环节决定。我们的版别认定，只取第一种，即设计。当然，铸造和锉磨偶尔也会影响版别的划分，而流通的原因是概不采用的。

① 周卫荣、戴志强等：《钱币学与冶铸史论丛》，中华书局，2002，第 71 页。

母钱是划分版别的根本因素，每一种版别钱币就是由同一枚母钱翻铸的钱币。由于宋代铸钱量巨大，需要的母钱非常多，所以钱币版别就非常多。宋钱是分监铸造的，各个钱监所铸钱币有一定差异。南宋钱币大部分背面铸有监名，我们可以按监划分，然后再区分版别。北宋钱币大部分没有铸明钱监，我们只能按钱币本身的特征来划分版别。由于直径、外缘、内郭、穿孔等会因刻工、砂型、浇铸、温差、锉磨、流通等产生差别，无法反映母钱的真实面貌。而钱币文字，只要是一个人书写的，不管如何变化，其风格总是一致的。所以，钱币版别的划分主要是通过文字来进行的，然后再结合样、缘、穿、郭、背等因素确定。

三、版别划分是一种实践活动

钱币研究大体分为单体性研究、综合性研究、技术性研究、理论性研究。理论性研究是在前三种研究的基础上，总结、归纳出规律性的东西，从而确定钱币学研究的对象、内容和方法，使钱币学与其他学科区分开来，成为一门独立的学科。技术性研究是研究钱币的铸造和印刷，并研究合金的比例、纸币的质料和颜料等。方法是采用科学仪器和模拟试验。单体性研究、综合性研究采用的方法是经验。

戴志强先生一直强调经验在钱币学研究中的重要性。他说：

> 传统的古钱学是一门"眼学"，人们凭经验、凭阅历对古钱进行鉴定，作出判断，来认定它的真伪，它的铸行时代、使用区域，以及它的性质、用途、到目前为止的存世量、保存至今的文物价值、历史价值和学术价值。①

经验来自于实践。钱币版别不仅是理论上如何划分，更重要的是在实践中如何划分。如果为划分而划分，纤毫必辨，那一定是千人千面，枚枚不同。有人曾随便找一堆元丰钱就划分了 1000 种版别。借用黑格尔的话说"世界上没有两片完全相同的树叶"，因此认为版别划分没有意义。当我们

---

① 戴志强：《〈中国古代钱币合金成分研究〉序》，载周卫荣《中国古代钱币合金成分研究》，中华书局，2004，"《中国古代钱币合金成分研究》序"第 1 页。

舍弃一些次要的因素，就会看到，宋钱还是有类聚的特点的。这就是黑格尔接着说的一句话“世界上没有两片完全不同的树叶”。刘青园根据北宋钱币无字的背面，可以说出正面的钱文。南宋钱币研究者，根据面文，可以指出背面的钱监。可见宋钱版别是有规律可循的。

关于宋钱的版别划分，许多爱好者和研究者提出了各自的方案，都因无法在实践中确立，最后无疾而终。只有翁树培创立的以钱文书体为标准的划分方法，经受住了实践的验证，成为我们今天仍然使用的方法。

四、版别划分是一门科学

钱币学是一门人文学科。虽然现在借助了自然科学的一些方法，但主要部分的研究仍然靠经验。人文科学不像自然科学那样严密，但一样有内在规律在起作用。版别划分同样如此，其目的是揭示当时的铸钱情况。通过版别研究，把钱币分为不同的类别，进而结合文献记载、出土地点等把某一类的特征与某一钱监联系起来。中国钱币学在乾嘉时期获得了重大突破，一是结束了对先秦钱币的穿凿附会，二是开始了钱币的版别研究。翁树培“是第一个致力于钱币版别的人”。他提出了对钱的概念和研究方法。“北宋钱有铜铁二种，天圣以后，每种或篆楷二体，或篆草二体。夫诸路铸钱，其钱文某种与某种，恒相配，为一体地所铸。后人见之，亦可知某种篆体，与某种草楷体相配，为一地所铸。非可强为牵混者，而亦有难揣测者焉。培尝精选所藏宋钱，颇费苦心，良以诸钱字稍漫漶，轮郭稍夷坦，或为土花所隐，或质有剥缺，极难决(抉)择，必合数十百千钱之模范形制，反复印证，然后可信。其稍介疑似者，宁阙之。故培之精选正本也，辨之于其字、于其形、于其色、于其质、于其声，兼此五者，而精审焉。”①

宋代钱币是中国的，而研究宋钱并不局限于中国学者。日本的钱币学家在这方面做出过重要贡献。“从《符合泉志》到《新订北宋符合泉志》，从山田孔章、今井贞吉、平尾赞平，到大川铁雄、小川浩，日本学者几代人，历时一

① 翁树培:《古泉汇考序》，载丁福保编《古钱大辞典》上册，中华书局，1982，第113～114页。

二百年，硬是面对着4箱宋钱，锲而不舍，反复推敲，在北宋对钱的版式分类上，不断进取，不断更新认识，这样的治学精神，确实令人敬佩。”①

科学无国界。殷海光先生说，美、苏文化不同，但不能说美国物理学和苏俄物理学是两种不同的物理学。版别划分是一门科学，不会因为研究者的国别而产生不同。即使有一天，一种更接近当时铸造情况的划分方法被发现，现有的方法被超越，我们依然对曾经为这个课题做出过重大贡献的人们充满敬意。

五、图谱的不足

丁福保先生曾感叹钱币学之艰深和治学之不易：“古钱在金石学中为最小之物，然其为学，如深山穷谷，不易窥探。有研究十余年而尚未入门者，有著述谱录，刊布海内，尚为门外汉者。……余于是益知研究古钱学之不易矣。”②

丁先生所说的现象当前仍然存在，其原因首先是入门不容易。钱币学是一门独立的学科，扩大范围来看，是考古学的一个分支，而考古学又是历史学的一个分支。这样，钱币学要入门，就需要有历史学和考古学的基本知识。其次是看不懂钱币学的书籍，特别是宋代钱币版别的图谱。

宋钱图谱中的图是直观的，但版别划分不是直观的，而是曲折的、相对的、经过删繁就简的。初学者往往不得要领，需要师傅领进门。有些对图谱进行了十分努力地学习后仍无法理解，便对图谱产生了怀疑。

此事告诉我们，图谱也存在不足，应该对图谱进行简要的注释。《中国钱币大辞典·宋辽西夏金编·北宋卷》图文并茂，对每个钱币版别都作了文字说明。但由于辞典体例的限制和当时认识的不同，这个问题并没有很好地解决。因此，解决一般读者看懂的问题，是我们的一个新任务。希望本书作者或有志于宋钱版别的研究者抽丝剥茧，惠及新锐。

① 戴志强：《宋代货币研究·序》，载车迎新主编《宋代货币研究》，中国金融出版社，1995，“序”第2页。

② 丁福保编《古钱学纲要·序言》，天津古籍出版社，1989，“序言”第1页。

用钱文划分宋钱版别有合理性

刘森先生《中国古钱版别研究刍议——兼谈宋钱的版别》①,结合西方和日本研究钱币版别的方法,对我国钱币版别研究提出了宏观理论,其基本点是以宋钱为代表,否定以钱文文字的书法笔画结构的不同来探讨钱币的版别和时代。对此,我们不能苟同。

宋钱版别产生的过程和二百多年来钱币版别划分的实践证明,用钱文划分版别有其合理性。

一、宋钱版别的形成

宋代钱币年号为文,名称多样;书法精美,变化多端;配料合理,铸作精良,达到了中国古代钱币艺术的顶峰。因此,收藏的人多,研究的人多。那么,宋钱版别是如何形成的呢?

1. 宋钱的审批制度

由于文献缺载,我们无法知道详细过程。根据清代钱币审批制度和宋代的零星记载,宋钱肯定有审批过程。在这一过程中产生的钱币,按照清代的称谓,叫"进呈钱样""部颁样钱""祖钱""母钱"等。"样钱""祖钱""母钱"是钱币版别研究的一项基本内容。

2. 工艺流程

宋代是翻砂法铸钱,工艺流程从宋至清没有大的变化。明代宋应星《天

---

① 刘森:《中国古钱版别研究刍议——兼谈宋钱的版别》,《中国钱币》2002年第1期。

工开物》有具体描述和记载。大体分为制作母钱、制作砂型、浇铸、锉磨等。制作母钱是在部颁样钱的基础上，为了提高效率，再制作较多的母钱。这些母钱有雕刻的，也有翻铸的。前者称“雕母”，后者称“铸母”。从宋钱的情况看，制作母钱是在各个钱监或作坊进行的，否则不会出现如此繁杂的版别。当然不排除中央给各钱监颁发足够用的母钱。在一个钱监或作坊铸钱时，如果“版版六十四”，即每一版铸六十四枚钱，就有1～64枚母钱的可能。这就是“建炎重宝”钱树、“崇宁重宝”钱树上各枚钱大小、厚薄、轻重不一，钱文位置和笔画不同的原因。近十多年来，吉田昭二先生等提出“活字铸钱法”，也可以说明每一版钱币上钱文位置和书写笔画不同的现象。同版别钱币就是由同一枚母钱或同一字模翻铸的钱币。在浇铸过程中，由于流铜、错范也会使钱币产生差异；在锉磨过程中，也会使钱币出现不同。但是，后两个过程出现的差异，不是由母钱或字模造成的，即不表示钱币设计者（或雕刻者）的思想。因此，这两类差异不构成版别。

宋钱是分监铸造的，各个钱监所铸钱币有一定差异。南宋钱币大部分背面铸有监名，我们可以按监划分，然后再区分版别。北宋钱币大部分没有铸明钱监，我们只能按钱币本身的特征来划分类别。这就存在一个以什么为第一标准、什么为第二标准的问题。钱币特征的形成，有几个方面的因素，如文字、直径（大小）、外缘、内郭、穿孔、背面等。这几个因素中，直径、外缘、内郭、穿孔等会因刻工、砂型、浇铸、温差、锉磨、流通磨损等产生差别。而钱币文字，只要是一个人书写的，不管如何变化，其风格总是一致的。书法史已经证明了这一点，“签名”就是根据这一原理制定的。总之，钱币文字特征是一个钱监的基本特征。一个钱监可以有一种钱文特征，也可以有几种钱文特征。纵然我们还无法将北宋钱文与钱监直接联系，但用钱文特征作为划分版别，进而划分监别是科学的。高邮出土铁钱，每个钱监的钱文特征是明显的，这也为把钱文特征作为划分标准提供了佐证。

二、从实践看以钱文为主要划分标准是成功的

乾隆十五年（1750年）梁诗正等人奉敕编撰的《钱录》，是我国钱币学第一阶段的终结。因为它的研究内容、研究方法均承袭了以往的钱币学著作，

并且继承了《路史》对先秦钱币结论的穿凿附会。稍后以翁树培为代表的乾嘉学人，开创了中国钱币学的新纪元。翁树培“是第一个致力于钱币板别的人，这是他本人的贡献”①。他提出了对钱的概念。并提出研究北宋钱币的方法是：“辨之于其字、于其形、于其色、于其质、于其声，兼此五者，而精审焉。”②此后，中国钱币学蓬蓬勃勃发展起来了。二百多年来，钱币学著作洋洋大观，除了对先秦钱币文字释读有重大突破、新发现外，主要是钱币版别的细分。与翁树培同时代的初尚龄等人的大批著作，均将宋钱区分为不同的版别。同治、光绪时期的李佐贤等，通过区分版别，完成了空前巨著《古泉汇》。民国年间丁福保的《古钱大辞典》，是集百家之长的区分版别的著作。今天我们的钱币学研究，均是沿着这条路前进的。

在区分版别的过程中，也有不同的观点和不同的尝试。周昆宁先生等认为，应该按照“样（径）、缘、穿、郭、背、文、综（综合）”的顺序进行版别划分，并以三圣钱（天圣元宝、绍圣元宝、圣宋元宝）、元祐钱、元符钱进行了尝试。这一观点和尝试没有得到钱币界的认同。袁林、周开骏等先生发表文章，认为“字”是划分版别的第一步。③

日本学者二百多年来，在宋钱研究上孜孜以求，取得了很大成就，完成了宋钱三大钱谱，形成了宋钱版别的框架体系。这个体系是以文字为划分版别的第一标准的。如《古泉大全》（丙集）将“元丰通宝”首先划分为“大字肥元”“大头通”“横点宝”“缓点宝”“长字广穿”等（图1～5），然后再结合其他特征划分。这一体系虽然还不严密，但在目前是较好的。它能把宋钱有条理地区分开来。因此，目前我们还要遵循这一体系。

宋钱“细微的钱文书写笔画的差别”并不是“无穷尽”的。《古泉大全》（丙集）收宋钱3500多种，当代学者已扩充到5000多种。但再发现新品种（版别）是比较困难的。

总之，宋钱版别划分是中国钱币版别划分的代表，其目的是揭示当时的

① 彭信威：《中国货币史》，第929页。

② 翁树培：《古泉汇考序》，载丁福保编《古钱大辞典》上册，中华书局，1982，第113～114页。

③ 见《陕西金融·钱币专辑》1996年第24期周昆宁先生的文章和《陕西金融·钱币研究》1997年第1期周开骏先生的文章。

铸钱情况。目前的成果是几代人辛勤研究的结晶，有其科学性、合理性，我们不要轻易否定。

图 1　大字肥元

图 2　大头通

图 3　横点宝

图 4　缓点宝

图 5　长字广穿

宋代铸钱监一览表

一、本表是为《中国钱币大辞典·宋辽西夏金编》而作。

二、本表系根据汪圣铎先生《两宋货币史》和《两宋货币史料汇编》整理而成。铸钱数量非直接引用,均改为阿拉伯数字表示。

三、引用书名简写如下:

1. 李涛《续资治通鉴长编》——《长编》。
2. 王存等《元丰九域志》——《九域志》。
3. 毕仲衍《中书备对》——《中书备对》。
4. 徐松《宋会要辑稿》——《辑稿》。
5. 王应麟《玉海》——《玉海》。

铜 钱 监

序号	监名	地 址	相 关 文 献
1	饶州永平监	饶州,今江西省上饶市。	江南东路,饶州,监一:永平。州东四里,铸铜钱。(《九域志》) 南唐时岁铸 6 万贯,宋初 7 万贯,太宗末年 36 万贯。(《杨文公谈苑》) 永平监 61.5 万贯。(《中书备对》) 绍兴二年八月,池州永丰监并入此监。 此监存在时间最久,产量较高,维持生产到南宋后期。是宋朝最重要的钱监。
2	池州永丰监	池州,今安徽省池州市。	江南东路,池州,监一:永丰。至道二年置,铸铜钱,州东北二里。(《九域志》) 创立于至道初年,二年十月命名。(《长编》卷四〇) 初建时岁定额 20 万贯。(《杨文公谈苑》) 元丰年间岁定额 44.5 万贯。(《中书备对》) 绍兴二年八月,并入饶州永平监。

续表

序号	监名	地 址	相 关 文 献
3	江州广宁监	江州，今江西省九江市。	江南东路，江州，监一：广宁。咸平三年置，铸铜钱。州南一百二十步。（《九域志》） 创建于咸平二年五月。（《长编》卷四〇） 咸平三年置。（《九域志》）此或许为正式命名。 最初年定额 20 万贯。（王禹偁《江州广宁监记》） 元丰年间岁定额 34 万贯。（《中书备对》） 绍兴二年八月，并入虔（赣）州铸钱院。
4	建州丰国监	建州，今福建省建瓯市。	福建路，建州，监一：丰国。咸平三年置，铸铜钱。州城东北。（《九域志》） 建于咸平二年五月。（《辑稿》食货一一之五） 咸平三年置。（《九域志》）大约二年创立，三年正式命名。 初创时岁额 20 万贯。（《杨文公谈苑》） 元丰年间岁额 20 万贯。（《中书备对》） 最高时 30 万贯。 绍兴二年一度停产，淳熙初停产，二年废罢，监名保留，监官仍存。庆元元年十二月三日，不设监官。
5	韶州永通监	韶州，今广东省韶关市。曲江县，今广东省曲江县。	广南东路，韶州，曲江县，永通一钱监。（《九域志》） 韶之永通置于景德。（林駉《古今源流至论》续集卷四《钱币》） 建于皇祐元年，皇祐二年命名。（余靖《韶州永通监记》） 赐名永通在皇祐元年二月。（《长编》卷一六五） 元丰初年定额 80 万贯。（《中书备对》） 大观年中，岁额 83 万贯。（《朝野杂记》甲集卷一六），这是宋朝单个钱监岁额最高的。 乾道元年，岁铸不及三千贯或四千贯。（《辑稿》食货三四之二一至二二） 淳熙十二年三月二十二日，宋廷正式下令罢韶州永通监监官。（《辑稿》职官四三之一七五）

续表

序号	监名	地 址	相 关 文 献
6	惠州阜民监	惠州归善县。惠州，今广东省惠州市。归善县，今广东省惠阳县。	广南东路，惠州，归善县。阜民一钱监。(《九域志》) 惠州阜民钱监，治平四年置。(《长编》卷二五四) 元丰初年岁额70万贯。(《中书备对》) 一度废罢，崇宁三年十二月恢复。政和二年前曾铸夹锡钱。不久废罢。
7	京师铸钱监(2个)	京师，今河南省开封市。	1.京师。 2.京城外西壁。(《群书考索》后集卷六〇) 1.京师 旧并有钱监，后并废立。(《长编》卷九七)景德三年改为铸泻务。 2.建于崇宁三年正月。(《长编》卷一三六)
8	杭州保兴监	杭州，今浙江省杭州市。	杭州置保兴监。(《杨文公谈苑》) 创建于太宗末年或真宗初年。 大中祥符九年五月，饶、池、江、杭四州钱监每岁共铸120万贯。(《长编》卷八七)
9	升州钱监	升州，今江苏省南京市。	太宗即位，诏升州置监铸钱。(《宋史·食货志·钱币》) 开宝九年七月，升州言岁铸30万缗。(《玉海》卷一八〇) 宋真宗末年之前废罢。
10	南安军钱监	南安军，今江西省大余县。	宋初南安军曾有钱监，后废。(《长编》卷九七)
11	虢州朱阳监	朱阳，今河南省灵宝市朱阳镇。	庆历元年九月，以虢州朱阳县铸钱监为朱阳监。(《长编》卷一三三) 永兴军路，虢州，朱阳县，铁钱一监。(《九域志》)何时由铜钱监变为铁钱监，不详。 岁额12.5万贯折二钱。(《中书备对》) 岁额12.5万贯大钱。(《辑稿》食货一一之二至三)

续表

序号	监名	地　址	相　关　文　献
12	商州洛南县阜民监	洛南县，今陕西省洛南县。	庆历元年九月“以商州洛南县铸钱监为阜民监(原注：朱阳监，《实录》见是月壬申，独无阜民监，今附此)”。(《长编》卷一三三)
13	仪州(渭州)华亭县博济监	华亭县，今甘肃省华亭县。	庆历四年，“陕西复采仪州尖竹岭黄铜，置博济监铸大钱”。(《长编》卷一六四) 宋仁宗后期，“仪州博济监既废复置”。(《宋史·食货志·钱币》) 治平中仪州钱监仍铸钱，大约不久停罢。
14	京兆府钱监	京兆府，今陕西省西安市。	永兴军路，京兆府，监二。熙宁四年置，铸铜钱；八年置，铸铁钱。铜钱，府西北一里；铁钱，府西北一里。(《九域志》) 元丰初岁额20万贯。(《中书备对》) 岁额10万贯。(《辑稿》食货一一之二至三)疑为折二大钱。 元祐七年四月，仍铸铜钱。(《长编》卷四七二)此后此监不见记载。
15	陕州钱监	陕州，今河南省陕县。	永兴军路，陕州，监二。熙宁四年置，铸铜钱，八年置，铸铁钱。铜钱州东一百步，铁钱州西五十步。(《九域志》) 元丰初岁额20万贯。(《中书备对》) 岁额10万贯。(《辑稿》一一之二至三)疑为折二大钱。 元祐七年二月仍在铸钱。 “宣和通宝”背“陕”，若代表陕府，说明北宋末年仍在生产。
16	华州钱监	华州，今陕西省华阴市。	永兴军路，华州，熙宁四年置，铸铜钱；八年置，铸铁钱。铜钱，州南一里；铁钱，州南一里。(《九域志》) 元丰初岁额20万贯。(《中书备对》) 岁额10万贯大钱，即折二钱。(《辑稿》食货一一之二至三)

续表

序号	监名	地　址	相　关　文　献
17	凤翔府郿县斜谷钱监	郿县，今陕西省眉县。	熙宁七年六月，“癸未，秦凤等路转运司请于凤翔府斜谷置监，铸折五、折十钱，乞降御书字样。诏惟铸折二钱”。（《长编》卷二五四） 熙宁七年九月壬戌，“都转运使蔡延庆言：‘凤翔府郿县兼锡铜铸折二钱，皆脆恶，以铸当五、当十宜可用。’诏皆罢之”。（《长编》卷二五六） 元丰二年二月戊辰，经制熙河路边防财用司请“罢凤翔府郿县创置钱监”，宋廷“从之”。（《长编》卷二九六）
18	通远军威远镇钱监	通远军威远镇，今甘肃省陇西县。	元丰元年十一月，经制熙河路边防财用司提出让“通远军威远镇钱监改铸铜钱，比之冶铁岁收净利十四万余缗”。次年二月行准。（《长编》卷二九四、二九六） 政和三年正月五日，陕西路转运使陈亨伯上奏言及巩州铸钱监事。巩州即通远军。（《辑稿》食货四九之二七）
19	兰州广阜监	兰州，今甘肃省兰州市。	“大观元年，兰州新置铜监曰广阜。以王祖道奏请也。”（《群书考索》后集卷六〇《财用·铜钱》）
20	卫州黎阳监	卫州，今河南省卫辉市。黎阳，今河南省浚县。	河北路，卫州，监一：黎阳。熙宁七年置，铸铜钱。（《九域志》） 熙宁七年三月十八日，诏卫州置黎阳监，岁铸钱 3.5 万缗。（《长编》卷二五一） 元丰初岁铸 20 万贯。（《中书备对》） 岁额 15 万贯小钱，5 万贯大钱。（《辑稿》食货一一之二至三） 崇宁三年二月复宝丰、黎阳监。（《玉海》卷一八〇《食货·钱币》）说明此前曾被罢。

续表

序号	监名	地址	相关文献
21	真州铸钱监	真州，今江苏省仪征市真州镇。	大观元年置真州铸钱监。(《宋史·食货志·钱币》)
22	磁州钱监及铸钱院	磁州，今河北省磁县。	“政和三年九月二十四日，权发遣提辖措置河北坑冶铸钱李著奏……勘会磁州见置钱监及铸钱院，全藉通判管勾。”(《辑稿》职官四三之一三一)
23	河南府（西京）河清县阜财监	西京，今河南省洛阳市。河南府治于此。河清县，今河南孟州市。	西京京北四十里。(《九域志》) 熙宁七年置。(《九域志》) 熙宁八年闰四月建。(《长编》)可能是正式命名。 元丰初岁额 20 万贯。(《中书备对》)
24	河东路绛州垣曲县钱监	绛州，今山西新绛县。垣曲县，今山西省垣曲县。	熙宁八年八月以前创立。 元丰初年岁额 26 万贯。(《中书备对》) 岁额 13 万贯大钱。(《辑稿》食货一一之二至三)即折二钱。
25	徐州宝丰监	徐州，今江苏省徐州市。	京东西路，徐州。宝丰，元丰六年置，铸铜钱，八年废。(《宋史·地理志》) 元丰六年三月丙子，置徐州宝丰监，岁铸钱 30 万缗。(《长编》卷三三四) 崇宁三年二月复宝丰监。(《玉海》卷一八〇《食货·钱币》)铸当十大钱。
26	汝州鲁山钱监	汝州，今河南省汝州市。鲁山，今河南省鲁山县。	崇宁四年闰二月置。(《玉海》卷一八〇《食货·钱币》)

续表

序号	监名	地址	相关文献
27	怀州、卫州铸钱院	怀州，今河南省沁阳市。卫州，今河南省卫辉市。	大观二年七月，怀、卫州建铸钱院。(《玉海》卷一八〇《食货·钱币》)
28	舒州(安庆府)同安监	舒州，今安徽省潜山县。安庆府，今安徽省安庆市。	淮南路，舒州，监一：同安。熙宁八年置，铸铜钱，州东八十里。(《九域志》) 元丰初年岁额10万贯。(《中书备对》) 岁额15万贯。(《辑稿》) 崇宁二年十月铸当十钱。 大观、政和间铸夹锡钱。
29	睦州神泉监	睦州，宣和三年改为严州，今浙江省桐庐县。	两浙路，睦州，监一：神泉。熙宁七年置，铸铜钱，州东五里。(《九域志》) 元丰初年岁额10万贯。(《中书备对》) 岁额15万贯。(《辑稿》) 崇宁二年十月铸当十钱。 绍熙元年废罢。(《辑稿》) 庆元三年八月恢复，旋废。
30	兴国军大冶县富民监	兴国军大冶县，今湖北省大冶市。	创建于宋神宗时期或更早。 元丰初年岁额20万贯。(《中书备对》)
31	鄂州宝泉监	鄂州，今湖北省鄂州市。	荆湖北路，鄂州，监一：宝泉。熙宁八年(一作七年)置，铸铜钱，州东二里。(《九域志》)或许是七年草创，八年命名。 元丰初年岁额10万贯。(《中书备对》) 岁额15万贯。(《辑稿》) 崇宁元年废，不久恢复，二年十月铸当十钱，北宋末年改铸夹锡钱。

续表

序号	监名	地址	相关文献
32	衡州衡阳县熙宁监	衡州，今湖南省衡阳市。衡阳县，今湖南省衡阳县。	熙宁七、八年建。 元丰初岁额20万贯。(《中书备对》) 岁额15万贯。(《辑稿》) 崇宁二年十月铸当十钱。大观、政和年间铸夹锡钱。
33	梧州元丰监	梧州，今广西梧州市。	元丰六年五月丁丑，广南西路转运司建言于梧州置铸钱监，以15万缗为额。诏可依所奏。(《长编》卷三三五) 崇宁三年四月铸当十钱。 大观初仍在生产。
34	虔州(赣州)铸钱院	虔州，绍兴二十三年改为赣州，今江西省赣州市。	铸钱院，在虔州，大观四年置，绍兴敕广宁、永丰二监寄此。(《群书考索》) 庆元元年十二月废罢。此前已停产。(《辑稿》)
35	英州连州铸钱院	英州，今广东省英德市。连州，今广东省连州市。	大观三年英、连六州铸钱院。(《长编》卷一三六《当十钱》)
36	邕州宝积监	邕州，今广西南宁市。	政和间，逐年解铜于州之宝积监铸钱，至宣和间罢。(《永乐大典》卷八五〇七引《南宁府志》)
37	信州铅山铸钱院	信州，今江西省上饶市信州区。铅山县，今江西省铅山县。	宣和三年四月……宣教郎、监信州铅山铸钱院、权县事高至临直龙图阁，知衢州，并以捍贼有劳故尝之。(《辑稿》选举三三之三五)

铁钱监

序号	监名	地址	相关文献
1	雅州百丈县开宝监	百丈县，今四川省名山县百丈镇。	开宝三年，“始令雅州百丈县置监，铸铁钱”。（《长编》卷一一） 始创时间，各书记载不一。王小波、李顺起义后停铸。 元丰三年恢复。“兴复雅州钱监鼓铸钱且以二万缗为额”。（《长编》卷三一〇）
2	益州钱监	益州，今四川成都市。	景德二年二月，“先是，益、邛、眉等州（原注：本《志》无眉州，有雅州）岁铸钱五十余万贯，自李顺作乱，遂罢铸，民间钱益少”。（《长编》卷五九）
3	眉州钱监	眉州，今四川省眉山市。	景德二年二月，“先是，益、邛、眉等州（原注：本《志》无眉州，有雅州）岁铸钱五十余万贯，自李顺作乱，遂罢铸，民间钱益少”。（《长编》卷五九）
4	嘉州（嘉定府）丰远监	嘉州，嘉定府所在地，今四川省乐山市。	成都府路，嘉州，监一：丰远。景德二年置，铸铁钱。州北五十步。（《九域志》） 岁额2.5万贯当十大铁钱。（《中书备对》） 岁额86616贯。（《辑稿》食货一一之二至三）
5	邛州惠民监	邛州，今四川省邛崃市。	成都府路，邛州，监一：惠民。咸平四年置，铸铁钱。州南六十里。（《九域志》） 元丰初岁额73234贯。（《中书备对》） 岁额109851贯，旧额120622贯。（《辑稿》食货一一之二至三） 建炎三年，停铸。（《朝野杂记》） 绍兴二十三年，恢复此监。 淳熙六年十月，改铸一折三钱。 嘉定三年铸当五大钱。（《朝野杂记》） 嘉定七年冬十月，废邛州嘉定监。（《宋史全文》卷三〇）或指此监。

续表

序号	监名	地址	相关文献
6	兴州(沔州)济众监	兴州(沔州),今陕西省略阳县。	利州路,兴州,监一:济众。景德三年置,铸铁钱。州东一百二十步。(《九域志》) 天圣三年四月,三司言:"兴州济众监旧铸钱四炉,岁凡铸五万三千贯,比来民输铁不足,而所铸钱行兴界有余,请权减一炉。"从之。(《长编》卷一〇三) 治平年间,兴州铸钱3万缗。(《宋史·食货志·钱币》) 岁额3万贯当十大钱。(《中书备对》) 岁额4万贯,旧额39263贯250文。(《辑稿》食货一一之二至三)
7	南平军广惠监	南平军,今重庆市綦江县赶水镇铜佛坝。	南平军"铸钱监,在军西南一里许,渡溪而上,于归正坝,松岭山鼻等处取铁,岁铸四万贯。自元丰二年……增铸至六万贯,名广惠监。绍熙末,郡守张鼎以取铁炭远,鼓铸不充,遂废"。(《舆地纪胜》卷一八〇《夔州路·南平军》)
8	万州广济监	万州,今重庆市万州区。	元丰六年五月癸未,"夔州路转运司言:'万州铁矿甚多,乞创钱监,岁可收净利三万二千缗应副本路。'从之"。(《长编》卷三三五) "宣和六年七月,罢万州广济监。"(《玉海》卷一八〇《食货·钱币》)
9	施州广积监	施州,今湖北省恩施市。	[夔州路]施州,监一:广积。绍圣三年置,铸铁钱。(《宋史》卷八八《地理志》) "施州旧亦铸钱万缗……绍兴末皆减。今蜀中岁铸十万七千(原注:施州钱,绍兴三十年以铁炭艰难,减为七千……并充岁计)。"(《朝野杂记》甲集卷一六《川峡铸钱》、《系年要录》卷一六九)

续表

序号	监名	地址	相关文献
10	利州绍兴监	利州，今四川省广元市。	绍兴十五年秋七月戊申，“复置利州绍兴监，岁铸钱十万缗以救钱引之弊。用四川宣抚副使郑刚中请也”。（《系年要录》卷一五四） “绍兴十五年，郑亨仲（按：郑刚中字亨仲）为四川宣抚使，始即利州铸钱，岁十万缗，以救钱引之弊。……其后增至十五万。二十三年……明年，诏……利州[岁铸钱]九万缗（原注：四月乙酉）……二十五年，又诏利州铸大小钱各二（五?）万……三十一年，再减利州钱爲六万缗，大小各半之。”（《朝野杂记》甲集卷一六《川陕（峡）铸钱》） “绍兴十五年，郑刚中为宣抚副使，始复利州绍兴监，铸大、小钱岁各五万。”（《系年要录》卷一六九） “淳熙六年十月，[利、邛二州钱监]并改铸一折三钱”。（《系年要录》卷一八八注文） 嘉定三年，铸当五大钱。（《朝野杂记》乙集卷一六《四川行当五大钱事始》）
11	晋州钱监	晋州，今河北省晋州市。	庆历元年九月创立。（《长编》卷一六四） 初铸小钱，庆历二年十月改铸大钱。一度停铸，庆历五年复铸小铁钱。次年复停铸。（欧阳修《欧阳文忠公文集》卷一一五《乞罢铁钱札子》）
12	泽州钱监	泽州，今山西省泽州县。	约庆历二年年底创立，大小钱兼铸。四年停铸，五年复铸小铁钱，六年复停铸。（《长编》卷一六四）
13	隆德府宝宁监	隆德府，治所在上党县，今山西省长治市。	政和三年七月三日“河东河（路）提举常平崔钧降一官。以隆德府监宝宁监李拱收支不明，体访闻奏，尚书省勘会铸钱司系坑冶司统辖，本官妄行按发，既是隆德府申到却作体访，显属诞谩。故有是名”。（《辑稿》职官六八之二九）此监为夹锡铁监。

续表

序号	监名	地址	相关文献
14	商州上洛县阜民监	上洛县，今陕西省商州市。	上洛[县]……阜民一铁钱监。(《九域志》) 岁额 12.5 万贯折二钱。(《中书备对》) “[宋仁宗时，薛仪任知商州]先是，属县宰有建言，商州产铜，请置监铸钱。朝廷下其议，转运使有是之者。府君(薛仪)上言：‘朝廷前置阜民监，于洪崖冶铸铁钱。未数年，铁已竭，其监当废。况又益置铜钱监，铜产尤薄，恐徒劳无益。请以所得铜于旧监铸钱，铜竭而止。’章交上，久不决。会府君没，宰之说遂行，县官之费益广，而铜寻竭，如府君言，宰坐抵罪。”(司马光《司马文正公传家集》卷七七《殿中丞薛府君墓志铭》)
15	虢州(在城)虢略县钱监	虢州，州城在虢略县县城，今河南省灵宝市。	虢州，虢略县，铁钱一监。(《九域志》) 岁额 12.5 万贯折二钱。(《中书备对》)
16	虢州朱阳县钱监	朱阳县，今河南省灵宝市朱阳镇。	永兴军路，虢州，朱阳县，铁钱一监。(《九域志》) 岁额 12.5 万贯折二钱。(《中书备对》)
17	京兆府(永兴军)钱监	京兆府，今陕西省西安市。	永兴军路，京兆府，监二。熙宁四年置，铸铜钱，州东一百步；八年置，铸铁钱，府西北一里。(《九域志》) 熙宁八年二月甲子永兴军等路转运司奏：“欲除永兴、华、河中、陕铜钱监添匠鼓铸[铁钱]外，更于商、虢、洛南增置三监，耀、鄜权置两监，共九监改铸……鄜州等五处，候改铸罢，工匠并入商州等四监。”(《长编》卷二六〇)
18	商州洛南县钱监	洛南县，今陕西省洛南县。	永兴军路，商州，洛南县，铁钱一监。(《九域志》) 熙宁八年二月，在商州洛南县设铁钱监。 岁额 12.5 万贯折二钱。(《中书备对》)

续表

序号	监名	地　址	相　关　文　献
19	陕州铁钱监	陕州，今河南省陕县。	永兴军路，陕州，监二。熙宁四年置，铸铜钱，川东一百步；八年置，铸铁钱，州西五十步。(《九域志》)
20	华州钱监	华州，今陕西省华阴市。	永兴军路，华州，监二。熙宁四年置，铸铜钱，州南一里；八年置，铸铁钱，州南一里。(《九域志》)
21	岷州滔山监	岷州，今甘肃省岷县。	熙宁八年九月庚午诏令岷州置铸钱监，九年五月赐名滔山。(《长编》卷二六八) 元丰元年十一月，此监由滔山镇移往岷州。(《长编》二九四) 秦凤路，岷州，监一：滔山。熙宁九年置，铸铁钱，州西一百五十步。(《九域志》) 北宋晚期仍存在。
22	延州钱监	延州，今陕西省延安市。	永兴军路，延州，监一：铁钱。熙宁八年置，州东二里。(《九域志》) 大观元年五月，延安置钱监兵。(《宋史》卷一八七《兵志》)
23	耀州钱监	耀州，今陕西省铜川市耀州区。	永兴军路，耀州，监一，铸铁钱。熙宁八年置，州城西南。(《九域志》)
24	淳化县钱监	淳化县，今陕西省淳化县。	永兴军路，邠州，淳化县，熙宁八年，置铸钱监，元丰三年废。(《宋史》卷八五《地理志》) 淳化县原隶耀州，与耀州钱监是否为同一钱监，待考。
25	通远军威远镇钱监	通远军，今甘肃省陇西县。	熙宁八年九月之前已铸折二铁钱。(《长编》卷二六八) 岁额与岷州滔山镇监合计25万贯。(《中书备对》) 政和三年正月，“岷、巩钱监鼓铸”。(《辑稿》食货四九之二七)巩州即通远军，巩州钱监应即威远镇钱监。

续表

序号	监名	地 址	相 关 文 献
26	同州韩城县三钱监	韩城,今陕西省韩城县。	元丰六年八月,“陕西转运司言:‘同州韩城县山铁矿苗脉深厚,可置钱监……’”从之。(《长编》卷三三八) 元丰六年“八月朔,同州置铁钱监”。(《玉海》卷一八〇《食货·钱币》) 元祐二年秋七月,“庚午,置河中府、龙门县、韩城县钱监三”。(《长编》卷四〇三) 同州……韩城[县](中。元祐二年,置铸钱监)。(《宋史》卷八五《地理志》) 政和四年,有东西二监。(《辑稿》)刑法四之三五
27	秦州铸钱监	秦州,今甘肃省天水市秦州区。	元丰四年二月创立。(《长编》卷三一一) 元丰六年八月,“废秦、陇铁监”。(《长编》卷三三八)
28	陇州钱监	陇州,今陕西省陇县。	元丰年间,“同、渭、秦、陇等州钱监废置移徙不一”。(《宋史·食货志·钱币》) 元丰六年八月,“废秦、陇铁监”。(《长编》卷三三八)
29	徐州宝丰下监	徐州,今江苏省徐州市。	元丰七年四月创立徐州宝丰监,上监为铜钱监,下监为铁钱监。(《长编》卷三四五) 元丰八年五月被命令停产。(《长编》卷三五六)
30	浔州钱监	浔州,今广西桂平市桂平镇。	崇宁三年,“二广产铁,令鼓铸小铁钱,止行于两路;其公私铜钱兑换输元丰库,仍于浔州置铁钱监,依陕西料例铸当二钱”。(《宋史·食货志·钱币》) 北宋后期人侍其竑“知浔州……州置监冶铸铁钱,以缗计者数百万,一日更圜法,命悉销毁。公独奋曰:事固不可知。格诏存之,后果复用,省费不赀”。(葛胜仲:《丹阳集》卷一三《右朝散大夫侍其[竑]公墓志铭》)

续表

序号	监名	地址	相关文献
31	汝州鲁山钱监	汝州，今河南省汝州市。鲁山县，今河南省鲁山县。	崇宁"四年闰二月，汝州鲁山置监……铸夹锡钱"。(《玉海》卷一八〇《食货·钱币》)
32	广、康、贺州铸夹锡钱	广州，今广东省广州市。康州，今广东省德庆县。贺州，今广西贺州市。	大观元年六月壬戌"复广、惠、康、贺州旧铸夹锡钱钱监"。(《皇宋十朝纲要》卷一七) 政和"二年，蔡京复得政，条奏广、惠、康、贺、衡、鄂、舒州昨铸夹锡钱皆精善，请复铸如故"。(《宋史·食货志·钱币》) 政和三年五月"辛卯，兴复广、惠、康、贺、衡、鄂、舒七州钱监鼓铸夹锡钱，行于广南、荆湖、淮南路"。(《皇宋十朝钢要》卷一七)
33	磁州裕民监及铸钱院	磁州，今河北省磁县。	大观初，河北置籴便司，且铸夹锡铁钱，都转运使梁公子美闻公才，辟监磁州裕民第二监，兵多不逞，圜诸重垣棘围之中，逻卒击柝以卫，犹有逸者，会诏废监。(周必大《周益国文忠文集·省斋文稿》卷二九《兴国太守赠太保王公[绚]神道碑》) "政和三年九月二十四日，权发遣提辖措置河北坑冶铸钱李著奏……勘会磁州见置钱监及铸钱院，全借通判管勾。"(《辑稿》职官四三之一三一)
34	和州钱监	和州，今安徽省和县。	乾道四年二月"戊戌，置和州铸钱监"。(《宋史》卷三四《孝宗纪》)

续表

序号	监名	地　址	相　关　文　献
35	舒州同安监	舒州，今安徽省潜山县。	乾道六年二月“丁亥，复置舒州同安监，铸铁钱”。(《宋史》卷三四《孝宗纪》) 乾道六年五月，“置舒州铁钱监，从发运使史正志之请也，每岁以五十万贯为额”。(《中兴圣政》卷四八) 乾道“六年四月，命朝臣往淮西措置铸钱。六月，舒曰同安监”。(《玉海》卷一八〇《食货·钱币》) 淳熙二年正月“甲午，废同安蕲春监”。(《宋史》卷三四《孝宗纪》) 淳熙五年十二月“辛丑，复同安……监”。(《宋史》卷三五《孝宗纪》) 嘉泰三年秋七月“壬午，权罢同安、汉阳、蕲春三监铸钱”。开禧元年恢复此监。(《宋史》卷三八《宁宗纪》) 嘉定七年十二月，废罢此监。(《宋史》卷三九《宁宗纪》)
36	舒州宿松监	舒州，今安徽省潜山县。	“先是，同安、宿松两监岁铸铁钱三十万缗，言者以为扰，既损其半，而监亦遽废。……诏命复铸，且省宿松监入同安。”(陆游《渭南集》卷三八《监丞周公[必正]墓志铭》) 淳熙十年，并舒州之宿公监入同安监。(《宋史·食货志·钱币》)

续表

序号	监名	地　址	相　关　文　献
37	蕲州蕲春监	蕲州，今湖北省蕲春县蕲州镇。	乾道六年六月创立，淳熙元年正月停罢。(《中兴圣政》卷五二) "先是，诏令蕲州分舒州同安监岁铸铁钱一十万贯，就差蕲春知县兼管。既而以所置监在蕲口镇，去州城差远，蕲春知县难以兼监……至是罢之。"(《辑稿》职官四三之一七三) 淳熙二年正月停罢。淳熙五年十二月恢复。(《宋史》卷三四《孝宗纪》) 嘉泰三年七月停罢。开禧元年恢复。(《宋史》卷三八《宁宗纪》) 开禧三年恢复。(《宋史·食货志·钱币》) 绍定年间，"蕲春铁钱监……以一监约之，日役三百人，十日可铸一万缗。一岁用工九月，可得二十七万缗"。(张世南《游宦纪闻》卷二) 岁额 10 万贯，淳熙五年 15 万贯，淳熙十二年 20 万贯。(《宋史·食货志·钱币》) 绍熙三年，削减岁额 20 万贯。(《宋史》卷三六《光宗纪》)
38	黄州齐安监	黄州，今湖北省黄冈市黄州区。	乾道六年六月"癸酉，置……黄州齐安监，铸铁钱"。(《宋史》卷三四《孝宗纪》)
39	兴国军兴国监	兴国军，今湖北省阳新县兴国镇。	乾道六年秋七月"己丑，置兴国军兴国监"。(《宋史》卷三四《孝宗纪》) 乾道八年九月，定岁额 10 万贯，后减为 9 万贯。(《皇宋中兴两朝圣政》卷五一) 绍熙二年，李祥"再疏乞……废定城、兴国、汉阳监，更铸绍熙新钱"。(叶适《水心集》卷二四《国子祭酒赠宝谟阁待制李公[祥]墓志铭》)

续表

序号	监名	地址	相关文献
40	江州广宁监	江州，今江西省九江市。	乾道六年十二月创立。(《宋史》卷三四《孝宗纪》) 乾道八年九月，定岁额10万贯，后减为9万贯。(《皇宋中兴两朝圣政》卷五一) 约在淳熙初年废罢。
41	临江军新喻县丰余监	新喻县，今江西省新余市。	乾道六年创立。(《宋史》卷三四《孝宗纪》) 乾道八年九月，定岁额5万贯，后增为6万贯。(《辑稿》职官四三之一七三) 约在淳熙初年废罢。
42	抚州裕国监	抚州，今江西省抚州市。	乾道六年创立。乾道八年九月，定岁额5万贯，后增为6万贯。(《辑稿》职官四三之一六二)
43	光州定城监	光州，今河南省潢川县。	淳熙十一年底以后创立。(《皇宋中兴两朝圣政》卷六一) 周丞相既罢……[公]由是出守。未及上而移浮光(按：指光州)……帅漕同置定城钱监，辇铁输炭，为一郡患，公奏废之。(叶适《水心集》卷一六《提刑检详王公[闻诗]墓志铭》)
44	汉阳监	汉阳军，今湖北省武汉市。	"宋绍熙二年，知军事皇甫焕奉朝命置炉鼓铸，岁办铁钱一十万贯。"(明嘉靖《汉阳府志》) 嘉泰三年秋七月停铸。开禧元年六月，恢复铸钱。(《宋史》卷三八《宁宗纪》) 嘉定八年前后岁铸二三十万贯，但只上缴二三万贯，其他为本监消耗。(黄榦《黄文肃公集》卷二四《汉阳军条奏便民五事之四·领监卒》，卷二九《与漕使赵监丞论钱监利害》) 绍定元年十月，仍在生产。

不明钱监

序号	监名	地址	相关文献
1	兴元府西县齐远监	西县，今陕西省勉县。	庆历六年夏四月“壬寅，以兴元府西县铸钱监为齐远监”。(《长编》卷一五八)
2	云安军云安监	云安军，今重庆市云阳县。	熙宁八年十二月，“是月，复云安军云安监”。(《长编》卷二七一)
3	河中府、河中府龙门县钱监	河中府，今山西省永济县蒲州镇。龙门县，今山西省河津县。	元祐二年秋七月“庚午，置河中府、龙门县、韩城县钱监三”。(《长编》卷四〇三) “河中府……龙门[县](次畿。元祐二年，置铸钱监二)。”(《宋史》卷八五《地理志》)
4	融州宝新监	融州，今广西融水苗族自治县。	“政和四年四月，复融州宝新监。”(《玉海》卷一八〇《食货·钱币》)
5	邕州通宝监	邕州，今广西南宁市。	政和“六年四月，置邕州通宝监”。(《玉海》卷一八〇《食货·钱币》)
6	建州铸钱	建州，今福建建瓯市。	太平兴国八年三月，宋廷“令建州铸大铁钱与铜钱并行”，文曰“太平通宝”。(《长编》卷二四) 是否设监无考。
7	石州、威胜军钱监	石州，今山西省吕梁市离石区。威胜军，今山西省沁县。	庆历五年，河东路转运使张奎曾上奏得准，在石州、威胜军创立钱监铸小铁钱，次年宋廷下令“罢官炉日铸”。(《长编》卷一六四)故不清楚此二监是否建成并曾生产。

续表

序号	监名	地址	相关文献
8	河东铸造铁钱	河东路，治所在并州，今山西省太原市。辖境相当于今山西省大部和陕北部分地区。	熙宁八年二月丙子“诏河东转运司依前诏铸钱七十万缗外，增铸小钱三十万缗”。(《长编》卷二六〇) 绍圣三年“夏四月，命河东铸当三铁钱”。(《九朝编年纲目备要》卷二四) 崇宁二年，河东运判洪中孚首倡夹锡钱。 崇宁四年闰二月至三月，河东路铸夹锡钱。(《九朝编年纲目备要》卷二六) 大观四年二月，宋廷下令停铸夹锡钱。 政和元年二月，宋廷令河东路重铸夹锡钱。(《皇宋十朝纲要》卷一七) 政和元年四月，停铸夹锡钱。(《宋史》卷二〇《徽宗纪》) 政和五年(疑为三年)以前，宋廷再次命河东路铸夹锡钱，政和六年六月停铸。仍铸当三或小平铁钱。(《辑稿》职官四三之一三一、《皇宋十朝纲要》卷一七) 河东铸铁钱、夹锡钱，但没记载具体钱监。
9	兖州莱芜监	兖州，今山东省兖州市。莱芜，今山东省莱芜市。	“天子(按：宋神宗)方兴盐铁，居厚精心计，笼络钩稽，收羡息钱数百万。即莱芜、利国二冶官自铸钱，岁得十万缗。诏褒其能。”(《宋史》卷三四三《吴居厚传》) 其他各书记载此事均未言及莱芜监铸钱事，故不能确定是否铸过钱。
10	广西元祐铸铁钱钱监	广南西路，简称广西，治所在桂州，今广西桂林市。辖境相当于今广西全省及广东雷州半岛、海南岛。	元祐七年春正月庚子“户部言：‘广南西路转运司奏，本路融、柳、郁林、廉、邕等州及邻近全州灌阳县各产铁甚多，已依陕西等路条例鼓铸铁折二钱，与本路铜钱兼行……’从之”。(《长编》卷四六九) 是否建成，没有记载。

宋金银铤、金牌铭文及其考释

据不完全统计，截止 2003 年 8 月，宋代银铤出土、收藏和著录共 45 批，445 枚，其中 285 枚有铭文，160 枚没有铭文。金代银铤共 34 批，166 枚，其中 137 枚有铭文，29 枚没有铭文。宋代金牌（包括金叶子）共 14 批，158 枚，其中 132 枚有铭文，26 枚没有铭文。过去有不少专家学者对此进行过深入研究，许多问题都已得到解决。但是，将宋金银铤、金牌铭文全部收集、整理的还没有，对铭文的考释也有不尽确切者。鉴于此，本文在这两方面做了一些工作。

一、宋代银铤

河南省方城县博物馆收藏。①

(1)“□”“梁家造（记）”“梁家造（记）”“真花银重壹拾两伍钱”。据实测，应为 15 两 5 钱。

河南省安阳市出土。②

(2)“五分”“出悉”“灵家记”“家记”。

河南省上蔡县出土，共 3 铤。③

(3)“出门税”“赵十一助教”。

(4)“出门税”“思内赵十一助教”。（2 铤）

---

① 驻马店钱币学会课题组：《河南省出土银铤研究》，《中州钱币》1997 年总第 7 期。本文所引铭文，有些根据拓片和其他研究文章进行了校正，采用夹注说明，或直接改正。

② 谢世平：《宋代银铤考》，《中州钱币》1989 年总第 3 期。

③ 驻马店钱币学会课题组：《河南省出土银铤研究》，《中州钱币》1997 年总第 7 期。

1970 年河南省南阳市出土，共 2 铤。①

(5)“思内南王”“出门税”。

(6)“都税司”“中山张二”。

1975 年 4 月河南省商城县出土。②

(7)“聂北铺”“出门税”“重伍拾两”“北聂匠”。

1975 年 4 月河南省方城县王营村出土，共 6 铤。③

(8)“北张铺”“广州经总制库起发绍兴二十六年春季经总制银经(?)铤伍拾两专库苏举李枢监官黄亨右宣教郎经略司干办公事权通判向”。

(9)“真花铤银”“真花铤银”“真花铤银”“真花铤银”。(2 铤)

(10)“……二十四年下限上供银……总领司大军库交……等……参军监祖敏中”。

(11)“相国寺”。

(12)“……中平等……铤银黄……等”。

1976 年 9 月河南省方城县张伯和村出土。④

(13)“聂北铺”“出门税”“重伍拾两”“北聂匠”。

1976 年 10 月河南省桐柏县毛集乡出土。⑤

(14)“出门税”“聂小六”。

1978 年 12 月河南省唐河县湖阳镇出土。⑥

(15)“出门税”“西唐铺□”“八十五，顺昌府汝阴县监纳县丞李五十”。

1980 年河南省信阳县查山乡出土。⑦

(16)“聂秦家肥花银”。

1980 年河南省尉氏县出土，共 9 铤，其中 4 铤有铭文。⑧

(17)“南流钱银”“出门税”“重五十”“□□通”等。(3 铤)

---

① 王正旭、刘绍明:《南阳历史货币》，科学出版社，1998。

② 驻马店钱币学会课题组:《河南省出土银铤研究》，《中州钱币》1997 年总第 7 期。

③ 驻马店钱币学会课题组:《河南省出土银铤研究》，《中州钱币》1997 年总第 7 期。

④ 驻马店钱币学会课题组:《河南省出土银铤研究》，《中州钱币》1997 年总第 7 期。

⑤ 王正旭、刘绍明:《南阳历史货币》，科学出版社，1998。

⑥ 王正旭、刘绍明:《南阳历史货币》，科学出版社，1998。

⑦ 驻马店钱币学会课题组:《河南省出土银铤研究》，《中州钱币》1997 年总第 7 期。

⑧ 驻马店钱币学会课题组:《河南省出土银铤研究》，《中州钱币》1997 年总第 7 期。

(18)“出门有税”“东李七家”“出门有税”。

1980年前后河南省郏县出土。①

(19)“真花银”“出门税”。

1981年河南省襄城县出土,共2铤。②

(20)“襄钱巷□”“襄银钱巷□”“出门税”“李待诏”“李待诏”“襄银钱巷□”“出门税”“襄钱巷□”。

(21)“出门税”。

1984年7月河南省确山县出土,共14铤,其中9铤有铭文。③

(22)“□□小六郎□”“真□小六郎□”“□聂小六郎□”“□□小六郎”“□□小六郎通”。

(23)“出门税”“思内钱□”“聂□”。

(24)“真聂小六郎通”。

(25)“王九助教匠”“助教王九”“王九”“助教王九”“王九出门税”。

(26)“王九”“出门税”“王九”“出门税”。

(27)“王九”“出门”“王九”。

(28)“聂匠”“出门”“出门”“聂匠”“出门税”“出门”。(2铤)

(29)“王九”。

1984年河南省方城县二郎庙乡出土。④

(30)“□巷里李六”“军贳”“出门税”。

1986年河南省泌阳县大岗村出土。⑤

(31)“聂秦家肥花银”。

1988年河南省社旗县下洼乡出土,共2铤。⑥

(32)“出门税”。

(33)“真聂二助教”“出门税”。

① 张水木、牛清彬:《河南郏县发现南宋银铤》,《中国钱币》2002年第1期。
② 驻马店钱币学会课题组:《河南省出土银铤研究》,《中州钱币》1997年总第7期。
③ 驻马店钱币学会课题组:《河南省出土银铤研究》,《中州钱币》1997年总第7期。
④ 驻马店钱币学会课题组:《河南省出土银铤研究》,《中州钱币》1997年总第7期。
⑤ 驻马店钱币学会课题组:《河南省出土银铤研究》,《中州钱币》1997年总第7期。
⑥ 王正旭、刘绍明:《南阳历史货币》,科学出版社,1998。

1955年5月14日，湖北省黄石市西塞山出土292铤，其中155铤有铭文。①

(34)“□□郎记”。

(35)“黎二郎记”。(5铤)

(36)“何鼎一郎记”。

(37)“西京王家银”。(2铤)

(38)“张二郎”。

(39)“张二郎记”。(2铤)

(40)“□□郎记真花□□”。

(41)“王天锡记”。

(42)“李乙郎记”。(2铤)

(43)“绵州王家记”。(2铤)

(44)“赵七一郎记”。

(45)“周寿叔记”。

(46)“高顺边”“徐银”“刘□”。

(47)“刘匠”。

(48)“□□记”。

(49)“段小乙郎记”。(8铤)

(50)“卢四郎铺”。(2铤)

(51)“卢四郎”。(24铤)

(52)“喻桂郎记”。

(53)“益昌申家记”。

(54)“蒲四郎记”。

(55)“蒲四郎记”“连州起淳祐六年经制银赴湖广总所交权司法”“元”。

(56)“杭□四郎记”。

(57)“丁宅京销银”。

(58)“京销铤银”。

(59)“京销铤银”“沈铺”“霸北街东”。

---

① 程欣人：《湖北黄石西塞山发现大批宋代银铤》，《文物参考资料》1955年第9期；陈上岷：《谈西塞山出土的宋代银铤》，《中国钱币》1985年第3期。

(60)“京销铤银”“韩宅□□”“霸北街西”。

(61)“真花银”“江”“四”。

(62)“真花银”。

(63)“真花银”“严念三郎记”。(2 铤)

(64)“真花银”“□□□记”。

(65)“真花银”“王宅”。

(66)“真花银”“余二郎记”。(9 铤)

(67)“余二郎记”。(9 铤)

(68)“真花铤银”“□四郎记”。

(69)“真花铤银”。

(70)“莫□郎记”。

(71)“□三郎记”。

(72)“孙家□”。

(73)“□□宅记”。

(74)“吕马□银”。

(75)“窦千一郎”。

(76)“王庆一郎记”。(2 铤)

(77)“碛江袁家记”。

(78)“□胡王三郎记”。

(79)“祁乙郎记”。

(80)“李六郎记”“□□宅记”。

(81)“地字号”“钱秀才记”“买主陈四”“曾一验”。

(82)“地字号”“王家大记”。

(83)“凤池周氏二郎”。

(84)“晏二郎记”。

(85)“煎销花铤银”。

(86)“西京□家记”。

(87)“光洲陈念二郎记”。

(88)“宋一郎”。

(89)“唐念七铺”。

(90)“霸北街东”“赵孙宅□”“郑朝用”“拾二两半”。

(91)“京销银”“东陈铺”“赵孙宅”。(3 铤)

(92)“京销银”“猫儿桥东”“俞七郎”。

(93)“京销银”“马将仕宅”。

(94)“京销银”。

(95)“京销细渗”“猫儿桥东”“吴二郎”。

(96)“拾两”“销银匠张荣”“□头康□”。

(97)“京销铤银”“重拾二两半”“赵宅渗银”。

(98)“京销铤银”“张八郎”。

(99)“京销铤银”“韩宅”“银□”。

(100)“重拾二两半”“卖钞库□□”“钱铺”“鉴验钱铺”。

(101)“霸北街西”“旧日苏韩张二郎□”“重壹拾贰两半”“□□□广州卖钞库”“鉴验□”。

(102)“霸北街西”“苏宅韩五郎匠”“军资库银”“重拾贰两半”。(3 铤)

(103)“徐沈铺”“重拾贰两半”“广州卖钞库”。

(104)“真花银”“元字号”“江三郎记”。

(105)“京销铤银”“重拾贰两半”“霸北左宅”“黄字号”“欧三验讫”。

(106)“黄字号二郎宅记曾一适张□□郎记”。

(107)“帐前统制官张青今解到银柒千陆百两”“每锭系市称伍拾两重”“匠人张焕扈文炳宋国宁何庚”。(2 铤)

(108)“铁线巷南”“重贰拾伍两”“朱二郎将”“潮州经总银”“鄂州交纳”。

(109)“经总制银重拾贰两半霸北街西苏宅韩五郎”。

1958 年湖北省荆州城东门出土,共 12 铤,其中 2 铤有铭文。①

(110)“府东门”“黄将仕宅”“广东转运”“销铤银”“淳祐十一年押人林崧英”。

(111)“猫儿桥东”“吴徐铸”等。

1974 年湖北省汉川县垌塚公社出土,共 3 铤。②

(112)“出门税”。

(113)“李小六”。

---

① 程欣人:《荆州城外发现宋代银铤》,《文物》1960 年第 4 期。

② 张远栋:《汉川垌塚出土宋代银铤》,《江汉考古》1983 年第 3 期。

(114)“许三助银”“出门税”“真花铤银”。

1976年湖北省襄樊市羊祜山出土,共2铤。①

(115)“潮州发绍兴三十年分纱(钞)价银”“赴广州”“提举衙交纳”“右从政郎司理参军郑公弼”“专知林规”“银匠罗端”。

(116)“阆州通判□秋季重五十两”“霜”“天七”“专库大□□□”“兴元府团并到银伍拾两”“左朝散郎通判阆州军州事胡邦直”。

1987年1月湖北省蕲春县出土,共6铤,其中5铤有铭文。②

(117)“出门税”。

(118)“真花银”。

(119)“聂二助□臣”。

(120)“李小六”。

(121)“六花银”。

1989年4月湖北省阳新县大德乡出土。③

(122)“京销银”“□税讫□□”。

1994年3月湖北省黄石市陈伯臻出土,共12铤。④

(123)“京销铤银”“董六郎”“朝天门里”。(4铤)

(124)“京销铤银”“张三郎”“清河坊北”。(5铤)

(125)“□北街西”“黄二郎”“清河坊北”“张叁□”。

(126)“京销渗银”“清河坊北”“张二郎”。

(127)“京销铤银”“张三郎”。

1958年春季内蒙古巴林左旗出土,共5铤。⑤

(128)“郑祐福州进奉同天节银伍拾两专副陈珎等　监　匠”。

(129)“杭州都税院买发转运衙”“大观元年郊禋银壹阡两每铤”“伍拾两专秤魏中应等”“监　匠　作”“左班殿直监杭州都税院郭立”。

---

① 崔新社:《湖北襄樊羊祜山出土宋代银铤》,《文物》1984年第4期。

② 汪宗耀、张寿来:《湖北蕲春县出土元代银锭》,《江汉考古》1989年第3期。原报告认为是元代银锭,根据“出门税”“真聂二助□臣”等铭文应为宋代。

③ 费世华:《湖北阳新县出土宋代银铤》,《江汉考古》1990年第6期。

④ 黄石市博物馆:《湖北黄石市陈伯臻出土窖藏南宋银铤》,《中国钱币》1995年第3期。

⑤ 李逸友:《内蒙古巴林左旗出土北宋银铤》,《考古》1965年第12期。

(130)“虔州瑞金县纳到政和四年分奉进”“天宁节银□□□本县典书袁”“丰银行汤□□验行银田六田五”“专副梁开□等”。

(131)“监银□阮”“监镌□唐”“专知王钊”“潭州刘阳县永兴银场□□□进奉银伍拾两”。

(132)“信州银伍拾两□□家□”“铅山场”“郑渐”。

1959年内蒙古巴林左旗出土。①

(133)“荆南军资库元祐四年”“兴龙节银每铤□拾两”“司录参军监杨”。

1971年内蒙古巴林左旗林东镇出土。②

(134)“京西北路提举学事司进奉崇宁肆年天宁节银每铤伍拾两”。

1983年8月内蒙古巴林右旗上石村出土。③

(135)“邵武军银□拾两专副朱浮姜录事参军刘”“朱华”。

1985年内蒙古巴林左旗花加拉嘎乡出土,共2铤。④

(136)“王镒福州绍圣二年折博银伍拾两专典许特”“王镒”。

(137)“崇宁四年分年额银伍拾两专副严偭曹伸”“行人”“李诚”“将仕郎司户参军监宋一风”“英州年额银”。

安徽省安庆出土,共2铤。⑤

(138)“出门税”。(2铤)

同治元年(1862年)安徽省休宁县出土。⑥

(139)“达州今解发宝庆三年绍定元年分进奉大礼银一铤重五拾两 奉议郎通判达州军州兼管勾劝农权州事臣任隆祖”“阳俊”“朱荣”“山泽”“德一郎”。

---

① 金永田:《巴林左旗出土一件北宋银铤》,《中国钱币》1988年第3期。

② 金永田:《内蒙古巴林左旗出土三件宋代银铤》,《内蒙古金融研究·钱币专刊》1986年第1期。

③ 韩仁信:《内蒙古巴林右旗上石村出土北宋银铤》,《内蒙古金融研究·钱币专刊》1986年第2期。

④ 韩仁信:《内蒙古巴林右旗上石村出土北宋银铤》,《内蒙古金融研究·钱币专刊》1986年第2期。

⑤ 《南宋银锭和楚国金币在我省、市发现》,《安庆钱币》1987年创刊号。

⑥ 张惠信:《中国银锭》,台湾齐格飞出版社,1988。

1971年安徽省利辛县辛集公社出土。①。

(140)"聂二助银匠"

1972年安徽省阜阳出土,共4铤。②

(141)"聂北铺"。(2铤)

(142)"聂家""真花线银"。

(143)"朱雀门外马安铺""真花线银"。

1973年安徽省临泉县古城村出土,共2铤,其中1铤有铭文。③

(144)"聂二助家□""出门税"。

1982年9月安徽省灵璧县出土。④

(145)"界内王三郎""真花录银""出门税"。

1985年6月安徽省六安县出土。12铤,其中11铤有铭文。⑤

(146)"真花银""出门税"。(2铤)

(147)"真花银""真花银"。

(148)"锭银"。

(149)"出门税""出门税"。(2铤)

(150)"锭银""京锭银"。

(151)"真聂二(或为十一)助□臣"。(残)

(152)"买到绍兴二十一年秋季""伍拾两"。(残)

(153)"真花锭银"。(2铤,均残)

1987年安徽省嘉山县出土,共2铤。⑥

(154)"出门税""界内胡七助聚"。

(155)"马二郎立"。

1980年11月5日陕西省扶风县法门寺公社出土。⑦

---

① 卢茂村:《近年发现的宋代银铤》,《安徽文博》1981年第1期。

② 卢茂村:《近年发现的宋代银铤》,《安徽文博》1981年第1期。

③ 卢茂村:《近年发现的宋代银铤》,《安徽文博》1981年第1期。

④ 卢茂村:《简介灵璧县出土的宋代银铤》,《安徽金融研究·增刊》1989年第2期。

⑤ 邵建白:《安徽六安出土南宋银铤》,《文物》1986年第10期。

⑥ 吴常熊:《嘉山县出土宋时"出门税银铤"的综合考》,《安徽金融研究·增刊》1990年第4期。

⑦ 罗西章:《扶风出土的宋金时代金银器》,《考古与文物》1984年第4期。

(156)“马北头李二”“出门税”。

河北省卢龙县出土。①

(157)“连州元鱼场买到二年”“分(钱)上供银伍拾两”“专知官唐莘”“始字号”“匠人廖昌”。

1981年5月四川省双流县黄佛公社出土,共6铤,其中宋代5铤。②

(158)“南平军发庆元二年夏季经总艮(银)二十五两专库张□□”“天”“库官邓行人楹林嵩看”“重二十六两六铢”(钱)“□□十分”。

(159)“张家信实记”“留侯世家”。(4铤)

四川黄岳明收藏。③

(160)“大宋淳化年”“御赐精银”。(注:此银铤可疑)

1969年秋季江西省信丰县虎山乡出土。④

(161)“真花铤银”“刘一郎”“壹拾贰两半”。

1989年前,江西省广昌县赤水镇出土,共2铤,其中1铤铭文可辨。⑤

(162)“出门税”“□□王助发”。

1994年江西省赣榆县出土,共6铤。⑥

(163)“密州侯家”“诸城县”“真花铤银”“伍拾两”“行人侯琦”“验匠成谨”“买盐刘祐等”“使正”。(6铤)

1964年江苏省邗江县西湖公社、1972年江苏省宝应县红卫公社出土,共30铤。⑦

(164)“建阳县度牒银李张记”。

(165)“马内张小三郎”。

(166)“朱二郎”。

---

① 王雪农、赵金明:《“连州上供银”伍拾两》,《中国钱币》1998年第1期。

② 成都市文物管理处:《四川双流县出土的宋代银铤》,《文物》1984年第7期。

③ 黄岳明:《四川发现淳化御赐精银》,《中国钱币》1994年第1期。

④ 李海根:《信丰玉带桥发现宋银铤》,《中国钱币》1991年第4期。

⑤ 姚莲红:《江西广昌发现的宋代银锭》,《江西文物》1989年第1期。

⑥ 李克文:《江苏赣榆发现宋代大宗货币银铤》,《陕西金融·钱币研究》1995年第2期。

⑦ 周长源:《扬州地区出土宋代银锭》,载《文物资料丛刊》第10辑,文物出版社,1987。

(167)“真花银聂二郎□”。

(168)“出门税”。

(169)“出门客税”。

(170)“京销真花银”。

(171)“真花铤银”。

(172)“傅宅”。

(173)“张八郎”。

1978年11月江苏省邗江县槐泗公社出土,共2铤。①

(174)“京销铤银□□□记”。(2铤)

1979年2月江苏省常州市茅山特区茅山公社出土,共12铤。②

(175)“出门税”。(11铤)

(176)“出门税”“王周铺”。

1982年元月江苏省溧阳县平桥乡出土,共6铤。③

(177)“霸北街西谢铺记重贰拾伍两马将仕宅□金四郎王宅葛文颜里司大□□”。

(178)“京销铤银谢铺记□宅记□”。

(179)“真花银谢家花银谢铺记”。

(180)“京销银谢铺记”。

(181)“真花铤银谢铺记王一保□□王□”。

(182)“霸北街东谢铺记余姜宅贰拾伍两沃耶教宅”。

1989年9月江苏省宜兴市张渚镇出土,共10铤。④

(183)“出门税”“高宅记”。(8铤)

(184)“第十郎”“夏将仕”。

(185)“茅铺”“茅铺”。

1993年3月江苏省金坛市出土,数量不详,市人民银行收购5铤。⑤

---

① 周长源:《扬州地区出土宋代银锭》,载《文物资料丛刊》第10辑,文物出版社,1987。

② 詹婉容、朱蕴慧:《苏南茅山出土南宋金牌、银铤》,《考古与文物》1982年第6期。

③ 肖梦龙、汪青青:《江苏溧阳平桥出土宋代银器窖藏》,《文物》1986年第5期。

④ 谈鹤鸣:《宜兴市出土宋代铭文银锭》,《中国文物报》1989年11月24日。

⑤ 陆洪庚、徐云子、陶锁荣:《江苏金坛发现银铤》,《中国钱币》1995年第3期。

(186)“真正余造”“余造”。(5 铤)

浙江省博物馆收藏,6 铤。①

(187)“汪四郎”“真花银”。

(188)“真聂二助聚□”“出门税”。

(189)“唐四郎”“出门税”“花银”。

(190)“出门税”“北朱小二郎”。

(191)“出门”“出门税”“张三郎”“重贰拾伍两”。

(192)“林念二郎”“出门税”。

财博收藏。②

(193)“英州军资库”“绍圣二年银”“拾二两”“匠王平”。

1985 年浙江省洞头县北沙乡出土,共 5 铤,4 块残,其中 2 铤有铭文。③

(194)“京钱铺〔馆〕”。

(195)“霸南衔(街)北”。

1988 年 11 月浙江省嘉兴市斜西街出土,共 4 铤。④

(196)“出门税”“京销银”。(4 铤)

1973 年 2 月福建省建阳县水吉公社出土。⑤

(197)“聂二助家藏”“出门税”。

2000 年前后,福建省华安、龙海、漳浦出土 4 批,每批有数铤至数十铤。⑥

(198)“真花铤银”“出门税”。

(199)“真花银铤”“张二郎店”。

(200)“京销铤银”“赵孙宅”“二十五两”。

---

① 李光洲:《我国古代金银货币》,载《道客巴巴》网 2015 年 1 月 23 日,www.doc88.com/P-9455111744583.html。

② 李晓萍:《元宝收藏与鉴赏》,浙江大学出版社,2006,第 14 页。

③ 郑永清:《浙江洞头县发现一批宋代银器》,《考古》1987 年第 11 期。

④ 朱设平:《浙江嘉兴出土南宋“出门税”银铤》,《中国钱币》2003 年第 1 期。

⑤ 卢茂村:《近年发现的宋代银铤》,《安徽文博》1981 年第 1 期。

⑥ 陈阿泉:《福建流传的宋代银铤》,《中国金币网》2003 年 1 月 17 日,http://www.chngc.net。

1987 年 5 月新疆哈日布呼古城出土。①

(201)“南剑州”

湖南省博物馆收藏,共 3 铤。②（注:此 3 铤可疑）

(202)“大宋开宝”“敕赐银两”。

(203)“天圣年造”“精银一两”。

(204)“开宝元年制”“部颁税银”。

同治十一年(1873 年)湖南省临湘出土。③

(205)“潭州善化县和买到大礼银伍拾两客人蒯四文林郎知县事刘”。

广东省南雄县大塘公社出土,共 17 铤,其中 16 铤有铭文。④

(206)“霸北街西”“苏宅韩五郎”“重拾贰两半”。(6 铤)

(207)“霸北街西”“苏宅韩五郎”。

(208)“霸南街东”“蔡宅王二郎”“重拾贰两半”。

(209)“京销铤银”“旧日苏韩张二郎”“拾贰两半”“柯(? 行)户”。

(210)“霸北街西”“建康卢八郎”“京销银”。

(211)“霸北街东”“徐宅记”“京销铤银”。

(212)“京销铤银”“王宅”。(2 铤)

(213)“京销铤银”。

(214)“真花银”“上巴河□”。

(215)“□十郎销”。

黄锡明 3 铤。⑤

(216)“出门税”“陈七郎□真花铤银”。

(217)“随州枣阳县买到输赍承奉郎知县管勾劝农公事梁庭银壹铤书典邓□库□□秀□”。

---

① 韩雪昆:《新疆博州出土的两件宋代银铤》,《中国钱币》1992 年第 3 期。该文另介绍一枚 1988 年 8 月出土于达勒特古城的无铭文银铤。

② 邓昭辉:《湖南省博物馆藏宋赏赐银》,《中国钱币》1995 年第 3 期。

③ 张惠信:《中国银锭》,台湾齐格飞出版社,1988。

④ 宋良璧:《广东南雄出土一批宋代银铤》,载《文物参考丛刊》第 10 辑,文物出版社,1987。

⑤ 黄锡明:《宋代银铤举隅》,载《上海市钱币学会第三届会员大会特刊暨第四次年会论文集》,1991。

(218)“马本纲银两”“使司”“四川茶马司”“嘉定戊寅岁”。

《中国历史银锭》7 铤。①

(219)“提举司□”“真花铤银”。

(220)“金花银”“肆拾玖两伍钱”。

(221)“史家记”。

(222)“王铺记”。

(223)“聂二助□臣”。

(224)“霸北街西”。

(225)“京销铤银”“赵宅”。

《云南历史货币》2 铤。②

(226)“京销铤银”。(2 铤)

马德和发现。③

(227)“思内康四郎戳”“出门税”。

《金银货币的鉴定》1 铤。④

(228)“京销银”“李助教”。

《尊古斋所见吉金图》2 铤。⑤

(229)“上□,贰拾叁两,专副夏政”“府子赵赞”“五月潭雅”“程□□□”“盐务银”。

(230)“盐行人刘远(?)铎纳到三月份买盐银重五十两者”。

台湾树荫堂收藏,共 12 铤,其中 11 铤有铭文。⑥

(231)“田茂实肆拾玖两玖钱行人杨琮刘拯秤”。(此铤应为金代)

(232)“思内谢家”“出门税”“□□”。

(233)“京销铤银”。

(234)“京销铤银”“赵宅渗银”“重壹拾贰两半”。

(235)“真仇五 ”。

---

① 汤国彦主编《中国历史银锭》,云南人民出版社,1993。

② 汤国彦:《云南历史货币》,云南人民出版社,1989。

③ 马德和:《南宋出门税银铤》,《中国钱币》1989 年第 1 期。

④ 钱屿:《金银货币的鉴定》,上海远东出版社,1993。

⑤ 黄濬:《尊古斋所见吉金图》卷四,台联国风出版社,1976。

⑥ 陈鸿彬:《树荫堂收藏元宝千种图录》,台湾齐格飞出版社,1988。

(236)“马德三郎记”。

(237)“□□郎记”。

(238)“柳”“大吉”。

(239)“李伯海记”。

(240)“李那郎记”。

(241)“寅桂郎记”。

奥平昌洪《东亚钱志》1 铤。①

(242)“景炎年造”“十分”。

二、金代银铤

1986 年在辽宁省沈阳发现。②

(1)“承安”“宝货壹两”“库Ⅱ□□”。

1978 年 4 月黑龙江省阿城县新乡公社出土。③

(2)“大名府张二郎”“花行街西”“腰花银铺(铤)”“使□”“上京王二郎家”“真花银”“使□”“使□”“使□”。

1981 年在黑龙江省哈尔滨市发现,4 铤。④

(3)“承安”“宝货壹两半”“库Ⅱ部□”。(4 铤)

1985 年 8 月 10 日黑龙江省阿城县出土。⑤

(4)“承安”“宝货壹两半”“库Ⅱ部□”。

1994 年 7 月黑龙江省宾县光恩乡兴村出土,7 铤。⑥

(5)“承安”“宝货壹两半”“库□”“部□”。(7 铤)

2002 年 5 月 29 日,黑龙江省双城市东官镇东立村出土,共 4 铤,其中 1

---

① 张惠信:《中国银锭》,台湾齐格飞出版社,1988。

② 王秀山:《金代“承安宝货”探索》,载中国钱币学会编《中国钱币论文集》第二辑,中国金融出版社,1992。

③ 张连峰:《阿城出土“大名府”“上京”款金代银锭》,《文物》1982 年第 9 期。

④ 董玉魁、潘振中:《金代银铤承安宝货出土》,《中国钱币》1986 年第 2 期。

⑤ 董玉魁、潘振中:《金代银铤承安宝货出土》,《中国钱币》1986 年第 2 期。

⑥ 李伯权、付援民:《宾县出土金“承安宝货”银铤》,《北方文物》1997 年第 3 期。

铤残，均有铭文。① 其中 1 铤铭文为：

(6) “上京(?)六二西客□□壬(王)重辰□”“行人□人京”“冯元□秤”“上京”“□元”“伍拾两”“宾州邢家”“真花铤(?)银(?)”。

黑龙江阿城先后出土 5 铤，均有作坊、工匠、检验官的戳记，其中 1 铤有字款。②

(7) “翟家记”“真花银”。

1964 年内蒙古巴林左旗隆昌镇出土，共 5 铤。③

(8) “肆拾捌两玖钱”“崞县游祥”“□官银四十八两九钱验王实等秤子郝完□”“行人□□□秤”“使司”“半”“修”等。

(9) “行人郑公甫广修祥五十两五钱”“杨林肆拾玖两肆钱”“平阳银陈五”“市令司”“□”“□”“使□”等。

(10) “郭用章肆拾玖两捌钱”“行人刘禄”“宋璘秤”“使□□”“方”等。

(11) “郭义肆拾捌两捌钱”“行人丁顺”“□□秤”“使司”“压”等。

(12) “祐秤”“拾玖两玖钱”。(残)

1976 年秋内蒙古林西县大营子乡出土。④

(13) “肆拾玖两柒钱行人□全”。

1980 年 10 月内蒙古科尔沁右翼中旗出土，共 3 铤。⑤

(14) “□□肆拾玖两陆钱”“行人王公全”“王监让秤”“温家真花银”“温家真花银”。

(15) “□□□行人田茂实肆拾玖两伍钱”“李栋一五十两二□”“刘□秤”“使司总□”。

(16) “银重伍拾两”。

---

① 郝志宏：《双城出土金代珍贵银碗、银锭》，《哈尔滨日报》2002 年 6 月 20 日。

② 黑龙江博物馆、黑龙江文物工作队：《黑龙江文物考古三十年主要收获》，载《文物考古工作三十年》，文物出版社，1979。

③ 李逸友：《巴林左旗出土金代银铤浅释——兼论金代银铤形制》，《中国钱币》1986 年第 1 期。

④ 王刚：《宋代银铤》，《内蒙古金融研究 · 钱币专刊》1995 年第 2 期。原报告认为是宋代银铤，根据铭文特征应为金代银铤。

⑤ 科右中旗文化局：《科尔沁右翼中旗出土金元银铤》，《文物》1982 年第 8 期。

1986年5月内蒙古兴和县大同窑乡出土，共3铤。①

(17)“肆拾玖两伍钱半”“金花□”。

(18)“回易伍拾两”“行人曹产”。

(19)“伍拾两”。

1987年6月内蒙古自治区兴和县出土。②

(20)“承安”“宝货壹两半”“库Ⅱ部□”。

内蒙古自治区赤峰发现，共5铤，其中2铤同李逸友文章。③

(21)“□伯元伍拾两捌钱行人郑公甫广俭秤”。

(22)“潭州酒务抵当所准提举司指挥支常平坊场积剩钱买到银壹铤[伍拾]两专秤库蔚明等行人李经官”。(此铤应为南宋的)

内蒙古自治区赤峰喀喇沁旗头道子乡出土。

(23)“王公全肆拾玖两玖钱行人王公全解泽秤”。

1982年10月甘肃省庆阳县彭原公社(今属西峰市辖区)出土3铤。④

(24)“宁州范三家煎簿记刘肇王郁八中伍拾两贰钱行人秤库李元使司”。

(25)“税使司店□”。

(26)“称”。(残)

1987年9月甘肃省武威市出土，共21铤，其中11铤有铭文，1铤铭文不识。⑤

(27)“肆拾玖两捌钱”“行人裴元宋琦秤”。

(28)“真花银壹铤”“重伍拾两一钱”“□人□□□”。

(29)“真花银一铤”。

(30)“肆拾玖两肆钱”“平(秤)子张□□”。

(31)“赵铺记”“□□二年十二月辰□□□”“肆拾玖两捌钱足”“行人

① 郭爱：《兴和县出土银铤概述》，卫月望：《回易银铤考》，均载《内蒙古金融研究·钱币专刊》1986年第2期。

② 郭爱：《内蒙古兴和县发现“承安宝货”》，《中国钱币》1988年第3期。

③ 项春松：《内蒙古赤峰市发现五件宋代银铤》，《文物》1986年第5期。

④ 王春：《彭原银铤考略》，《内蒙古金融研究·钱币专刊》1989年4期。

⑤ 黎大祥：《甘肃武威发现一批西夏通用银铤》，《中国钱币》1991年第4期。原报告称为西夏银铤，根据“宋琦”等应为金代银铤。

□□□秤子杨□□□”“盐(?)判张□□”。

(32)“么志”“贰拾肆两肆钱”“孙”“贰拾肆两叁钱正”“宋□通秤”“秤子傅元郭荣靳”“行人索□甘”等。

(33)“四年六一九□□□”“□□运司”“□伯□秤”“贰拾伍两捌钱”。

(34)“官正。”

(35)“□伟肆拾玖两捌钱使正五十两六钱行人任应和窦现成秤”。

(36)“使□”“□□□……夏家记。”

1966年河北省怀来县小南门姑子坟出土。①

(37)“肆拾玖两玖钱又壹分(钱)使司行人郭义王均一秤金银梁铺”。

1967年2月河北省平泉县二道河子村出土。②

(38)“杨琮伍拾两三钱行人王智宋栋秤便可”“使司”。

1988年11月河北省沧县官厅乡出土,共3铤,其中2铤有铭文。③

(39)“(大)定二十□五廿九□□□银肆拾玖两匠王□库刘瑞使司□□”“使司□□”“火司□□”“盐使司”。

(40)“往二十四”“李顺”“分治使司泰和六年十一月初二日店户李顺肆拾玖两捌钱半伍拾两秤子刘砺每两钱一贯九百四十文承直郎盐判张”“裴一隶记”“银行人闫忠杰”“任理验”。

1976年2月河南省平舆县出土。④

(41)“□□ 肆 拾 玖 两 玖 钱 行 人 □□□　□□ 行 人 蔡 润 泽 郑 智 □□□□□□秤 金花银”“银”。中间有一行戳文未识。

1978年2月河南省西峡县出土,共3铤,其中2铤铭文如下。⑤

(42)“解盐使司大安三年二月十七日引领□□□客人石顺中纳银肆拾玖两柒钱行人陶实安　秤子魏直才文林盐判张每两八十陌钱二贯宇七又一钱”。中部有两行不识戳文符号。

(43)“六任家记”“□□□家记”“解盐使司泰和六年十二月十四日引领

---

① 郑绍宗:《平泉怀来出土银铤考》,《内蒙古金融研究·钱币专刊》1988年1期。

② 郑绍宗:《平泉怀来出土银铤考》,《内蒙古金融研究·钱币专刊》1988年1期。

③ 崔永超:《沧县出土金代银铤的探讨》,《文物春秋》1994年第2期。

④ 驻马店钱币学会课题组:《河南省出土银铤研究》,《中州钱币》1997年总7期。

⑤ 驻马店钱币学会课题组:《河南省出土银铤研究》,《中州钱币》1997年总7期。

阎大客人王正交纳银肆拾柒两叁钱足秤子曲政行人杨□才　盐判李又一钱每两二贯文"，中间有一行不识符号。

陕西省博物馆收藏，3 铤。①

(44)"分司泰四年五月十二日店户周文柳李栋五韩家""又一钱行人马义肆拾玖两柒钱半又一钱""秤子李沂田克己""行人王琮盐判苑正使司""利仁佶秤"。

(45)"分司泰四五廿六日店户王忠汭(?)""又二钱肆拾玖两肆钱半""行人尹琢等五韩家田克己""秤子李沂盐判苑正使司"。

(46)"菜五十二""分治使司泰和七年五月初九日店户陈彦""肆拾玖两叁钱又一钱　任理验""银行人师琢秤子钱林　每两钱贰贯文""承直郎盐判张"。

1974 年 12 月陕西省临潼县相桥公社北河大队出土，共 31 铤，其中 30 铤有铭文。②

(47)"泰六秋税银伍拾两参□秤子许彦行人钱(?)谦""田家记""任理验""又二钱""□"。

(48)"元□□""任理验""□""又二钱""泰和六秋税银伍拾两贰钱秤子许彦行人钱(?)谦"。

(49)"任理验""□""又三钱""周成""□罢""王德理""校明""胡温信""张德温""赵彦泰六秋税银伍拾两贰钱足秤子许彦行人钱(?)谦何立本"。

(50)"任理验""又三钱""□""胡温信""王德理""张德温""□罢""唐仲仁泰六秋税银伍拾两贰钱足秤子许彦行人陈□杨彦忠"。

(51)"解盐使司明昌元年六月□日店户□□店户□□□□□□□伍拾两贰钱每两□□□贰贯文行人秤子王□立□□□□□□济仁"。正中有一行不识符号。

(52)"又二钱""田克□""分治司泰四七月十七日店户李琇肆拾玖两陆

① 朱捷元：《介绍三笏金泰和年间的盐税银铤》，《考古与文物》1982 年第 1 期。根据朱活《古钱新典(上)》第 412 页记载，1981 年，陕西澄城出土 2 铤，均为泰和四年铸，一铤重"肆拾玖两陆钱半"，一铤重"肆拾玖两柒钱半"。对照拓片和铭文，"肆拾玖两柒钱半"者即为本条第 1 铤。

② 赵康民、韩伟、尚志儒：《关于陕西临潼出土的金代税银的几个问题》，《文物》1975 年第 8 期。

钱又伍钱行人赵澄等盐判苑□称子荆显等”。

(53)“又二钱”“□李三记”“□”“申五十六分治司泰五五月六日店户刘□昌”“肆拾玖两伍钱半每两一贯八百文□”“行人马□秤子杨济泰五东盐判苑□”。

(54)“肆拾捌两陆钱半河中库子左□□”“史□家”“李□冬”“□□”“□府十九□”“泰和六年七月十七日引领石灏客(店?)人丁□”“肆拾捌两伍钱每两钱贰贯秤子□□等行人陶宽等盐判王□□又一钱”。

(55)“郭元实”“分治司泰六七月”“肆拾”“银行人□珎秤子杨”“承直郎盐判”。(残半)

(56)“□□”“地卅号分治司泰和六年八月廿三日店户□□□□秤子王仲行人张彦”“肆拾玖两捌钱足又一钱每两□□□贯文林郎盐判张”。

(57)“又一钱”“王守信”“解盐使司泰和六年八月廿八日引领闫太店户中白银每两一贯九百四十文”“称子魏珎行人苏安肆拾玖两玖钱半権盐判管勾王□”。

(58)“支出”“官□”“□”“□”“分治司泰和□□八月□□店户张彦(?)肆拾捌两每两计八十陌钱贰贯行人马任□□秤子王用”。

(59)“又一钱”“任理验”“□”“□”“昆三十六分治使司泰和七年二月十六日店户王□”“肆拾玖两伍钱半银行人赵澄秤子王安每两钱贰贯文承直郎盐判张”。

(60)“又一钱”“任理验”“□”“重四十四分治使司泰和七年九月初九日店户平岳伍拾两银行人师珎秤子刘砺每两钱贰贯文承直郎盐判张”。

(61)“又一钱”“任理验”“解盐使司泰和七年十月卅(?)一日引领候浩□□□□中上花银肆拾捌两伍钱足行人王□秤子□□盐判李”。中间有一行未识文字。

(62)“□□”“分治使司泰和七年……肆拾……银行人师珎称子杨……承直郎盐判……”。(残半)

(63)“使司”“□”“□”“吕翔”“肆拾玖两玖钱行人宋汝旦□□秤”。

(64)“使司”“□”“又二钱”“又三钱”“刘顺渊”“王才寔”“王守信”“□”“肆拾玖两行人全平石行人丁一石刘□秤□□秤”。

(65)“使司”“□□”“□”“肆拾玖两捌钱行人胡温信尹嗣昌秤”。

(66)“使司”“□□”“又二钱”“王仲温”“肆拾玖两玖钱行人刘琪冯楫

秤”。

(67)“使司”“□□”“任应和”“肆拾玖两伍钱行人□□秤”。

(68)“使司”“□□”“王公全□”“田家记”“□”“伍拾两贰钱行人唐公原□□秤行人□□□□秤”。

(69)“使司”“□□”“唐公原”“校明”“又三钱”“□廷温”“□罢”“□”“肆拾玖两肆钱半行人□□秤”。

(70)“使司”“□□”“□”“又二钱”“王琛”“伍拾两肆钱行人刘忠实□□秤”。

(71)“使司”“□□”“王琛”“董守中”“牛龙”“夹 盐界正□”“肆拾玖两玖钱行人□□秤”。

(72)“□”“重伍拾两伍钱行人王仲秤子刘琦□”。

(73)“重伍拾两伍钱秤子周真□”。

(74)“□□□”“豆”“又二钱”“肆拾玖两陆钱陈□行人苏玘刘兴祖秤”。

(75)“驿前冯四郎家”“□□使□”“□”。

(76)“重肆拾……阴□……行人□”。(残半)

1968 年江苏省丹阳县毛庄出土,共 10 铤,其中 6 铤有铭文,2 铤文字已磨灭不清。①

(77)“韩□章伍拾两”“行人史和”“解泽秤”“吏司”“支出”。

(78)“行人”“吏司”等。

(79)“李仲泽肆拾捌两柒钱”“行人李居实”“解泽秤”“宋校尉曹”。

(80)“郑公甫伍拾两一钱”“行人杨琳”“王永吉秤”“吏司”。

1969 年天津市武清县双树公社出土,共 8 铤,其中 6 铤有铭文。②

(81)“行人王□□□秤 肆拾玖两使司”。

(82)“肆拾玖两行人杨琮李□□秤”。

(83)“榷场银行人陈圭”。

(84)“秤子刘政肆拾玖两叁钱”。

① 尤振尧:《丹阳毛庄和宝应汜水出土的古代银锭》,《东南文化》1986 年第 2 期。黄成:《江苏丹阳毛庄出土金代银铤》,《考古》1995 年第 5 期。

② 纪烈敏:《武清县出土金元时代银铤》,《内蒙古金融研究·钱币专刊》1989 年第 7 期。

(85)“刘作肆拾玖两柒钱行人毛佐李□福秤”。

(86)“重肆拾玖两柒钱行人石永李仁秤”。

1978年4月北京市内出土,共3铤,其中1铤有铭文。①

(87)“郊州进奉正隆二年分金吾卫上将军静难军节度使臣完颜宗垣进上正旦银壹铤重伍拾两”。

1981年5月四川省双流县黄佛公社出土,共6铤,其中金代1铤。②

(88)“解盐使司入纳银计重”“伍拾两□□□伍□”“库官王武□行人李中”。

1981年4月山东省平邑县柏林公社出土。③

(89)“宋璘伍拾两”“使司”“行人”“朱甫、守甫、杨原”。中间有一行未识文字。

1993年山东省青州市出土,共5铤。④

(90)“匠人高守中”“伍拾两”“秤库子刘仪”。

(91)“宋崎”“伍拾捌两柒钱”“行人石永禄”“盛成秤”“使司正臣”。(笔者注:“伍拾”当为“肆拾”。)

(92)“刘仲元”“伍拾两玖钱”“官函玉”“官□□”“使司郎”“赵百通秤”“行人刘仲元”等。

(93)“匠人□存”“□伟”“伍拾玖两□钱”“刘拯秤”“使司”“行人郭仪”“伍拾玖两伍钱”“金银王家”等。(笔者注:“伍拾”当为“肆拾”。)

(94)“分治司泰四六月一十九日店户□信”“三天”“行人□□义方”“□拾玖两玖千”“秤子荆崇”“监判苑正”“银货□”等。(笔者注:“千”当为“钱”,“监判”当为“盐判”。)

戴学文收藏。⑤

(95)“泰和四年盐银贰拾两”,中间有一行未识铭文。

---

① 鲁琪:《北京出土金正隆二年银铤》,《文物》1980年第11期。

② 成都市文物管理处:《四川双流县出土的宋代银铤》,《文物》1984年第7期。

③ 刘心健、李常松:《山东平邑出土银锭》,《文物》1984年第4期。原报告“璘”字未识出。

④ 李光林:《青州出土宋金银铤》,《中国文物报》1994年1月16日。

⑤ 王雪农:《有关宋金官铸银铤(锭)形制特点和等级标准的几个问题》,《中国钱币》2000年第1期。

郁祥贞收藏。①

(96)“解盐司监纳官五十两明昌二年五月十一日匠张德□”。

台湾树荫堂收藏,1 铤。②

(97)“使□□”“宋舜”“张德温”“肆拾玖两柒钱”“行人刘祚”“使□□”“朱璘秤”“行人宋秤”“行人李仲泽”。

《中国山西历代货币》5 铤。③

(98)“提举解盐司大定廿一年十一月廿三日店户薛新客人王义”“忠上等银伍拾两每两七十九陌钱贰贯贰佰玖拾”“行人王忠”“称子宋士显”“勾当官昭信王大任昭信萧豫之”。中间有一行未识文字。

(99)“提举解盐司大定二十二年十二月廿九日店户杨□□□□中□上等(花)银伍拾两半钱每两七十九陌钱贰贯□佰玖拾行人郎玘称子宋士显十二张勾当官昭信王大任昭信萧豫之”,中间有一行不识文字。

(100)“提举解盐司大定廿三年正月二五日店户马冯靖客人□□”“□上等银肆拾玖两玖钱每两七十三陌钱贰贯壹佰玖拾伍文”“行人郭智”“称子宋士显”“□当官昭信王大任昭信萧豫之”。中间有一行未识文字。

(101)“解盐使司□泰和三年五月十三日□□□□上等银伍拾两每两折钱二□□□行人佳绩佳显佳政秤子王茂□使司□库子原信解盐判”。

(102)“潞州黎城县和买到上等铤银重肆拾玖两陆钱行人任定验讫定远大将军黎城县令萧监买”“景皓验讫”。

《中国历史银锭》14 铤。④

(103)“四十六两六钱四铢□□运司伯□称贰拾伍两捌钱”。

(104)“监销到花银伍拾两银行人裴元等李自福秤销人郭禄等”。

(105)“提举解盐司大定廿二年十二月二十九日店户杨洗客人□□中白上花(等)银肆拾两又五钱每两七十九陌钱贰贯壹佰玖拾行人□□称子宋士显□当官昭信王大任昭信萧豫之”。

(106)“使司”“真□”“宋琦肆拾玖两肆钱行人王禄一宋璘秤”。

---

① 郁祥贞:《金明昌二年解盐银锭》,《中国钱币》1993 年第 1 期。

② 陈鸿彬:《树荫堂收藏元宝千种图录》,台湾齐格飞出版社,1988。

③ 山西省钱币学会编《中国山西历代货币》,山西人民出版社,1989。

④ 汤国彦主编《中国历史银锭》,云南人民出版社,1993。

(107)“□”“杨琮肆拾玖两玖钱行人王公全□□通秤”“使司”“军须”。

(108)“□□□肆拾玖两玖钱行人魏皓利仲典秤使司军须”“□□”。

(109)“衡拾肆拾玖两玖钱行人王公助成秤”。

(110)“李元肆拾柒两陆钱行人王禄杨自顺秤使司”。

(111)“张一郎□使”4处,“益都张一郎真花银”2处,“□□”。

(112)“使司”“银行韩顽□”“史宋肆拾玖两玖钱行人宋唐刘仲典秤”。

(113)“宋琦肆拾玖两玖钱杨琮行人杜建刚秤仲兴秤花银使司”。

(114)“宋琦伍拾两□使司宋琦盐□使司”。

(115)“刘仲元伍拾两行人□德□解泽秤使司”。

(116)“义伟肆拾捌两捌钱王禄”“行人胡温信”“公□”“使司”“王温言”“杨原秤”“使司”。

《元宝图录》10铤,其中2铤有铭文,1铤字迹不清。①

(117)“伍拾”“银□”“使”“行人王仁”。

三、金牌

1979年2月江苏省常州市茅山特区出土,共29块。②

(1)“出门税”“十分金”。

(2)“张铺十分金”“张铺十分金”。(2枚)

(3)“颜十记”“颜十记”。

(4)“唐一郎”“十分金”。

(5)“薛十一郎”“十分□□”。

(6)“周四郎”。

(7)“荣二郎”“荣二□”。

(8)“明二员外”“明二员外”。

(9)“南京周宅”“南京周”。(2枚)

(10)“天水□(铺)”“天水□(铺)”。

① 张志高主编《元宝图录》,三秦出版社,1991。

② 詹婉容、朱蕴慧:《苏南茅山出土南宋金牌、银铤》,《考古与文物》1982年第6期。

(11)“淳□李宅”“淳□李宅”。

(12)“行在周宅”“十分”。(3 枚)

(13)“清河记”“□贵铺”。

(14)“十分赤金”“十分赤金”。

(15)“十分金”“十分金”。(2 枚)

(16)“严将作(在)”。(当为“仕”)

(17)“王周宅”“周铺”(3 枚)

(18)“衡真赤金”“衡真赤金”。

(19)“□□宅赤金”。(2 枚)

(20)“□□□□”。

(21)“□潘赤金”“十分金”。

1952 年安徽省休宁县南宋朱曦颜墓出土,共 2 枚。①

(22)“十分赤金”“十分赤金”。(2 枚)

1970 年春安徽省霍邱县冯井公社出土。②

(23)“界内周二郎”“十分金”。

1979 年 11 月安徽省合肥市阜阳路出土,包括金钗、金箔共 33 件,其中 21 件有铭文。③

(24)“界内申六助聚”“出门”。

(25)“十分赤金”“十分金”。

(26)“□□□”“十分金”。

(27)“聂二助聚”“十分金”。(4 枚)

(28)“曹四”“曹四”。

(29)“贾七五”“出门金”。

(30)“马丁家”“十分金”。

(31)“聂金”“十分度(?)”。

---

① 卢茂村、王少清:《休宁朱曦颜墓出土遗物及其有关问题的探讨》,《安徽文博》1984 年总第 4 期。

② 吴兴汉:《试论南宋的金牌与金铤》,载安徽省钱币学会《钱币文论特辑》,1988。

③ 程如峰:《合肥市出土宋代金铤和金牌》,《考古》1981 年第 6 期。由于原物上文字太小,有些释读不一定准确。

(32)“□家十分”“□家十分”。

(33)“东王三[金]”。

(34)“出门金”。

(35)“界内胡七助聚”。

(36)“贾五郎家□”“十分金”。

(37)“聂家金”。

(38)“贾五郎家金”。

(39)“聂家[金]”。

(40)“霍五”。

(41)“梅待诏金”。

1982 年以来安徽省肥东县出土,共 15 枚,其中 1 枚如下。①

(42)“西李二”。

1991 年安徽省当涂县出土 4 枚。②

(43)“十分金”。(2 枚)

(44)“董宅赤金”。(2 枚)

1956 年浙江省杭州市出土,共 6 枚。③

(45)“石元铺十分金”“十分金”。(3 枚)

(46)“石三郎”“石三郎”。

(47)“魏六郎”。

(48)“武十一郎十分金”“十分金”。

1973 年浙江省杭州市出土。④

(49)“韩四郎”“十分金”。

1973 年浙江省杭州市出土。⑤

(50)“韩四郎”“十分金”。

---

① 李珍群、柯昌建:《安徽肥东县发现南宋金牌》,《中国钱币》2000 年第 1 期。

② 杨超:《安徽省发现南宋金牌》,《中国钱币》1991 年第 4 期。

③ 费均:《解放后杭州市出土的一些宋代货币》,《文物》1965 年第 6 期。

④ 陈浩:《从考古发现谈宋代金牌、金铤的几个问题》,《中国钱币》1991 年第 4 期。

⑤ 陈浩:《从考古发现谈宋代金牌、金铤的几个问题》,《中国钱币》1991 年第 4 期。

1998 年 11 月浙江省杭州市出土 1 枚。①

(51)“张二郎”“十分金”。

1999 年 7 月浙江省杭州市出土 35 枚。②

(52)“韩四郎”“十分金”。(3 枚)

(53)“韩四郎”“十分金”“宋宅”。(15 枚)

(54)“李六郎”“十分金”“宋宅”。(12 枚)

(55)“刘三郎”“十分金”“宋宅”。

(56)“薛李宅”“十分金”“宋宅”。

(57)“寺桥贾四赤金”“寺桥贾四”“宋宅”。

(58)“河东王二足赤金”“宋宅”。

(59)“十分金”“宋宅”。

2000 年 6 月浙江省杭州市出土金叶子 1 件。③

(60)“韩四郎”“十分金”“宋宅”。

2001 年 7 月浙江省杭州市出土金叶子 1 件。④

(61)“韩四郎”“宋宅”。

1985 年 10 月湖北蕲春出土,共 3 枚。⑤

(62)“十分赤金”“十分金”。

(63)“周五郎记”。

(64)“邓七铺记”。

1997 年 3 月山东省兖州市出土,共 26 枚。⑥

(65)“界内王四郎”。

(66)“王大郎”。

---

① 陈浩:《杭州新出南宋金牌、金铤考叙——兼谈南宋时期黄金的货币化程度》,《中国钱币》2000 年第 1 期。

② 陈浩:《杭州新出南宋金牌、金铤考叙——兼谈南宋时期黄金的货币化程度》,《中国钱币》2000 年第 1 期。

③ 王玉:《杭州发现南宋货币——金叶子》,《中国钱币》2002 年第 1 期。该文记载 1999 年秋发现 1 件无铭文金叶子。

④ 王玉:《杭州发现南宋货币——金叶子》,《中国钱币》2002 年第 1 期。

⑤ 李从喜:《湖北蕲春县罗州城村发现宋代金首饰》,《考古》1987 年第 11 期。

⑥ 王登伦:《山东兖州出土宋代窖藏金牌》,《中国钱币》2003 年第 1 期。

(67)“徐金三家”。

(68)“金家记”。(3 枚)

(69)“小张”。

(70)“界内李六”。

(71)“白家”。

(72)“寺桥祁家”。

(73)“赛家”。

(74)“十二□”。

(75)“真綦家藏出市泉”。

(76)“真綦家藏金”。

(77)“何家赤金”。

(78)“□□□□”。

(79)“界内舒家”。(3 枚)

(80)“李六郎”。

(81)“北朱记”。(3 枚)

(82)“綦家”。

(83)“舒家十八贯金”“出门舒”。

除以上所列,尚有银铤出土的报道。1969 年辽上京汉城出土,铭文不清。1976 年辽上京汉城出土,铭文已毁。1959 年内蒙古巴林左旗出土,无铭文。① 江西南丰大圣舍利塔出土,无铭文。② 哈尔滨曾出土金代银铤多枚。③ 1991 年 9 月,河北省玉田县玉田镇出土金代银铤 10 枚。④

四、铭文考释

(1)“界内”,意“界身巷内”。界身巷是北宋东京(今开封市)金银铺较集

---

① 王未想:《辽上京临潢府及附近发现的银铤概说》,《内蒙古金融研究·钱币专刊》1996 年第 2 期。

② 熊孟秋:《南丰大圣舍利塔地宫清理简报》,《江西文物》1989 年第 2 期。

③ 见《黑龙江文物学会成立纪念》。

④ 《李华英保护文物受奖励》,《中国文物报》1993 年 3 月 21 日。

中的街道。孟元老《东京梦华录》卷二《东角楼街巷》载“南通一巷，谓之界身，并是金银彩帛交易之所，屋宇雄壮，门面广阔，望之森然。每一交易，动即千万，骇人闻见”①。周宝珠教授在《宋代东京研究》一书中说：“界身巷内更是金银铺、彩帛铺比较集中的地方。”②宋真宗天禧时，东京“市井徒有张生者，货银为业，设肆于界中”③。“界中”也是“界身巷中”的简称。其他银铤上有“巷里”“街西”“马内”等标明店铺位置的文字。吴常熊先生认为“‘界内’是作‘国境界’解”④。吴兴汉先生认为“南宋与金以淮河为界……‘界内’二字可能与当时社会的历史背景有关”⑤。李小萍先生认为：“从钤有‘界内’的金铤、金牌和银铤的出土地点看，也都在安徽、河南一带，所以用南宋和金边界的大范围来理解‘界内’比较合乎情理。”⑥这种解释是不确切的，因为没有说明具体地点。陈浩先生认为“‘界内’系指临安城内某一区域”，根据《梦粱录》，杭州有“界北”区域，“皇宫处于都城之南端，故无界南之称。界北因此亦可称为界外，而和宁门至清河坊、南瓦子一线则为界内”。⑦ 这种解释也是勉强的，因为是通过二次没有旁证的推论得出的。李小萍先生认为：“这样的推测还需斟酌，也似乎狭隘了界内的范围。而从钤有‘界内’的金铤、金牌和银铤的出土地点看，也都在安徽、河南一带，所以用南宋和金边界的大范围来理解‘界内’比较合乎情理。”⑧杭州“界内”“××家”，应是随宋室南迁的商户仍然使用在东京时的老字号，以显示信誉。如今天在北京以外的地区有“北京全聚德”，在天津以外的地区有“天津狗不理”。其他银铤、金牌上的“西京王家银”“南京周宅”等均是此意。

---

① 孟元老：《东京梦华录》，中华书局，2006，第 144 页。

② 周宝珠：《宋代东京研究》，河南大学出版社，1992，第 286 页。

③ 上官融：《友会谈丛》卷中。转自周宝珠：《宋代东京研究》，河南大学出版社，1992，第 285 页。

④ 吴常熊：《嘉山县出土宋时“出门税”的综合考》，《安徽金融研究》增刊 1990 年第 4 期。

⑤ 吴兴汉：《试论南宋的金牌与金铤》，载安徽省钱币学会《钱币文论特辑》，1988。

⑥ 李小萍：《南宋“出门税”银铤考》，载《中国钱币论文集》第四辑，中国金融出版社，2002，第 324 页。

⑦ 陈浩：《从考古发现谈宋代金牌、金铤的几个问题》，《中国钱币》1991 年第 4 期。

⑧ 李小萍：《南宋“出门税”银铤考》，载《中国钱币论文集》第四辑，中国金融出版社，2002，第 324 页。

（2）“思内”，当为“界内”，意“界身巷内”。界身巷是北宋东京（今开封市）金银铺较集中的街道。原报告均认为意“文思院内”，文思院为宋代官府手工艺工场。

（3）“出门税”，宋代的一种商税。宋代商税分两种，一种是“过税”，一种是“住税”。“行者赍货，谓之过税，每千钱算二十；居者市鬻，谓之住税，每千钱算三十，大约如此。”①“过税”是长途贩运商品所交的税，由政府置关设卡收取。出门税是商旅出城门时交的税，为过税的一种。“出门税”在文献中没有记载，但文献中有“门税”的记载。嘉定十七年“十二月甲午，雪寒，免京城官私房赁地、门税等钱”②。大中祥符四年“六月七日诏：自今诸色人将带片散茶出新城门，百钱以上商税院出引，百钱以下只逐门收税。村坊百姓买供家食茶末五斤已下出门者，免税”③。另外还有“国门之税”的记载。“（熙宁）五年，以在京商税院隶提举市易务。七年，减国门之税数十种，钱不满三十者蠲之。其先，外城二十门皆责以课息……”④出门税应该是门税。“出门”在宋代有出家门和出城门，国门也是城门。出门税显然是指出城门。大观三年（1109 年），“张商英为相，奏言：‘当十钱为害久矣。旧小平钱有出门之禁，故四方客旅之货，交易得钱，必大半入中末盐钞，收买告牒，而余钱又流布在市井，此上下内外交相养’”⑤。“舶商往来，钱宝所由以泄，是以自临安出门，下江海，皆有禁。”⑥过税除了出门税外，还应该有多种。在交通要道和河津渡口均要征收。“贩鬻而不由官路者罪之。有官须者十取其一，谓之‘抽税’”；“诸州津渡旧皆有算，或水涸改置桥梁，有司犹责主者备偿”⑦。门税分出门税和入门税。唐刚卯先生认为：“严格地讲，出门税和入门税在性质上有不同。据前引《宋史·食货志》文判断，似乎前者是过税，后者是住

① 《文献通考》卷一四《征榷考·征商》。《宋史》卷一八六《食货下八》。
② 《宋史》卷四一《理宗一》。
③ 《宋会要·食货》一七之一五。
④ 《宋史》卷一八六《食货下八》。
⑤ 《宋史》卷一八〇《食货下二》。
⑥ 《宋史》卷一八〇《食货下二》。
⑦ 《宋史》卷一八六《食货下八》。

税。”①陈浩先生则肯定认为：“出门税即为过税，入门税则为住税。”②这样区分“出门税”和“入门税”是不对的。“入门税”同“出门税”一样，是“过税”而不是“住税”，因为“住税”是对固定的店铺和摊位征收的交易税，而出入城门交的是流通税。周宝珠教授在《宋代东京研究》一书中，也认为出入城门交的是过税。“京城内外货物流通量大，如何收交过税？宋廷规定，将商人分成大贾和小贾，‘小贾即门征之，大贾则输于务’。这种征收办法，使城门成为重要的关卡，新城20门，每门都设有监门官，‘皆责以课息’。”③李小萍先生根据《宋史·食货志》“北来归正人及两淮复业者亦免路税”的记载，认为“‘过税’有时被称为‘路税’”④。只凭这一条材料是不能把路税与过税等同起来的。出门税是否可以被称为路税？“空舟有税”⑤是否可以被称为路税？没有证据都是无法作出肯定的回答的。唐刚卯先生又提出一个问题：出门税银铤是什么性质的？蔡运章等先生认为“是用官方收缴来的出门税铸成的”⑥。唐刚卯先生认为这种认识“忽略了宋代银本身也要纳‘出门税’这一重要事实”。“银两本身出城要纳‘门税’，而大宗税款又要在‘商税院’缴纳。故此，在商税院缴纳‘出门税’之后，盖上戮记，以便于出城门时查验”⑦。是一种纳过税的物品。笔者同意蔡运章先生的看法，一是在商税院纳税之后，商税院要出“引”，即凭证，不需要在货物上戮记“出门税”字样；二是零星的税收要换成银两上缴国库，这些银两可以标记“出门税”，“秋税”等税种。

(4)“出门有税”，即出门税，是宋代商税的一种。“有”，助词，无实指。

(5)“出门客税”，即出门税，是宋代商税的一种。“客”，客商，行商，进一步说明是流动商税。

---

① 唐刚卯：《南宋银锭两考》，载《钱币研究文选》，中国财政经济出版社，1989，第299页。

② 陈浩：《从考古发现谈宋代金牌、金铤的几个问题》，《中国钱币》1991年第4期。

③ 周宝珠：《宋代东京研究》，河南大学出版社，1992，第321页。

④ 李小萍：《南宋“出门税”银铤考》，载《中国钱币论文集》第四辑，中国金金融出版社，2002。

⑤ 《宋史》卷一八六《食货下八》。

⑥ 蔡运章、李运兴：《洛阳新发现的南宋出门税银铤考略》，《中国钱币》1986年第3期。

⑦ 唐刚卯：《南宋银锭两考》，载《钱币研究文选》，中国财政经济出版社，1989，第300～301页。

(6)“坊场”,坊场钱,神宗时实行免役法,将 26000 多处原由衙前经营的酒坊、河渡收回,用实封投状①的办法,给与出价最高的买扑者经营。向官府缴纳钱物,称坊场钱,尽入常平司。南宋初,概增五分。绍兴四年十月“是月,借江、浙坊场钱一界,以备军费”。“绍兴六年春正月……庚寅,还预借坊场钱”②,掌握使用归户部。户部“……以坊场河渡之课酬勤劳、省科率,凡此归于右曹”③,收缴管理归“提举常平司”。“提举常平司,掌常平司、义仓、免役、市易、坊场、河渡、水利之法……”④

(7)“行人”,商人同业组织“行”的成员。张肖马等先生认为“‘行人’是检验银铤质量的官吏”⑤。陈鸿彬先生认为“‘行人’可能是销铸银子的人,也可能是专司检验银子成色的人”⑥。张惠信先生说“行销铸银的行人”⑦。钱屿先生认为是“金银行会的头目”⑧。唐刚卯先生在《“行人”考释》一文中说:“‘行人’来源于官府组织的用以供应官物的商人组织——行,由商人充当。但行铺商人一旦充当‘行人’,便具有一定的官方身份,承担辅佐官府进行商务活动或商业管理的责任和义务。”⑨其实,“行人”就是行会的行员,用现代语言说就是“会员”。由于行会具有半官方性质,所以行人就有半官方的身份。行人除了正常经营商业,还有检验质量、制定价格、供应官物等责任。“时估,于旬假日集行人定夺”⑩。“勒行人比并”,“勒行人定验”,“行人估价出卖”⑪。中等以上的商人都要入行,小商贩情况不一样,有些想入行不够资格,有些本可不入行的却被强制入行。官府常常欺压行人,“上谓执政曰:‘近三司副使有以买靴皮不良决行人二十者。’”⑫王安石曾说,“每年行人为

① “实封投状”,相当于现在所说的“招标”。
② 《宋史》卷二七《高宗四》。
③ 《宋史》卷一六三《职官三》。
④ 《宋史》卷一六七《职官七》。
⑤ 成都市文物管理处:《四川双流县出土的宋代银铤》,《文物》1984 年第 7 期。
⑥ 陈鸿彬:《树荫堂收藏元宝千种图录》,台湾齐格飞出版社,1988,第 5 页。
⑦ 张惠信:《中国银锭》,台湾齐格飞出版社,1988,第 36 页。
⑧ 钱屿:《金银货币的鉴定》,上海远东出版社,1993,第 61 页。
⑨ 唐刚卯:《“行人”考释》,《中国钱币》1997 年第 1 期。
⑩ 《宋会要辑稿》食货五之一七。
⑪ 《宋会要辑稿》食货五五之三至一七。
⑫ 《宋会要辑稿》食货三八之二。

供官不给，辄走失数十家。每纠一人入行，又辄词讼不已”①。行会的首领称“行头”，又称“行首”“行老”，还称“旬头”。行会的首领轮流充当，一旬一轮，负责分派货物和议定物价。宋神宗时，开封“米行有当旬头曹赟者，以须索糯米五百石，不能供，至雉经以死”②。1994 年 3 月 11 日湖北黄石市陈伯臻出土 12 枚银铤，同出的有一个银盏上的铭文为“咸淳七年正月当旬吴拱辰铺户赵碧光祖监造官伍进提举密雄” ③。其中的“铺户赵碧、光祖”即行户或叫行人。其中的“当旬”即行头。

(8) “银行人”，同“行人”。特指金银同业组织“行”的成员。

(9) “店户”，即“行户”，商人同业组织“行”的成员。“宋时商人或可称‘市户’……由于城市商人由政府编入‘行’的同业组织，有时也可称为‘行户’或‘行人’。行户一般开设店铺，又或可称‘店户’和‘铺户’。”④

(10) “转运”，为“转运使”的简称，是宋代路级行政监察长官。“都转运使、转运使、副使、判官：掌经度一路财赋，而察其登耗有无，以足上供及郡县之费。岁行所部，检察储积，稽考帐籍，凡吏蠹民瘼，悉条以上达，及专举刺官吏之事”⑤。宋初设随军转运使、水陆计度转运使，供办军需。太宗以后，转运使渐成各路长官，经度一路全部或部分财赋，监察各州官吏，并以官吏违法、民生疾苦情况上报朝廷。除转运使外，还有都转运使、同转运使、副使、判官等名目。大抵两省官五品以上，或兼管数路者为都转运使。同转运使以下官，地位较低，但职责相同。各路或只置使，或增置副使、判官，或以二员同为转运使，或以二员同为转运副使，并无定制。都转运使与随军转运使废置不常，后随军转运使为都督府、宣抚使司等属官，职责与宋初同。皇帝巡幸，或设行在转运使。转运使官署称转运使司，也称转运司。

(11) “通判”，州府中具有监察州府官员等权力的副长官。宋初惩五代藩镇跋扈之弊，太祖乾德元年(963 年)统一湖南后，始于各州府置通判，州一人，大州二人，人口不及万户者不置，如知州是武臣，虽小州亦置。“外官，则

① 《续长编纪事本末》卷七二《市易法》。

② 《长编》卷二五一熙宁七年三月辛酉。

③ 黄石市博物馆：《湖北黄石陈伯臻出土窖藏南宋银铤》，《中国钱币》1995 年第 3 期。

④ 王曾瑜：《宋朝阶级结构》，河北教育出版社，1996，第 436 页。

⑤ 《宋史》卷一六七《职官七》。

惩五代藩镇专恣，颇用文臣知州，复设通判以贰之”①。“乾德初，诸州置通判，统治军、州之政，事得专达，与长吏均礼”②。通判为州府副长官，有监察所在州府官员之权，凡民政、财政、户口、赋役、司法等文书，都须知州或知府与通判连署，方能生效。南宋时，通判战时专任钱粮之责，与知州或知府共同催收经制、总制钱缴纳户部。

(12)“朝散郎”，文职官员品级名称，宋代元丰改制前为为正七品上。元丰三年(1080 年)后废文散官，遂为新寄禄官。

(13)“从政郎”，选人阶官名，政和六年(1116 年)改通仕郎为从政郎，相当于县令一级。

(14)“司理参军”，简称司理，宋代州中主管刑狱的官员。开宝六年(973 年)置司寇参军，太平兴国四年(979 年)改为司理参军。

(15)“录事参军”，宋代州中管理州院庶务，纠正各部门职事的官员。

(16)“司录参军”，简称司录，宋代府中管理府衙庶务、户婚诉讼、通书六曹案牒的官员。

(17)“司户参军”，简称司户，亦称户曹参军，宋代州、军、监主管户籍、赋税、仓库受纳的官员。

(18)“将士郎”即“将仕郎”，文职官员品级名称，宋代为从九品。

(19)“专知”，专知官的简称，公吏名，宋代仓、库、场、务等的主管人员。

(20)“专副”，“副专知官”的简称。

(21)“专典”，专知官、副专知官的别称。

(22)“承奉郎”，文职官员品级名称，宋代为从八品上。

(23)“管勾”，主管。

(24)“劝农公事”，负责劝民垦田的官员，天圣四年(1026 年)以后改为兼职。

(25)“茶马司”，宋代“都大提举茶马司”的简称，管理以川茶与藏族等少数民族贸易马匹、马纲运输等事的机构。“都大提举茶马司，掌榷茶之利，以佐邦用。凡市马于四夷，率以茶易之。”③熙宁七年(1074 年)分别于秦州(今

① 《宋史》卷一六一《职官一》。

② 《宋史》卷一六六《职官六》。

③ 《宋史》卷一六七《职官七》。

甘肃天水)及成都置官署,主管榷茶与买马事。元丰四年(1081 年)并为茶马司。

(26)“使司”,宋金专门管理某一方面事务的机构。

(27)“都税院”,都商税院的简称,负责征收商旅税、市税等。

(28)“转运衙”,“转运使司衙门”的简称,“转运使”是宋代路级行政监察长官。

(29)“左班殿直”,为武臣阶官名,系三班小使臣。政和二年(1112 年)改名成忠郎。又内侍阶官名。政和二年(1112 年)由高品改名。此银铤为大观元年(1107 年)铸造,故“左班殿直”应为武臣阶官名。

(30)“准”,比照。

(31)“提举”,宋代主管专门事务的官员。

(32)“提举司”,提举常平司的简称。各路负责役钱、青苗钱、义仓、赈济、水利、茶盐及赋税、监察等事的机构。“提举常平司,掌常平、义仓、免役、市易、坊场、河渡、水利之法,视岁之丰歉而为之敛散,以惠农民。凡役钱,产有厚薄则输有多寡;及给吏禄,亦视其执役之重轻难易以为之等。商有滞货,则官为敛之,复售于民,以平物价。皆总其政令,仍专举刺官吏之事。熙宁初,先遣官提举河北、陕西路常平。未几,诸路悉置提举官。元祐初罢之。并其职于提点刑狱司。绍圣初复置,元符以后因之”①。绍兴时,与提举茶盐官合为一职,名提举茶盐常平等公事或提举常平茶盐公事,通称提举常平官。简称仓司、庾司。

(33)“提举学事司”,宋代在各路、州、县设置的教育行政机构。“提举学事司,掌一路州县学政,岁巡所部以察师儒之优劣、生员之勤惰,而专举刺之事。崇宁二年(1103 年)置,宣和三年(1121 年)罢。”②

(34)“指挥”,宋代军队编制单位。其上为厢、军,其下为都,一都百人,五都为一指挥。统兵官为指挥使和副指挥使。北宋禁兵屯驻、更戍和出战,往往以指挥为单位。禁军兵力,也按指挥计算。南宋屯驻大军无指挥的编制。另外,“指挥”也是宋代的一种法令名称。为尚书省各部临时解释敕文,命令下级遵照办理的指令。指挥的效力,有时凌驾于敕令格式之上。孝宗

① 《宋史》卷一六七《职官七》。

② 《宋史》卷一六七《职官七》。

时，编入敕令格式，成为法律的一部分。

（35）“抵当所”，官府开办的抵押典当行，属太府寺。“抵当所，掌以官钱听民质取而济其缓急。”①王安石变法期间，曾隶属都提举市易司。抵当所收入，是北宋政府的一项重要收入。一年之中“京师商税、店宅务、抵当所诸处杂收钱一百余万”②。“抵当”即“抵押”。“市易之法，听人赊贷县官财货，以田宅或金帛为抵当，出息十分之二。过期不输，息外每月更加罚钱百分之二。”③由于利息过高，使贷款人难以承受。“既乃行市易抵当法，贷民钱而为之期，有不能偿而死者。”④这里指潭州酒务衙门开办的典当行。

（36）“常平”，指“常平仓”，宋代用以平准粮价的粮仓。淳化三年（992年）始置于京畿，景德三年（1006年），除沿边州郡外，全国普遍建立。各州按人口多少，留上供钱2000贯至2万贯为籴本，谷贱时增价收籴，谷贵时减价出粜。有时亦作荒年赈济。熙宁二年（1069年）推行青苗法，常平仓法遂为所代。绍兴九年（1139年）重建常平仓，但一直处于名存实亡状态。

（37）“经略司（使）”，为宋代沿边各路的军政长官。

（38）“总领司”，“总领财赋军马钱粮司”的简称，南宋管理军队钱粮的机构。“总领：四人。掌措置移运应办诸军钱粮，以朝臣充，仍带干阶、户部等官。朝迁科拨州军上供钱米，则以时拘催，岁较诸州所纳之盈亏，以闻于上而赏罚之。”⑤建炎末，张浚以赵开总领四川财赋，又相继命朝官总领都督府与各宣抚使司财赋以供办军饷。绍兴十一年（1141年）收三大将兵权设御前诸军，置淮东、淮西、湖广三领，分掌各路上供财赋，供办诸军钱粮，实际成为户部派出机构。十五年（1145年）复置四川总领，其职权比东南三总领更重。“镇江诸军钱粮，淮东总领掌之；鄂州、荆南、江州诸军钱粮，湖广总领掌之；建康、池州诸军钱粮，淮西总领掌之。……凡兴元、兴州、金州诸军钱粮，四川总领掌之”⑥。

（39）“湖广总所”，总领官署称总领所，湖广总所为湖广总领财赋军马钱

---

① 《宋史》卷一六五《职官五·太府寺》。
② 《宋史》卷一七九《食货志下一·会计》。
③ 《宋史》卷三二七《王安石》。
④ 《宋史》卷三四二《孙永》。
⑤ 《宋史》卷一六七《职官七·总领》。
⑥ 《宋史》卷一六七《职官七·总领》。

粮所的简称。

(40)“库子”,管理官府钱物的办事人员。看守仓库,保管库物及出纳等。一般差遣下户充当,或招募。

(41)“秤子”,官府中专职称量货物的办事人员。

(42)“专秤”,官府中专门称量货物的办事人员。

(43)“销人”,销铸银铤的工匠。

(44)“待诏”,宋代技术官,无品。

(45)“助教”,宋代一种无职掌的官名,从九品。王益璞等先生认为,“助教”有4种解释,(一)捐资助学;(二)捐资教会;(三)系官职演变而来;(四)为“铸浇”的同音通假字。前两种因无旁证可能性不大,第3种,“唐明时均有助教官职,宋、元时史籍缺载,似无此官职”。理由不充分。因此,他们倾向于第4种解释。① 他们认为宋元无助教的根据是《辞源》“助教”条。该条是根据各史书的《职官志》写成的。其实在《宋史・职官志》有“助教”一词。“诸州别驾、长史、司马、文学、司士、助教,技术官,用之。”②“诸州司士、文学、助教,翰林医学,为从九品。”③“助教”的获得,有几种情况。一是皇帝以特恩授士人,宋真宗“录唐白居易孙利用为河南府助教”④。一种是用以安置犯有过失的官员;一种是作为纳粟授官的名目。孝宗淳熙三年(1176年)诏“登仕郎、诸州助教不许出官。”⑤助教的名称有很多种,有“助教”“州助教”“国子助教”“四门助教”“太学助教”“画助教”“府助教”“医助教”“律学助教”“算学助教”等。根据银铤“王九助教”“赵十一助教”“聂二助教”“李助教”等铭文,我们推测“聂二助家□”“聂二助家藏”“聂二助银匠”“聂二助□臣”“真聂二助□臣”“界内申六助聚” “聂二助聚”“界内胡七助聚”“许三助银”“□□王助发”等中的“助”后边应为“教”字。这些铤银或许就是“王九”之流购买“助教”官名所用的银两,或许是他们作为富商大贾交的出门税,或许是他们购买“助教”之后地方官员又作为出门税上交国库。

① 驻马店钱币学会课题组:《河南省出土银铤研究》,《中州钱币》1997年总第7期。《信阳驻马店钱币发现与研究》,中华书局,2001。

② 《宋史》卷一六三《职官三》。

③ 《宋史》卷一六八《职官八》。

④ 《宋史》卷七《真宗二》。

⑤ 《宋史》卷一五八《选举四》。

(46)“解盐使司”,金代解池盐务的管理机构。宋代为“提举制置解盐司”,其长官称“制置解盐使”,简称“解盐使”。金代称“解盐司使”,偶尔也沿用辽宋旧称,为“提举”①。“解盐行河东南北路,陕西东、及南京河南府、陕、郑、唐、邓、嵩、汝、诸州。”②“解盐斤二百有五十为一席,席五为套,钞引由与陕西转动司同鬻,其输粟于陕西军营者,许以公牒易钞引。”承安三年十二月,“解州旧法每席五贯文,增为六贯四百文。……解州旧入八十一万四千六百五十七贯五百文,增为一百三十二万一千五百二十贯二百五十六文”。解盐司为大定十二五年所定七盐司之一。其治所在解州,今山西省运城县。泰和“三年二月,以解盐司使治本州,以副治安邑”③。安邑在今山西省夏县。宋金时期,解盐在盐业中居重要地位。

(47)“入纳”,宋金时代商民用现钱、铤银或实物购买运销食盐的钞、引、公据,叫“入纳”。北宋时期“许客于逐州军入纳见钱、铤银、实价粮草。直废(发)交引,赴解州榷盐院请领……”④。咸平四年(1001 年),孙冕曾请:“令江南、荆湖通商卖盐,缘边折中粮草,在京入纳金银钱帛,则公私皆便,为利实多。”⑤这里说了三种食盐销售制度,第三种即钞盐法,用金银钱帛到京城购买盐钞。“初,盐钞法之行,积盐于解池,积钱于京师榷货务,积钞于陕西沿边诸郡。商贾以物斛至边入中,请钞以归。物斛至边有数倍之息,惟患无回货,故极利于得钞,径请盐于解池,而解盐通行地甚宽;或请钱京师,每钞六千二百,登时给与,但输头子等钱数十而已。”⑥

(48)“中纳”,同“入纳”。宋金时期,“中”字有一种特殊的含义,即专指某些有固定目的之行为。如官府为了实边、救灾、供应京师等与商民进行贸易,其买卖行为即称为“中买”“中卖”“中官”“入中”“折中”等。⑦ 这里使用“中纳银”进行的贸易是金朝“钞引盐制”规定的买卖行为,即用铤银购买钞、引、公据,然后凭钞、引、公据运销解盐。咸平四年(1101 年),孙冕谈了三种

---

① 《金史》卷九七《巨构》:“年二十登进士第……改同提举解盐司事。”

② 《金史》卷四九《食货志四·盐》。

③ 《金史》卷四九《食货志四·盐》。

④ 《宋会要辑稿·食货》三六之六。

⑤ 《宋史》卷一八二《食货下四·盐中》。

⑥ 《宋史》卷一八二《食货下四·盐中》。

⑦ 郭正忠:《临潼金代解盐银铤考》,《文物》1997 年第 4 期。

销盐制度，与“在京入纳金银钱帛”相对应的优势是“中纳金银，实之官库”①。“中白银”“中上花银”“中□上等（花）银”“中白上花（等）银”的“中”字应为“入纳中官”意思。

（49）“定远大将军”，武职官员品级名称，金代为正四品中。

（50）“勾当官”，由长官委派处置各种事务的部门负责人。

（51）“昭信”，“昭信校尉”的简称，武官品级名称，金代为正七品下。

（52）“运司”，“转运使司”的简称，金代掌管税赋钱谷、仓库出纳、权衡度量的机构。

（53）“分治司”，“分治使司”的简称，为各路使司在某些州、县等设置的分支机构。

（54）“盐判”，金代管理盐务的机构——盐使司的属官。《金史·食货志》：“山东盐使司与宝坻、沧、解、辽东、西京、北京凡七，司使一员，正五品，他司皆同。副使二员，正六品（他司皆一员）。判官三员，正七品（泰和作四员，宝坻、解州设二员，余司皆一员），掌干盐利，以佐国用。管勾二十二员，正九品（宝坻、解、西京则设六员，北京、辽东、沧州则设四员，同管勾、都同监皆省），掌分管诸场发买、收纳、恢办之事。”而在《金史·仪卫志》中，则有“从七品，盐判……从八品，盐判官……”的记载。这或许指在具体的任职中，不同的盐司和不同的判官，其品级也不一样。

（55）“东盐判”，解盐司负责解县和安邑二盐池，泰和三年（1203年）“二月，以解盐司使治本州，以副治安邑”。安邑盐池在解州盐池之东，故负责安邑盐池的判官称东盐判。② 另一种解释为，宋代曾将解盐分为东、西解盐。“西盐卖有分域，又并边州军市刍粮给钞过多，故钞及盐甚贱，官价自分为二。于是增西盐价比东盐，以平钞法。岁约增十二万缗，毋复分东西，悉废西盐约束。”金代又分东西盐，并设置了东盐判的职官。③ 宋代解州东西盐指行销区域，不指盐务管理区域。“凡通商州军，在京西者为南盐，在陕西者为西盐，若禁盐地则为东盐，各有经界，以防侵越。”“久之，东、南盐地悉复禁

---

① 《宋史》卷一八二《食货下四·盐中》。

② 郭正忠：《临潼金代解盐银铤考》，《文物》1997年第4期。

③ 赵康民、韩伟、尚志儒：《关于陕西临潼出土的金代税银的几个问题》，《文物》1975年第8期。钱屿：《金银货币的鉴定》，上海远东出版社，1993，第60页。

榷……""……视入钱州军远近及所指东、西、南盐，第优其直；东、南盐又听入钱永兴、凤翔、河中。"①因此，第二种解释是不合理的。

(56)"承直郎"，文职官员品级名称，金代属正八品下。

(57)"金吾卫上将军"，武职官员品级名称，金代为正三品中。

(58)"引领"，商业活动中的介绍人、中间人、担保人等。宋吴自牧《梦粱录》卷一九《雇觅人力》谓"凡雇请人力及干当人……俱各有行老引领"。赵康民等先生认为"'引领'一词，过去多误以为作动词的，从这批银铤錾文来看，金代的金银行会中确设有'引领'，当是行会的头目"。② 钱屿先生也认为引领是"金代金银行会的头目"③。从行文来看，《梦粱录》中的这个"引领"作动词讲是没问题的，因为紧接的文字是"如有逃闪，将带东西，有元地脚保识人前去跟寻"。行老不但为雇主介绍、提供（即引领）劳动力，而且要提供担保。动词在使用中是可以转化为名词的，这在汉语中是很常见的。如"会计""出纳"。银铤中的"引领"应该是名词，但与作动词时的意义是有联系的。"引领"与"行老"的职业是相同的，王曾瑜先生认为"行老即是牙人之类"④。郭正忠先生详细分析了宋金时代"引领"的三层含义：（一）称"引领过度者""引领过度人"或"知情引领交易人"，指一般的中介人。（二）指接引买卖的专业牙商。（三）指有"物力保识牙人"，亦称"牙保人"，即一种具有一定财力和半官方身份的官牙人。⑤ 因此，"引领"应是介绍人、中间人、担保人之类。是否为"金银行会的头目"，不可一概而论。"引领"是一种职业，可以长期不间断担任，而"行会"的头目则一旬一轮。如果某"引领"是行人，其"当旬"期间即为"金银行会的头目"。

(59)"文林"，即"文林郎"，文职官员品级名称，金代为正八品上。

(60)"奉议郎"，文职官阶名称，宋代为从六品上。

(61)"权"，暂时代理。

(62)"统制官"，南宋屯驻大军各军之长官。北宋于出师作战时选拔一

---

① 《宋史》卷一八一《食货下三·盐上》。

② 赵康民、韩伟、尚志儒：《关于陕西临潼出土的金代税银的几个问题》，《文物》1975年第8期。

③ 钱屿：《金银货币的鉴定》，上海远东出版社，1993，第60页。

④ 王曾瑜：《宋朝阶级结构》，河北教育版社，1996，第438页。

⑤ 郭正忠：《临潼金代解盐银铤考》，《文物》1997年第4期。

人为都统制，总辖诸将。南宋建炎初设置御营司都统制，始为官名。“旧制，出师征讨，诸将不相统一，则拔一人为都统制以总之，未为官称也。建炎初，置御营司，擢王渊为都统制，名官自此始。其后，神武五军及川陕宣抚司、都督府、枢密院皆置。绍兴十一年(1141 年)，三大将兵罢，诸军皆冠以‘御前’二字，擢其偏裨为御前统领官，以统制御前军马入衔，秩高者为御前诸军都统制，且令仍旧驻扎，以屯驻州名冠军额之上。”①

(63)“市令司”，金代中都(今北京)管理物价的机构。

(64)“回易”，一指宋代沿边官府、军方经营商业的活动。二指“回易务”，金代经营商业活动和管理货币的机构。

(65)“钞价银”，政府卖盐钞给商人的收入，盐钞为商人领盐的凭证。原报告写作“纱价银”，根据词意，再证拓片，应为“钞价银”。黄成、郭正忠等先生也认为应为“钞”。② 宋金时期，食盐的销售体制有纳税商盐制、官司榷卖制、免税供应制、折博制、钞引制等。折博制是用实物(如粮食)博易钞引，钞引制是用现钱或铤银购买钞引。“钞价银”就是钞引制中使用的银两。《金史·食货志》载：“贞元初，蔡松年为户部尚书，始复钞引法，设官置库以造钞、引。钞，合盐司簿之符。引，会司县批缴之数。”“山东、沧、宝坻斤三百为袋，袋二十有五为大套，钞、引、公据三者俱备然后听鬻。小套袋十，或五，或一，每套钞一，引如袋之数。宝坻零盐较其斤数，或六之三，或六之一，又为小钞引给之，以便其鬻。解盐斤二百有五十为一席，席五为套，钞引则与陕西转运司同鬻，其输粟于陕西军营者，许以公牒易钞引。……辽东大套之石十，皆套一钞，石一引。零盐积十石，亦一钞而十引。”因此，盐钞的单位是“套”，盐引的单位是“袋”“石”“席”等。

(66)“马本纲银两”，应为茶马司专门用来支付马价的银两。

(67)“军资库”，宋代州、府、军、监收贮地方资财的官库。宋代的税收分为送使(公使库)、留州(军资库)、上供三部分。前两部分为地方之财，分贮于公使及军资库。“长吏得以擅收支之柄”。军资库资金库藏的主要来源是

---

① 《宋史》卷一六七《职官七·诸军都统制》。

② 黄成：《从考古发现谈南宋白银流通的几个问题》，《中国钱币》1989 年第 2 期。

税收。①

(68)“进奉”，指官吏向上司或朝廷进献财物等。

(69)“上供”，各路州军以赋税、榷卖等收入按规定项目、数额上缴朝廷，谓之上供。宋初，上供随岁所入，无定制。大中祥符元年(1008年)，粮、帛、银、钱四项始立定额，谓之年额上供。元丰五年(1082年)，于年额上供外，又将诸色琐细钱，如坊场税钱、增添盐酒钱之类凡十余种，原无额者，皆合而为额，谓之无额上供。宣和三年(1121年)后增经制钱，绍兴五年(1135年)后增总制钱。上供数额越来越大，州军横取于民，造成种种弊端。“祖宗之时，国计所仰，皆有实数。有额上供四百万，无额上供二百万，京师商税、店宅务、抵当所诸处杂收钱一百余万。三司以七百万之入，供一年之费，而储其余以待不测之用。”②

(70)“上供银”，地方向中央缴纳的赋税等折换的银两。

(71)“年额银”，“年额上供”中的银两。北宋大中祥符元年(1008年)将路、州、军以赋税榷货等收入上交朝廷，按粮、帛、银、钱四项分立定额，谓之“年额上供”。

(72)“买到”，标明从何地购买的银铤。

(73)“折博银”，“折博”，官府与商人之间异地结算、颁发配额的贸易。“折博银”是宋代折博贸易的税银。

(74)“卖钞库”，宋代地方上兑换交引的场所。

(75)“盐务银”，宋代商人购买盐引的银两。

(76)“经总制银”，“经总制钱”折换的银子。“经总制钱”是“经制钱”“总制钱”的合称，是北宋末年、南宋初年除夏、秋两税之外新增加的税种。

(77)“经制银”，见“经总制银”。

(78)“秋税”，乡村中秋季征收的土地税。唐德宗建中元年(780年)接受宰相杨炎建议，实行“两税法”。把过去的“租庸调”制改为地税和户税，地税即夏秋两季征收的“两税”。宋金沿袭不改。“金制，官地输租，私田输税租之制不传。……夏税亩取三合，秋税亩取五升，又纳秸一束，束十有五斤。

---

① 刘森:《对宋银铤铭文“军资库”释义的一点不同看法》,《中国钱币》1997年第2期。

② 《宋史》卷一七九《食货下一·会计》。

夏税六月止八月，秋税十月止十二月，为初、中、末三限，州三百里外，纾其期一月。"①

(79)"和买"，官府向民间强制购买货物的措施。

(80)"客人"，客商。"自来准望客人将川中匹帛往内地州军破卖，收买到银送纳。……盖为客人在内地兴贩铤银入川……"②"若客人将茶到京，即先馈献设燕，乞为定价"③。现在开封一带仍然把与自己有贸易关系的外地来汴商人称为"客人"。

(81)"军须"，"军须钱"的简称，为金代杂税，即军费补贴税。"军须"同"军需"，原意即为"军需"。《金史》有"八作左右院。……掌收军须、军器"④。但银铤上的"使司""军须"应该是使司衙门上交的税收，即"军须钱"。金朝由于对外战争，军费开支庞大。"世宗大定三年(1163 年)，南征，军士每岁可支一千万贯，官府止有二百万贯，外可取于官民户，此军须钱所由起也。""承安三年(1198 年)，以军须所费甚大，乞验天下物力均征。拟依黄河夫钱例，征军须钱，验各路新籍物力，每贯征钱四贯……"⑤军须钱一半交纳银子。泰和元年六月"乙巳，初许诸科征铺马、黄河夫、军须等钱，折纳银一半，愿纳钱钞者听"⑥。军须钱给百姓带来极大痛苦，如上所引每一贯征收四贯。兴定元年(1217 年)，金宣宗曾说："朕闻百姓流亡，逋赋皆配见户，人何以堪？又添征军，须钱太多，亡者讵肯复业……"⑦

(82)"军赀"同"军资"，原报告认为是军费，李小萍先生也认为是军费。⑧ 这只是从字面理解。若无旁证，是不能确定为"军费"的。因为宋代的"军""军资"还有与军队没有直接联系的意义。与"出门税"同铤，或许是军资库收入的出门税。

---

① 《金史》卷四七《食货二》。

② 《宋会要辑稿》食货三七之十。

③ 《长编》卷二三六熙宁五年闰七月丙辰。

④ 《金史》卷五六《百官二》。

⑤ 《金史》卷四四《兵》。

⑥ 《金史》卷一一《章宗三》。

⑦ 《金史》卷一五《宣宗中》。

⑧ 李小萍：《南宋"出门税"银铤考》，载《中国钱币论文集》第四辑，中国金融出版社，2002，第 325 页。

(83)“京销铤银”,在京城销铸的铤形银两。

(84)“渗银”,银两的一种成色。

(85)“花银”,银两的一种成色。

(86)“花录银”,银两的一种成色。

(87)“真花铤银”,表示银子成色和形状。

(88)“真花线银”,疑即“真花铤银”,表示银子成色和形状。

(89)“京西北路”,相当于今河南洛阳、郑州、许昌、平顶山、周口、驻马店、信阳的部分地区及安徽一小部分地区。

(90)“随州枣阳县”,今湖北省枣阳市。

(91)“猫儿桥”,南宋临安府(今杭州市)内地名。

(92)“阆州”,治所现在四川省阆州市,

(93)“兴元府”,今陕西省汉中市。

(94)“潮州”,今广东省潮州市。

(95)“邵武军”,治所在邵武县,今福建省邵武市。

(96)“荆南”,荆湖南路的简称,治所在潭州,今湖南省长沙市。

(97)“潭州”,今为湖南省长沙市。

(98)“信州”,在今江西省上饶市。

(99)“铅山场”,在铅山县,今江西省铅山县。

(100)“虔州瑞金县”,今为江西省井冈山市。

(101)“潭州刘阳县”,今为湖南省浏阳市。

(102)“连州”,今广东省连州市。

(103)“英州”,今广东省英德市。

(104)“南剑州”,治所在今福建南平市。原名“剑州”,宋太平兴国四年(979年),加“南”改为“南剑州”。

(105)“南平军”,治所在古恭州南川县铜佛坝,今重庆市綦江县。

(106)“相国寺”,宋代东京(今开封市)城内的佛教寺院。

(107)“顺昌府”,北宋政和六年(1116年)改颍州置,治所在汝阴县,今安徽省阜阳县。

(108)“平阳”,在今山西省临汾县。

(109)“大名府”,府治在今河北省大名县城关镇。

(110)“上京”,金五京之一,在今黑龙江省阿城县白城。

(111)“密州”,在今山东省,其治所在“诸城县”,今山东省诸城市。

(112)“崞县”,在今山西省原平市。

(113)“邠州”,今陕西彬县,为静难军节度使治所。

(114)“益都”,在今山东省青州市。

(115)“潞州黎城县”,今山西省黎城县。

(116)“宁州”,今甘肃省宁县。

(117)“达州”,治所在通川,今四川省达州市。

(118)“鄂州”,今湖北省鄂州市。

(119)“潭州善化县”,今湖南省长沙市。

(120)“霸北街”,南宋临安府(今杭州市)内地名。

(121)“二十四年”,当为宋高宗绍兴二十四年(1154 年)。

(122)“嘉定戊寅岁”,为嘉定十一年(1218 年)。

(123)“景炎”,宋端宗年号,1276～1278 年。

(124)“泰四五廿六日”,当为“泰和四年五月廿六日”的缩写。

(125)“天”,用千字文排列的顺序号。

(126)“元字号”,用千字文排列的顺序号。“元”即“玄”。宋人因避赵匡胤的父亲“赵玄朗”讳,遇“玄”字改作“元”。

(127)“黄字号”, 用千字文排列的顺序号。

(128)“霜”,用千字文排列的顺序号。

(129)“始字号”,用千字文排列的顺序号。

(130)“地字号”, 用千字文排列的顺序号。

(131)“地卅号”,用千字文分批排序的号码。

(132)“往二十四”, 用千字文分批排序的号码。

(133)“昆三十六”,用千字文分批排序的号码。

(134)“重四十四”,用千字文分批排序的号码。

(135)“莱五十二”,用千字文分批排序的号码。

(136)“申五十六”,用千字文分批排序的号码。

(137)“宇七”,用千字文分批排序的号码。

(138)“天宁节”,宋徽宗赵佶的生日圣节(十月十日)。

(139)“兴龙节”,宋哲宗赵煦的生日圣节(十二月八日)。

(140)“同天节”,宋神宗赵顼的生日圣节(四月十日)。

(141)“正旦”,农历正月初一。“正旦银”当为新年贡礼。

(142)“郊禋”,在南郊举行的祭天大型活动。

(143)“每两钱贰贯文”,宋金时期官方规定的银钱比价。金章宗承安二年(1197年),发行“承安宝货”,《金史》记载:“十一月,尚书省议……旧例银每铤五十两,其直百贯。民间或有截凿之者,其价亦随低昂,遂改铸银,名‘承安宝货’,一两至十两分五等,每两折钱二贯。”①兴定三年(1219年)十月,省臣奏“……于是以银为则,每两为钱二贯”②。北宋康定元年(1040年),郭维建议:“请听入银京师榷货务或陕西并边州军,给券受盐于川峡,或以折盐酒岁课,愿入钱,二千当银一两。”③这是官方规定的比价,在实际生活中,随时低昂。如本文其他16枚银铤所标的比价,有6枚不是“贰贯文”。“每两□□□贰贯文”“每两一贯八百文□”“每两钱贰贯”“每两□□□贯文”“每两一贯九百四十文”“每两计八十陌钱贰贯”“每两钱贰贯文”“每两钱贰贯文”“每两七十九陌钱贰贯贰佰玖拾”“每两七十九陌钱贰贯□佰玖拾”“每两七十三陌钱贰贯壹佰玖拾伍文”“每两折钱二□□□”“每两七十九陌钱贰贯壹佰玖拾”“每两八十陌钱二贯”“每两二贯文”“每两钱一贯九百四十文”。有的甚至高达三贯以上,淳熙时,“广东路奉行钞法,自绍兴间客铺赴广州卖钞库入纳,皆是用银,每两价钱三贯五十文,九十八陌”④。

(144)“八十陌钱”,宋金时期货币流通中的一种计算方法。“陌”即“百”,“陌钱”就是“百钱”。“八十陌钱”意为八十钱当一百钱使用。中国古代钱币,轻重不一,加上有时钱荒等因素,从汉代起就出现了增减使用的现象。贾谊曾说:“民用钱,郡县不同:或用轻钱,百加若干,或用重钱,平称不受。”⑤晋代出现了真正的短陌钱。南朝梁时,“岭以东,八十为陌,名曰东钱;江郢已上,七十为陌,名曰西钱;京师以九十为百,名曰长钱。中大同元年,天子乃诏通用足陌。诏下而人不从,钱陌益少。至于末年,遂以三十五为百云”⑥。中唐以后,官府先后规定以85、80、77钱为陌。宋初官用以80或85

---

① 《金史》卷四八《食货三·钱币》。

② 《金史》卷四八《食货三·钱币》。

③ 《宋史》卷一八三《食货下五·盐下》。

④ 《宋会要辑稿·食货》二八之二二。

⑤ 《汉书》卷二四下《食货志第四下》。

⑥ 《隋书》卷二四《食货》。

为陌。建隆中，在刑法的量刑中，“陌以八十为限”①。太平兴国二年(977年)规定以77钱为陌。金大定二十年(1180年)，“时民间以八十为陌，谓之短钱，官用足陌，谓之长钱。大名男子斡鲁补者上言，谓官私所用钱皆当以八十为陌，遂为定制”②。赵康民等先生认为，金代的币值并不稳定，每贯有省陌30文(临11)、40文(临12)、100文(临7)的情况。③ 郭正忠先生认为：检相关3枚银铤，“均无30文、40文和100文之‘省陌’记录。况且，凡言‘省陌’，均指不足100文的情况。其云‘有省陌……一百文的情况’，显系讹误。”④这里有两个问题需要明白，一“省陌”和“短陌”，二临潼银铤的钱陌制。“省陌”，程民生等先生在《宋代钱陌制》一文中考释：“关于省陌之‘省’，已有人做过解释，或云‘减省’，或云‘朝省’，各有道理。更确切地说，此‘省’意思是‘官’。省陌一词，可以定为：官方制定的以七十七文为陌的标准短陌。”⑤“短陌”即以不足一百文的钱当作一百文计算行使，其中也包括“省陌”。因此，郭正忠先生纠正赵康民等先生的说法是有道理的。关于临潼银铤的钱陌制，郭正忠先生说：“临潼银铤铭文的银价，亦当理解为省陌或短钱。除每两银价二贯文省或1600文足之外，其每两银价一贯九百四十文省，当1552文足。”⑥其实，临潼及其他地方出土的银铤有三种情况。一是“省陌制”，“每两计八十陌钱贰贯”(临12)，“每两八十陌钱二贯”(河南西峡1)。二是短陌制，“每两七十九陌钱贰贯贰佰玖拾”“每两七十九陌钱贰贯□佰玖拾”“每两七十三陌钱贰贯壹佰玖拾伍文”(山西历代货币1、2、3)，“每两七十九陌钱贰贯壹佰玖拾”(中国历史银锭)。三是未标明陌制。“每两钱贰贯文”“每两□□□贰贯文”“每两一贯八百文□”“每两钱贰贯”“每两□□□贯文”“每两一贯九百四十文”“每两钱贰贯文”“每两钱贰贯文”“每两折钱二□□□”“每两二贯文”“每两钱一贯九百四十文”。未标明陌制者，郭正忠先生理解为均

---

① 《宋史》卷二〇〇《刑法一》。

② 《金史》卷四八《食货三·钱币》。

③ 赵康民、韩伟、尚志儒：《关于陕西临潼出土的金代税银的几个问题》，《文物》1975年第8期。

④ 郭正忠：《临潼金代解盐银铤考》，《文物》1997年第4期。

⑤ 程民生、张瑞生：《论宋代钱陌制》，载《中国钱币论文集》第三辑，中国金融出版社，1998，第316页。

⑥ 郭正忠：《临潼金代解盐银铤考》，《文物》1997年第4期。

是“省陌制”，虽然他也说“或短钱”，但根据他举的例子“每两银价一贯九百四十文省，当1552文足”，其说的“短钱”也是“省陌”。由于还有上举非省陌的短钱，我们就无法确定所使用的钱陌制。除非能够证明按惯例未标明陌制者均是省陌。

(145)“清河坊”，临安(今杭州)地名。今杭州仍然有清河坊街。

(146)“猫儿桥”，临安(今杭州)地名。吴自牧《梦粱录》：“福坊东，曰平津桥，俗名猫儿桥。”

(147)“铁线巷”，临安(今杭州)地名。吴自牧《梦粱录》：“铁线巷西，曰水巷桥。”

(148)“霸北”，临安(今杭州)地名。吴自牧《梦粱录》：“肉市在大瓦，今霸北义修坊。”

(149)“绵州”，在今四川省绵阳市。

(150)“西京”，宋代西京在河南府，今河南省洛阳市。

(151)“南京”，宋代南京在应天府，今河南省商丘市。

(152)“宾州”，宋金时期宾州有2个，分别在今广西宾阳县、吉林榆树大坡古城。① 后者是当年金代一个机关的所在地。此银铤当为金代银铤，“宾州”应是吉林榆树大坡古城。

(153)“建康”，建康府，在今南京市。

(154)“光洲”，当为“光州”，在今河南省潢川县。

(155)“连州”，在今广东省连州市。

(156)“陈念”，念，同“廿”，二十。“念”与“廿”同音，可假借。清代顾炎武在《金石文字记·开业寺碑》记载：“碑阴多宋人题名，有曰：‘……元祐辛未阳月念五日题。’以廿为念，始见于此。”明代汤显祖《牡丹亭·旁疑》：“凑着个韶阳小道姑，年方念八，颇有风情。”茅盾《子夜》十一：“不多，不多！三个人拼做念来万。”“唐念”，“严念三郎记”中的“念”均同。

(157)“留侯”，汉朝张良。

(158)“五分”，宋仁宗时期盐税以“五分折纳金银”，原报告认为“五分”为盐税折纳银铤。

(159)“出悉”，原报告认为“出门税”已交纳之意。

---

① 郝志宏：《双城出土金代珍贵银碗、银锭》，《哈尔滨日报》2002年6月20日。

(160)“建阳县”,在今福建省建阳县。

(161)“度牒”,即度僧牒,官府发给僧尼证明身份的文字凭证。需用银钱购买。“度牒银”即出卖度牒收入的银两。

(162)“上巴河”,地名,今湖北省黄冈县有上巴河镇。

(163)“朱雀门”,宋代东京、杭州均有朱雀门。

(164)“朝天门”,宋代杭州城门。

(165)“寺桥”,桥名,进而为地名。具体地址不详。宋代苏州东禅寺西侧,有一座寺桥,今讹为市桥。绍兴南宋有寺桥,陆游 79 岁游沈园作诗:“路近城南已怕行,沈家园里更伤情。香穿客袖梅花在,绿蘸寺桥春水生。”

(166)“河东”,河东路,北宋至道三年(997 年)所设十五路之一,治并州(后升为太原府,今太原市)。辖境大体相当于今山西省。

(167)“行在”,皇帝出行临时驻扎的地方。南宋时称杭州为行在。

(168)“榷场”,宋与辽、西夏、金、元等接境地区的互市市场。“榷场银”是榷场贸易中收缴的商税。

(169)“元鱼场”,原报告认为“应是当时连州境内官府设立的一个银冶场”①。但是从行文来看,“买到”前边应为买主。宋代银铤另有“善化县买到”“枣阳县买到”“抵当所买到”“黎城县和买到”“买主陈四”等,均是说的买主。如果元鱼场是银冶场,是不会作为买主去买银铤的。其次,作为“场”,在宋代有多种解释。除了银冶场外,煎盐、冶铁、造酒之所也称场,官府设置的专场市场也称场。宋王溥《五代会要·盐铁杂条上》:“百姓农具,破者须于官场中卖,铸造时却于官场中买铁。……所在场院,不得禁止搅扰。”查《宋史·地理志》,连州既有银场,也有铜场。“连州……县三:桂阳(望。有同官银场)、阳山(中。有铜坑铜场)、连山(中。绍兴六年废为镇,十八年复)。”②而元鱼场为铜坑铜场。政和元午(1111 年),广东漕司奏折中有“连州元鱼铜坑”③一句。

① 王雪农、赵全明:《“连州上供银伍拾两”银铤》,《中国钱币》1998 年第 1 期。

② 《宋史》卷九〇《地理六》。

③ 《宋史》卷一八四《食货下七·坑冶》。

弧首束腰银铤出现时间考

弧首束腰形是南宋、金、元时期银铤的形制，其出现的最早年份，有关专家学者作过一般性论述，但没有深入的探讨。这个问题既关系到该类银铤产生的时间，还关系到北宋银铤的形制，因此，我们作一简单的考证。

周祥先生在《银锭》一书中说到按年号顺序排列，“北宋时期的银锭有两种形制，一种形制与南宋的银锭区别不大，束腰、两端呈弧形；另一种形制很独特，显得与众不同，很具个性，即束腰、两端平直状”①。李晓萍先生在《金银流霞》一书中说：“北宋银铤的形制有三种，平首束腰、圆首束腰和弧首束腰。平首较多见……圆首束腰和弧首束腰形，目前各发现一件；内蒙古赤峰地区出土一件崇宁四年(1105 年)圆首束腰形，式样很像 8 字。1976 年，湖北襄樊羊祜山出土一件弧首束腰形银铤，式样与南宋银铤完全一样。”②二书各举了一些例子，未作更详细的说明。钱屿先生《金银货币的鉴定》一书，是最先提出北宋银铤有三种形制的，非常明确指出北宋弧首束腰形银铤为“湖北襄樊羊祜山出土天圣七年(1029 年)阆州秋季银铤”，并且只此一枚。③

---

① 周祥：《银锭》，上海书店出版社，2003，第 16 页。

② 李晓萍：《金银流霞》，浙江大学出版社，2004，第 20 页。

③ 钱屿：《金银货币的鉴定》，上海远东出版社，1993，第 32 页。

图 1

按照钱屿和李晓萍先生的观点，“天七”银铤是北宋有弧首束腰形银铤的唯一证据。那么，这枚天圣七年银铤的具体情况是怎样呢？该铤（图 1）发表于《文物》杂志 1984 年第 4 期，撰稿人为襄樊市文物管理处崔新社。铤长 15.2 厘米，腰宽 6 厘米，两端宽 8.8 厘米，厚 2.4 厘米，重 2030 克。錾刻“阆州通判□秋季重五十两”“霜”“天七”“专库大□□□”“兴元府团并到银伍拾两”“左朝散郎通判阆州军州事胡邦直”44 字。钱屿先生把“天七”解释为“天圣七年”，因而定为北宋银铤。

我们认为，这种解释是牵强的。

把“天七”解释为“天圣七年”，可以看作是一种年号缩写。这种现象在唐宋时期的唐代银铤和金代银铤上曾经存在。如唐代银铤“饶州开十九税山课银壹铤伍拾两”、唐代银饼“怀集县开十庸调银拾两”，金代银铤有“泰四七月十七日”“泰五五月六日”“泰六七月”“泰四五月廿六日”等。其中的“开”指“开元”，“开十”即“开元十年”，“开十九”即“开元十九年”；“泰”指“泰和”，“泰四”“泰五”“泰六”分别指“泰和四年”“泰和五年”和“泰和六年”。

但是，这种现象在两宋银铤中没有出现过。在我们统计到的 450 多枚宋代银铤中，没有一枚发现有年号缩写。如果把“天七”解释为“天圣七年”，宋代银铤和金代银铤中的其他同类现象就无法解释。如“江四”（西塞山第 63 号）银铤、“宇七”（西峡县第 1 号）银铤等，此外还有“往二十四”“昆三十六”“重四十四”“申五十六”等。这些都是与年号无法联系的。“宇七”银铤本身就錾刻有“大安三年”的文字。况且，与宋同时的金代银铤的年号缩写均有月日或月，而“天七”没有。

如果不把“天七”解释为“天圣七年”，应该作何解释？在宋金银铤中，有一种用“千字文”或“千字文加数字”排列序号现象。如“天”“霜”“地字号”“黄字号”“地卅号”“宇七”“往二十四”等。把“天七”解释为千字文加数字的序号也是通顺的。

更为重要的是该铤有“胡邦直”。胡邦直在《永康县志》中有记载。胡邦直(1096～1173年)，字忠佐，号云谷，永康人。著有《云谷集》。南宋建炎二年(1128年)进士，戊申科、李易榜进士(此科共取450名进士)。累迁知封州军事，赠中散大夫。胡邦直出仕是在建炎二年以后的事。

这个“唯一”的证据被否定之后，北宋有弧首束腰形银铤的命题就不成立了吗？事实并非如此简单。首先，银铤从船形向直首束腰形演变，再向弧首束腰形演变，是一个循序渐进的过程，不可能在某一天突然完成。我们只是认为“天七”不能解释为“天圣七年”，在“天圣七年”(1029年，北宋中期)不会出现弧首束腰形银铤。其次，银铤形制如果没有官方特别是新政权明文规定的话，就不会与政权更迭形成鲜明的对应关系。

那么，弧首束腰扁平形银铤出现在什么时间呢？

王雪农先生说，“到了两宋之际，两端平直、中间束腰的线版式银铤，又改变成两端圆弧、中间束腰的砝码形态”①。我们认为王先生的说法较为符合实际。现在我们在王先生论述的基础上，进一步讨论这个问题。

1978年12月，河南省唐河县湖阳镇出土一枚弧首束腰扁平形银铤(图2)②，铭文为“出门税”“西唐铺□”“八十五，顺昌府汝阴县监纳县丞李五十”。北京翰海2011年秋拍第2722号为弧首束腰扁平形(图3)③，铭文为“济南府，真花银，出门税，王家销”。这两枚均断为南宋时期的银铤，因为有“出门税”，但地名均为金代管辖，无法解释。《拍卖目录》解释为：“从该银铤铭文看，应该是金代银铤。但是出门税是与宋金边贸有关，因而可以理解为是南宋与金济南府进行贸易时征收的出门税银。”看来当时就解释不通。我们再仔细分析该铤，不再囿于弧首束腰扁平形为南宋和金元的认识，或许能得到

① 王雪农：《有关宋金官铸银铤(锭)形制特点和等级标准的几个问题》，《中国钱币》2000年第1期。

② 王正旭、刘绍明：《南阳历史货币》，科学出版社，1998，第129页。

③ 雅昌拍卖网：http://auction.artron.net/paimai－art0007642722/。

更合理的解释。

图 2

图 3

“顺昌府”，政和六年(1116 年)改颍州置，治所在汝阴县，今安徽省阜阳市。济南府为政和六年(1116 年)由齐州升格而来。至 1127 年，这两地一直为北宋所辖。该两铤如果理解为北宋时期顺昌府、济南府征收的出门税，就可以解释通了。不过，再详细考察，也不能下定论。“顺昌府”建炎四年(1130 年)入金，复改颍州。绍兴六年(1136 年)宋军收复，仍称顺昌府。绍兴十一年(1141 年)又入金，又改名颍州。济南府，建炎二年(1128 年)知府刘豫降金，才算易主。顺昌府银铤为宋铤看来没有问题，因为金人不称顺昌府，只称颍州。但为北宋时期还是建炎、绍兴时期，无法确定。济南府银铤同样原因，也无法确定。

然而，周祥《银锭》一书收录的一枚银铤提供了直接证据(图 4)。铭文为“成都府军资库起发政和六年分□□□□天宁节银□铤重□□兴买□□”“承议郎监军资库□任”“卓易”等。明确这枚弧首束腰形银铤为政和六年(1116 年)。

图 4

有人会问，既然周祥先生书中有政和六年弧首束腰形银铤，我们为什么还讨论这个问题？如前所引，周祥先生认为弧首束腰形在前，直首束腰形在后，并且是根据年号得出来的，查书后的参考著作，有钱屿的《金银货币的鉴定》，看来也是根据“天七”银铤来的。周祥先生引用政和六年银铤只是说明北宋时银铤铭文大多为錾刻，此外没有多说什么。今天，我们是要纠正弧首束腰银铤出现在天圣七年的说法，并考证真正出现的时间。

这样，我们可以认为弧首束腰扁平状银铤在北宋末年政和年间已经出现。

金代银铤符号“7”为“整”字考

在金代银铤中，有许多符号画押，既非汉文，也不是女真文，大多数无法释读。而在标明重量文字的下方，有时有符号“7”。根据多例观察，应该代表“整”字。

1974 年 12 月陕西省临潼县相桥公社北河大队出土 31 枚银铤，其中 5 枚有“7”字符号。①

1. 第 14 号银铤(图 1)，铭文“重四十四分治使司泰和七年九月初九日店户平岳”“伍拾两 7 银行人师琢秤子刘□”“每两钱贰贯文承直郎盐判张”。

2. 第 18 号银铤(图 2)，铭文“肆拾玖两 7 行人全平石行人丁一石刘□秤□□秤”。

图 1

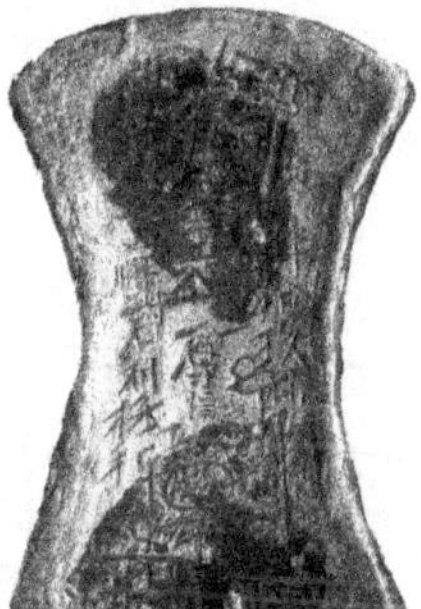

图 2

① 赵康民等:《关于陕西临潼出土的金代税银的几个问题》,《文物》1975 年第 8 期。

图 3

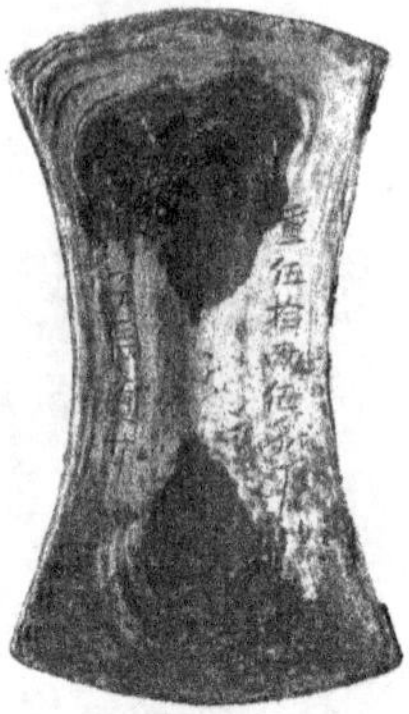

图 4

3. 第 26 号银铤(图 3),铭文“重伍拾两伍钱 7 行人王仲秤子刘琦□”。

4. 第 27 号银铤(图 4),铭文“重伍拾两伍钱 7 秤子周真□”。

5. 第 28 号银铤(图 5),铭文“陈□肆拾玖两陆钱 7 行人苏玘刘兴祖秤”。此外,另有 7 枚刻有“7”符号的银铤。

6. 1981 年 4 月,山东省平邑县出土 1 枚银铤(图 6),铭文为“宋璘伍拾两 7”“使司”“行人宋甫”“朱甫”“杨原秤”①。

图 5

图 6

① 刘心健、李常松:《山东平邑出土银锭》,《文物》1984 年第 4 期。

图 7

图 8

7. 1993 年 4 月，山东省青州市出土的第 3 号银铤（图 7），铭文为"刘仲元""肆拾玖两 7""行人刘仲元""官□□""赵百通秤"①。

8. 陕西省博物馆收藏的 1 枚银铤（图 8），铭文为"莱五十二""分治使司泰和七年五月初九日店户陈彦""肆拾玖两叁钱 7""又一钱""任理验""银行人师琢秤子钱林""每两钱贰贯文""承直郎盐判张"②。

9. 汤国彦《中国历史银锭》③第 43 号银铤（图 9），铭文为"宋璘""伍拾两 7""□人宋琦""宋琦秤"。

10. 汤国彦《中国历史银锭》第 45 号银铤（图 10），铭文为"刘仲元伍拾两 7""行人□德温""解泽秤""使司"。

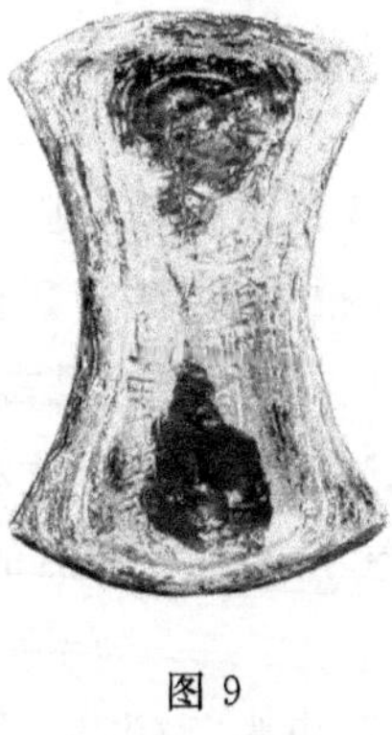

图 9

图 10

① 李光林：《青州出土宋代银铤》，《中国文物报》1994 年 1 月 16 日。

② 朱捷元：《介绍三笏泰和年间的盐税银铤》，《考古》1982 年第 1 期。

③ 汤国彦主编《中国历史银锭》，云南人民出版社，1993。

图 11

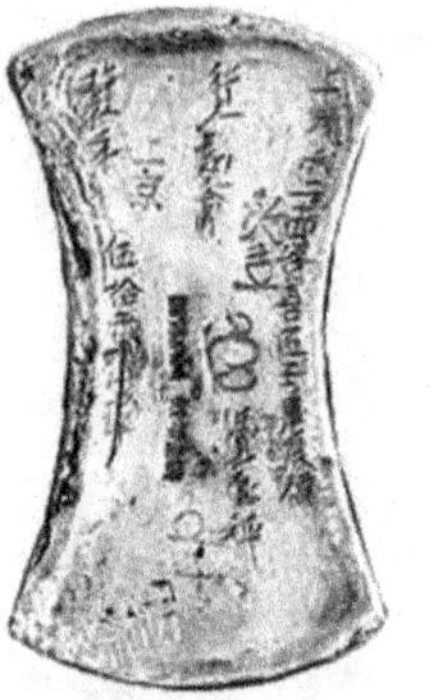

图 12

11. 千家驹、郭彦岗《中国货币史纲要》①插图(图 11),有一银铤铭文为“王平伍拾两 7”“行人杨福”“刘仲秤”。

12. 2002 年 5 月 29 日,哈尔滨双城市东官镇东立村出土银铤(图 12),有一枚铭文为“王淯”“元二十四客□匠王□张礼”“行人□□”“□辰秤”“上京”“裴元”“伍拾两 7”等②。

以上 12 枚银铤,有如下特点:

一、均有行人和秤子,即经过行人检验和秤子称量,说明自铭重量较为准确。

二、其中 8 枚有“两”无“钱”,4 枚有“两”有“钱”。金代银铤大多自铭重量有“两”有“钱”,有“两”无“钱”者表示为整“两”。

三、前 8 枚原文标有重量,分别为 2000 克、1950 克、2010 克、2000 克、1950 克、2000 克、1960 克、1962 克。第 13 枚重 1990 克。宋金时期 1 两相当于现在 40 克,有 6 枚出现了误差。第 13 枚轻 6 克,第 2 枚、第 3 枚和第 8 枚轻 10 克、第 4 枚轻 20 克,第 5 枚轻 34 克。这种误差是古人称错了还是现代人称错了,或者是流通中损耗了,笔者无法查证。第 1 枚和第 6 枚、第 7 枚则丝毫不差,并且均是整两。这种丝毫不差不应该是偶然的,说明当时的衡制已非常精确。

从整“两”无“钱”的铭文记录推测,“7”应为“整”字。第 12 枚照片似乎能

---

① 千家驹、郭彦岗:《中国货币史纲要》,上海人民出版社,1986。

② 郝志宏:《双城出土金代珍贵银碗、银锭》,《哈尔滨日报》2002 年 6 月 20 日。

更好地说明，原来有“两”有“钱”，经过复称，可能是整“两”，又加錾“7”，并把一折拉得特长将“X 钱”全部压住。

这一看法是一种推测，能否成立，还需要更多的例证或直接证据。

武威出土银铤应为金代银铤

1987年甘肃省武威市内出土一批银铤，共21铤，其中11枚有铭文。黎大祥先生发表报告认为是“西夏通用银锭”①。但是，根据形制和铭文，该批银铤具有明显的金代银铤特征。

西夏用银作货币，只有零星的记载。是否铸为铤形，则不清楚。黎先生主要是根据出土地在西夏境内和伴随有西夏瓷片出土来确定为西夏银铤的。出土地当然是重要的断代依据，但不是唯一的。特别是像货币和商品一类东西，还应该有更明确的证据。内蒙古辽上京出土的北宋银铤，新疆出土的北宋“南剑州”银铤，四川省双流县出土的“解盐使司入纳银”金代银铤等都不是出土在该政权统治范围内。最明显的例子是武威该批银铤伴随的有9枚宋朝钱币。所以，单凭出土地不足以确定为西夏银铤。

该批银铤均为弧首束腰扁平形，与南宋和金代的银铤形制相同。其铭文更接近金代。

（1）1号、2号银铤中“使正”，3号银铤中“官正”，在金代银铤中也曾出现。

（2）2号、4号、5号、11号银铤中有“行人”，“行人”是商业组织“行”的成员。在我们统计到的140多枚有铭文的金代银铤中，有83枚“行人”银铤。可见“行人”是金代银铤铭文的重要特征。

（3）2号银铤“行人任应和”，1974年陕西省临潼县出土的21号金代银铤上也有“任应和”的名字。②

（4）4号银铤“行人裴元”，《中国历史银锭》③一书有一枚确定为金代银

---

① 黎大祥：《甘肃武威发现一批西夏通用银锭》，《中国钱币》1991年第4期。

② 赵康民等：《关于陕西临潼出土的金代税银的几个问题》，《文物》1975年第8期。

③ 汤国彦主编《中国历史银锭》第26号，云南人民出版社，1993，第12页。

铤上有“银行人裴元等”铭文。2002 年 5 月 29 日，哈尔滨双城市东官镇东立村出土银铤，有一枚铭文为“上京”“裴元”“伍拾两 7”等。①

（5）4 号银铤“宋琦秤”，《中国历史银锭》一书有二枚确定为金代银铤上有“宋琦”铭文。1993 年山东省青州市出土的 2 号银铤上有“宋崎”铭文，或许应为一人。②

（6）10 号银铤原报告写作“四十六两六钱四铢”，根据拓片，应该是“四年六一九□□□”。该铤的自铭重量应为下边的“贰拾伍两捌钱”。1988 年 11 月河北省沧县出土的 1 号银铤纪年为“(大)定二十□五廿九□”③，陕西省博物馆的一枚金代银铤纪年为“分司泰四五廿六日”，与此枚相同，纪年中省略了“月”字。④

（7）有 5 枚自铭重量的银铤，其重量有“两”有“钱”，符合金代银铤的重量铭文格式，南宋的大多数自铭重量的银铤是有“两”无“钱”。

（8）5 号银铤自铭重量“肆拾玖两捌钱足”，陕西临潼县出土的有 4 枚重量有“足”字，河南省西峡县出土的有 1 枚有“足”字。⑤

该批银铤上还有一些无法识读的铭文符号，但没有确指西夏政权或西夏文的。

黎先生在标题中使用的是“西夏通用银锭”，作为流通使用的贵金属，可以是当地铸造的，也可以是外地铸造的。但在文中，黎先生分析道：“在西夏流通的银锭中，‘赵铺记’和‘夏家记’的出现，也进一步说明西夏和宋、金王朝一样，可能在当时社会上出现了一些铸造和专门经营银锭的作坊和金银店铺。”这就肯定了这批银铤是西夏铸造的。如上所述，该批银铤有明显的金代银铤特征。

那么，在西夏流通的金代银铤是否可以命名为西夏银铤呢？我们认为是否定的。在当时辽境内出土北宋银铤，仍然称为北宋银铤；在金境内出上的南宋银铤，仍然称为南宋银铤；在南宋境内出土的金代银铤，仍然称为金

① 郝志宏：《双城出土金代珍贵银碗、银锭》，《哈尔滨日报》2002 年 6 月 20 日。
② 李光林：《青州出土宋代银铤》，《中国文物报》1994 年 1 月 16 日。
③ 崔永超：《沧县出土金代银铤的探讨》，《文物春秋》1994 年第 2 期。
④ 朱捷元：《介绍三笏泰和年间的盐税银铤》，《考古》1982 年第 1 期。
⑤ 王正旭、刘绍明：《南阳历史货币》，科学出版社，1998，第 130 页。

代银铤。扩大来讲，在西夏境内出土的宋代铜钱仍然称为宋代钱币，在中国境内出土的波斯银币、东罗马金币，仍然称为波斯银币和东罗马金币。

我们进一步分析该批银铤，伴随有“建炎通宝”，其入土时间不早于南宋建炎年间。根据铭文中铤、锭互用，其铸造时间应该在金代末年。金代银铤纪年有正隆、大定、明昌、承安、泰和、大安六个年号。10 号银铤上的“四年六一九”应该是哪个年号？4 号银铤有“宋琦”铭文；《中国历史银锭》39 号银铤有“宋琦”，并有“行人王禄”；《中国历史银锭》27 号银铤有“王禄”“行人胡温信”；1974 年陕西省临潼县出土的 3 号、4 号、19 号金代银铤上均有“胡温信”，3 号、4 号并有“泰六秋税”。如果这样推论没有大错的话，武威 10 号银铤应为泰和四年六月十九日。武威 5 号银铤重量为“肆拾玖两捌钱足”，现在发现还有 5 枚重量有“足”的，这 5 枚中，有 4 枚是“泰和六年”，1 枚是“泰和七年”。该铤有“盐判张”，陕西临潼县出土的有 4 枚“盐判张”，2 枚为“泰和六年”，2 枚为“泰和七年”；河南西峡县出土的有 1 枚“盐判张”，为“大安三年”。这样，武威 5 号银铤可能铸造于泰和六年（1206 年）至大安三年（1211 年）。泰和四年为 1204 年，大安三年为 1211 年。这个时期距离蒙古政权 1227 年灭亡西夏只有 20 年左右的时间，1227 年时蒙古已占领了金朝北方大片土地。该批银铤由蒙古人从金人地区带过去，也是有可能的。如果是这样，该批银铤与西夏就没有关系了。

西夏银铤探讨

西夏是与宋、金并存的一个活跃在丝绸之路上少数民族政权。西夏用银是有文献记载的。中国国家博物馆藏《瓜州审判案》残卷记载，瓜州商人有“铸银近万，乃持裂用，诸处为贩”。西夏兵书《贞观玉镜将》中规定，正将军有大功，除加七官外，还“当得百两银碗，五十两金碗，衣服一袭十带，上缝绊丝，十两金腰带一条，银鞍鞯一副，银一锭，茶、绢一千份”。但文献资料毕竟太少，我们无法了解西夏用银作货币的详情。为此我们十分关注西夏银铤的发现与研究。

宋、金银铤现在发现了许多，而西夏银铤一直未能明确。现在所知与西夏有关的银铤共有四批，我们对此作一番探讨。

(1) 武威出土银铤。1987 年甘肃武威市出土一批银铤，共 21 枚。黎大祥先生在 1991 年第 4 期《中国钱币》上发表文章，认为是“西夏通用银铤”。笔者根据形制和铭文，认为是金代银铤。如弧首束腰形扁平状，铭文有“使正”“官正”“行人”“任应和”“裴元”“宋琦”“钱、两”等。都与金代银铤相同(图 1、图 2)。笔者的文章发表在 2005 年第 3 期《中国钱币》上。

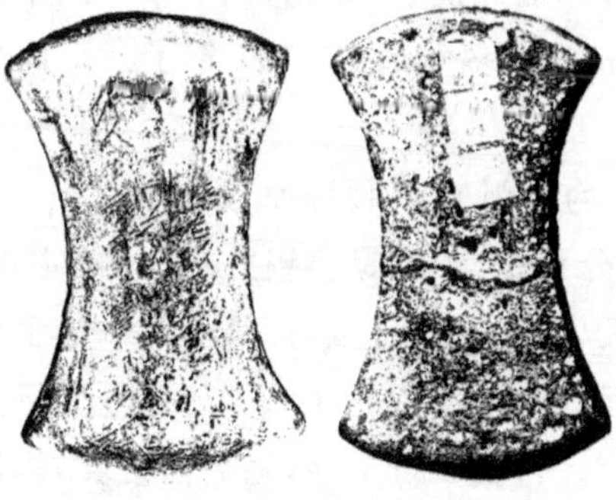

图 1

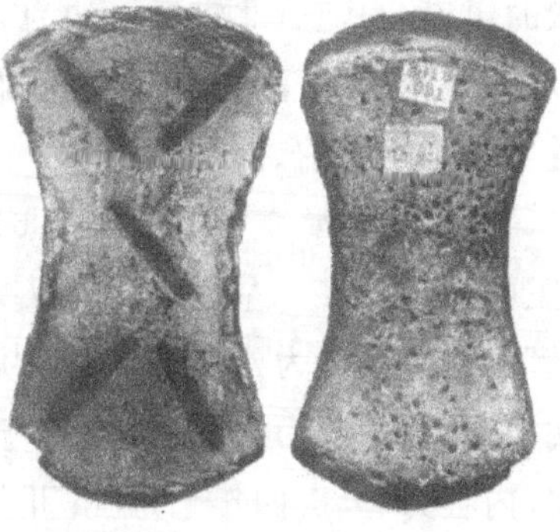

图 2

(2) 周祥《银锭》一书收录 1 枚(图 3)。该书由上海书店出版社 2003 年

8 月出版。第 80 页图 133 为“西夏宁州府正德年秋税银锭”。因为年号正德(1127～1135 年)为西夏，故定为西夏银铤。该银铤也存在疑点。其地宁州府不在西夏，而在北宋的永兴军路和金朝的庆原路，距西夏不远。叫宁州，而不叫宁州府。其形制虽为弧首束腰形状，但与宋金时期的银铤还是有差别。其表面凹进去的部分偏深。此铤有可能是明代的。因为明代有正德年号，也有宁州府地名。明代宁州府有两处，一为今江西修水县，一为云南华宁县。已有其他书转抄周祥先生的这一观点。

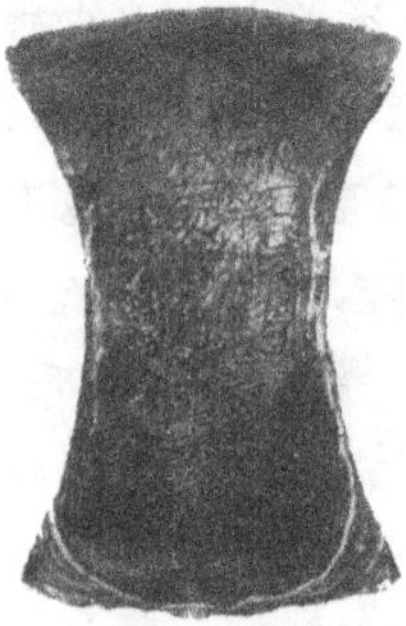

图 3

图 4

(3) 网站上公布的 1 枚(图 4)。在“淘宝网”上有人介绍说“重 55 克，兰州北山出土，有西夏文 15 字，经北京专家鉴定，但没出证书”。该铤弧首束腰形扁平状，但为锻造而成，非铸造，这是与当时宋金银铤不同之处。西夏文字为“元德二年”。元德二年为 1120 年，相当于北宋末年，在中原地区银铤还没有最终形成弧首束腰形。金、夏均受宋代影响，不可能先于宋朝出现这种形状的银铤。其三，北宋银铤均为 50 两，而此铤重 55 克，相当于 1 两半。金代“承安宝货”有 1 两和 1 两半的，那是在 70 多年后的 1197 年了。因此从重量看也是有问题的。

(4) 私人收藏 2 枚(图 5、图 6)。均为弧首束腰扁平状，25 两型。第 1 枚，正面 3 行文字。左边两行为汉文，分别是“销炼足色银式拾伍两”“□□□匠□”。右边一行为西夏文，内容为“天盛十□年月□□□”。第 2 枚，正面 3 行文字，左边两行为汉文，分别为“庆元元年春炼”“匠石平”。右边 1 行为西夏文，内容为“天庆四年七月□□□□”。背面 2 行文字，均为西夏文，内容只释出“同”“那”两个字。从第 2 枚文字看，庆元元年为 1195 年，西夏天庆四年为 1197 年。这样，就是南宋先铸造了该铤，流通到西夏，又刻上西夏文。其原铤应该是南宋银铤。从拓片上看，该铤也为锻造。这与现在见到的宋、金银铤也不一样。

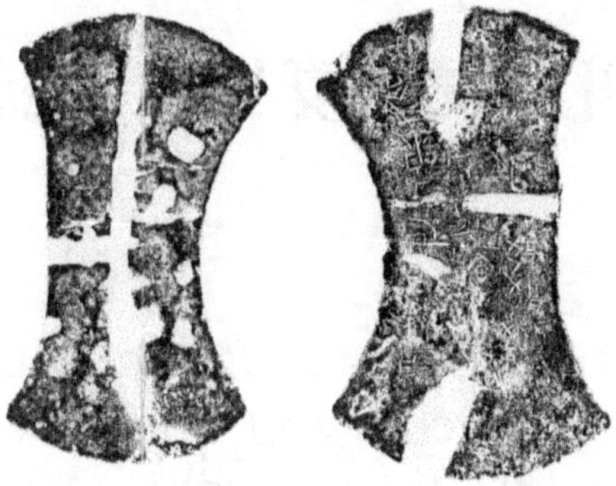

图 5

图 6

总之，西夏与宋、金同时，也应该用银两作为支付手段，或许也用银铤。但是否铸造了银铤，现在还没有确切的文字和实物证据。对于西夏银铤，还有待于更深入的研究和新的考古发现。

银川发现西夏银铤之我见

最近几年，随着收藏热的升温，不断有发现西夏银铤的报道。2006 年第 8 期《收藏界》杂志发表了一篇《银川发现西夏银铤》文章，报道银川一收藏家有两块西夏银铤。(图 1、图 2)笔者经过分析认为，此二枚银铤仍难以确定为西夏银铤。

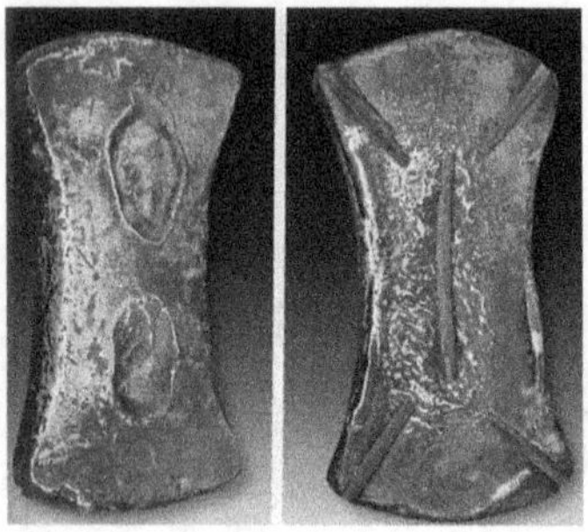

图 1

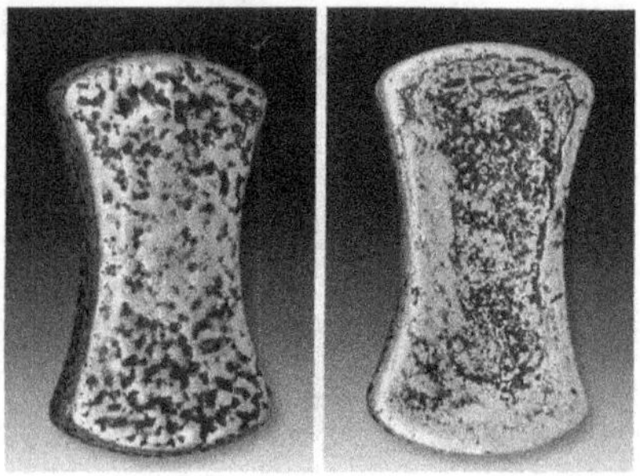

图 2

一、没有确切的出土地点与时间。原报告说“从这两块银锭的外部形状、坚实的锈色及发现的地点看，这两块银锭与宋朝及金朝‘承安宝货’银锭属于同一时期，应是西夏国内铸造和使用的银制货币——银锭”。但原报告并没有说明发现的地点和时间，我们无从根据发现的地点来得出结论。

二、没有铭文，没有作为旁证的伴随物。铭文是隶定时代的重要依据，没有铭文，没有伴随物，也就无法直接确定银锭的时代和国别。原报告说“最令人惊异的是，小块银锭四周横面上的竖排文字痕迹，仔细观看，其较为清楚的部分似是西夏文字的偏旁”。其实，小块银锭四周的痕迹(图 3)不是西夏文字，它和该锭背面(原报告所说的正面，此处原报告有误)的痕迹一样，都是铸造痕迹。

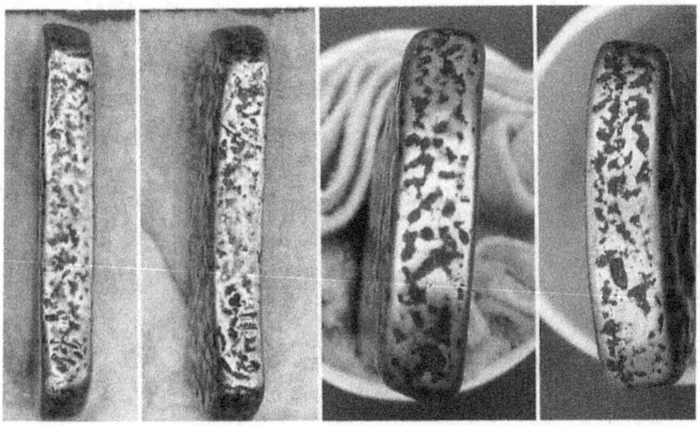

图 3

三、第 1 枚与武威出土的第 12～16 号银铤相似(图 4、图 5),而武威银铤的许多特征与文字内容表明为金代银铤,而非西夏。第 1 枚上的凿痕,武威出土的银铤上也有,而正式报道的宋金银铤上没有看到这些凿痕,因此,有人认为这是西夏银铤特有的。我们认为,这些凿痕没有文字或文化方面的意义,即是认为是西夏银铤的人也是承认的。这些凿痕实际上是鉴别银铤真伪和成色时留下的印记。这一方法或许从宋代一直使用到今天。不但如此,有时还需要把银铤凿断。武威银铤有凿断的,宋代银铤也有凿断的。因此,不能认为这些凿痕是西夏特有的。退一步讲,假如是西夏人凿上的,但根据文字是金代的锭子,也不能认为是西夏银铤。就像我们今天在“袁大头”上凿个印痕,“袁大头”仍是民国时期的钱币一样。

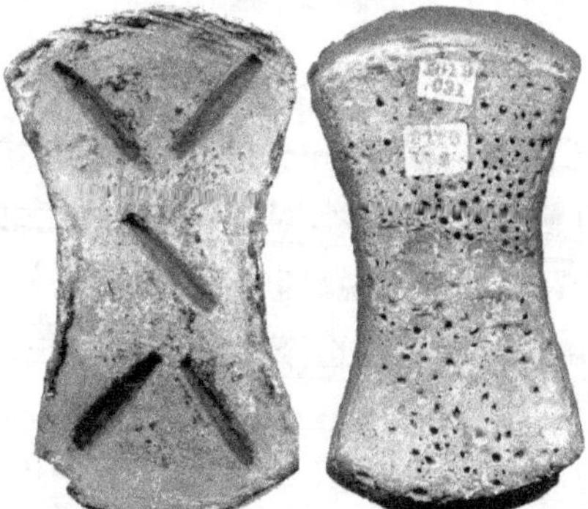

图 4

图 5

四、从形制上看，南宋银铤（图 6，西塞山出土）、金代银铤（图 7，临潼出土）、元代银锭（图 8，《中国山西历代纸币》，太原路）均为弧首束腰形，在没有其他证据的情况下，无法将此种形制银铤确定为西夏银铤。

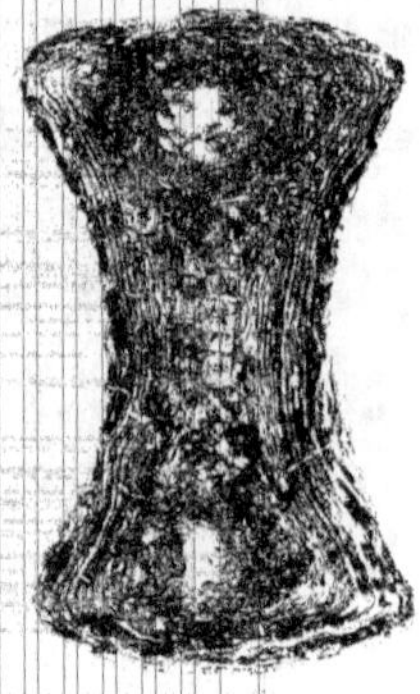

图 6

图 7

图 8

从目前认识看，还没有一枚银铤能够被确认为西夏银铤，所以研究西夏银铤没有可以使用的参照物。总之，对于西夏银铤，我们只能等待新的发现。如西夏史学者陈炳应先生所说，西夏“银币是否也像铜、铁钱那样有一定的币制、币值普遍流通使用？因迄今尚无实物发现、又无明确记载，尚难肯定”。

再谈西夏银铤无发现

2006年笔者写了一篇《西夏银铤探讨》①的文章，2007年笔者在“西夏货币与丝绸之路货币学术研讨会”上提交了《银川发现西夏银铤之我见》②的文章，这两篇文章共对五批传与西夏有关的银铤进行了分析，没有得出西夏银铤的结论。2013年《甘肃金融·钱币增刊》刊登了于光建、黎大祥、寇永义三位先生的文章《再论西夏银锭的几个问题——兼与王勇、白秦川二先生商榷》③，仍然认为武威出土银锭、银川发现的西夏银锭2007年史金波先生在《西夏社会》一书中引用的银锭为西夏银锭。同时牛达生先生也写了一篇《浅论西夏白银和交钞的使用》，内容与于光建诸先生的文章不谋而合。针对这两篇文章，再谈谈自己的看法。

(1) 从2007年至今，没有更多的与西夏银铤有关的实物发现。也就是说，没有新证据证明西夏银铤。

(2) 武威出土银铤，笔者撰文，从八个方面论证为金代银铤④，于光建诸先生的文章仍然认为是西夏银铤，但没有对笔者的八个方面进行分析与批驳，也没有提出为西夏银铤有力的论证。因此，笔者的观点还是成立的。

(3) 银川发现的两枚银铤，笔者专门论证了不能得出为西夏银铤的结论。如果认为是西夏银铤，一定要找到有说服力的论证，到现在我们没有见到这种论证。

(4) 史金波先生2007年出版的《西夏社会》一书，引用了一枚亚腰形有

---

① 《内蒙古金融研究·钱币增刊》2006年第3、4期合刊。

② 《内蒙古金融研究·钱币增刊》2008年第1、2期合刊。

③ 《收藏界》2006年第8期。

④ 白秦川：《武威出土银铤应为金代银铤》，《中国钱币》2005年第3期。

西夏文的银铤。史先生说“这是至今所见唯一一件有西夏年号的银锭”①。其实,这批银铤是两枚,且都有西夏文。笔者在2006年的文章中已经披露并作过分析,得不出为西夏银铤的结论。

(5) 此外,网上流传的兰州也出土过一枚有西夏文的银铤,笔者分析后也不是西夏银铤。

总之,在没有新证据出现,没有充分论证哪些是西夏银铤前,目前结论只能是西夏银铤无发现。

① 史金波:《西夏社会》上册,上海人民出版社,2007,第170页。

元代银锭干支纪年时间考

元代银锭，分有铭文和无铭文两类。有铭文的在年代标注上分三种情况，一是年号纪年，二是干支纪年，三是无纪年。我们根据实物和文献，考证一下元代银锭上干支纪年的具体年份。

已发现的干支纪年银锭的有：

(1)"山东东路，宣科(课)，庚子，益昌库官，李孙，库子官刘，王荣，匠张X"。2002年新疆博尔塔拉蒙古自治州出土。①

(2)"辛丑年，真定路，盐榷胡□，库使孙向，库副冀田，匠□□"。(图1) 2002年新疆博尔塔拉蒙古自治州出土。②

图1

① 《元代"山东路"银铤小考》，2012.06.07珍宝网，http://www.azhzb.com/。山东东路，《新元史·地理志》卷四十六"山东东西道宣慰司"下注曰：《方舆胜览》：河间路领以山东东西道，可证也。刊本作河东山西道，乃字误。至大二年以后，宣慰司始专辖山东东路，移治益都路矣。"

② 《元代"山东路"银铤小考》，2012.06.07珍宝网，http://www.azhzb.com/。

图 2

(3)“壬子年,平阳路,宣科银,征收课税所,库子,□课流泉库”,背“平阳”。(图 2)2004 年中国嘉德拍卖。

(4)“丙辰年,太原路,宣课官,使侯,库子杨,匠人□大吉,宣差银课,银官”,背“太原”。(图 3)方雨楼旧藏。①

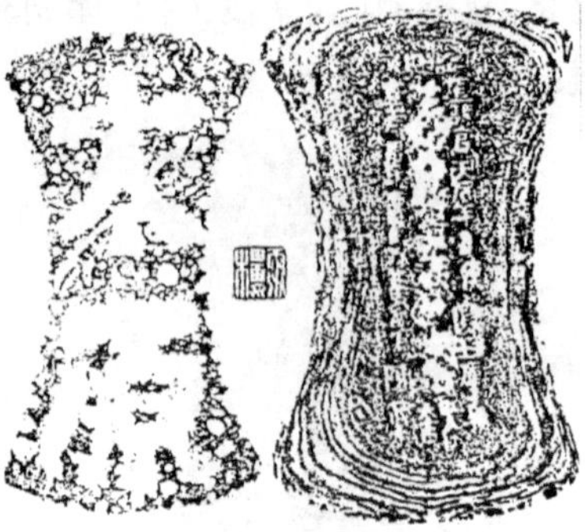

图 3

(5)“丙辰年,真定路课,监纳于□,库使李□,库副魏□,银匠王□,银匠刘□,银匠□□,银匠李□,秤子李秀,秤子陈下,秤子孙义,秤子田春,□□库,库”。1964 年哈尔滨市郊区四方台发现,黑龙江省博物馆藏。②

① 朔望:《天历货币考》,《内蒙古金融研究·钱币专刊》1987 年第 1 期。注:该文把“丙辰”二字识读为“天历”。

② 该馆释读为“大定路”并定为金代银锭,根据铭文应该为元代真定路银锭。郝思德:《“大定路课”银锭小考》,《求是学刊》1985 年第 1 期。《试析金代使用汉字之原因》,黑龙江博物馆网站 http://www.meishujia.cn/。

图 4

(6)“丁巳年，真定路，监纳于丁，库使李□，库副刘□，银匠王进，银匠刘宝，银匠郭字，银匠李应，秤子李秀，秤子□丁，秤子孙义，秤子田□”。(图 4)上海博物馆藏。①

(7)“乙卯年，真定路课，辽庆火赤卫、监纳念正、库使赵□、库副李西、银匠刘□、银匠郑定、银匠李□、银匠王谀、秤子刘成、秤子田□、秤子郑智”。(图 5)台北收藏家藏。②

图 5

① 钱屿:《金银货币的鉴定》，上海远东出版社，1993，第 455 页。另有一锭，载《中国钱币大辞典・宋辽西夏金编・辽西夏金卷》，中华书局，2005，第 320 页。两锭文字相同。

② 《中华集币会刊》封面图，2005 年第 10 期。该刊注释为“南宋五十两铤银”。

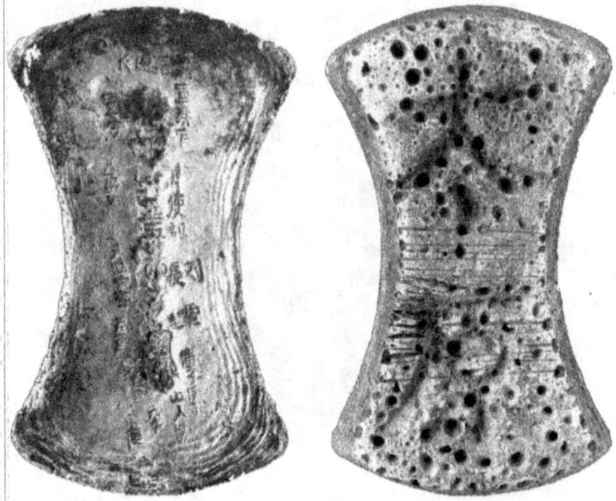

图 6

(8)“己未年,太原路,宣科官,库使副刘覃,库子侯,五十两,共盈库”,背“太原”。① (图 6)

干支纪年银锭有如下特征:

(1) 弧首束腰扁平状,与金代、南宋银铤形状相同。与元代后期紧束腰银锭有别。

(2) 有的银锭背铸文字,如“太原”“平阳”,与北宋银铤背铸“余造”“铅山场”“南建州”等接近。元代年号纪年银锭只有至元十三年(1276 年)、十四年(1277 年)的扬州“元宝”背铸铭文。扬州元宝之后,银锭没有背铸铭文的情况。

(3) 铤面文字多为戳记形成,而元代后期银锭多为錾刻形成。

(4) 铤面文字内容主要是地名、纪年、库官、称子、工匠等。

对于这些特征,钱屿先生、周祥先生曾作过考证。钱屿从背有阴文的角度论证过元代前期银锭的特征。“查阅《元史》而知,平阳路、太原路均在大德九年(1305 年)因地震而分别改为晋宁路、冀宁路。由此得出一条规律,背铸阴文大字是元代前期银锭特征之一。”②周祥说:“元代银锭铭文分早、晚两期。早期铭文都是戳记,晚期铭文则是錾刻。”③

第 6 号银锭,彭信威先生曾见到过,并认为丁巳年“应为仁宗延祐四年,

① 《中国山西历代货币》,山西人民出版社,1989,第 88 页。

② 钱屿:《金银货币的鉴定》,上海远东出版社,1993,第 67 页。

③ 周祥:《银锭》,上海书店出版社,2003,第 93 页。

即公元一三一七年"①。第2号银锭，李晓萍先生认为，"辛丑年在元代有两个：一是1301年(大德五年)，二是1361年(至正二十一年)。该锭出土于新疆，与之同时出土的有平阳路银锭，说明该锭与平阳路银锭属于同时代的物品，因为平阳路于1305年更名为晋宁路，所以该锭只能是1301年的辛丑年"②。第1号银锭，《元代"山东路"银铤小考》认为，"'庚子年'有可能是1300年或者1360年，又因为与之同时出的银铤有'辛丑年真定路'五十两，'平阳路'五十两，说明该锭与平阳路银锭属于同时代的物品，平阳路于1305年更名为晋宁路，所以该锭只能是1300年的庚子年"③。

至此，彭信威、李晓萍等先生对第6、1、2号银锭的干支纪年给出了确切时间。但是，由于第4号银锭的正确释读为"丙辰"，问题又出现了。

第4号银锭，背有阴文"太原"，符合元代早期银锭的特征，与丁巳年、辛丑年银锭应为同时代物，且"丙辰年"与"丁巳年"相连接。丙辰年在元代是延祐三年(1316年)，而延祐三年时已没有太原路，因此，该锭不是延祐三年。同样，第8号银锭，由于文字不清，我们强释为"己未年"。己未年在元代为延祐六年(1319年)，这时也没有太原路了。我们向前推一甲子，丙辰年为宪宗六年(1256年)，己未年为宪宗九年(1259年)，这样，就可以解释通丙辰年太原路和己未年太原路银锭了。

蒙古国时期银锭用干支纪年，不是偶然的。1206年成吉思汗建立大蒙古国，历太宗、定宗、宪宗等一直到1259年，只有国号，没有年号。蒙古国时期纪年用十二兽和干支纪年。南宋赵珙《蒙鞑备录》中记述蒙古"国号、年号：……去年春，珙每见其所行文字，犹曰大朝，又称年号曰兔儿年、龙儿年。自去年方改曰庚辰年，今曰辛巳年是也"④。庚辰年，为太祖十五年，公元1220年。从庚辰起，蒙古文献开始采用干支纪年，兼或十二兽名纪年。陕西周至县重阳宫《成吉思皇帝圣旨》碑4通，落款时间即为癸未年(1223年)、乙未年(1235年)等⑤。蔡美彪先生的《元代白话碑集录》收录1223年至1257

① 彭信威：《中国货币史》，第556页。

② 李晓萍：《元宝的收藏与鉴赏》，浙江大学出版社，2006，第50页。

③ 《元代"山东路"银铤小考》，2012.06.07珍宝网，http://www.azhzb.com/。

④ 《国学导航》网，http://www.guoxue123.com/zhibu/0301/0300/305.htm。

⑤ 蔡美彪：《元代白话碑集录》，科学出版社，1955，第1～4页。

年元代碑共19通，全部用干支纪年。其中有一通为干支加十二兽纪年(癸未羊儿年)。收录的碑文从1261年开始，已没有纯干支纪年，有干支的前边均加有年号，如“至元戊午年”“大德十年岁次丙午”等。只有第42页“丁酉年”隶定为1297年，现在已确定该碑为1237年。

1260年忽必烈即汗位，建元中统。从此，蒙古国有了自己的年号，银锭就可以不用干支而用年号纪年了。称元以后用年号纪年更是顺理成章。

因此，我们认为元代干支纪年银锭为蒙古国时期的银锭。具体年份为：庚子年是太宗十二年(1240年)，辛丑年是太宗十三年(1241年)，壬子年是宪宗二年(1252年)，乙卯年是宪宗五年(1255年)，丙辰年是宪宗六年(1256年)，丁巳年是宪宗七年(1257年)，己未年为宪宗九年(1259年)。

另外，与干支纪年银锭类似的无纪年银锭也应该是蒙古国时期的。如“东平路，宣课，伍拾两，库副周丐，库□，库使贾丘，秤子张山，匠人刘全，匠人师曼，匠人邵全”(上海博物馆藏)、“平阳路伍拾两旦(宣)课银流泉库官张□、王仲□，库工张海，课税所银”背“平阳”(天津武清县1979年出土)银锭等。

清代、民国钱币研究

中国货币称“圆”的几个问题

“圆”是现行流通人民币的法定货币单位，而圆这一名称却是历史上遗留下来的。那么，中国货币何时开始称圆？何以称圆？何时在币面标明圆单位？何时以圆为法定货币单位及称圆的意义何在？这些问题有的很少有人论述，有的语焉未详。现就这几个问题作一点考证和探讨。

一、何时开始称圆？

中国是世界上最早使用金属铸币的国家。大约出现于春秋时期的布币、刀币，已经具备金属铸币的职能，战国时期出现的圜钱（圆孔环钱）和圆钱（方孔圆钱），是完全成熟的金属铸币。当时的货币单位是“钱”①，南北朝时货币单位出现了“文”②，后来又有“陌”“串”（贯）等大单位，不过基本单位还是文。

钱、文等是铜铸币的单位，与铜并行的是金银等贵金属。在古代中国，金、银等基本上以称量货币使用，其单位是斤、两等衡制单位。

大约在16世纪初叶，葡萄牙、西班牙等西方殖民者来到中国，带来了西方的银铸币。据有关资料统计，明万历年间，每年输入中国的外国银币有30万至200万元不等。③ 当时称外国银圆为洋钱、洋银、番银、夷银、银洋，或简

---

① 以钱为单位的记载较多。如《史记·高祖本纪》：刘邦“乃给为谒曰‘贺万钱’，实不持一钱”。

② 刘森：《我国铜钱何时开始称文》，《中国钱币》1985年第1期。

③ 石瀬弘：《明代中国之外国贸易》，郭有义译，载《食货》半月刊第四卷第1期，1936。

称洋。清初限制对外贸易，输入一度减少。乾隆、嘉庆年间，外国银圆复大量流入。乾隆九年(1744年)范廷楷奏称："内地奸商私带制钱出海，与诸番交易，以数十文易番银一元，获利最重。"①《皇朝文献通考·钱币考四》，乾隆十年条注："福建、广东近海之地，又多行使洋钱。……凡荷兰、佛朗机诸国商船所载每以数千万圆计。"这两条资料，为称"圆"的最早记载。在此之前，应有一个口头称圆的阶段，然后才能反映在书面上，但时间不会太长.大约应在雍正年间或乾隆初年，最早不会到康熙时期。

二、何以称圆？

外国银圆流入中国开始称为洋钱、洋银等，后来称为银圆，并把圆作为计算单位，从此基本固定下来，其他名称就日见少用了。为什么称银圆呢？其实不仅仅因为它是圆形，而且还相对我国清代早期银锭"元宝"而讲的。由于"元宝"有时简称"元"，所以后来银圆的圆也俗作"元"。现代汉语"圆"与"元"通。②

在16世纪初叶到18世纪初叶，外国银圆流入中国的二百年间，没有称圆。这是因为称圆是与论枚计值相联系的，称圆以前，银圆是当作银块参与流通的。明代张燮《东西洋考》记载："东洋吕宋，地无他产，夷人悉用银钱易货，故归船自银钱外无他携来，即有货亦无几，故商人回澳征水陆二饷外，属吕宋船者，每船更追银百五十两，谓之加征。"③清初顾炎武《天下郡国利病书·福建条》中有同样记载。商人到吕宋等贸易，回船无货，只带回当地的银钱，而加征百五十两，可见是把银圆当银块使用的。关于当银块使用的观点，彭信威先生的《中国货币史》和石毓符先生的《中国货币金融史略》均持

① 《续清朝文献通考·钱币考一》，转引魏建猷《中国近代货币史》，黄山书社，1986，第98页。

② 见1984年版《辞源》"元"字条及"银圆"。

③ 张燮：《东西洋考》，载《中外交通史籍丛刊》卷七，中华书局，1981，"饷税考"第3页。

肯定态度。①

《东西洋考》中也有“银钱二十个”“银钱三枚”的记载，这不过是记述在吕宋、大泥等地的情形，并非中国当时论枚计算。

三、何时在币面标明圆单位

中国自铸银圆，始于光绪时期。在此之前，各地商人就有仿铸的，西藏、新疆也发行过当地银币，这些与后来的银圆制度没有直接联系。光绪十五年(1889 年)，广东造币厂经批准铸造银圆，先试铸重七钱三分的，由于被外国的七钱二分银圆驱逐，旋即停止。后改铸七钱二分的，正面为“光绪元宝”，满汉文合璧，环以“广东省造”“库平七钱二分”；背面蟠龙纹，环以英文“广东省”“七钱二分”。另外还有四种辅币。② 此后各省先后开铸银圆。

中国最初铸造的银圆，并未脱离银两制度的窠臼，币面纪重而不纪值。如“七钱二分”“三钱六分”“七分二厘”等。但是由于机制银圆重量成色整齐划一，人们对此并不怀疑，况且人们久已习惯论枚计值，因此，纪值币出现的条件已经成熟。光绪二十二年(1896 年)北洋机器局(天津)首先把“圆、角、分”铸在银圆上。正面为“壹圆”，外环满文，边环“大清★光绪二十二年★北洋机器局造”；背面蟠龙纹，环以英文“光绪二十二年、北洋机器局”。另有“五角”“二角”“一角”“五分”四种，共计五种③，与“七钱二分”等五种相对应。这是中国最早的纪值银圆。

四、何时以圆为法定货币单位?

自乾隆时期钱币称圆开始，银圆相对于银两的优点越来越为人们所认

---

① 彭信威:《中国货币史》，群联出版社，1954，第 507 页。石毓符:《中国货币金融史略》，天津人民出版社，1984，第 84 页。

② 蒋仲川:《中国金银镍币图说》，上海国光印书局，1939，第 60～61 页。

③ 蒋仲川:《中国金银镍币图说》，上海国光印书局，1939，第 143～144 页。

识。道光年间，林则徐等上折请自铸银圆，被清政府否决。后来随着中国资本主义经济的产生与发展，随着中外贸易的扩大和帝国主义对中国经济侵略，中国迫切需要确立本位货币，并由贵金属的称量货币形态过渡到铸币形态。经过清末近四十年的酝酿争论与实践，清政府于宣统二年(1910年)四月颁布《币制则例》，“诏国币单位定名曰圆，暂就银为本位，以一圆为主币，重库平七钱二分”①。至此圆成为法定货币单位。

民国三年(1914年)，北洋政府颁布《国币条例》，第二条规定：“以库平纯银六钱四分八厘(即十三格兰姆又九七七九五零四八)为价格之单位，定名曰元。”②1933年3月1日中华民国财政部颁发“废两改元令”，同年3月8日发布《银本位铸造条例》，第二条为“银本位币定名曰元”③。

五、中国货币称圆的意义

中国货币称圆的历史，从称呼外国银圆到作为法定货币单位，进而统一中国货币单位，前后经历了两百年。这一过程，使中国货币发生了本质变化，形成一次大革命。

第一，银两与银圆分属两种不同的货币形态。银两属于金属称量货币形态，银圆属于金属铸币形态。金属铸币是从金属称量货币发展而来的，在商品经济充分发展的情况下，金属铸币比金属称量货币有巨大进步性。就形式讲，金银铸币在中国古代曾出现过多次。如春秋战国时期楚国的金郢爰、银布币，汉武帝的白金三品，王莽的银货二品，金代的承安宝货，宋、金银铤和元代以后的元宝，然而这些基本上都是称量使用的。因此，在外国银圆流入以前，中国没有真正意义上的贵金属铸币。不但如此，由于中国银两制度的根深蒂固，当外国银圆流入中国的前两百年间，也被融进银两制度之中。称圆以后，银圆逐渐瓦解了银两制度，最后成为法定货币，完成了中国

---

① 《清史稿》卷二五《宣统纪》。

② 中国人民银行总行参事室：《中华民国货币史资料》第1辑，上海人民出版社，1986，第88页。

③ 《财政年鉴》第12篇，商务印书馆，1935。

贵金属由称量货币向金属铸币的转化。

第二，银两制度有很大的封建地域性，因此形成极为混乱的局面。形式笨拙，名称复杂，成色不齐，平码不一，换算繁琐。如果把全国各地银两的名称、大小、成色、平码、换算情况全部列出，恐怕不下千余种。① 这种银两制度，严重地影响国内经济和中外贸易的发展，因此，银两制度没有发展前途。银圆以圆为单位进入流通后，人们颇感便利，乐于使用，马上在沿海沿江地区畅通。经过长时间的流通使用，清末终于定银圆为法币，以圆为法定货币单位，开始了中国货币走向统一的过程。1933 年废两改元，标志着银两制度的终结。1948 年 12 月发行的人民币，到全国解放后成为高度统一的货币。

第三，货币是商品经济发展的产物，不同的商品经济发展阶段，有着与之相适应的货币制度。银两制度反映着封建的商品经济。银圆称圆开始，注入中国社会的就是资本主义商品经济的信息，也是中国资本主义产生的诱发因素之一。反过来，中国资本主义经济的发展，为用银圆统一货币奠定了基础，中国的银圆制度是与中国资本主义相辅相成的。

第四，在世界货币史上，有两种流传到近代的独立的货币体系。一种是东方货币体系，以中国为代表，铜铁为主，有方孔，币面只有文字，没有图画。一种是西方货币体系，以希腊为代表，金银为主，没有穿孔，币面铸鸟兽草木人物。银圆的输入，引起了希腊货币文化与中国货币文化的撞击。由于希腊货币文化适应近代资本主义需要，而中国货币文化不能适应这种需要，经过三四百年的斗争，中国货币文化“终于完全为西方资本主义的货币文化所征服”②。从此，中国进入了世界近代货币体系的行列，所以彭信威先生说：“外国银元的流入，在中国的货币文化上，引起一次大革命。”③

---

① 魏建猷：《中国近代货币史》第二章《近代的银两制度》，黄山书社，1986，第 13～45 页。

② 彭信威：《中国货币史》，群联出版社，1954，第 503 页。

③ 彭信威：《中国货币史》，群联出版社，1954，第 502 页。

中华民国金属货币概说

中华民国金属货币有银锭、银元、铜元、金币和金属辅币。

一、银锭

民国时期的银锭，继承了清代传统。从形状上分，有元宝形、圆形、茶花形、方形、牌坊形、腰形等。元宝形是宋、元、明银锭形制的延续和发展，铸造地区主要有黑龙江、吉林、辽宁、新疆、山西、河北、湖北、湖南、江苏、安徽、上海、天津、山东、河南及福建。圆形银锭铸造地区主要有四川、西康、云南、贵州、陕西、甘肃、浙江、江西。茶花形是圆形的一种变形，铸造地为贵州。方形铸造地主要有江西、甘肃、云南、贵州等，分长方形和正方形两种。牌坊形是长方形的一种变形，铸造地是云南。砝码形铸造地主要有广东、广西、湖南。腰形铸造地主要有山西、河南、甘肃、宁夏。

从功能上讲，银锭主要用于赋税和大额支付。单位有两、钱、分、厘、毫。全国各地自由铸造，是一种金属称量货币，交易时要称重量、验成色。与实物相对应的是交易中使用的虚银两。由于各地虚银两制度不同，用于称重量的平砝不同，异地之间交易需要进行复杂的换算。银两与银元之间，没有固定的比价。在上海，银元折合成规元的比例称为“洋厘”。洋厘的折合率每天由钱业公会分早、午两市开出公布，升降随当天市场上银元供需变化而变化。在国际市场上，1926 年，印度完全放弃银本位币制以后，中国成为世界上为数不多的用银大国，各国藏银大量涌入中国。1928～1931 年间，每年输入关平银 6000 万至 1 亿两之巨，严重地影响了中国金融、经济的正常发展。在偿还国际债务中，需用白银折合金镑，中国受“镑亏”损失越来越严重。20 世纪 30 年代初期，每年因镑亏额外损失 1000 万规元以上，政府财政大受影响。

银两制度对外无法保持汇价平衡，对内无法稳定物价。1933 年 3 月 1 日财政部发布《废两改元令》。从 4 月 6 日起，所有公私款项收付与订立契约、票据及一切交易，须一律改用银币，不得再用银两。“废两改元”结束了银两制度，银锭退出了货币历史舞台。

二、银元

民国银元分为中央和地方两类。中央银元分为三个时期：(一)1912～1913 年，铸造孙中山像开国纪念币和袁世凯像共和纪念币。(二)1914～1932 年，根据民国三年《国币条例》，铸造袁世凯像银币，1927 年后重铸开国纪念币。(三)1933～1935 年，根据民国二十二年《银本位币铸造条例》铸造孙中山像船洋。地方银元铸造的省份有福建、广东、广西、湖北、四川、云南、西藏、新疆、外蒙古。

银元是民国金属货币的核心。民国三年(1914 年)，北京政府颁布《国币条例》：“以库平纯银六钱四分八厘为价格之单位，定名曰圆……壹圆银币，总重库平七钱二分，银九铜一。”从制度上规定银元的主币地位。由于银两和铜元均是独立的货币，与银元没有固定的比价，所以以银元为主币的货币制度是不完善的。北洋政府时期，共铸袁像国币等近 18 亿枚，南京国民政府成立后，重铸开国纪念币近 6 亿元，为银元的统一奠定了基础。民国二十二年国民政府公布《银本位币铸造条例》，规定“银本位币之铸造专属于中央造币厂”；“银本位币定名曰圆，总重二十六点六九七一公分，银八八、铜一二，即含纯银二十三点四九三四四八公分”。此后，银锭退出流通领域，铜元也逐渐淡出，银本位币制度最终确立。

在中国确立银本位制时，世界各国已进入金本位制。白银是一般商品，在中国却是通货。由于世界性经济危机，美国白银政策的实施，使中国白银大量外流，造成了中国银根奇紧、物价猛跌、利息上涨、商业萧条、银行关闭等严重后果。在此背景下，1935 年 11 月 3 日，国民政府宣布实行法币改革。以中国、中央、交通三银行所发行的钞票为法币，废除银本位制，全部白银归国有以充法币准备金。法币改革，使银元退出了流通。1949 年，因战争引起通货膨胀,银元在某些地区曾短期恢复流通。由于西藏是独立的货币系统,银元一直使用到1962年。

三、铜元

民国铜元与清代铜元一脉相承,以铜为币材,以“文”为单位。铸造单位与省份有天津造币厂、广东、福建、湖北、湖南、安徽、四川、江西、山东、河南、云南、山西、广西、甘肃、绥远、新疆、西藏。有五文、十文、二十文、五十文、一百文、二百文六种面额(河南五百文未流通)。

民国铜元之所以有很大发展,首先是与经济发展水平和民众生活水准相适应的。由于金银币的价值含量高,普通民众持有的很少。其次是铸造铜元可获厚利,可弥补财政和军需不足。据统计,1921年每铸造278枚铜元,可获78枚的利润;1923年每铸造280枚铜元可获利30枚。受利益的驱使,铸造铜元形成了全国性的高潮。

铜元在流通中起着辅币的作用,但与主币银元没有固定比价,可以看作是一种独立流通的货币,对商品流通、经济发展、方便民生有积极作用。但发行过量,引起铜元贬值,物价上涨。民国年间铜元一直处于贬值状态。

民国三年《国币条例》规定有铜辅币,意在取消铜元,但没有达到目的。废两改元和法币改革,银元货币制度和法币制度在全国取得成功,铜辅币等大量投入使用。后来抗战爆发,铜材成为战争物资,日军和国民政府都大量收购铜元用于军需,铜元退出了流通领域。

四、黄金货币

民国时期的黄金货币,严格讲不是流通货币,但由于具有贮藏手段、支付手段和世界货币的职能,可以看作是职能不完全的一种货币。现在见到的主要是标金,分上海标金、天津标金和北京标金。上海中央造币厂铸过十两、五两、三两、二两、一两、五钱等多种金条。

五、金属辅币

金属辅币与主币有固定比值，均为十进位制，是银元货币制度和法币的重要组成部分。民国三年《国币条例》规定“银币四种：一圆、半圆、二角、一角。镍币一种：五分。铜币五种：二分、一分、五厘、二厘、一厘”。“一圆银币，用数无限制”，其他均有限制，即圆以下九种均为辅币。民国二十五年《辅币条例》规定镍币三种：二十分、十分、五分；铜币两种：一分、半分。根据这两个条例，中央造币厂等单位和地方铸造了银辅币、铜辅币、镍辅币、铝辅币、锑辅币等。铸造银辅币的有天津造币总厂、福建、广东、广西、湖北、四川、云南、外蒙古、西藏、新疆等。铸造铜辅币的有中央造币厂、天津造币厂、广东、四川、辽宁、云南、贵州、广西、绥远、陕西、香港等。铸造镍辅币的有中央造币厂及分厂、天津造币厂、广东、云南、四川、山东、湖北。铸造铝辅币的有中央造币厂。铸造锑辅币的为贵州。铸造镍辅币的还有伪满洲国、伪冀东政府、伪“华兴银行”、伪“蒙疆银行”。铸造铝辅币还有伪满洲国、伪“中国联合准备银行”。铸造镁(陶)辅币的为伪满洲国。

总之，民国时期的银锭是古代金属称量货币的遗制，银元、铜元是金属铸币的发展。1933 年废两改元，金属称量货币制度寿终。1935 年法币改革，金属铸币制度结束。此后，中国进入了信用货币的时代，金属货币只是作为信用货币的辅币而存在。

河南铜元研究

铜元是清末和民国年间流通的一种货币。它是中国封建经济向资本主义经济过渡的产物，同时又是中西货币文化撞击交流的结果。从内容上讲，一方面继承了咸丰以来的大钱制度，另一方面又以银元的辅币面目出现。从形式上讲，它否定了外圆内方和只有文字的古钱式样，代之以没有方孔、图文并茂的新形式。中央造币厂和各省铜元局均铸造铜元。本文仅对河南铜元作一基本研究。

一、河南铜元发行始末

铜元光绪二十六年（1900 年）始铸于广东。由于铜元为机器制造，式样新颖，便于流通；同时铸造铜元可以获取丰厚的利润，光绪二十七年（1901 年）清廷谕令“沿江沿海各督抚即筹财仿办”。光绪三十年（1904 年）八月，河南巡抚陈夔龙以“豫省银贱钱荒”“且邻近之湖北、江苏、山东等省，均已先后制用”为由，奏请朝廷“设局开铸铜元”。光绪三十年九月十九（1904 年 10 月 20 日）开炉试铸。光绪三十一年（1905 年）三月十四获得廷准。当时所铸为“光绪元宝”当十铜元。

光绪三十二年（1906 年）清廷整顿币制，将开封局划归户部管辖，改名为度支部造币汴厂。铸造“大清铜币”当十铜元。

光绪三十四年（1908 年）铸造“光绪一文”铜币。

宣统元年（1909 年）铸造“宣统一文”“大清铜币”当二、“大清铜币”当十、“大清铜币”当二十等 4 种铜元。其中“宣统一文”“大清铜币”当二、当二十只有样币。

民国初年，张镇芳、段祺瑞先后任河南督军，铸“中华民国十文”铜元。

民国六年（1917 年），田文烈任巡按使，由天津造币总厂代铸当五、当十、当二十等 3 种铜元。

民国七年(1918年),赵倜任督军,铸当二十铜元。

民国九年(1920年),铸当五十铜元。

民国十一年(1922年),冯玉祥任督军,毁相国寺等寺院佛像,铸当五十铜元。同年冬,张福来任督军,继续铸当五十、当二十铜元。

民国十七年(1928年),韩复榘任河南省主席,铸当百铜元。

民国十八年(1929年),铸当五十、当百、当二百铜元。

民国十九年(1930年)冬,刘峙任河南省主席,毁当二十、当五十铜元,铸当二百铜元。

民国二十年(1931年),铸当二十、当五十、当百铜元。

民国二十二年(1933年),铸当五百铜元,只有样币。

二、河南铜元的版式

1. 光绪元宝十文

光绪三十年至三十一年铸造,红铜。正面中央为太极图和“光绪元宝”四个汉字,外环珠圈,上缘“河南省造”,下缘“当制钱十文”,左右两侧分列满文“宝河”;背面中央为龙图,上缘英文纪地“HO-NAN(河南)”,下缘英文纪值“TEN-CASH(10文)”,左右各列四星。

“光绪元宝”只有当十这一种,但其图案却有许多版别。首先是正面太极图有八种形态,如“阳太极”(图1)、“横阳太极”、“反阳太极”(图2)、“正阴太极点竖对”(图3)、“正阴太极点横对”(图4)、“正阴太极点斜对”、“反阴太极点斜对”(图5)、“反阴太极点横对”等。背面龙纹有“水龙”“云龙”等。

阳太极

图1

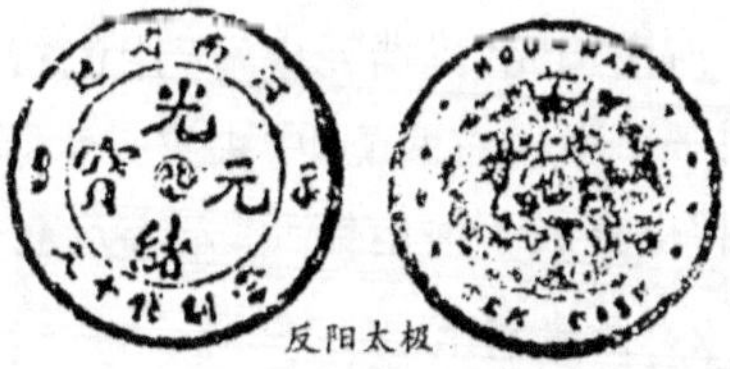

反阳太极

图2

正阴太极点竖对

图 3

正阴太极点横对

图 4

反阴太极点斜对

图 5

图 6

“光绪元宝”有许多特殊版别，如背面为阴文反字“光绪元宝”（图 6），此为错版所致，即当一枚铜元压好后，没有取出，又放一铜坯在上边重压，下边的铜元正面充当了上边铜元的底模。还有“大字阳极”，即正面上缘“河南省造”四字略大，中心太极图为阳极。另有正面为“光绪元宝”版，背面为“宣统年造”版（图 7），此币显然是宣统年间使用新、旧版合制而成。

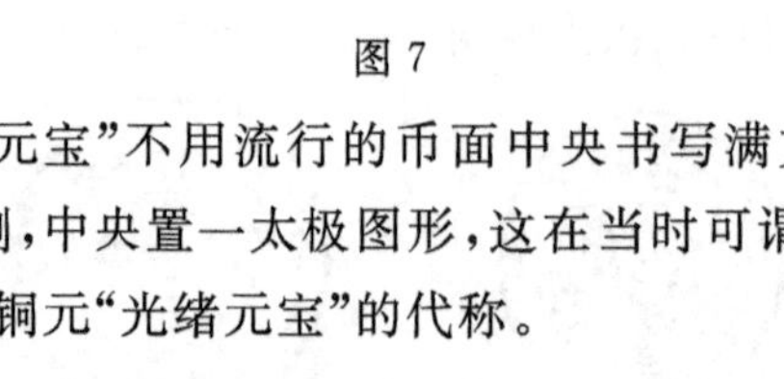

错版：背宣统年造大清龙图

图 7

河南铜元“光绪元宝”不用流行的币面中央书写满文的做法，而是把满文列于币面左右两侧，中央置一太极图形，这在当时可谓独树一帜，所以“太极图”也就成了河南铜元“光绪元宝”的代称。

2. 大清铜币

造于光绪三十二年至宣统三年，红铜。正面中心为一小“汴”字，“汴”外边为“大清铜币”四个汉字，外环珠圈，上缘为满文“大清铜币”，下缘为“当制钱十文”（图 8、图 9）、“当制钱二十文”“当制钱二文”“当制钱五文”等；背面中央为“蟠龙图”，外环珠圈，上缘汉字“光绪年造”或“宣统年造”，左下右环以英文“TAI-CHING-TI-KUO COPPER COIN(大清帝国铜币)”。

阴文汴

图 8

阳文汴

图 9

铜币正面铸有岁次，分两种情况，一种是光绪三十二年(1906 年)的岁次“丙午”铸于上缘满文“大清铜币”两侧，外缘左右分列“户部”；另一种是光绪三十三年(1907 年)、光绪三十四年(1908 年)、宣统元年(1909 年)、宣统三年(1911 年)的岁次分别为“丁未”(图 10)、“戊申”、“己酉”(图 11)、“辛亥”(图 12)，直接铸于外缘左右两侧，“户部”二字取消。此外“汴”字有阴文与阳文之分，阴文居多，阳文稀少。“己酉”二十文分狭缘与阔缘两种。(图 13、图 14)

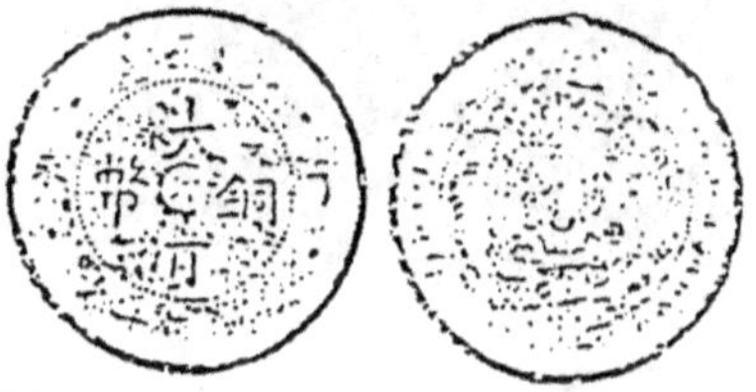

图 10

图 11

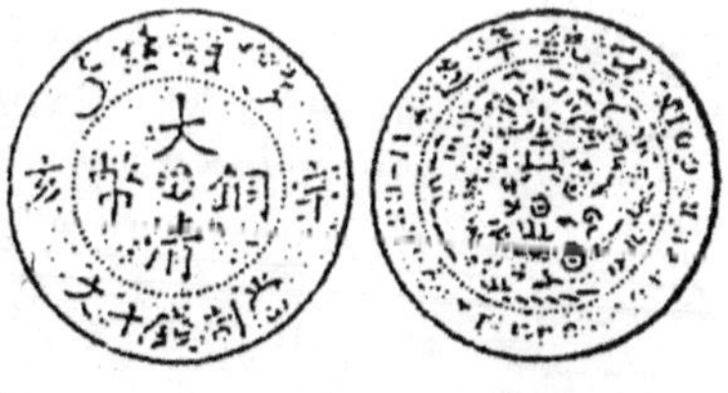

图 12

图 13

图 14

"大清铜币"中"丁未"十文、"己酉"二文币(图 15)、"己酉"五文币(图 16)和"己酉"二十文币均珍稀。

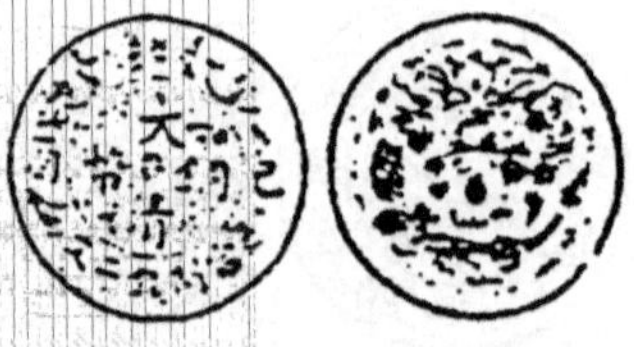

图 15

图 16

3. 光绪一文、宣统一文

"光绪一文"(图 17),光绪三十四年(1908 年)造,有红铜和黄铜两种。正面中央为一阴文"汴"字和线圈,上下铸"光绪一文",左右分列"戊申"纪年;背面为一蟠龙图。"宣统一文"(图 18)为宣统元年造,红铜。正面中央为一阴文"汴"字和一珠圈,上下缘铸"宣统一文";背面为蟠龙图案。"光绪一文"有合面币(图 19),"宣统一文"为试制币,均极稀少。

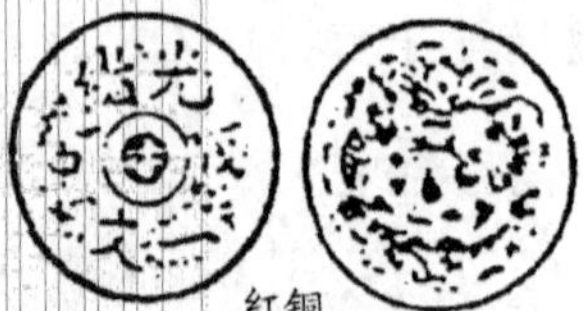

红铜

图 17

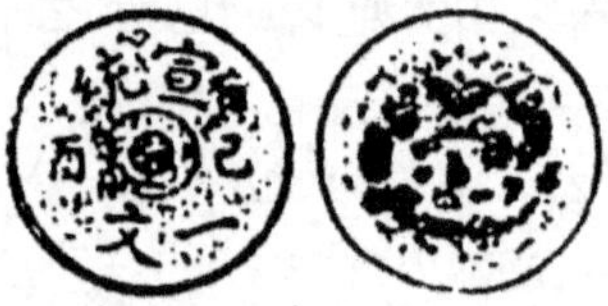

图 18

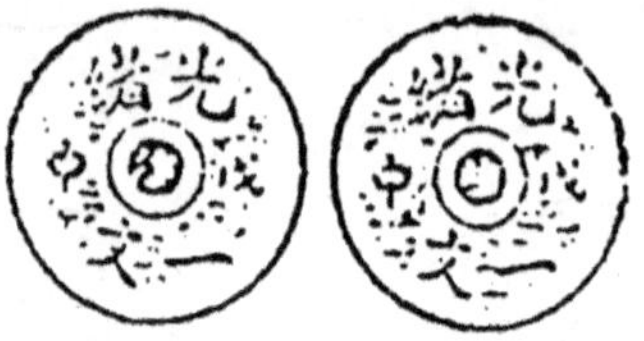

图 19

4. 中华民国十文

铸于民国初年,红铜。正面中央为楷书"十文"及嘉禾图,外环珠圈,上缘为"中华民国",下缘为"河南省造",左右各列一花星;背面为两面交叉的五色共和旗,上为英文纪地"HO-NAN(河南)",下为英文纪值"TEN CASH(10 文)",左右各列一"卷草花"。此币有正面两侧花星无坠、有坠、花坠连接、花坠分开、合面等版别。此外有白铜样币。合面币和白铜样币稀见。(图 20～23)

面单花星

图 20

花坠连接

图 21

花坠分开

图 22

合面

图 23

5. 中华民国当十铜元

铸于民国初年，红铜。正面中央为一菊花，由嘉禾环绕，外环珠圈，上缘为“中华民国”，下缘为“当十铜元”，左右各列一花星。背面同“中华民国十文”铜元。有将英文“TEN-CASH”错排为“TEN-CAZH”错版币。（图 24）

图 24

6. 中华民国当制钱二十文、中华民国当二十铜元

铸于民国时期，红铜。正面略同于“当十铜元”，只把“当十铜元”改为“当制钱二十文”或“当二十铜元”；背面为双旗交叉，一面为五色共和，一面为铁血十八星，上为英文纪地“HO-NAN（河南）”或“CHINA（中国）”，下为英文纪值“20CASH（20 文）”。背英文“中国”者较为稀少。（图 25～27）

图 25

图 26

图 27

7. 中华民国当五十铜元

币式略同于“中华民国当二十铜元”。仅改面值和加大币形，背面英文纪地同样有“河南”和“中国”两种。有一种背英文“HO-NAN”（河南）错版为“HN-NAN”。（图 28～30）

图 28

图 29

图 30

8. 中华民国当百文铜元、中华民国当贰百文铜元

铸于民国中期，分红铜和黄铜两种。正面图案同“中华民国当五十铜元”，只改面值为“当百文铜元”或“当贰百文铜元”；背面双旗交叉，一面为国民党党旗，一面为国民政府旗，上为英文纪地“河南”或“中国”，下为英文纪值“100 文”或“200 文”。此币黄铜和合面者少见。（图 31、图 32）

图 31

图 32

9. 中华民国伍百文

铸于民国二十二年(1933 年)，红铜镀锡。正面中央竖书“伍百文”，外为嘉禾图案，边缘为回纹和齿纹环绕；背面中央为双旗图，一面为国民党党旗，一面为国民政府旗，外环珠圈，上缘为“中华民国”，下缘为英文纪值“500 CASH(500 文)”，左右各列一花枝，最外边为回纹和齿纹环绕。此为样币，未正式流通。（图 33）

图 33

10. 中华民国二十年当制钱二十文

红铜，正面图案同“中华民国当制钱二十文”，只在“中华民国”后增加“二十年”三字；背面双旗为国民党党旗和政府旗，上缘为五角星，下缘为英文“20 文”。分有齿边和无齿边两种。（图 34）此币极为难得。

样版(厚齿边)

图 34

11. 中华民国二十年五十文、中华民国二十年百文

红铜，正面中央竖写“五十文”或“百文”，外为嘉禾图案，上缘为一五角星，最外环以齿纹；背面中央为一国民党党徽图案，外环线圈，上缘“中华民国二十年”，下缘“河南省造”，左右各列一五角星。(图 35、图 36)

图 35

图 36

三、河南省铜元局

清初，河南设宝河局，历顺治、康熙、雍正三朝，乾隆时停止。咸丰四年(1854 年)，河南巡抚英桂奏设宝河钱局于开封县文庙东北(今开封市鼓楼区蔡河湾南)，内分生、财、有、大、道、为、政、在、得、人十号，每号有炉百座，铸当十、当五十、当百大钱。次年春，以钱不流通，停铸。光绪三十年(1904 年)因官本亏损殆尽，正式奏请停业。

光绪三十年(1904 年)八月，河南巡抚陈夔龙上奏《开铸铜元折》，称：“近年以来豫省制钱益绌，银价愈低，每银一两仅易钱一千数十文，公款由是而亏，民生因此而累，交困情形，日甚一日。……邻近之湖北、江苏、山东等省均已先后制用，本省独未开办。但恃外来之接济转遗，因之利权微，特不足维圜法之穷。即以振兴百废而言，亦有未臻美备者。臣再四筹维，参以众论，此项铜元，自应即时铸造，以救钱荒而拓利源。”①于是，在省城原设机器制造局后，建造铜元局。当时派布政司、按察司会同机器局候补道何廷俊先行试办。一面建造厂房，一面派人到上海购买机器铜料。铜元局的一切章程，查照湖北、山东二省参酌制定。铜元局先后制定了《河南铜元局开办章程》《河南铜元局员司章程》《河南铜元局工匠章程》《河南铜元局管理章程》等。

按照《河南铜元局开办章程》规定，该局设总办、会办、提督、总稽查、文案、收支、管理物料库、收发铜元、采办、监厂兼管钢模、印花、校准兼熔铜、稽查兼熔铜、稽查兼管碳、辗片、舂光、烘洗等各科委员，各辖司事数人。主管人员称总办，亦有称为局长者，自光绪三十年（1904 年）至宣统三年（1911 年），先后由候补道何廷俊、观察朱小笏、陈某等充任。

河南铜元局光绪三十年开办时，有机器六具，日铸铜元九万枚。后因需要日增，机器增加到十四具，日铸七十万枚。当时聘请美国著名工程师兰拔脱到局管理汽锅机件，并教导工匠。② 根据铸造工艺，设熔铜、辗片、舂饼、光边、烘洗、印花、修机等厂（车间）和管库所、校准所、储铜元库、钢模处等机构。另有警卫人员称“队勇”。全局职工人数最多时达两千人左右。每月初一、十五为“休沐之期”。员司薪水每月初十日发给，书办勇役口粮十五日发给，匠徒长夫工食一半于十五日借支，一半于月底全发。③

光绪三十二年（1906 年）七月二十九日，财政处、户部会奏《酌拟归并铜元局折》：“除臣部所设总厂外，拟以山东归并直隶为一厂，湖南归并湖北为一厂，江西、安徽、江苏、清江归并江宁为一厂，浙江归并福建为一厂，广西归并广东为一厂，合奉天、河南、四川、云南四厂共九处，皆归臣处、臣部统辖。”④河南铜元局改名为度支部造币汴厂。

光绪三十三年（1907 年）五月初八日，考查铜币大臣陈璧上《考查各省铜元情形折》，谈到河南厂时说：“河南机厂无多，亦以章制未备，款目动辄舛误。”⑤

---

① 《河南官报》光绪三十年十一月初五日第 1 期。

② 《河南大事记丛编》。

③ 《铜元局拟定开办章程》，载《河南官报》宣统三年十二月初四日第 29 期。

④ 中国人民银行总行参事室金融史料组编《中国近代货币史资料》第四章第二节，中华书局，1964，第 931 页。

⑤ 中国人民银行总行参事室金融史料组编《中国近代货币史资料》第四章第二节，中华书局，1964，第 875 页。

并上呈各省造币分厂厂房机器成本、余利出入款目清单，其中河南造币分厂清单的主要内容有：

新收：

八项共收库平银二百五十四万九千九十五两五钱四分六厘四毫六忽。

开除：

十项共支库平银二百三十四万七千三百五十三两八钱三分二厘五毫三丝九忽。

实在：

存欠相抵计获余利库平银四十五万八千三百七十九两五钱六分二丝七忽，内提拨

花红银四万五千八百三十七两九钱五分六厘二忽，

学务经费银一万两，

巡警学堂经费银八千两，

陆军学堂开办经费铜币一千万枚，合银八万二千三百一两六钱八分二厘四毫，

以上共拨支库平银十四万六千一百三十九两六钱三分八厘四毫二忽。

实存余利库平银三十一万二千二百三十九两九钱二分一厘六毫二丝五忽。

查河南造币分厂自光绪三十年十月奏设在省城南门外三里堡机器局内迤西，先建一小厂，出数甚微，又于迤北添建一厂，规模稍大，计厂房六十六间，办公及员司工匠住房库房等二百五十八间。熔铜烘片烘饼烘模等炉四十二座，井四口，水柜一具，烟筒五座，引擎二副，锅炉二座，辗片机三架，舂饼机四架，光边机四架，印花机九架，电灯机二架，各项零星机件皆备，每日可熔当十铜币四十七八万枚。所有厂机物料成本，均系借用官商各款，除陆续归还外，所欠无几，计自开办至三十二年十一月二十九考查之日止，铸造当十铜币二万三千五十四万五千八百八十枚，行销二万七百三万一千四百九十三枚，提拨陆军学堂一千万枚，实在存一千三百五十一万四千三百八十七枚，市价每一百二十余枚

合银一两，较各省钱价为高，民间极为信用，因出数无多，各属尚难遍及。①

光绪三十四(1908 年)年二月二十七日，由于铜元充斥价值低落，清廷发布上谕《令各省暂停铸造铜元》。但是，河南造币厂原订期铜三千余石，洋行未允停运，栈租拆息贴累亦多。为解决这一问题，度支部尚书载泽上书，请暂准续铸铜元。一俟存铜铸完，即行停止。

宣统元年(1909 年)十月，度支部造币汴厂停铸。

宣统二年(1910 年)四月十五日，度支部奏："现在币制既经厘订，亟应将各省所设银铜各厂一律裁撤，专归天津总厂铸造。"②

辛亥革命后，各地军阀拥兵自重，各地铜元局由直隶中央，改为散归各省。民国二年四月，铜元局改组，提调改为局长，不隶财政司，直接归民政长署。员司均改名目，设总务、铸造两科员，分为四等，雇员分为五等。科员薪水 70 元至 40 元，雇员薪水 20 至 10 元。外设稽查一人，同一等科员。③

同时，由于陇海铁路局(当时称海兰铁路局)需用铜元很多(每天 30 万枚)，原 14 架机器所出 70 万枚不够使用，又从天津购新式印花机四架，每日可出 90 万枚铜元④。

民国三年(1914 年)元月二日，河南铜元局重又隶属中央，改名为财政部河南铜元局。

民国三年(1914 年)四月，财政部曾对中央院部直辖工厂进行调查，河南铜元局的情况如下：

蒸汽机 1 台，350 马力。

发电机 1 台，8 马力。

熔铜炉 34 座，每 10 小时可熔铜 10 170 磅，出铜条 3 390 根。

辗片机 6 部，每部 18 马力，每 10 小时可碾成光片 5 340 条，重 16 020磅。

---

① 中国人民银行参事室金融史料组编《中国近代货币史资料》第四章第二节，中华书局，1964，第 882～884 页。

② 中国人民银行参事室金融史料组编《中国近代货币史资料》第四章第二节，中华书局，1964，第 812 页。

③ 《河南实业报》民国二年四月二十三号。

④ 《时事豫报》民国二年五月十四号。

舂饼机4部,每部3马力,每10小时可舂576 000枚。

光边机2部,每部2马力,每10小时可光576 000枚。

摇洗桶3架,每架4马力。

印花机16部,每部3马力。每10小时可印595 200枚,每天加班4小时可印238 080枚。

刨床6部,每部3马力。

钻床2部,每部2马力。

剪刀机1部,每部2马力。

洗床1部,每部2马力。

焦炭每日约用15 950斤。

烟碳每日约用14 150斤。

职工数　男工:工匠59名,艺徒102名,长夫119名,小夫123名。

女工:无。

杂役人数　男:队勇20名,局夫10名,更夫6名,公役7名。

女:无。

职工日工资　男工:最多 工匠银1两3钱3分3厘。

艺徒银1钱5分。

长夫银2钱。

小夫钱150文。

队勇银1钱6分。

杂役银1钱4分。

最少工匠钱1钱2分。

艺徒银7分6厘。

长夫银1钱2分。

小夫钱150文。

队勇银1钱3分3厘。

杂役银6分6厘。

女工:无。

年工作日　除放假外325日。

日工作时　10小时,加班4小时。

日铸造额 80万枚。[1]

民国三年(1914年)七月二十六日,大总统批准财政部、币制局《裁撤各银、铜元局及限制铜元铸数办法》。[2] 河南铜元局裁撤,所余银款物料,合计库平银24万余两,分别移交天津造币总厂和湖北分厂。河南省原开办费用10余万两算作"部欠"。

民国五年(1916年)九月至民国六年九月,河南铜元局一度酝酿恢复,已筹集商股100万元,重新购买机器,就在一切准备就绪,定于农历八月初一(9月16日)开工时,财政部电令不许各省私行鼓铸,于是搁浅。

民国七年(1918年),河南铜元局恢复。

1922年至1923年,全国掀起了中国共产党成立后的第一工人运动。河南铜元局和兵工局的工人在党的领导下也进行了各种斗争,并取得了一定胜利。工人工资由原来的3元增加到6元,后来又增加到8元;工作时间由10小时缩短为8小时。

1931年,由于河南兵工厂合并于巩县孝义兵工厂,同时中央规定各省不得任意设置造币机构,因此,河南铜元局改名为机器制造局,实际仍为造币唯一机关。1933年秋,因铜的来源已断,河南铜元局撤销。[3]

四、对河南铜元和铜元局的几点认识

河南铜元局是清末至民国年间众多铜元局之一。由于河南地处中原,近代工业和社会经济均不及沿海沿江发达,因此,河南局造币厂规模较小。1905年初创时期,全国有12省设铜元局15处,河南造币厂仅有造币机器6具,与同时期的广东造币厂机器80具、湖北造币厂机器150具、四川造币厂机器82具相比,差距甚大。后来虽有扩展,但仍属中小规模。但是,河南铜

---

① 财政部河南铜元局局长孙孝劼呈财政部文件,见南京第二历史档案馆文件1027~207卷。

② 中国人民银行总行参事室编《中华民国货币史资料》第一辑,上海人民出版社,1986,第755~756页。

③ 张新三:《河南省铜币之沿革》,载《河南文史资料》第11辑,1984。

元局同其他铜元局一样，都是时代的产物，通过对河南铜元局的研究，可以反映出一些带有普遍性的问题。

1. 河南铜元是新旧两种货币制度过渡时期的产物

铜元与银元一样，是随着中国资本主义的发展，为适应中外通商而引进的西方货币形式。铜元最早是作为银元的辅币出现的，广东早期的铜元即标明“每百枚换一圆”。这种以银元、铜元为主辅币的特点，应该说反映了近代资本主义的货币制度。但是，这种制度没有用法律的形式固定下来，银元、铜元之间没有法定的比价，而是随着市场行情上下涨落。况且，铜元也是无限法偿。当1904年河南铸造铜元时，就与其他省份一样，标明“当制钱十文”。实际上与银元没有关系。这样，作为新式货币形式的铜元，反映的仍然是封建货币制度的内容。从清末“两元之争”到1933年“废两改元”，标志中国近代货币制度的酝酿与确立，河南铜元恰恰与这一过程相始终。

2. 河南铜元是在中央集权与地方分权的对立统一中产生和发展的

中国从汉代即山铸钱，到唐、宋、元、明、清的分监铸钱，适应了封建社会自给自足的自然经济条件下商品交换的需要。但是，这种钱币生产体系远远不能适应近代资本主义商品经济的形势。而铜元生产仍然沿用分省铸造的办法，由此便产生了许多社会矛盾。

(1) 各省铸造铜元的动机，除了适应商品经济需要外，主要是为了获取铸造余利，因此，在余利和其他利益问题上，中央与地方、地方与地方经常发生矛盾。光绪三十四年(1908年)二月，上谕“令各省暂停铸造铜元”，这实际是暂停了各省获取余利的机会。河南造币厂就以原订期铜三千余石，洋行未允停运，栈租拆息贴累亦多为由，请尽数铸造。民国三年(1914年)，财政部要提取河南省铜元余利接济中央，而河南省长以河南困难不允。① 河南铜元局开办之初，资金全为自筹，但到光绪三十四年收归部办时，全部上交。民国三年裁撤时，计余银款物料合库平银24万多两，分别移交天津总厂和湖北分厂，河南开办各费一点没有收回。因此就发生了河南与中央、与湖北的利益冲突。

(2) 铜元铸造，省自为政。为了更多地获利，就向邻省倾销。如“四川省

① 《时事豫报》民国三年(1914年)一月十五号。

因多年兵乱,军事费用支绌,在成都、重庆大量铸造黄铜铜币,应付一时,并输出河南、湖北等省数量甚多。……河南省亦在开封铸造铜元,以对抗别省铜元之入侵"①。

为此,河南省从清末到民国年间,多次发布禁令,严禁外省铜元在省内流通。光绪三十四年邮传部准备将京师铜元分运出京销售。河南省认为"予省民不用外省铜元,有则久折七折,多者必再大跌,小民疑虑,恐运汴来亦难行销"②,给以拒绝。

(3) 在向邻省销售铜元的同时,反向邻省收购制钱作为铜元的原料。民国五年、六年报道外省不法之徒到河南收购制钱事件。1930 年,刘峙任河南省主席,为铸当二百铜元,到陕西、山西、河南交界处收购制钱及当十铜元。这些都是以邻为壑的政策。

3. 河南铜元的币值呈规律性跌落

由于铜元分省铸造,一般的地方官吏,均视铸造铜元为财源,所以就无限制地铸造,因而造成通货膨胀。河南铜元除刚开始的一段时间尚能维持外,从清末开始就一直跌落。

河南未铸铜元之前,银贱钱荒,每银一两易钱一千零三五十文,光绪三十年(1904 年)新铸铜元投入流通后,钱价顿平,至光绪三十一年(1905 年)二月,每银一两可易银一千一百文上下。③

进入民国以后,铜元贬值,物价上升。民国三年(1914 年),按铜元计算,河南银价为 1900 文。④ 民国九年(1920 年),当五十铜元发行后,200 枚换银币(按当十铜元折合)1 元。⑤

民国十三年(1924 年)一月 1 元银元换 205 枚当十铜元,民国十四年(1925

---

① 《日本驻上海商务官横竹平太郎致外务大臣内田康哉报告——关丁目前中国铜元的铸造、流通和贬值情况》,大正十一年(1922 年)九月九日,见中国人民银行总行参事室编《中华民国货币史资料》第一辑,上海人民出版社,1986,第 752～753 页。

② 《江汉日报》光绪三十四年四月八日。

③ 《河南官报》光绪三十一年二月十五日第 7 期。

④ 民国三年(1914 年)七月二十六日财政部、币制局:《裁撤各银、铜元局及限制铜元铸数办法》。中国人民银行总行参事室编《中华民国货币史资料》第一辑,上海人民出版社,1986,第 755～756 页。

⑤ 张新三:《河南省铜币之沿革》,载《河南文史资料》第 11 辑,1984。

年)一月换266枚,民国十五年五月换350枚,当时金国宝在《中国币制问题》一书中指出:"近三年来,全国各地铜元市价跌落最甚者,首推开封、北京,次则蚌埠、天津、济南、保定等处。"十三年与十五年之变额为145。① 民国九年(1920年),当百文铜元发行后,1元银元换铜元400枚(按当十铜元折合)。②

民国十七年(1928年),当二百铜元发行后,猛增至800枚换银币1元③。

民国二十二年(1933年),开封银元一元可兑7700至8000文,合当五十铜元150余枚至160枚,或当二百铜元38枚至40枚。而当十、当二十铜元均不见市面④。

4. 河南铜元局是贪污腐败的渊薮

铜元局造币厂和兵工厂是河南近代的机器大工业,但是,由于实行的仍然是封建的管理模式,伴随着清末社会的腐败和民国年间的军阀割据,河南铜元局也成了贪污腐败的渊薮。

(1) 选拔官吏,均为省抚的亲信,而铜元局内部,又是局长、总办的家天下。《大中日报》民国六年(1917年)六月十七日,曾刊登《铜元局俨然安徽同乡会》的文章,揭露铜元局的裙带关系。当时铜元局有委员13人,司事9人,总办陈超衡为安徽人,即安置安徽籍9人,门生3人,换帖2人,即门丁杂役亦用其家人。其中弊端可以想见。

(2) 贪污腐败,不择手段。民国初年,王树森为局长,由于腐败严重,致使铜元余利,没有涓滴归公。此事惊动了当时的内阁总理兼财政总长熊希龄,派人查出王树森弊端12条。⑤ 更为严重的是,王树森让工人在夜间为自己的亲信熔制钱私铸铜元,国家造币厂成了王家的私人造币厂。王倒台后,继任左宗谔如法炮制。⑥ 此种现象,可以说达到了腐败的顶峰。

---

① 金国宝:《中国币制问题》,见中国人民银行总行参事室编《中华民国货币史资料》第一辑,上海人民出版社,1986,第747页。

② 张新三:《河南省铜币之沿革》,载《河南文史资料》第十一辑,1984。

③ 张新三:《河南省铜币之沿革》,载《河南文史资料》第十一辑,1984。

④ 《银行周报》民国二十二年(1933年)七月十八日。

⑤ 《大中民报》民国元年(1911年)五月二十九号。

⑥ 《大中民报》民国元年(1911年)六月二十五号。

中华民国靖国军军用钞票新考

中华民国靖国军军用钞票有 3 种，现发现有 1 元、5 元二种，署名为“征闽靖国军总指挥官李烈钧、云南靖国军第六军军长方声涛”。加盖分三种情况，一种是正面加盖“联军总司令、总理之印、完粮纳税一律通用”，背面加盖骑缝章“……勾践矢志复仇”（图 1、图 2）；一种是正面加盖“福建、安溪”或“福建”（图 3、图 4）；一种是背面加盖骑缝章“……勾践矢志复仇”（图 5）。

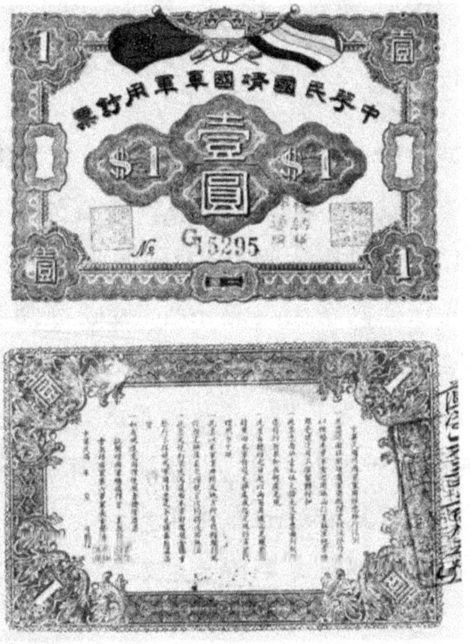

图 1

图 2

关于此种钞票，吴筹中先生认为是孙中山任命唐继尧为川滇黔三省靖国军总司令后于 1917 年发行。① 丁张弓良女士等先前认为“李、方均未去过福建又被派往四川作战”，“进军入闽”的为陈炯明，意为陈发行。② 后来认为“据说该票为方声涛复任征闽靖国军总指挥，进驻潮州时对抗北洋军时所发行”③。蔡小军认为“此券应该还是由方声涛所发行”④。孔祥贤、孙礼新认为“以李方发行为合理，或未发行”⑤。蒋九如认为“方为筹措军饷，曾发行中华民国靖国军军用钞票……发行时间为 1918 年末，流通近两年。1920 年 7 月……方声涛也随之撤离，其发行的军用纸币停止流通”⑥。刘敬扬、陈亚元认为“由征闽靖国军代总指挥官方声涛核准发行……发行时间，大约在 1919

---

① 吴筹中：《中国纸币研究》，上海古籍出版社，1998，第 230 页。

② 丁张弓良：《中国军用钞票史略》，忠孝彩色印刷事业有限公司，1982，第 136～137 页。

③ 丁张弓良、张永华：《中国军用票图录》，浙江大学出版社，2003，第 52 页。

④ 蔡小军：《〈中国军用钞票史略〉补正》，《中国钱币》2000 年第 4 期。

⑤ 江苏省钱币学会主编《中国近代纸币史》，中国金融出版社，2001，第 712 页。

⑥ 福建省钱币学会编著《福建货币史略》，中华书局，2001，第 203 页。

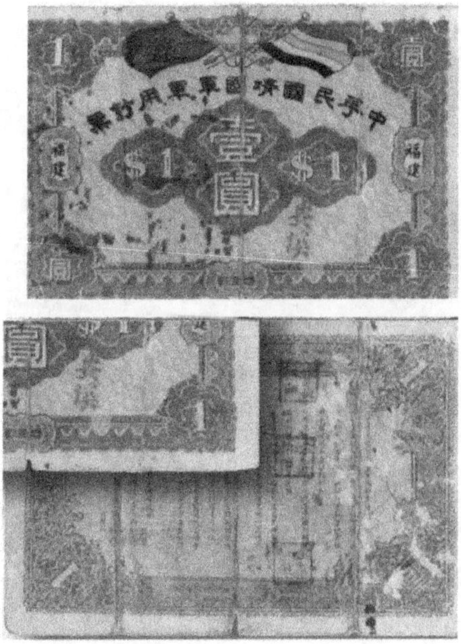

图 3

图 4

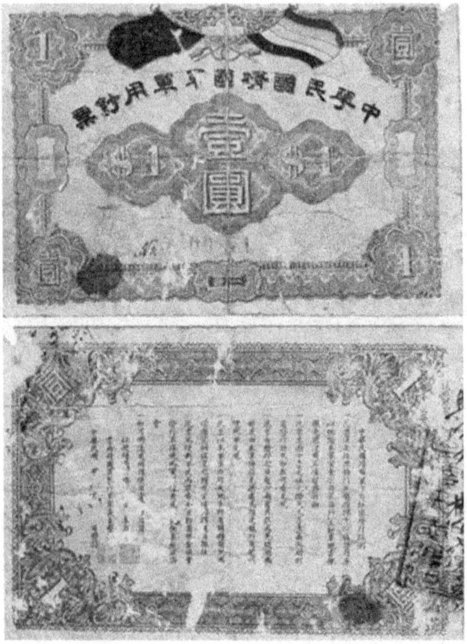

图 5

年 4 月至 1920 年 10 月期间”。①

以上认识，有唐继尧发行、陈炯明发行、方声涛发行三说，前两说基本被否定，只有方声涛发行一说被肯定。时间有“1917 年”“1918 年末至 1920 年 7 月”“1919 年 4 月至 1920 年 10 月”三说。根据现有材料，我们可以梳理出更为详细的线条。

一、印制时间为李烈钧任援闽靖国军总指挥时期，印制人为方声涛

署名为“征闽靖国军总指挥官李烈钧、云南靖国军第六军军长方声涛”，说明李烈钧当时还在任。后来李烈钧辞去总指挥职务，由方声涛代理总指挥，就不需要李烈钧署名，直接由方声涛一人署名即可。李烈钧自传说，李组织援闽靖国军，以滇军第三、第四师为基干，增编混成支队组成，指挥部驻广州。② 第四师师长即方声涛，此前方被唐继尧委任为云南靖国军第六军军

① 刘敬扬、陈亚元：《中华民国靖国军军用钞票初考》，《钱币博览》2012 年第 4 期。

② 李烈钧：《李烈钧将军自传》，中华书局，2007，第 65 页。

长，即以此宣布就职。若是李烈钧主张印制，就是代表第三、第四两师全体靖国军，要么不需要师长附署，要么由两师长共同附署，不能由方声涛单独附署。后来李烈钧发行的援赣、援桂两种军钞就没有下级军官附署。所以此钞应该不是李烈钧印制。第三师师长张开儒当时借词抗命，不参加征闽，说明此钞与张开儒无关。剩下的只有方声涛印制一种可能。方印制时李烈钧还是总指挥，方也只好把李的名号挂前边。

关于李烈钧辞职的原因，有两种说法。一种是张开儒不参加征闽，李烈钧以只剩方声涛一个师，实力不足，辞去总指挥职务。孙中山改委方声涛代理总指挥。① 另一说法是，"李烈钧窥方意在为己争得闽地，与征闽初衷不甚相合，遂托故不行，嗣授方以代理征闽总指挥名义，总绾征闽事宜"②。

关于李烈钧任援闽靖国军总指挥的具体时间，李烈钧及有关当事人的回忆均较模糊。李烈钧在自传中说"总理乃离粤赴沪，而命余组织援闽靖国军"。时间显然有误，孙中山离开广州为1918年5月26日，组织援闽靖国军是1917年的事。"1917年冬，孙中山命李烈钧为征闽靖国军总指挥。"③"一九一七年十月……李烈钧以征闽靖国军总指挥名义准备率滇军入闽。"④

我们根据军事科学院的《中国近代战争史》一书的叙述，可以还原当时的背景及李烈钧任职的时间。

1917年10月，护法战争在湖南爆发。10月23日，北洋政府收买广东潮梅镇守使莫擎宇，宣告"对省独立"，与广东省政府脱离关系，直接听命于北京政府，并立即派兵攻打惠州。10月24日，闽督李厚基在段政府授意下通电支持莫擎宇，并令汀漳镇守使兼北洋第十四混成旅旅长臧致平率兵十营进援。11月10日，陆荣廷在梧州召开军事会议，讨论粤省攻防作战计划。参加会议的除桂系要员外，还有孙中山的代表胡汉民、海军总司令程璧光、广东省省长李耀汉等。会上，军政府代表提出应将屡与军政府为敌的广东督军陈炳焜调离，并要求将已编为警卫军的原省长朱庆澜的二十营军队，重

① 真尧恭：《我所知道的征闽靖国军》，《闽南民军》（上），《福建文史资料》第33辑，1995，第97～98页。

② 吴艺五：《我所知道的方声涛》，《福建文史资料》第12辑，1986，第84～85页。

③ 真尧恭：《我所知道的征闽靖国军》，《闽南民军》（上），《福建文史资料》第33辑，1995，第97～98页。

④ 吴艺五：《我所知道的方声涛》，《福建文史资料》第12辑，1986，第84～85页。

归陈炯明统带。陆荣廷表示“让步”，建议调陈炳焜为讨龙军总司令，但同时要求陈炯明率所部二十营协助攻闽，借以削弱军政府的势力。会议推举陆荣廷为两广巡阅使兼广东督军，陆自称“年老多病”，派其亲信、原广惠镇守使莫荣新代理广东督军。莫荣新上任后，鉴于莫擎宇盘踞潮汕，李厚基出兵援潮，在陆荣廷的授意下，决定在进剿莫擎宇部之同时，实施大规模攻闽作战，以策应湘省军事。

11 月 27 日，由程璧光出面，召集滇军总司令李烈钧、粤军总司令陈炯明、督军署参谋长郭椿森以及胡汉民、汪精卫等，在广州海珠召开军事会议，商订攻闽方略。决定成立“征闽海陆联合军”，以程璧光为总司令，指挥海军、滇军、粤军三支部队，分五路攻闽。兵力包括驻粤海军全部，陈炯明之粤军二十营，驻粤滇军全部，和粤省地方军八营，桂军一支队。具体部署是：以陈炯明部二十营进攻漳州，为第一路；李烈钧统率滇军两个师进攻汀州（今长汀），为第二路；沈鸿英率“平潮军”①十二营进攻上杭，为第三路；刘志陆率“平潮军”十五营进攻诏安，为第四路；程璧光率海军舰队袭击福州，为第五路。计划确定不久，得悉龙济光于 12 月 11 日由琼州出兵攻粤，遂重新调整部署：由攻闽粤军总司令陈炯明继续率所部进攻闽省；以驻粤滇军第六军军长方声涛为征闽靖国军总指挥，率所部第八旅、第九旅进驻潮汕，策应陈炯明部作战；以李烈钧为讨龙军总指挥，率沈鸿英、林虎两支部队赴粤东南抵御龙济光部；海军则全部参加讨龙作战②。

这样比较清楚地看到，李烈钧任援闽靖国军总指挥的时间在 11 月 27 日到 12 月 11 日之间。

二、发行人及发行时间尚难确定

由于找不到该钞票的发行文献，我们只能根据事件的进程与纸币上的

① 11 月初，广东护法军政府派邹鲁、金国治，广东督军派沈鸿英、刘志陆，各率所部进剿莫擎宇。为进攻潮梅之莫擎宇部而组建，故名“平潮军”。

② 军事科学院《中国近代战争史》编写组：《中国近代战争史》，第十八章第六节“粤、闽、赣地区的作战”（1917 年 10 月～1918 年 11 月），军事科学出版社，1984。

信息来推断发行人及发行时间。

当时的纸币，印制后需要加盖印章才能发行。该票的加盖，第一种是完整的。“联军总司令”，符合条件的有唐继尧和程璧光二人。1917 年 9 月唐“任滇黔靖国联军总司令”攻川，吴筹中先生据此认为是唐继尧发行。程璧光 1917 年 11 月 27 日任援闽陆海联军总司令，刘敬扬等先生说加盖章即为程璧光。然而，唐继尧的滇黔靖国联军不是援闽靖国军，此“联军总司令”不是唐继尧。程璧光任联军总司令时间与李烈钧任总指挥时间同时，即 1917 年 11 月 27 日到 12 月 11 日，加盖章为程璧光的可能性是很大的。但有两个问题，一是为了防止提前流出或是情况有变都是发行时才加盖，如果印章是程璧光，说明当时就发行了。而援闽靖国军是 1918 年 5 月才随援闽粤军进入福建的，刘敬扬先生的文章也认为该钞的发行时间“大约在 1919 年 4 月到 1920 年 10 月期间”，这样，加盖时间与发行时间就对不上了。即使如蒋九如先生说的发行时间为“1918 年末到 1920 年 7 月”，也与程璧光联系不上，因为程璧光在 1917 年 12 月 11 日海军全部改为征讨龙济光后，陆海联军已不存在，就不再是总司令了。特别是 1918 年 2 月 26 日程被刺身亡，加盖章就更无法与程璧光相联系。二是如前分析，印制人为方声涛，与李烈钧关系不大。而程璧光是在李烈钧之上的联军总司令，更应该没有直接关系。

“联军总司令”为方声涛。“1918 年 4 月，征闽靖国军进行一次大整编，正式改称福建靖国军，方声涛任总司令”。① 因此加盖章为方声涛的可能性更大，但福建靖国军是否称为“联军”还需要考证。

“联军总司令”为陈肇英。1920 年“8 月，粤军撤出晋江安海，由浙军陈肇英部镇防。陈与闽南靖国军联合组成靖浙联军，陈肇英任司令，驻晋江安

① 刘敬扬、陈亚元：《中华民国靖国军军用钞票初考》，《钱币博览》2012 年第 4 期，第 24 页。笔者没有见到原始资料，刘先生说的“1918 年”或为“1919 年”之误，刘文上边已叙述到“1918 年 9 月”，下文有“发行时间大约在 1919 年 4 月至 1920 年 10 月期间”。1918 年 4 月，援闽靖国军还在潮汕地区，无法对闽南民军进行整编。吕秋心《北洋军阀统治时期福建各派势力的军事斗争》一文有“1919 年初夏，方到永春，策动张贞从护法军中分裂出来，另组靖国军，由张贞、许卓然、杨持平等统率，引起护法军及粤军的不满”。(http://nh.cnnb.com.cn/gb/nhnews/xwzt2/tbx/node2216/userobject1ai163755.html)

海；张贞任副司令，驻南安水头。靖国军恢复晋南的旧防地”①。陈为联军司令，刘敬扬先生认为该票背面加钤的“……勾践矢志复仇”骑缝章，“当属靖浙联军所发行，‘矢志复仇’的对象是陈炯明的粤军和李厚基的北军”。但是，陈肇英是否称为“总司令”也是需要考证的。“12月，靖浙联军退入粤东，为陈炯明及李厚基部队包围夹攻，全军覆没，闽南地盘复入李厚基手。”②“复仇”是在被消灭之后，被消灭了怎么还发行军钞呢？按照刘文的说法，正面“联军总司令”为程璧光，那么应该在1917年12月11日前加盖，背面“勾践矢志复仇”在1920年12月靖浙联军被消灭以后加盖，这显然是说不通的。

“总理之印”中总理是谁？我们一般认为是孙中山，因为孙中山是同盟会和中华革命党的总理。但是，这个时期孙中山是中华民国军政府大元帅，如果加盖印章时，与“联军总司令印”相匹配的应该是“大元帅印”。

“……勾践矢志复仇”骑缝章，由于前六字不可考，不知其原意。但不是靖浙联军被消灭后加盖应该是合理的。这样的立志激励语句应该是在战争前夕或战争中使用的，结合援闽战役，应该是靖国军进入福建前或与北军作战时使用的。加盖此骑缝章者均没有福建地名，而有福建地名者没有此章，也是进入福建前加盖的一种佐证。

因此，现在无法圆满地解释加盖印章，也就无法确定发行人及发行时间。

三、“中华民国靖国军”名称问题

最早打出靖国军旗号的是唐继尧。1917年7月，张勋复辟，黔军将领、暂署四川省长戴戡，以刘存厚受溥仪委任巡抚为由，令驻川黔军进攻刘部，黔军战败。中旬，唐继尧以护法讨逆名义，将滇军改称靖国军，自任总司令，通电讨伐刘存厚，发动靖国之役。后来驻粤滇军称为靖国军也是自此始。到了1918年，全国有八个省的护法军称为靖国军，唐继尧曾被推为护法军总

① 《泉州市志》“民国九年”条，“福建省情资料库－地方志之窗”网，http://www.fjsq.gov.cn/showtext.asp?ToBook=3222&index=20。

② 同上注。

裁,并任滇、川、黔、鄂、豫、陕、湘、闽八省靖国联军总司令。靖国军总是与省份相联系,如云南靖国军、陕西靖国军、湖北靖国军等。在现在的文献或回忆录中,始终没有发现"中华民国靖国军"一词。"中华民国靖国军"唯一出现的地方就是这张军钞,这就使该钞更加扑朔迷离。

四、一种推测

当我们无法圆满解释一种现象的时候,可以有两种原因,一是这种现象不存在;二是这种现象确实存在,但违背常理。现在我们还没有证据否定"中华民国靖国军钞票"的存在,只有用违背常理来解释了。当时的南北战争,参与的都是军阀,孙中山曾说"南与北一丘之貉"。发行军钞均为搜刮民间财富,筹集军饷,往往不按牌理出牌,方声涛印制发行军钞不符常理也在情理之中了。我们对此作出如下推测:

此钞印制时间为1917年11月27日至12月11日,方声涛心高气傲,不但在钞票上绑定了总指挥官李烈钧,还绑定了联军总司令程璧光和大元帅孙中山。由于孙中山的总理叫了多年叫顺了嘴,也就没有改为大元帅。当时掌握广东军政大权的是桂系,对滇系多有掣肘,而与援闽靖国军并肩的是粤军陈炯明,更是对方声涛排斥与压制。"靖国军在潮、梅一带与陈炯明的援闽粤军杂驻,双方不时发生龃龉。当时,潮、梅一带的税收机关已尽入陈手,方部毫无染指可能。如粤军兵站开办费为30万元,而靖国军则分文无着。"①方声涛只好用发军钞来筹措军饷,并借用联军总司令和大元帅的名义来压陈炯明。发行地区为潮汕地区,发行时间为1917年12月至1918年5月。1918年5月进入福建以后是否继续发行有待研究,因为加盖福建地名者均没有发行章和骑缝章。如果加盖"福建"地名者也发行过,那么,在没有发现证据之前,是谁在什么时间发行的仍然是个谜。

① 吴艺五:《我所知道的方声涛》,《福建文史资料》第12辑,1986,第86页。

滇粤桂援赣联军军用票
非护国军军务院时期纸币

滇粤桂援赣联军军用票有 1 元(图 1)、5 元、10 元三种面额,所见各书均标为 1916 年 5 月至 7 月护国军军务院时期纸币①。我们查阅有关护国军军务院的资料,均未有援赣之事。根据纸币背面"联军总司令李烈钧"的线索,在《李烈钧先生自传》②一书中找到"援赣"的有关史料。在"护法及讨龙援赣诸役"一节中,有如下记述:

余亦讨龙援赣,南征北伐,军书傍午,乃电伍廷芳、林葆怿两公,有所建议(附件二)。时已民国七年七月矣。(第 66 页)

七年春,龙济光冀燃死灰,由琼崖兴兵犯顺,我方初未之备,故遂长驱直入,连陷多县,凶焰甚张。余奉命移师讨龙,乃编组四军,以靖国军及滇、桂、粤派遣军组成之,由李根源、林虎、魏邦平、刘志陆分任各军总司令;朱培德为梯团长;克期出发,分四路抵御。(第 67 页)

是年四月,北军仍本"武力平南"政策,企图侥幸,复派兵由赣省犯我粤北南雄。我军未能固守,退始兴。余复奉命移讨龙军援赣,因酌留

---

① 丁张弓良在《中国军用钞票史略》及《中国军用票图录》中持军务院说:"民国五年(1916 年)5 月 8 日,由梁启超拟以的护国军军务院宣告成立,统筹全国军机,施行战时及善后一切政务,以代行北京国务院的职权。于是军务院编定滇粤桂联军,准备分道出师,讨伐袁世凯军队。"(见丁张弓良《中国军用钞票史略》,忠孝彩色印刷事业有限公司,1982,第 115 页。丁张弓良、张永华《中国军用票图录》,浙江大学出版社,2003,第 51 页。)吴筹中:"粤滇桂援赣联军军用票。公元 1916 年 5 月,护国军军务院宣告成立,当时曾编就粤滇桂援赣联军,联军总司令部曾发行粤滇桂援赣联军军用票,面值有一元、五元各一种,十元的两种,票上印有发行条例五条。"(见吴筹中《中国纸币研究》,上海古籍出版社,1998,第 230 页。)吴志辉、肖茂盛《广东货币三百年》(广东人民出版社,1990,第 173 页)和黄琦《中国军用钞票图典》(中国邮史出版社,2010,第 128 页)观点同上。

② 《李烈钧先生自传》,中华书局,2007。

图 1

部队防龙，徐图东进，而移一部北进。并预定作战计划：(一)靖国第三军任中路，由南雄方面攻赣；(二)靖国第四军主力任左路，由南雄、始兴以北地区压迫赣州后路；(三)护国第二军及桂军一部任右路，由英德、翁源捣虔南攻赣州；(四)潮汕军派一得力支队，由梅县捣宁都；(五)靖国第四军一部，并警卫团及赖营，在韶、英策应。余以南、韶为西南作战中枢，关系重大，乃由广州移重炮及各种器材运韶。余亦于五月三日出发韶关。(第 68 页)

时衡阳、潮州方面，各友军作战，颇称得手。余乃拟定方案，电西南各省及援赣各军征同意(附件六)。会湘南联军，克复攸县，歼敌达二师以上。余以收复南雄，攻入赣州，机不可失，遂令各军迅进。是时，赣南之敌以龙逆既平，不敢深入，我军正以三面包围形势压迫赣南宁三属，敌遂纷纷窜南安。余乃令各军分路取崇义、宁都，捣赣州后路；并电驻汕伍毓瑞旅派一部驻梅协攻。旋下攻击命令(附件七)。六月三日,第一军遂克南雄,敌退南安,此时倘乘胜进取,赣南唾手可得,乃二、三两军顾虑粤局,行动稍迟,以致退赣之敌倾全力再犯南雄,赣州复有增兵之报。会翁源我军进克虔南,余电令仍回粤境,示无进取意,以缓其势。一面与李根源商拟作战计划,电商西南各省(附件八)。其时粤局粗定,军府改组,各方意见,骤难一致。而余复受命长参谋部,奉召回粤。乃令各军固守边陲,以待时机,敌亦不能轻进。援赣之师遂又告停顿矣!(第 68 页)

此节详细记载了援赣战役的时间、时代背景、作战计划、战争进程和告一段落的过程,并附有当时的来往电文。

此节所记,与史实基本吻合。《李烈钧对护法战争的杰出贡献》一文通过对原始文献的考证,还原了“援赣之役”基本过程。① 1918 年,护法战争继续在四川、湖南等地展开,援赣战役即其一部分。时间为 5 月 3 日至 7 月底(附件八为 7 月 26 日)。战斗互有胜负,以将北军赶出广东省而告一段落。

滇粤桂援赣联军军用票当为 1918 年 5 月至 7 月李烈钧指挥的滇粤桂联军使用的纸币。

① 易善刚:《李烈钧对护法战争的杰出贡献》,《军事历史研究》1998 年第 4 期。

开封纸币考略

开封是北宋的首都，是金代的南京。纸币产生于北宋时期，金代在其南京印制和发行了大量官方纸币。清末至民国年间，开封作为省会，发行了各种银行纸币。本文以实物为依据，对开封历史上的纸币作一简单考证。

一、北宋纸币

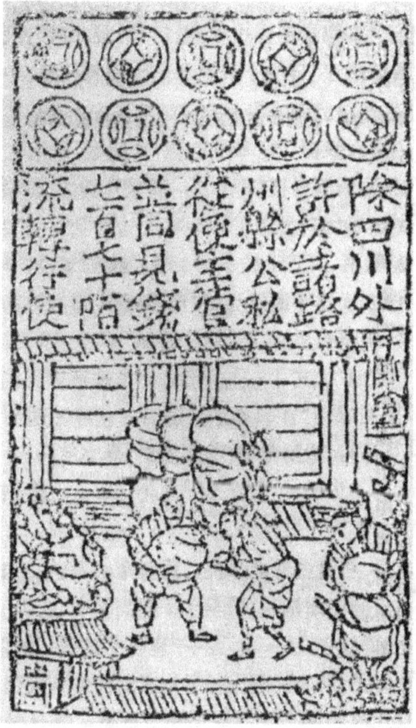

图1

公元960年，宋建都开封后，许商民入钱京师左藏库，给券为凭于诸州便换，称为“便钱”。宋真宗时，从转运使薛田所请，置交子务发行“交子”，被公认为我国最早的纸币。宋徽宗崇宁四年(1105年)因交子愈发愈多，而价愈损，改“交子”为“钱引”。政和初年(1113年)，在东京出现了钱物会子，这是南宋会子的前身。北宋纸币没有实物留存。现知有一块钞版(图1)，原载日本《东亚钱志》，有人说是“交子”，有人说是“钱引”，有人说是“小钞”。根据更多的考证，此版属于伪作。

二、金代纸币

金朝是我国北方少数民族女真族建立的封建王朝，宋钦宗靖康元年(1126年)，金兵攻占开封，金废帝完颜亮不愿留钱在河南，在汴京(今开封)置局印造“交钞”，代替铜钱流通，将收回的铜钱运往河北。贞祐二年(1214年)，金宣宗完颜珣迁都汴京，成为在开封定都的第七个朝代，同年发行“贞祐交钞”，面额分二十贯、五十贯、一百贯、二百贯、一千贯等5种。贞祐三年(1215年)发行“贞祐宝券”。金宣宗兴定元年(1217年)，发行“贞祐通宝”钞，一贯当“宝券”千贯，四贯当银一两；兴定五年(1221年)发行“兴定宝泉”钞，一贯当“通宝”钞四百贯，二贯当银一两；金宣宗元光元年(1222年)发行“元光重宝”钞；元光二年(1223年)发行用绫制造的“元光珍货”绫钞，不久金即灭亡。

金代纸币尚未发现，但钞版发现若干块，与开封(金南京)有关的如下。

1. 山东东路南京交钞库壹拾贯文钞版(图2)①

幅面216毫米×120毫米。花栏外上方横书“壹拾贯”，左侧竖文“每纸工墨钱八文足”。左“字料”，右“字号”。两边篆书分别为“伪造交钞处斩”“赏钱叁百贯文”。花栏下方文字为“山东东路……南京交钞库益都府济南府……库……攒司　库子　伪造交钞处斩赏钱叁百贯　印造钞库　印造钞匠　尚书户部委……”。此版与《金史·食货志》所记交钞版式大致相符。

① 罗振玉:《四朝钞币图录》，载桑行之等编《说钱》，上海科技教育出版社，1993，第1191页。

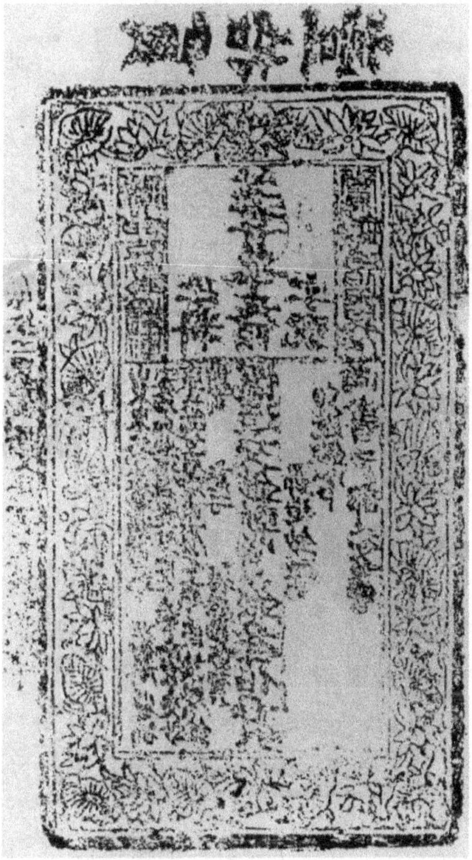

图 2

2. 南京合同壹拾贯交钞残版(图 3)①

幅面 180 毫米×135 毫米。花栏外上方横书“壹拾贯”。左边斜押三印，分别为“中都合同”“南京合同”“平凉府合同”。余皆残。

① 罗振玉:《四朝钞币图录》,载桑行之等编《说钱》,上海科技教育出版社,1993,第 1190 页。

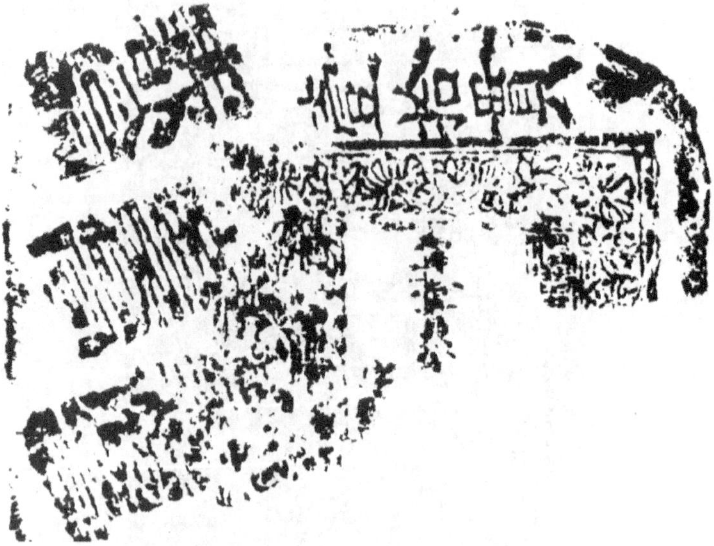

图 3

3. 贞祐二年(1214 年)北京路壹伯贯交钞版(图 4)①

幅面 184 毫米×98 毫米,出土于内蒙古宁城县。花栏外上方横书“壹伯贯”,左侧上部“每纸工墨钱八文足”,下部“纳旧换新减半”。花栏内上部正中“壹伯贯八十足陌”,左“字料”,右“字号”。两边篆书分别为“伪造交钞处斩”“赏钱弍百贯文”。下部为“北京路□察□□司奉户符承圣旨印造通行交钞内中都南京交钞库北京上京咸平府省库倒换钱钞　攒司(押)　库子(押)　覆点勘讫都目(押)　伪造交钞处斩赏钱叁百贯文　贞祐二年　月　日　印造钞库子(押)　印造钞官(押)　尚书户部委差官(押)”。

① 内蒙古钱币研究会、《中国钱币》编辑部合编《中国古钞图辑》,中国金融出版社,1987,第 12 页。

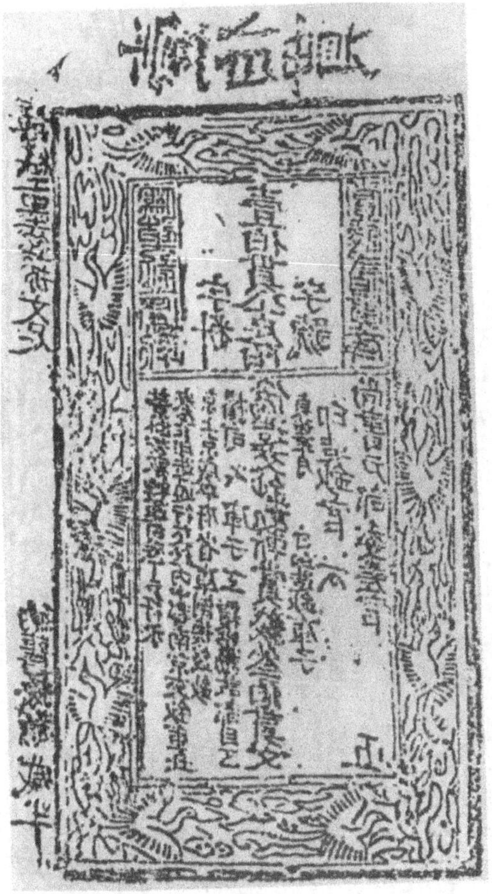

图 4

4. 贞祐三年(1215 年)陕西东路壹拾贯文交钞版(图 5)①

幅面 206 毫米×115 毫米，1965 年出土于陕西省西安市附近。形制文字与北京路壹伯贯交钞版基本相同，所不同处为花栏内下部两行文字“通行交钞内陕西东路许于东都南京交钞库京兆府河中府潞州省库倒换钱钞”，末行为“尚书户部勾当官”。年号为“贞祐三年”。京兆府，今西安。河中府，今山西省永济市境。潞州，今山西省长治市。勾当官，政府机关中的办事员。金

① 内蒙古钱币研究会、《中国钱币》编辑部合编《中国古钞图辑》，中国金融出版社，1987，第 13 页。

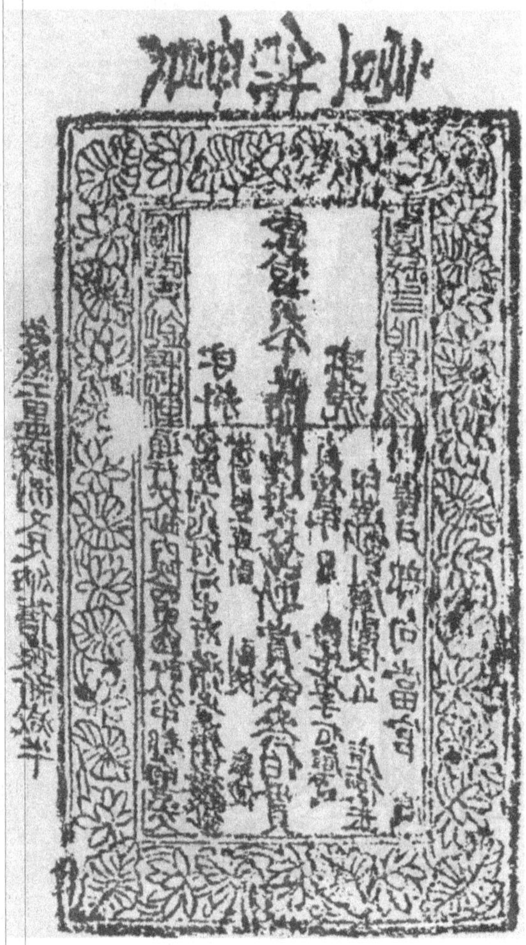

图 5

代勾当官“专提控支纳，管勾勘覆，经历交钞及香、茶、盐引，照磨文帐等事。”

5. 贞祐三年(1215 年)陕西东路壹拾贯文交钞版(图 6)①

幅面 202 毫米×117 毫米，1956 年内蒙古自治区呼和浩特市废旧公司征集。形制文字与 1965 年西安出土相同。

---

① 内蒙古钱币研究会、《中国钱币》编辑部合编《中国古钞图辑》，中国金融出版社，1987，第 14 页。

图 6

6. 贞祐三年(1215 年)陕西东路壹拾贯五合同交钞版(图 7)①

幅面 212 毫米×136 毫米。形制文字与西安、呼和浩特所出相同。不同处有二:一、有五枚合同印,分别为"中都合同""南京合同""京兆合同""河中合同""潞州合同";二、"赏钱万贯文""赏钱壹万贯"。

① 彭信威:《中国货币史》,图版 63。

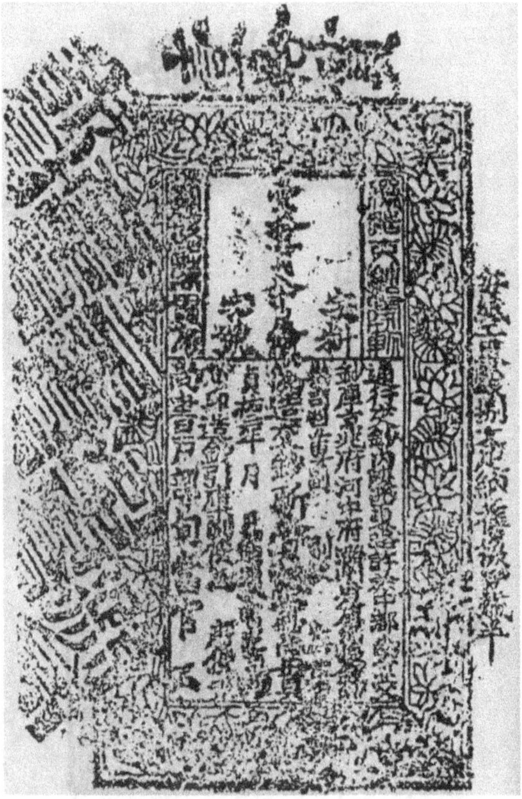

图 7

7. 贞祐宝券伍贯两合同版(图 8)①

幅面 365 毫米×252 毫米,是古钞中面积最大者。花栏外上方横书“伍贯”。左斜押“京兆府合同”“平凉府合同”印。花栏上首横书“贞祐宝券”钞名,下正中“伍贯八十足陌”,右“字料”,左“字号”,字料上一小活字“犓”。两侧篆书为“伪造者斩赏”“宝券式百贯”。花栏内下部为“□准印造诸路通行宝券并同现钱行用不限年月许于京兆平凉府官库倒换钱券　　督造库(押)　库副　攒司(押)　伪造者斩赏宝券叁伯贯仍给犯人家产　　贞祐　年　月　日　　印造库库子(押)　副　判官宝券库使(押)　副　判官　印造

① 罗振玉:《四朝钞币图录》,载桑行之等编《说钱》,上海科技教育出版社,1993,第 1192 页。

图 8

库使(押)　副(押)　判官　尚书户部勾当官(押)”。

8. 贞祐宝券伍拾贯两合同版(图 9)①

幅面 350 毫米×192 毫米,1978 年山西省新绛县出土。花栏外横书“伍拾贯”,左斜押“平阳合同”“太原合同”。花栏内上首横书“贞祐宝券”钞名,正中为“伍拾贯八十足陌”,左“字号”,右“字料”。两侧篆书为“伪造者斩赏”“宝券弎百贯”。下部文字为“奏准印造平阳太原府两路通行宝券并同现钱行用不限年月许于平阳太原路官库倒换钱券　宝券库掐　专副　攒司(押)　伪造者斩赏宝券叁伯贯仍给犯人家产　贞祐四年　月　日　宝券库使(押)　副判官　印造库使(押)　副　　判官　尚书户勾当官(押)”。

另有两块基本相同的伍贯钞版,一块为上海博物馆藏(图 10),幅面 350

① 内蒙古钱币研究会、《中国钱币》编辑部合编《中国古钞图集》,中国金融出版社,1987,第 20 页。

毫米×219 毫米；另一块为《四朝宝钞》著录残版（图 11），幅面 300 毫米×186 毫米。

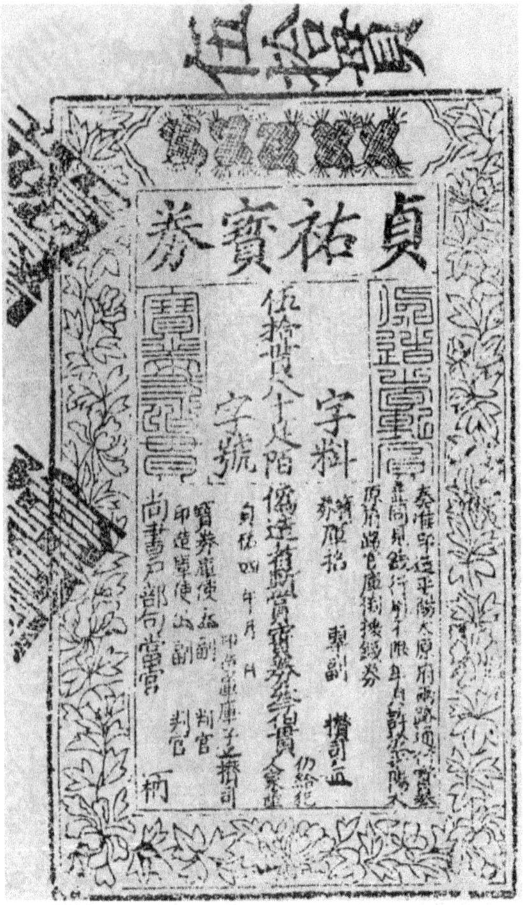

图 9

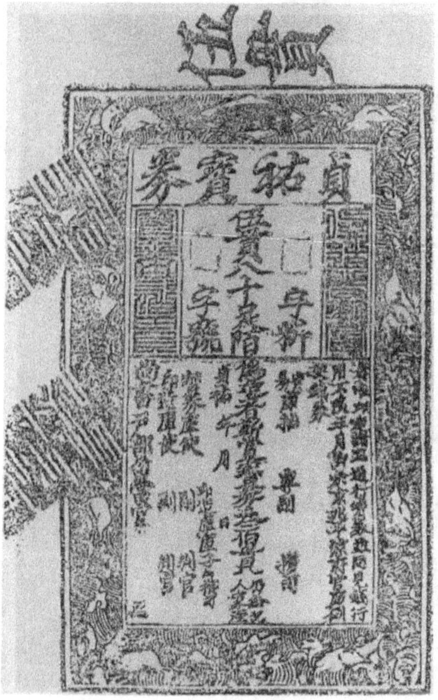

图 10

图 11

9. 光定宝泉贰贯闻省版(图 12)①

幅面 278 毫米×141 毫米。方框外有钱贯交叉图形,表示两贯。方框内上首横书“兴定宝泉”“贰贯闻省”,中间为“字料”“字号”“南京路”,两侧篆书“伪造者斩”“赏陆伯贯”。下部圆圈内文字为“奏准印造兴定宝泉并同现钱行用不限年月流转通行　宝泉库子(押)　攒司(押)　印造库子(押)　攒司(押)　伪造者斩赏陆伯贯 仍给犯人家产　兴定六年二月 日　宝泉库使(押)副判　印造库使(押)　副(押)判　户部勘合令史(押)　尚书户部勾当官(押)”。

① 罗振玉:《四朝钞币图录》,载桑行之等编《说钱》,上海科技教育出版社,1993,第 1193 页。

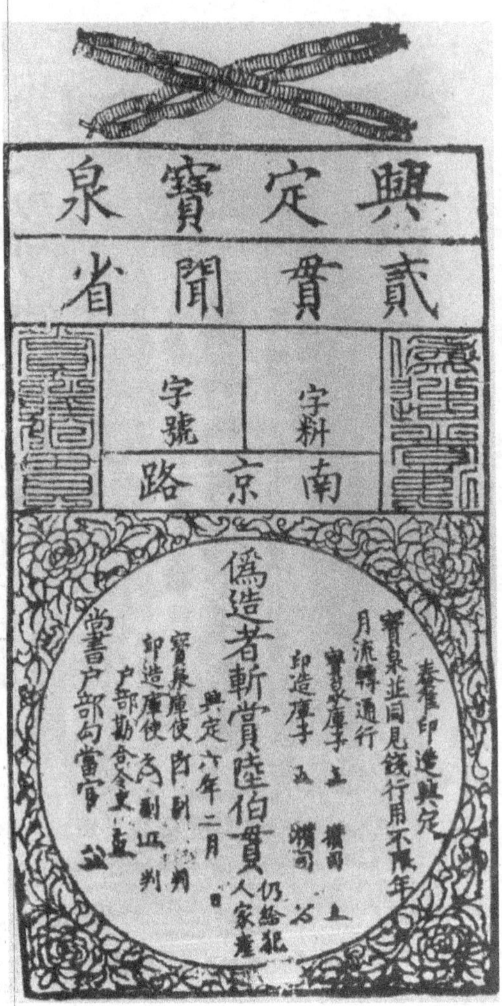

图 12

三、清末纸币

咸丰三年(1853 年)至五年(1855 年),清廷通令各省开设官钱局,允许发行钱票在本省流通。河南在此期间也成立了官钱局,但是否发行了钱票,现在还没有资料证明。

宣统三年(1911 年)九月,豫泉官钱局和豫泉官银号合并,改称“豫泉官银钱局”。官银钱局经理本省金库事宜,并先后在北京、上海、天津、汉口及本省郑州、周口、洛阳等地设立分局,以增进业务。

豫泉官银钱局,发行银两票、钱票、银元票等兑换券,由河南巡抚及布政使“布告”在开封及河南各地使用。其银票为洋纸铜版机印,分一两、五两、十两 3 种;钱票原系石印,光绪三十一年(1905 年)改为机印,面额分二千文、一千文、五百文 3 种。银元票分十元、五元、一元 3 种。大清银行、交通银行先后在汴设立分支机构,发行纸币,与豫泉官银钱局票币并行。

1. 豫泉官钱局

光绪二十二年(1896 年)五月,河南藩司为兑换银钱,持平物价,拨库银九万两为基金,创办“豫泉官钱局”。当时委派候补道员黄履中任总办,地址在开封北书店街。该局为河南官办金融机构之首,发行有制钱票。

制钱票票式为直型,先后发行过两种版式。第一种版式为石印,在上海印刷,为三道纹式样,外画三星八仙等。发行时间应为光绪二十二年(1896 年),现没有发现实物。

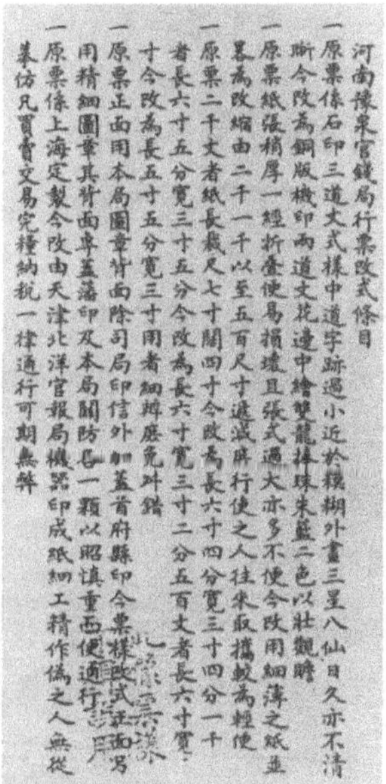
河南豫泉官錢局行票改式條目
一原票係石印三道文式樣中道字跡過小近於糢糊外畫三星八仙日久亦不清晰今改為銅版機印兩道文花邊中繪雙龍捧珠朱藍二色以壯觀瞻
一原票紙張稍厚一經折疊便易損壞且張式過大亦多不便今改用細薄之紙並畧為改縮由二千一千以至五百尺寸遞減俾行使之人往來取攜較為輕便
一原票二千文者紙長裁尺七寸闊四寸今改為長六寸四分寬三寸四分一千者長六寸五分寬三寸五分今改為長六寸寬三寸二分五百文者長六寸寬寸今改為長五寸五分寬三寸閒者細辨庶免舛錯
一原票正面用本局圖章背面除司局印信外加蓋首府縣印今票樣改式正面另用精細圖章其背面亦蓋藩印及本局關防各一顆以昭慎重而便通行
一原票係上海定製今改由天津北洋官報局機器印成紙細工精作偽之人無從摹仿凡買賣交易完糧納税一律通行可期無弊

图 13

第二种版式(图13)为光绪三十一年(1905年)发行,为铜版印刷,采用进口纸,在天津北洋官报局印制。为两道纹式样,分红、蓝二色。此票正面,外为两道花纹边框,边框内为双龙捧珠图案。在上方边框和图案之间的右、左角上有"河""南"二字,在图案内上方自右至左横排"豫泉官钱局",在图案正中大字竖排"凭票取制钱壹仟文整",大字右边为" 字第 号",大字左边"光绪 年 月 日"。

此票背面为《改式条目》,内容如下:

河南豫泉官钱局行票改式条目

一,原票系石印三道文式样,中道字迹过小,近于模糊,外画三星八仙,日久亦不清晰。今改为铜版机印两道文花边,中绘双龙捧珠,朱蓝二色,以壮观瞻。

一,原票纸张稍厚,一经折叠便易损坏,且张式过大亦多不便。今改用细薄之纸并略为改缩,由二千、一千以至五百尺寸递减,庶行使之人往来取携,较为轻便。

一,原票二千文者,纸长裁尺七寸阔四寸,今改为长六寸四分宽三寸四分。一千文者长六寸五分宽三寸五分,今改为长六寸宽三寸二分。五百文者长六寸宽三寸,今改为长五寸五分宽三寸。用者细辨庶免舛错。

一,原票正面用本局图章,背面除司局印信外,加盖首府县印。今票样改式,正面另用精细图章,其背面专盖藩印及本局关防各一颗,以昭慎重而便通行。

一,原票系上海定制,今改由天津北洋官报局机器印成。纸细工精,作伪之人无从模仿。凡买卖交易完粮纳税,一律通行可期无弊。

二千文、五百文除了尺寸大小有异,钱额数字有别外,图案文字与一千文相同。①

2. 豫泉官银号

光绪三十年(1904年)八月一日,藩司又拨库银二万两,在豫泉官钱局内设立"豫泉官银号",与官钱局合署办公。发行银两票和银元票。同年十一

① 马飞海、吴筹中主编《中国历代货币大系·清纸币》第189号,上海书店出版社,1993。

月十日，迁入山货店街。银元票现在没有发现钞票实物。

图 14

银两票(图 14、图 15)版式为直型。此票见有一种版式，为光绪三十年(1904)印发。正面为花栏边框。边框四角为面额数字，边框左右栏内用古隶仿汉代青铜器铭文，右书“斤直钱万二千延光四年铜二百(壶铭)”，左书“太岁在甲戌初平五年吴师长宜子孙(洗铭)”。边框内上部为双龙戏珠，下部为海水图案。在上部图案衬托下，分两行横排“河南豫泉官银号”七字。在票面正中，有一小花栏方框。方框正中竖排面额数字“凭票发二六汴公砝平足银　两整”，右为“　字第 号”，左为“光绪 年　月　日”。

图 15

此票①背面四周为花栏边框，边框四角为“豫泉银号”。边框内分上、中、下三部分，上部为“豫泉河南官银号”的外文拼写，下部为英文面额数字。中部为官方告示，内容如下：

兵部侍郎兼都察院右副都御史、巡抚河南等处地方节制各镇兼管河工事务陈，为谕饬事，照得票券之设，固为便民，亦为取信。查河南虽已银洋并用，所用之款项，既有多寡之殊，所用之地方又有远近之别，洋圆已分中外，银色亦判高低。今官钱局除现行钱票外，据管官钱局司道

① 马飞海、吴筹中主编《中国历代货币大系·清纸币》第 190、191、192 号，上海书店出版社，1993。

票请，兼用银洋两票，仍就豫泉字号以归划一而便取携。应准照办，惟券票应与现银现洋相同，无论何时见票即付，不得稍延，以昭信实而资通用。合行谕饬，谕到该银号即便遵照，切切此谕。

光绪三十年　月　日谕

3. 开封大清银行

大清银行开封分行。大清银行原称户部银行，成立于光绪三十一年(1905 年)八月，光绪三十二年(1906 年)春，户部改为度支部，光绪三十四年(1908 年)七月一日，户部银行改称为大清银行。大清银行总部设于北京，沿江沿海贸易繁盛区域和各省府州县设分行分号。大清银行开封分行设立于宣统元年(1909 年)，民国成立后总行闭歇，开封分行于民国元年(1911 年)七月三十一日停业。

图 16

银两票(图16)①版式为直型。图案与大清银行其他分行钞票相同,套色不尽一样。此票底色为浅绿色,边框、内框及底纹颜色为紫红色,主要图案及文字为黑色。图案上部正中为一珠形火焰纹,火焰纹中间为汉瓦当文"大清银行"。烘托火焰纹的为双旗,一面为单龙,一面为双龙。旗子的两边为两条腾云大龙,直贯票面下方。票面正下方为海水图案。在双旗下方横书"兑换银票",次行横书"开封大清银行"。票面正中为大字竖书"凭票取二六汴平足银叁两正",大字右边为"　字第　号""经理",大字左边为"宣统　年　月　日"。在字号和年月日的外边有两行小字"认票不认人""不能挂失号"。票面右边有骑缝章和稽查章。

四、民国纸币

民国成立以后,由于豫泉官银钱局信誉较高,仍作为河南地方金融机构继续存在。此外,河南还先后成立有河南省银行(一)、河南农工银行、西北银行开封支行、河南省银行(二)等。这些银行均发行有纸币。

1. 河南豫泉官银钱局

辛亥革命以后,由于河南地方政权没有受到触动,河南豫泉官银钱局信誉尚好,所以得以保留。1917年7月,河南省金库完全划归豫泉局。1921年,河南省政府以十年地方公债120万元全数定为豫泉局纸币基金。1923年,吴佩孚占据河南,河南财政厅秉承吴的旨意,以豫泉局范围狭小,不适应现代银行性质为由,将其扩充改组为河南省银行。

豫泉局发行的钞票有铜元票和银元票。铜元票分民国五年版50枚,民国七年版10枚、20枚、50枚、100枚,民国十一年版100枚。银元票分民国五年版10元,民国七年版1元、5元、10元,民国十一年1元。

① 马飞海、吴筹中主编《中国历代货币大系·清纸币》第604、605、606、607、608、609号,上海书店出版社,1993。

(1) 壹圆(1916年版,图17)①

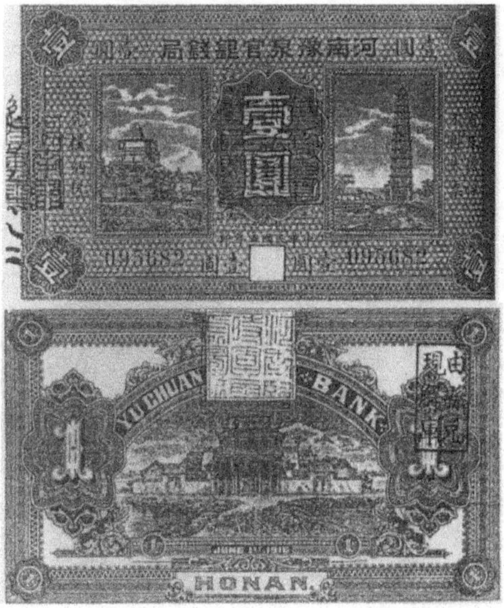

图17

票式横型,票幅139毫米×85毫米。正背面均为褐色。由天津东马路新民印刷局印制。四周为几何纹边框,边框四角为四个大写“壹”字。边框内侧右、左竖书分别为“省库担保不挂失票”“完粮纳税一律通用”。上层横书“河南豫泉官银钱局”,中间为花饰衬托的面值“壹圆”,面值左侧为繁塔图案,面值右侧为铁塔图案。在左右图案的上方分别有“壹圆”,下方为相同的数字号码。在中间面值的下方为“中华民国五年印”,再下方有两个“壹圆”和一个预留的方印框。在面值上加盖有大型方印,在左边有编号和骑缝章“河南临时军需处图记”。下边框中间为“天津东马路新民印刷局监制”。

背面中间为主景图案开封龙亭。上方为英文“YU CHUAN BANK”(直译为:豫泉银行)。图案两边为面值“1”,图案下方为“JUNE 1ST. 1916”(1916年6月1日)。在图案正上方有一大型方印章,内容为“河南临时军需处图记”。四周为边框,四角各有“1”字。在右上边框内有一长方形印章,内容为“由县兑现解库”。下边框中间为“HONAN”(河南)。

① 马飞海、吴筹中主编《中国历代货币大系·民国时期国家银行地方银行纸币》第2213号,上海辞书出版社,2001。

(2)壹圆(1918年版,图18)①

图18

票式横型,票幅130毫米×77毫米。正面为蓝色,背面在绿色和黄褐色的背景上为蓝色图案。由美国钞票公司印制。四周为花栏边框,边框四角为四个大写“壹”字。边框右、左竖书分别为“完粮纳税”“一律通用”。边框内分为上、中、下三层。上层横书“豫泉官银钱局”和两个相同的阿拉伯数字号码。中层正中为岳飞像主景图案,人像周围有边框衬托,右边为“岳武穆王”,左边为一花枝。图案两边为花饰衬托的面额文字“壹圆”。下层正中为“中华民国七年印”。左右两边有两方小印,印的外边为面额小字“壹圆”。票面左边盖有骑缝关防和“豫字第××××号”。在边框外边正下方有一行小字“美国钞票公司”。

票面加盖的地名有“扶沟”“卢氏”“许昌”“杞县”“荥阳”“渑池”“商水”“尉氏”“宜阳”“洛宁”“嵩县”“武陵”“原武”“延津”“辉县”“灵宝”“陕县”“汲县”“荥泽”“淮阳”“禹县”“中牟”“孟县”“郾师”等。

背面四周为花栏边框,边框四角各有“1”。上边框正中为两行英文“PROVINCIAL BANK OF HONAN”(河南省银行),下边框正中为“JULY

① 开封市博物馆收藏。

15TH 1918”(1918 年 7 月 15 日)。边框中间为一大型花饰,花饰正中为加印的“河南豫泉官银钱总局”印章,印章两边和下方为面额数字“1”。边框下方正中有一行英文小字。

(3)壹圆(1921 年版,图 19)①

图 19

票式直型,票幅 130 毫米×72 毫米。正面为绿色,背面为红色和蓝色。四周为花栏边框,边框四角为四个“壹”字。边框内分为上、中、下三层。上层为“河南”“豫泉官银钱局”和阿拉伯数字编号。正中为岳飞像主景图案,人像周围有边框,上边为花饰,下边为“岳武穆王”。人像边框右边为“完粮纳税一律通用”;左边为“中华民国十年印”。下层为花环衬托的面额“壹圆”。票面盖有大型红色“河南财政厅印”。在“河南豫泉官银钱局”上加盖“金库流通券”。票面左边盖有骑缝章和“豫字第××××号”。

背面四周为花栏边框,边框四角各有“1”。边框内上方为两行英文“PROVINCIAL BANK OF HONAN”(河南省银行)。在英文下方直到边框为一大型花饰,在花饰衬托下依次为“$1”、大方框、“ONE YUAN”“1921”、椭圆空($1 和 ONE YUAN 均可译作“壹圆”)。在椭圆空的两边靠近左右边框的地方有两方印章。

① 开封市博物馆收藏。

(4)伍圆(1916年版)

未发现图片。

(5)伍圆(1918年版,图20、图21)①

图20

票式横型,票幅130毫米×77毫米。正面图案为橘色,背面在绿色和棕色的背景上为红色图案。由美国钞票公司印制。四周为花栏边框,边框四角为四个“伍”字。边框右、左竖书分别为“完粮纳税”“一律通用”。边框内分为上、中、下三层。上层横书“豫泉官银钱局”和两个相同的阿拉伯数字号码。中层正中为岳飞像主景图案,人像周围有边框衬托,右边为“岳武穆王”,左边为一花枝。图案两边为花饰衬托的面额文字“伍圆”。下层正中为“中华民国七年印”。左右两边有两方小印,印的外边为面额小字“伍圆”。票面左边盖有骑缝和“豫字第××××号”。在边框外边正下方有一行小字“美国钞票公司”。

① 马飞海、吴筹中主编《中国历代货币大系·民国时期国家银行地方银行纸币》第2243、2244号,上海辞书出版社,2001。

图 21

背面四周为花栏边框，边框四角各有“5”。上边框正中为两行英文“PROVINCIAL BANK OF HONAN”（河南省银行），下边框正中为“JULY 15TH 1918”（1918 年 7 月 15 日）。边框中间为一大型花饰，花饰正中为加印的“河南财政厅印”，印章两边和下方为面额数字“5”与“v”。边框下方正中有一行英文小字“美国钞票公司”。

（6）拾圆（1916 年版，图 22）①

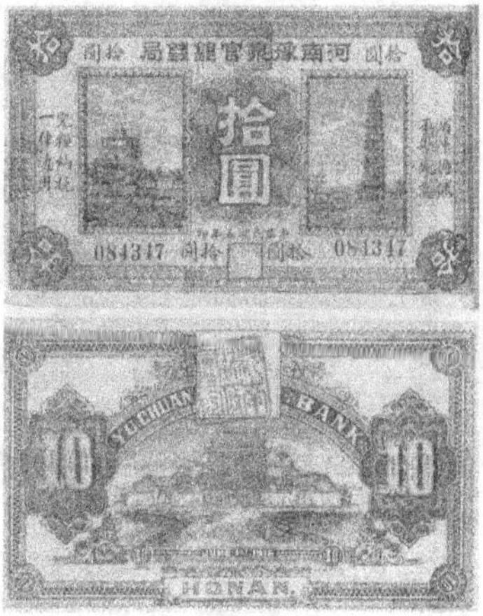

图 22

① 北京市钱币学会：《中国纸币标准图录》，第 855 图，北京出版社，1995，第 307 页。

票式横型，票幅 138 毫米×84 毫米。正面为棕色背景上的绿色图案。四周为花栏边框，边框四角为四个“拾”字。边框内分为上、中、下三层。上层横书“河南豫泉官银钱局”，左、右两边各有“拾圆”。中层正中为花环衬托的面额大字“拾圆”。面额左边为繁塔图景，右边为铁塔图景。繁塔外侧为“完粮纳税一律通用”，铁塔外侧为“省库担保不挂失票”。下层中间为“中华民国五年印”“拾圆”“拾圆”和一方形印章，左右为相同的两组阿拉伯数字号码。右边框内有一长方形印章，内容为“河南豫泉官银钱局”，票面左边有一骑缝印章。

背面中间为主景图案开封龙亭。上方为英文“YU CHUAN BANK”(直译为:豫泉银行)。图案两边为面值“10”，图案下方为“JUNE 1ST 1916”(1916 年 6 月 1 日)。在图案正上方有一大型方印章，内容为“河南财政厅印”。四周为边框，四角各有“10”字。下边框中间为“HONAN”(河南)。

(7)拾圆(1918 年版，图 23)①

图 23

票式横型，票幅 133 毫米×75 毫米。正面为蓝色和棕色背景上的绿色

---

① 郑州张立敬收藏。

图案，背面为蓝色和黄褐色背景上的绿色图案。由美国钞票公司印制。四周为花栏边框，边框四角为四个“拾”字。右、左边框分别书写“完粮纳税”“一律通用”。边框内分为上、中、下三层。上层横书“豫泉官银钱局”，局名下边两旁为两组相同的阿拉伯数字号码。中层正中为岳飞像主景图案，人像周围有边框衬托，右边为“岳武穆王”，左边为一花枝。图案两边为花饰衬托的面额文字“拾圆”。下层正中为“中华民国七年印”。右、左两边有“局长之印、副局长印”朱印，印的外边为面额小字“拾圆”。在边框外边正下方有一行小字“美国钞票公司”。

背面四周为花栏边框，边框四角各有“10”。上边框正中为两行英文“PROVINCIAL BANK OF HONAN”(河南省银行)，下边框正中为“JULY 15TH 1918”(1918 年 7 月 15 日)。边框中间为一大型花饰，花饰正中为“河南财政厅印”，印章两边为面额数字“10”，下边框正中叠印有花饰，花饰上有两个小“10”和一个罗马数字“X”，表示面值。边框下方正中有英文“美国钞票公司”。

(8)壹拾枚(1918 年版，图 24)①

图 24

票式横型，票幅 114 毫米×79 毫米，正面在粉色背景上有绿色图案，背

① 开封市博物馆收藏。

面在黄色背景上有红色图案。四周为花栏边框，边框四角各有“拾枚”，上边边框中间为“河南”，下边边框正中为“中华民国七年印”。边框内在“河南”二字下边为“豫泉官银钱局”，左、右两边为两组相同的阿拉伯数字号码。票面中间分为左、右两部分，左半部分为主景图案岳飞像，人像周围有边框衬托，右边为“岳武穆王”，左边为一花枝。右半部分为花饰衬托的面额文字“当拾铜元・壹拾枚”。面额左、右下方为两方印章，内容为“局长之印”和“副局长印”。在面额右边和人像左边分别为“完粮纳税”“一律通用”。背面四周为花栏边框，边框四角各有“10”。上边框正中为两行英文“PROVINCIAL BANK OF HONAN”(河南省银行)，下边框正中为“JULY 15TH 1918”(1918 年 7 月 15 日)。边框中间为一大型波形网状花饰，花饰正中为加印的“河南豫泉官银钱总局”印章，印章两边为面额数字“10”。

(9)贰拾枚(1918 年版，图 25)①

图 25

票式横型，票幅 117 毫米×65 毫米，正面在黄褐色背景上有紫罗兰色图案，背面在橄榄绿色背景上有深蓝色图案。四周为花栏边框，边框四角各有“贰拾枚”，上边边框中间为“河南”，下边边框正中为“中华民国七年印”。票

① 开封市博物馆收藏。

面有花草纹底纹，边框内在“河南”二字下边为“豫泉官银钱局”，左、右两边为两组相同的阿拉伯数字号码。票面中间分为左、右两部分，左半部分为主景图案岳飞像，人像周围有相框衬托，相框右边为“岳武穆王”，左边为一花枝。右半部分为花饰衬托的面额文字“当拾铜元・贰拾枚”。面额左、右下方为两方印章，内容为“局长之印”和“副局长印”。在面额右边和人像左边分别为“完粮纳税”“一律通用”。

背面四周为花栏边框，边框四角各有“20”。票面有网状底纹，上边正中为两行英文“PROVINCIAL BANK OF HONAN”(河南省银行)，下边正中为“JULY 15TH 1918”(1918 年 7 月 15 日)。中间为一大型波形网状花饰，花饰正中为加印的“河南豫泉官银钱总局”印章，印章两边为面额数字“20”。

(10)伍拾枚(1916 年版，图 26)①

图 26

票式横型，正面在黄色背景上有棕色图案，背面为棕色图案。四周为花栏边框，边框四角各有“伍拾枚”。边框内中间上方为弧形花框，内书“河南豫泉官银钱局”。票面下中为繁塔主景图案，图案两侧为花饰衬托的面额文

---

① 郑州张立敬协供。

字“当拾铜元伍拾枚”。面额下方为阿拉伯数字号码。右、左面额的外边分别为“完粮纳税”“一律通用”。主景图案下方有一方形印章，右边边框内压“完粮纳税”四字有“河南豫泉官银钱局”迎首章，左边边框处有一椭圆形骑缝印章。

背面四周为花栏边框，四角各有“50”，环绕边框内侧有 6 组“伍拾枚”。票面中间为花草图案，正中有“民国五年续印”。下部边框内正中为英文“HONAN”(河南)。

(11) 伍拾枚(1918 年版)

未发现图片。

(12) 伍拾枚(1922 年版)

未发现图片。

(13) 壹佰枚(1918 年版)

未发现图片。

(14) 壹佰枚(1922 年版，图 27)①

图 27

票式横型，票幅 133 毫米×76 毫米，由财政部印刷局印刷。正面在黄、

① 郑州张立敬收藏。

绿色背景上有蓝色图案，背面图案为红色和黑色。四周为花栏边框，四角各有“壹佰枚”，上边框中间有“河南豫泉官银钱局”八字，右、左边框分别竖书“完粮纳税”和“一律通用”。票面正中为主景图案岳飞像，像右竖书“岳武穆王像”，像左竖书“民国十一年”。图案左、右两旁为花饰衬托的面额文字“壹佰枚”，面额与左、右边框之间为小字“当拾铜元”。在左、右面额和图案下方有三方印章。

背面四周为波形花栏边框，边框四角各有“100”。票面上边正中为两行英文“BANK OF HONAN PROVINCE”(河南省银行)，票面正中为波形花饰，花饰正中为“河南财政厅印”印章，两边在花饰衬托下为英文“ONE HANDRED COPPER CENTS”(铜元100枚)。边框下方正中有英文“财政部印刷局”。

2. 河南省银行

1923年7月17日，河南省银行在豫泉官银钱局旧址正式开业。原定资本500万元，由省政府拨款。实际当时只筹集到15万元。由于军阀控制，河南省银行大量发行钞票，致使纸币多次狂跌。加上战事频繁，1926年秋，河南省银行纸币已成废纸。省议会决议取消河南省银行，省府下令将库存货币悉数销毁。吴佩孚得知这一消息后，曾下令将新钞加盖新章发行，因销毁甚速，仅加盖少许，未及发行。1927年，冯玉祥督豫，将河南省银行改组为“河南农工银行”。

河南省银行为扩大营业范围，在许多地方设立分支机构。曾先后在北京、天津、汉口、青岛、徐州等8地设立分行，在上海、南阳、许昌等18地设立办事处。

河南省银行发行的纸币有铜元票和银元票。铜元票有民国十一年版20枚，民国十二年版10枚、20枚、50枚和100枚。银元票分民国十一年版1元、5元、10元，民国十二年版1元、5元、10元。由于民国十一年版纸币行名为“河南银行”，而1923年成立时定名为“河南省银行”，所以该版纸币均加盖一“省”字。

1946年7月1日，根据国民政府财政部省银行条例的规定，河南农工银行改组为“河南省银行”。1948年6月，开封第一次解放，9月，河南省银行迁离开封，11月9日在汉口汇通路义祥里12号2楼办公。1949年4月21日随着解放军渡江的炮声,河南省银行账务结束。

(1) 壹圆(1922 年版,图 28)①

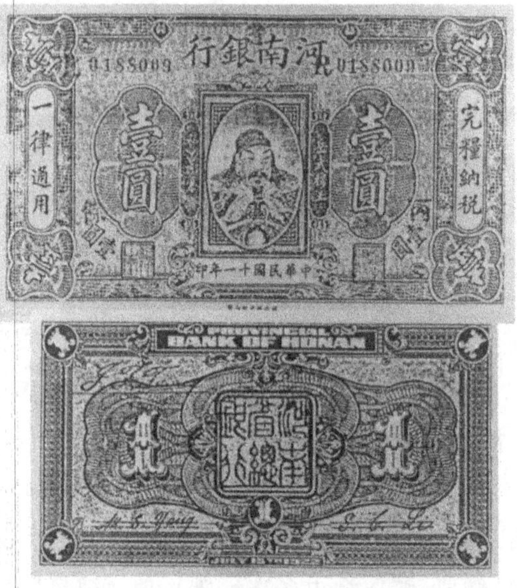

图 28

票幅 116 毫米×66 毫米,正面图案为蓝色,背面图案为蓝色和多重色。由财政部印刷局印制。四周为花栏边框,四角各有一大写“壹”字。上部边框正中为“河南银行”,另盖一红色“省”字,右、左边框分别竖排“完粮纳税”“一律通用”。票面正中为主景图案岳飞像,人像周围有相框衬托,相框右边为“岳武穆王”,左边为一花枝。相框下方为“中华民国十一年印”。图案左、右两旁为花饰衬托的面额文字“壹圆”。左、右面额上方各有一组相同的由英文字母和阿拉伯数字组成的号码,下方为两方印章和小字“壹圆”,两方印章分别是“河南银行”和“总理之章”。此外,票面还加盖有“丙”“岁”“成”“馀”等中文标记。

背面四周为花栏边框,边框四角各有“1”。上边框正中为两行英文“PROVINCIAL BANK OF HONAN”(河南省银行),下边框正中为“JULY 15TH 1922”(1922 年 7 月 15 日)。边框中间为一大型波形网状花饰,花饰正

① 南京杨勇伟协供。

中为加印的“河南省总银行”印章，印章两边为面额数字“1”。在左边面额的上下方和右边面额的下方有三个英文签名，分别是“G. F. Tao”（陶积福，1923 年筹办河南省银行并任第一任总理）、“M. S. Yang”（杨幕时，1922 年任河南豫泉官银钱局总办）、“S. B. Li”（李家贤，1922 年任河南豫泉官银钱局会办，签字疑为李的别名或字）。按照钱币签名的惯例，杨幕时和李家贤的位置是正常的，陶积福的位置是非正常的，可能是后加上的。

(2) 壹圆（1923 年版，图 29、图 30）①

图 29

票幅 143 毫米×84 毫米，正面在多重色背景上有红色图案，背面为棕、橘色图案，由财政部印刷局印制。四周为花栏边框，四角各有“壹”字。左、右边框各有“河南”（其他地名有天津、湖北、北京、郑州、彰德、保大等）二字。边框内分为三层。上层中间为“河南省银行”，左、右为相同的两组由英文字母和阿拉伯数字组成的号码。中层中间为主景图案龙亭远景，两边为花饰衬托的面额文字“壹圆”。下层正中为一矩形框，内书“凭票即付国币壹圆完粮纳税一律通用”，两边有海水图案为底纹，海水由缩微文字“河南省银行”组成。在面额下方各有一方形印章，内容为“河南省银行”和“总理之章”。

① 开封市博物馆收藏，郑州何公洲收藏。

在边框内四角空白处各有一小“壹”字。票面还加盖有“豳”“伐”等中文标记。在边框外边正下方有一行小字“中华民国十二年财政部印制局印制”。

图 30

背面四周为花栏边框，四角各有一花朵形纹饰，花朵中心有“1”字。上边框正中为两行英文“PROVINCIAL BANK OF HONAN”(河南省银行)，下边框正中为“HONAN”(河南)，“JULY 15TH 1923”(1923 年 7 月 15 日)。票面中间为波形网状花纹，正中为“ONE YUAN”(壹圆)，两边为阿拉伯面额数字“1”。在票面左下方有一英文签名，内容一为“G. F. Tao”(陶积福，总理)，一为“Yinrule”(殷汝骊，行长)。

此币地名有“河南”“天津”“湖北”“北京”“包头”“河南”等。有在左边面额和左边框之间加盖另外印章，并将“河南省银行”“河南”和下部两方印章盖销遮掩。有的在原加盖印章处重新加盖“河南省银行发行之证”，在盖销后的“河南省银行”及以下位置加盖大型印章，内容为“河南省财政厅印”，并在盖销后的两方印章处重新加盖“河南省银行”和“总理之章”。

(3) 壹圆(1923 年版，图 31)①

① 郑州张立敬收藏。

图 31

此版与图 29 相同，所不同者，正面颜色和背面颜色均为棕色。在正面左边加盖有“河南省银行发行之证”；在正、反两面的面额下方均加盖“保大”。另外有的在背面上下通票加盖大号字红色方印“河南省印”，右边框内加盖“临时军用”，左边框内加盖有“准由各县兑现解缴省库”十字。

（4）伍圆（1922 年版，图 32）①

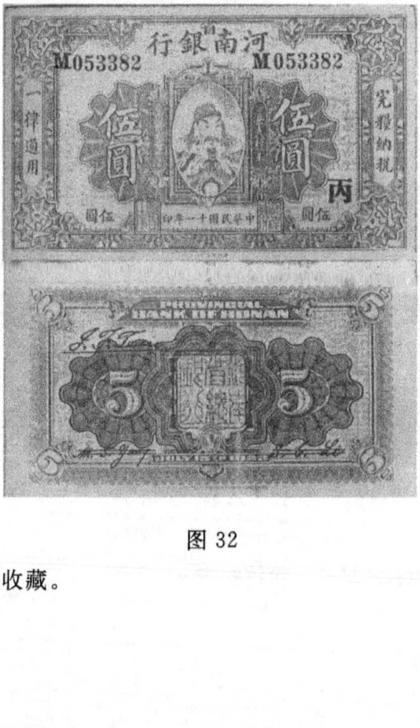

图 32

① 开封市博物馆收藏。

票幅118毫米×70毫米,正面图案为橘色,背面图案为红色。由财政部印刷局印制。四周为花栏边框,四角各有“伍”字。上部边框正中为“河南银行”,另盖一红色“省”字,右、左边框竖排“完粮纳税”“一律通用”。票面正中为主景图案岳飞像,人像周围有相框衬托,相框右边为“岳武穆王”,左边为一花枝。相框下方为“中华民国十一年印”。图案左、右两旁为花饰衬托的面额文字“伍圆”。左、右面额上方各有一组相同的由英文字母和阿拉伯数字组成的号码,下方为两方印章和小字“伍圆”。此外,票面还加盖有“丙”“丁”等中文标记。

背面四周为花栏边框,边框四角各有“5”。上边框正中为两行英文“PROVINCIAL BANK OF HONAN”(河南省银行),下边框正中为“JULY 15TH 1922”(1922年7月15日)。边框中间为一大型波形网状花饰,花饰正中为“河南省总银行”印章,印章两边为面额数字“5”,在印章的下方有一罗马数字“V”。在左边面额的上、下方和右边面额的下方有三个英文签,分别是“G. F. Tao”(陶积福,总理)、“M. S. Yang”(杨幕时,总办)、“S. B. Li”(李家贤,会办,签字疑为李的别名)。按照钱币签名的惯例,杨幕时和李家贤的位置是正常的,陶积福的位置是非正常的,可能是后加上的。

(5) 伍圆(1923年版,图33、图34)①

图33

① 郑州何公洲收藏,开封市博物馆收藏。

票幅151毫米×84毫米，正面在多重背景上有蓝色图案，背面为紫色图案。四周为花栏边框，四角各有“伍”字，左、右边框各有“河南”（其他地名有天津、郑州、北京、南阳等）二字。边框内上部正中为“河南省银行”，左、右为由英文字母和阿拉伯数字组成的号码。票面分为左、右二部，左部为一巨大花饰，内书面额文字“伍圆”，在花饰四角各有一小“伍”字，面额下方为一矩形框，内书“凭票即付国币伍圆完粮纳税一律通用”。右部为方形主景图案开封龙亭远景。在票面下部有海水图案，海水由缩微文字“河南省银行”组成。在海水图案的中间和左部有两方印章，内容为“河南省银行”和“总理之章”。在边框外边正下方有一行小字“中华民国十二年财政部印制局印制”。

图34

背面四周为花栏边框，四角各有一花朵形纹饰，花朵中心有“5”字。上边框正中为两行英文“PROVINCIAL BANK OF HONAN”（河南省银行），下边框正中为“HONAN”（河南，或“NANYANG”南阳、“TIENTSIN”天津），“JULY 15TH 1923”（1923年7月15日）。票面中间为波形网状花纹，正中为“FIVE YUAN ”（伍圆），两边为面额数字“5”。在英文面额上下有五行英文小字“PROMISES TO PAY BEARER ON DEMAND AT ITS OFFICE HERE TEN YUAN LOCAL CURRENCY”（直译为“承诺向持有者需要时在当地机构支付10元地方货币”，意为“凭票即付10元”）。此处英文显然是用10元钞版的底版，因此与票面5元不符。中间花饰与上部边框由一圆圈连接，内为一罗马数字“V”(5)。在票面左下方有一英文签名“G. F. Tao”(陶积福，总理)。整版由球形图案为底纹，球形图案上有缩微文字“伍圆”和“FIVE YUAN”。

(6) 伍圆(1923年版，图35)①

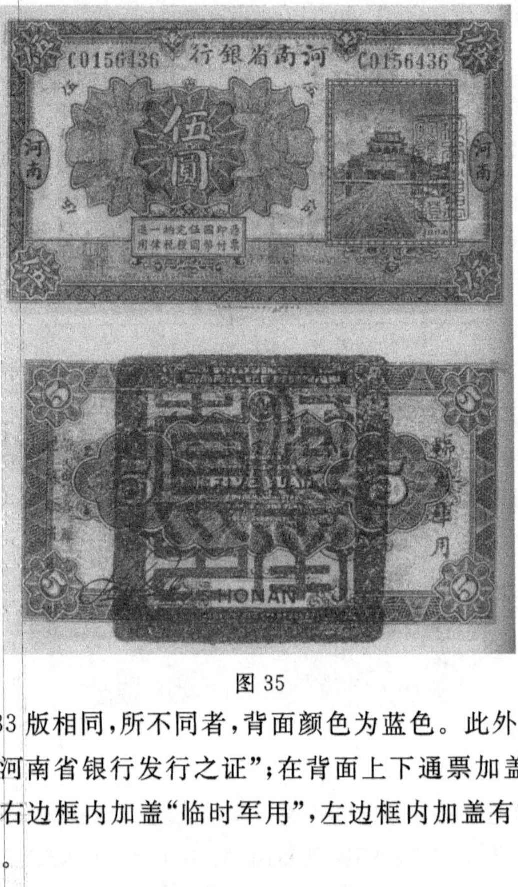

图35

此版与图33版相同，所不同者，背面颜色为蓝色。此外，在正面主景图案上方加盖有“河南省银行发行之证”；在背面上下通票加盖大号字红色方印“河南省印”，右边框内加盖“临时军用”，左边框内加盖有“准由各县兑现解缴省库”十字。

(7) 拾圆(1922年版，图36)②

票幅123毫米×75毫米，正面为绿色图案，背面为绿色和多重色图案。

① 马飞海、吴筹中主编《中国历代货币大系·民国时期国家银行地方银行纸币》第3083号，上海辞书出版社，2001。

② 开封市博物馆收藏。

图 36

四周为花栏边框，四角各有“拾”字，右、左边框竖书分别为“完粮纳税”“一律通用”。上部边框正中为“河南银行”，另盖一红色“省”字。票面正中为主景图案岳飞像，人像周围有相框衬托，相框右边为“岳武穆王”，左边为一花枝。相框下方为“中华民国十一年印”。图案左、右两旁为花饰衬托的面额文字“拾圆”。左、右面额上方各有一组相同的由英文字母和阿拉伯数字组成的号码，在图案和左、右面额之间的下方为两方印章，两旁有小字“拾圆”。此外，票面还加盖有“甲”“戊”等中文标记。

背面四周为花栏边框，边框四角各有“10”。上边框正中为两行英文“PROVINCIAL BANK OF HONAN”(河南省银行)，下边框正中为“JULY 15TH 1922”(1922 年 7 月 15 日)，日期上边有两个小“10”和一罗马数字“X”。边框中间为一大型波形网状花饰，花饰正中为加印的“河南省总银行”印章，印章两边为面额数字“10”，在左边面额的上、下方和右边面额的下方有三个英文签，分别是“G. F. Tao”(陶积福，总理)、“M. S. Yang”(杨幕时，总办)、“S. B. Li”(李家贤，会办，签字疑为李的别名)。按照钱币签名的惯例，杨幕时和李家贤的位置是正常的，陶积福的位置是非正常的，可能是后加上的。

(8) 拾圆(1923 年版,图 37、图 38)①

图 37

票幅 156 毫米×89 毫米,正面为紫罗兰色和多重色,背面为绿色图案。四周为花栏边框,边框四角为大写“拾”字。边框内上部正中为“河南省银行”行名,行名左、右为两组相同的由英文字母和阿拉伯数字组成的号码。票面中间左部为主景图案开封龙亭,图案右下角有“开封龙亭”。中部和右部是波形网状花饰,花饰中间为面额文字“拾圆”,在花饰四角各有一小“拾”字。在图案的左方和花饰的右方各有“河南”。在票下方有一带状海浪花纹,花纹内布满缩微文字“河南省银行”。在面额下方的带状花纹上有一矩形框,内书“凭票即付国币拾圆完粮纳税一律通用”。矩形框两旁有两方印章。边框外边下方正中有一行小字“中华民国十二年财政部印刷局印制”。

背面四周为花栏边框,四角各有一花朵形纹饰,花朵中心有“10”字。上边框正中为两行英文“PROVINCIAL BANK OF HONAN”(河南省银行),下边框正中为“HONAN”(河南),“JULY 15TH 1923”(1923 年 7 月 15 日)。票面中间为波形网状花纹,正中为“TEN YUAN”(拾圆),两边为阿拉伯面

① 河南大学文物馆收藏。

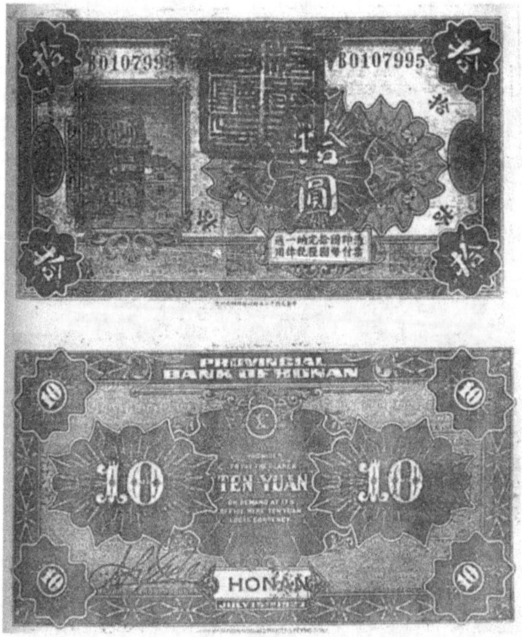

图 38

额数字“10”。在英文面额上方有一圆圈,内为一罗马数字“X”(10)。在票面左下方有英文签名,签名有两种,一为“G. F. Tao”(陶积福,总理),一为“Yinrule”(殷汝骊,行长)。在英文面额上下有五行英文小字“PROMISES TO PAY BEARER ON DEMAND AT ITS OFFICE HERE TEN YUAN LOCAL CURRENCY”(直译为“承诺向持有者需要时在当地机构支付 10 元地方货币”,意为“凭票即付 10 元”)。票面中间有球形图案底纹,球形图案由“拾元”“拾圆”“TEN YUAN”(10 元)组成。在边框下方正中有一行英文小字“BUREAU OF ENGRAVING AND PRINTING PEKING CHINA”(直译为“中国北京雕刻印刷局”)。

此币地名有“河南”“天津”“郑州”“北京”等。此外还存在两种情况,第一种在龙亭主景图案上加盖“湖北通用现洋”,并将“河南省银行”“河南”和两方印章盖销遮掩。第二种在龙亭主景图案上加盖“湖北通用现洋”,将“河南省银行”“河南”及两方印章盖销遮掩,然后在盖销后的“河南省银行”及以下位置加盖大型印章,内容为“河南财政厅印”,并在“湖北通用现洋”上方另盖“河南省银行发行之证”。并在两方印章处重新加盖“河南省银行”和“总理之章”。

(9) 拾圆(1923 年版,图 39)①

图 39

此版与图 37 版相同,所不同者,正面颜色为绿色。此外,在正面主景图案上方加盖有“河南省银行发行之证”;在背面上、下通票加盖大号字红色方印“河南省印”,右边框内加盖“临时军用”,左边框内加盖有“准由各县现解缴省库”九字。

(10) 拾枚(1922 年版,图 40)②

正面为黄褐色,背面为蓝黑色。四周为花栏边框,四角各有“拾枚”。上部边框内中间为“河南银行”,右、左边框分别为“完粮纳税”“一律通用”。票面正中为一椭圆形岳飞像主景图案,像右竖书“岳武穆王像”,像右竖书“民国十一年”。图像两旁为花饰衬托的面额文字“拾枚”,两边面额与左、右边

---

① 马飞海、吴筹中主编《中国历代货币大系·民国时期国家银行地方银行纸币》第 3084 号,上海辞书出版社,2001。

② 马飞海、吴筹中主编《中国历代货币大系·民国时期国家银行地方银行纸币》第 2248 号,上海辞书出版社,2001。

图 40

框之间各有“当拾铜元”。在面额上方有两组相同的阿拉伯数字号码。在图像及左、右面额的下方有三方印章，在左、右印章之间加盖有“河南豫泉官银钱局发行”。

背面四周为花栏边框，四角各有“10”。票面上部为两行英文“BANK OF HONAN PROVINCE”(河南省银行)。票面中心为一花朵形花饰衬托的方框。两旁为花饰衬托的面额数字“10”，面额数字上叠印英文“TEN”，在中心花饰的下方为英文面额“TEN COPPER COINS”(铜元 10 枚)。在英文面额的下方为“AUGUST 1ST 1922”(1922 年 8 月 1 日)。

(11) 拾枚(1923 年版，图 41)①

票幅 110 毫米×60 毫米，正面为蓝色图案，背面为墨绿色图案，另一版背面为橘色图案。四周为花栏边框，四角各有“拾枚”。上部边框内中间为“河南省银行”，右、左边框分别为“完粮纳税”“一律通用”。票面正中为花饰衬托的面额文字“当拾铜元拾枚”。面额左边为椭圆形万寿山宝塔图案，面额右边为椭圆形龙亭图案。在宝塔和龙亭上方有两组相同的阿拉伯数字号码。在图案与面额之间的下方有两方印章，一方为“河南省银行”，一方为

① 郑州张立敬收藏。

图 41

“总理之印”。下部边框正中有“民国十二年”。在面额与左、右图案之间加盖有英文“Z”“E”“S”等标记。

背面四周为花栏边框，四角各有“拾枚”。上边框内正中为“河南省银行”。票面中间有一圆形花饰，两边为叶面形花饰。在圆形花饰上印有面额数字“10”，叠印在面额数字上并延伸到叶形花饰上的为英文“TEN COPPER COINS”（铜元 10 枚），两边各有“拾”字。票面有细曲线形底纹。

（12）贰拾枚（1922 版，图 42）①

票幅 120 毫米×61 毫米，正面在黄褐色背景上有绿色图案，背面为蓝色和黑色图案。四周为花栏边框，四角各有“贰拾枚”。上部边框下中为“河南银行”，右、左边框分别为“完粮纳税”“一律通用”。票面正中为一椭圆形岳飞像主景图案，像右竖书“岳武穆王像”，像左竖书“民国十一年”。图像两旁为花饰衬托的面额文字“贰拾枚”，两边面额与左、右边框之间各有“当拾铜元”。在左、右面额上方有两组相同的阿拉伯数字号码。在图像及左、右面额的下方有三方印章，分别为“行长之印”“副行长印”“监理官印”。在左、右印章之间加盖有“河南豫泉官银钱局发行”。在边框正中下方有一行小字“北京财政部印刷局制”。

① 郑州张立敬收藏。

图 42

背面四周为花栏边框，四角各有“20”。票面上部为两行英文“BANK OF HONAN PROVINCE”(河南省银行)。票面中心为一花朵形花饰衬托的方框。两旁为花饰衬托的面额数字“20”，面额数字上叠印英文“TWENTY”(20)，在中心花饰的下方为英文面额“TWENTY COPPER COINS”(铜元 20 枚)。在英文面额的下方为“AUGUST 1ST 1922”(1922 年 8 月 1 日)。在边框正中下方有一行英文小字“BUREAU OF ENGRAVING AND PRINTING PEKING CHINA”(直译为“中国北京雕刻印刷局”)。

(13) 贰拾枚(1923 年版，图 43)①

票幅 112 毫米×59 毫米，正面为绿色图案，背面为橄榄色图案，第二种版别正面为蓝色和灰色，第三种版别正面为绿色和灰色。四周为花栏边框，四角各有“贰拾枚”。上部边框内中间为“河南省银行”，右、左边框分别为“完粮纳税”“一律通用”。票面正中为花饰衬托的面额文字“当拾铜元贰拾枚”。面额左边为椭圆形万寿山宝塔图案，面额右边为椭圆形龙亭图案，图案右下方有“开封龙亭”。在宝塔和龙亭上方有两组相同的阿拉伯数字号码。在图案与面额之间的下方有两方印章，一方为“河南省银行”，一方为“总理之印”。下部边框正中有“民国十二年”。在面额与左、右图案之间加

① 开封市博物馆收藏。

图 43

盖有英文“CO”“HH”等标记。票面有浅色海水形底纹，底纹内有缩微文字“河南省银行”。

背面四周为花栏边框，四角各有“贰拾枚”。上边框内正中为“河南省银行”。票面中间有一圆形花饰，两边为叶面形花饰。在圆形花饰上印有面额数字“20”，叠印在面额数字上并延伸到叶形花饰上的为英文“TWENTY COPPER COINS”(铜元 20 枚)，两边各有“贰”字。对照“拾枚”和“伍拾枚”纸币，此处“贰”应为“贰拾”。票面有细曲线形底纹。

(14) 伍拾枚(1922 年版，图 44)①

票幅 126 毫米×69 毫米，正面在粉色背景上有棕紫色图案，背面为棕紫和淡蓝色图案。四周为花栏边框，四角各有“伍拾”。上部边框下中为“河南银行”，右、左边框分别为“完粮纳税”“一律通用”。票面正中为一椭圆形岳飞像主景图案，像右竖书“岳武穆王像”，像左竖书“民国十一年”。图像两旁为花饰衬托的面额文字“伍拾枚”，两边面额与左、右边框之间各有“当拾铜元”。在左、右面额上方有两组相同的阿拉伯数字号码。在图像及左、右面额的下方有三方印章，分别为“行长之印”“副行长印”“鉴理官印”。在左、右

① 郑州张立敬收藏。

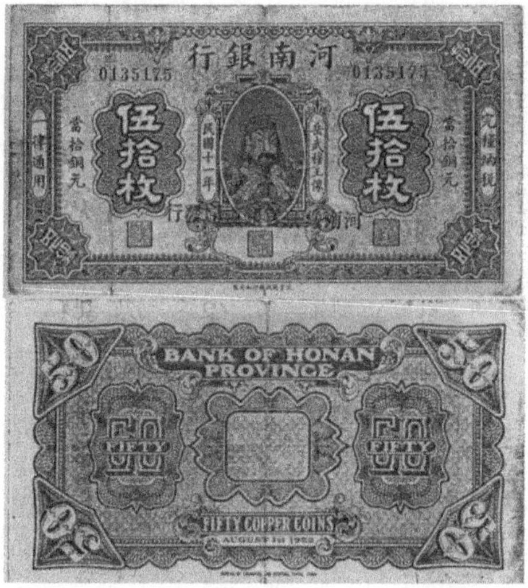

图 44

印章之间加盖有“河南豫泉官银钱局发行”。在边框正中下方有一行小字“北京财政部印刷局制”。

背面四周为花栏边框，四角各有“50”。票面上部为两行英文“BANK OF HONAN PROVINCE”(河南省银行)。票面中心为一花朵形花饰衬托的方框。两旁为花饰衬托的面额数字“50”，面额数字上叠印英文“FIFTY”，在中心花饰的下方为英文面额“FIFTY COPPER COINS”(铜元 50 枚)。在英文面额的下方为“AUGUST 1ST 1922”(1922 年 8 月 1 日)。在边框正中下方有一行英文小字“BUREAU OF ENGRAVING AND PRINTING PEKING CHINA”(直译为“中国北京雕刻印刷局”)。

(15) 伍拾枚(1923 年版，图 45)①

票幅 119 毫米×67 毫米，正面在粉色背景上有棕色图案，背面为红色图案。四周为花栏边框，四角各有“伍拾枚”。上部边框内中间为“河南省银行”，右、左边框分别为“完粮纳税”“一律通用”。票面正中为花饰衬托的面额文字“当拾铜元伍拾枚”。面额左边为椭圆形万寿山宝塔图案，面额右边为椭圆形龙亭图案，图案右下方有“开封龙亭”。在宝塔和龙亭上方有两组相同的阿拉伯数字号码。在图案与面额之间的下方有两方印章，一方为“河

① 河南大学文物馆收藏。

图 45

南省银行”，一方为“总理之印”。下部边框正中有“民国十二年”。在面额与左、右图案之间加盖有英文“KK”“UU”“QQ”“RR”等标记。票面有浅色海水形底纹，底纹内有缩微文字“河南省银行”。

背面四周为花栏边框，四角各有“伍拾枚”。上边框内正中为“河南省银行”。票面中间有一网状十字形花饰，花饰正中为面额数字“50”，叠印在面额数字上并延伸到花饰两端为英文“FIFTY COPPER COINS”（铜元 50 枚），两边各有“伍拾”。票面有细曲线形底纹。

（16）壹佰枚（1923 年版，图 46）①

票幅 122 毫米×73 毫米，正面为蓝色和黄色图案，背面为浅绿、紫红和藏蓝色图案。四周为花栏边框，四角各有“壹佰枚”。上部边框中间为“河南省银行”，右、左边框分别为“完粮纳税”“一律通用”。票面正中为椭圆形颐和园万寿山图案。图案上方为“当拾铜元”，图案两旁为花饰衬托的面额文字“壹百枚”。在左、右面额上方有两组相同的阿拉伯数字号码。在图案与面额之间的下方有两方印章，一方为“河南省银行”，一方为“总理之章”。下部边框正中有“民国十二年”。在面额与左、右图案之间加盖有英文“GG”“FF”“BB”“EE”“DD”等标记。票面有浅色海水形底纹，底纹内有缩微文字

① 上海郭乃兴协供。

图 46

“河南省银行”。

背面四周为花栏边框，四角各有“壹百枚”。上边框正中为“河南省银行”。票面中间有一圆形图案龙亭远景。两边为花饰衬托的面额数字“100”。在第二重和第三重边框有缩微文字“100”。在下部边框正中有两行英文“PROVINCIAL BANK OF HONAN”(河南省银行)。

3. 河南农工银行

1927 年，鉴于河南省银行信用失坠，河南省政府决定对其进行改组。当时社会推崇孙中山的“联俄、联共、扶助农工”三大政策，遂定名新行为“河南农工银行”。1928 年 3 月 16 日河南农工银行正式开业，仍以河南省银行旧址为行址。定基金 500 万元，官商合办，官股商股各占一半，但仅收到商股 30 余万元，官股以财政困难为由未拨一文。资本如此微薄，营业自感困难。同年 10 月，冯玉祥令将该行并入西北银行，省库也由西北银行代理。1929 年 3 月，又恢复该行组织名称。1934 年改为官办，行址迁往北土街被挤垮的同和裕银号原址。1940 年，日寇发起豫中战役后，河南农工银行先后迁到镇平、洛阳、鲁山、西峡口、西安等地。抗战胜利后，1945 年 11 月迁回开封复业，1946 年 6 月，根据国民政府省银行条例，河南农工银行改组为河南省银行。

该行发行的纸币有铜元券和银元汇兑券。1928 年成立时只发行铜元券，为民国十七年版 100 枚。1930 年从西北银行中分离出来后发行银行汇兑券，有民国十九年版 1 角、2 角和民国二十年版 1 元、5 元。币制改革后至 1937 年只允许发行辅币券，有民国二十六年版 5 分、1 角、5 角。1940 年发行有 1 元券。

(1) 拾枚(1929 年版，图 47)①

图 47

票幅 113 毫米×62 毫米，正反颜色均为蓝色，由财政部印刷局印制。四周为花栏边框，四角各有“拾枚”。票面中间上部为行名“河南农工银行”，行名两旁各有一组由英文字母和阿拉伯数字组成的号码。票面中间为长方形主景图案西湖远景。在主景图案中间为花饰衬托的面额文字“铜元拾枚”。在主景图案与右边框之间有“公私款项一律通用”，在主景图案与左边框之间有“中华民国十八年印”。在主景图案下方正中有“河南”，两端各有“豫”字。在两个“豫”字内侧有两方印章。在边框下方正中有一行小字“财政部印刷局制”。

① 马飞海、吴筹中主编《中国历代货币大系 · 民国时期国家银行地方银行纸币》第 2275 号，上海辞书出版社，2001。

背面四周为花栏边框，四角各有“10”。边框内上方为“河南农工银行”。票面中间面值“拾枚”，两边为数字“10”。在下部边框正中有英文“10 COPPER COINS”(10 枚铜元)。

(2) 拾枚(1930 年版，图 48)①

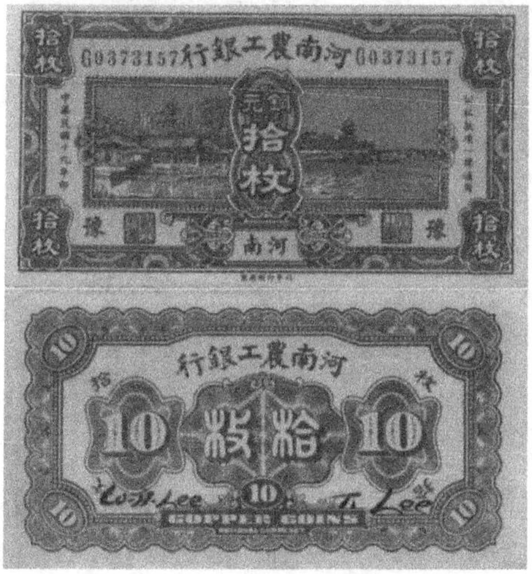

图 48

正面颜色为紫色和蓝色。“中华民国十九年印”。由“北平印刷局制”。其余与 1929 年版基本相同。

(3) 贰拾枚(1928 年版，图 49)②

票幅 112 毫米×60 毫米，正面颜色为绿色，背面颜色为浅红色，由上海南洋印务局印制。正面四周为花栏边框，四角各有“贰拾枚”。上边框中间为“河南农工银行”。票面正中为花饰衬托的面额文字“铜元贰拾枚”。面额下方为一矩形框，框内布满“贰拾枚”微缩文字。面额左边为椭圆形“村舍图”，面额右边为椭圆形“耕田图”。两边图案上方有两组相同的由英文字母和阿拉伯数字组成的号码。靠左、右边框各有“河南”。下边框正中为“中华民国十七年印”。

背面四周为花饰边框。边框四角为花饰衬托的“20”。压上边框有两行

① 郑州张立敬协供。

② 马飞海、吴筹中主编《中国历代货币大系·民国时期国家银行地方银行纸币》第 2272 号，上海辞书出版社，2001。

图 49

弧形英文“THE NOUAN KUNG BANK OF HONAN”(河南农工银行)。票面中心为主景图案开封铁塔风景图。图案两边各有一面额数字“20”。面额数字上方各有“NK”字母。图案及面额数字下方有一行英文“TWENTY COPPERS”(铜元 20 枚)。下边框正中为“HONAN”(河南)。

(4) 贰拾枚(1929 年版,图 50)①

票幅 115 毫米×66 毫米。财政部印刷局印制。正面为米黄色衬托的浅蓝图案,背面为藏蓝图案。正面四周为花栏边框,四角各有“贰拾枚”。票面中间上部为行名“河南农工银行”。票面中间为长方形主景图案西湖远景。在主景图案中间为花饰衬托的面额文字“铜元贰拾枚”。在主景图案与右边框之间有“公私款项一律通用”,在主景图案与左边框之间有“中华民国十八年印”。在主景图案下方正中有“河南”,两端各有“豫”字。在边框下方正中有一行小字“财政部印刷局制”。

背面四周为花饰边框。边框四角各有“20”。边框内上方正中为“河南农工银行”行名。票面中心为花饰衬托的“贰拾枚”,两旁为“20”。在两组阿拉伯数字“20”朝向边角的方向上分别为“贰”“拾”“贰”“拾”四字。在“贰拾

① 马飞海、吴筹中主编《中国历代货币大系·民国时期国家银行地方银行纸币》第 2276 号,上海辞书出版社,2001。

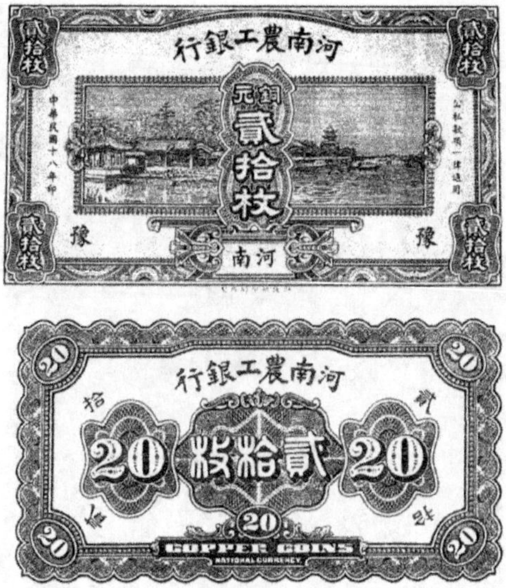

图 50

枚”下方为“20 COPPER COINS”(铜元 20 枚)。

(5) 贰拾枚(1930 年版,图 51)①

票幅 112 毫米×64 毫米。正面颜色为蓝色和黄色,背面为绿色。正背面图案文字与 1929 年版基本相同。正面有“中华民国十九年印”。在两个“豫”字内侧有两方印章。在边框下方正中有一行小字“北平印刷局制”。

背面在下边框内两旁分别有英文签名“Ch. T. Chang”(张竹亭,总经理)和“L. N. Chao”(疑为李文浩,协理)。

(6) 贰拾枚(1931 年版)

票幅 115 毫米×65 毫米,正面颜色为黄色和蓝色。由北平印刷局印制。

(7) 伍拾枚(1928 年版,图 52)②

票幅 112 毫米×60 毫米,正面颜色为紫色,背面颜色为紫蓝色,由上海南洋印务局印制。正面四周为花栏边框,四角各有“伍拾”。上边框中间为

① 马飞海、吴筹中主编《中国历代货币大系・民国时期国家银行地方银行纸币》第 2278 号,上海辞书出版社,2001。

② 马飞海、吴筹中主编《中国历代货币大系・民国时期国家银行地方银行纸币》第 2273 号,上海辞书出版社,2001。

图 51

图 52

“河南农工银行”。票面正中为花饰衬托的面额文字“铜元伍拾枚”。面额下方为一矩形框，框内布满“伍拾枚”微缩文字。面额左边为椭圆形“村舍图”，面额右边为椭圆形"耕田图"。下边框正中为"中华民国十七年印"。

背面四周为花饰边框。边框四角为花饰衬托的"50"。压上边框有两行弧形英文"THE NOUAN KUNG BANK OF HONAN"(河南农工银行)。票面中心为主景图案开封铁塔风景图。图案两边各有一面额数字"50"。图案及面额数字下方有一行英文"FIFTY COPPERS"(铜元50枚)。下边框正中为"HONAN"(河南)。在左、右边框加盖有红色"河南"。此背图为颠倒重印的错版币。

(8) 伍拾枚(1929年版,图53)①

图 53

票幅125毫米×75毫米,财政部印刷局印制。正、背面均为浅褐色图案。正面四周为花栏边框,四角各有"伍拾枚"。票面中间上部为行名"河南农工银行"。票面中间为长方形主景图案西湖远景。在主景图案中间为花饰衬托的面额文字"铜元伍拾枚"。在主景图案与右边框之间有"公私款项一律通用",在主景图案与左边框之间有"中华民国十八年印"。在主景图案

① 马飞海、吴筹中主编《中国历代货币大系·民国时期国家银行地方银行纸币》第2277号,上海辞书出版社,2001。

下方正中有“河南”，两端各有“豫”字。在边框下方正中有一行小字“财政部印刷局制”。

背面四周为花饰边框。边框四角各有“50”。边框内上方正中为“河南农工银行”行名。票面中心为花饰衬托的“伍拾枚”，两旁为“50”。在两组“50”朝向边角的方向上分别有“伍”“拾”。在“伍拾枚”下方为“50 COPPER COINS”(铜元50枚)。

(9) 伍拾枚(1930年版)

正面颜色为红色和黄色。由北平印刷局印制。

(10) 壹佰枚(1928年版，图54)①

图54

票幅116毫米×65毫米，正面颜色为黄色和墨绿色，背面为浅绿色。由上海南洋印务局印制。四周为花栏边框，四角各有“壹佰”。上边框中间为“河南农工银行”。票面正中为花饰衬托的面额文字“铜元壹佰枚”。面额左边为椭圆形“村舍图”，面额右边为椭圆形“耕田图”。两边图案上方有两组相同的由英文字母和阿拉伯数字组成的号码。靠左、右边框各有“河南”。

① 马飞海、吴筹中主编《中国历代货币大系·民国时期国家银行地方银行纸币》第2274号，上海辞书出版社，2001。

面额下方为一矩形框，框内布满“壹佰枚”微缩文字。下边框正中为“中华民国十七年印”。

背面四周为花饰边框。边框四角为花饰衬托的“100”。压上边框有两行弧形英文“THE NOUAN KUNG BANK OF HONAN”（河南农工银行）。票面中心为主景图案开封铁塔风景图。图案两边各有一面额数字“100”。面额数字上方各有“K”字母。图案及面额数字下方有一行英文“ONE HUNDRED COPPERS”（铜元100枚）。下边框正中为“HONAN”（河南）。

（11）壹佰枚（1930年版）

正面颜色为蓝色。由北平印刷局印制。

（12）伍分（1937年版，图55）①

图55

票幅90毫米×49毫米，正面为蓝色，背面为浅紫色。由商务印书馆印刷。四周为花栏边框。边框左、右下方各有“伍”。票面上方两边角各有花饰衬托的“伍分”。中部上边为“河南农工银行”。左部为主景图案开封铁塔。右部为花饰衬托的面额文字“伍分”。面额下边有“每拾角兑国币壹圆”。在图案下方和面额上方有两组相同的由天干和阿拉伯数字组成的号码。在图案和面额下方至下边框之间有细线“伍分”组成的底纹。在面额下方的边框内有“中华民国二十六年印”。在下边框的外边有一行小字“上海

① 开封市博物馆收藏。

商务印书馆”。

背面四周为花饰边框。边框下方左、右两角各有“5”。上边框通栏为英文“THE FARMERS & INDUSTRIALISTS BANK OF HONAN”(河南农工银行),票面中间为层层花饰衬托面额数字“5”及英文“FIVE CENTS”(五分)。面额下边为“1937”。整版由细线菱形花纹及英文“FIVE CENTS”(5分)等为底纹。边框下方正中有一行英文小字“THE COMMERCIAL PRESS,LTD”(商务印书馆)。

(13) 壹角(1930 年版,图 56)①

图 56

票幅 110 毫米×63 毫米,正面为米黄色,背面为浅黄衬托的墨绿色。由北平印刷局印制。四周为花栏边框,边框外缘为波浪形,四角各有“壹角”。上部中间为“河南农工银行”。票面正中为椭圆形主景图案天安门(或正阳门)。图案两边为花饰衬托的面额文字“壹角”。图案下方有“河南”。在左、右面额的上方有两组相同的阿拉伯数字号码。在右面额的右边有“每拾角兑国币壹圆”,在左面额的左边有“中华民国十九年印”。在左、右面额与主

① 北京谢志伟收藏。

景图案之间的下方有两方印章。在下边框下方有一行小字“北平印制局印”。

背面为满版多重波形花纹。四角各有“10”。中间上方为“FARMERS INDUSTRIALISTS BANK OF HONAN”(河南农工银行),中部为“TEN CENTS”(十分),下部为“JUNE 1ST 1930”(1930 年 6 月 1 日)。在英文面值的两旁有两个大“10”及两个英文签名。

(14) 壹角(1937 年版,图 57)①

图 57

票幅 95 毫米×49 毫米,正面为蓝色,背面紫色过渡到蓝色。由商务印书馆印刷。四周为花栏边框。票面分左、中、右三部分。中部上边为“河南农工银行”,中间主景图案为园林亭子风景,下边有“每拾角兑国币壹圆”。左部为花饰衬托的面额文字“壹角”。右部上方为椭圆形孙中山头像,头像下方为“壹角”。在风景图案的左下方和右上方有两组相同的由天干和阿拉伯数字组成的号码,在风景图案的右下方有两方印章,一方为“董事长章”,一方为“行长之章”。在右边框及人像的右边有梅花图案。下边框正中有“中华民国二十六年印”。框外下方正中有一行小字“上海商务印书馆”。

背面四周为花饰边框。上边框通栏为英文“THE FARMERS & INDUSTRIALISTS BANK OF HONAN”(河南农工银行),右边框上下有

① 郑州何公洲收藏。

大小两个圆形花饰,大圆花饰衬托"10",小圆花饰衬托"1"。左边框中间有两个互相叠压的内为"十"字的半圆形图案。票面中间为层层花饰衬托面额"10 CENTS"(10 分),两边为两个中文签名,一为"何洗若"(董事长),一为"李汉珍"(总经理)。下边框正中为"1937"。边框下方正中有一行英文小字"THE COMMERCIAL PRESS,LTD"(商务印书馆)。

(15) 贰角(1930 年版,图 58)①

图 58

票幅 115 毫米×63 毫米,正面为赭色和淡黄色,背面为赭色。由北平印刷局印制。四周为花栏边框,边框外缘为波浪形,四角各有"贰角"。上部中间为"河南农工银行"。票面正中为椭圆形主景图案正阳门。图案两边为花饰衬托的面额文字"贰角"。图案下方有"河南"。在左、右面额的上方有两组相同的阿拉伯数字号码。在右面额的右边有"每拾角兑国币壹圆",在左面额的左边有"中华民国十九年印"。在左、右面额与主景图案之间的下方有两方印章。在下边框下方有一行小字"北平印制局印"。

背面为满版多重波形花纹。四角各有"20"。中间上方为"FARMERS INDUSTRIALISTS BANK OF HONAN"(河南农工银行),中部为

① 郑州张立敬协供。

“TWENTY CENTS”(20 分)，下部为“JUNE 1ST 1930”(1930 年 6 月 1 日)。在英文面值的两旁有两个大“20”。

(16) 伍角(1937 年版，图 59)①

图 59

票幅 118 毫米×59 毫米，正面为红色，背面两边紫色，向中间逐渐过渡到深蓝色。四周为花栏边框，左上角和右下角各有“伍角”。上部中间为“河南农工银行”。右上角为孙中山头像。票面正中为主景图案开封古吹台。左下角为花饰衬托的面额文字“伍角”。在主景图案的左上方和右下方有两组相同的由天干和阿拉伯数字组成的号码。在右下方号码两旁有两方印章，一方为“董事长章”，一方为“行长之章”。在面额下方有“每拾角兑国币壹圆”。在下边框正中有“中华民国二十六年印”九字。在行名及左上号码周围有浅色网状底纹，在右下号码周围有缩微文字“河南农工银行”组成的底纹。在边框下方正中有一行小字“上海商务印书馆”。

背面四周为花栏边框。票面上方正中为英文“THE FARMERS & INDUSTRIALISTS BANK OF HONAN”(河南农工银行)，左上角和右下角各有花饰衬托的“50”，左下角和右上角为花枝和花朵的剖面图。票面正中为层层花饰衬托的面额文字“50 CENTS”(50 分)，两旁为两个中文签名，一为“何洗若”(董事长)，一为“李汉珍”(总经理)。下边框正中有“1937”。

① 郑州何公洲收藏。

整版以细线菱形花纹和"50"为底纹。边框下方正中有一行英文小字"THE COMMERCIAL PRESS,LTD"(商务印书馆)。

(17) 壹圆(1931 年版,图 60)①

图 60

票幅 144 毫米×78 毫米,正、反颜色均为紫色。四周为花栏边框,四角各有"壹圆"。上部边框中间为"河南农工银行",行名下边有"汇兑券"三个小字。右、左边框各有"河南"。票面正中为椭圆形龙亭图案,图案右方有"开封龙亭"四字。图案两旁为花饰衬托的面额文字"壹圆"。在左、右面额上方有两组相同的阿拉伯数字号码。在图案与面额之间的下方有两方印章,一方为"总经理章",一方为"协理之章"。在两印章之间有"中华民国二十年"七字。票面有圆形细线底纹,底纹内有缩微文字。

背面四周为花栏边框,四角各有"1"字。上边框内正中为"THE AGRICULTURAL AND INDUSTRIAL BANK OF HONAN"(河南农工银行)。票面中间为花饰,花饰中有一大"1",两旁为花朵形花饰衬托的"1"。在中心花饰下方有"ONE YUAN"(壹圆)。在左、右面额下方各有一英文签名,一为"H. C. Lee"(李汉珍,总经理),一为"C. Y. Deng "(邓述云,襄理)。中间花饰下部有英文"HONAN"(河南),"HONAN"下方有"JUNE 1ST

① 郑州张立敬收藏。

1931”(1931 年 6 月 1 日)。

(18) 壹元(1940 年版,图 61)①

图 61

票幅 120 毫米×62 毫米,正面为白色底色上棕色图案,背面为浅蓝色底色上深蓝色图案。正面四周为线框,框内左、右上角和左下角各有“壹”字,右下角为“壹圆”。票面正中上方为行名“河南农工银行”,在行名下方分左、右为两组相同的由英文字母和阿拉伯数字组成的号码。票面正中偏左为花饰衬托的面额文字“壹圆”。面额背后为主景图案田园山川农夫牧童耕牛图,在主景图案与左边框之间为配景图案工厂烟囱水塔图。在主景图案下方为由缩微文字“河南农工银行”“壹圆”组成的细线图案。在面额下方为“中华民国二十九年印”。在面额两边的细线图案上有两方印章。在边框下方正中有一行小字“中国兴国公司”。

背面四周由边框和花饰组成的不规则图案。左上角和右下角各有“1”字。在左上角“1”字的下方为“1940”。票面上方为英文行名“THE FARMERS & INDUSTRIALISTS BANK OF HONAN”(河南农工银行)。票面中间为面额文字“1”,在面额文字上叠印英文“ONE YUAN ”(1 圆)。在面额两边各有签名,一为“李汉珍”,一为“彭××”。满版底纹由“1”

① 郑州张立敬收藏。

“HONAN”“ONE YUAN”等细线组成。在边框下方正中有一行英文小字“HSINGKUO CO. LTD OF CHINA”(中国兴国公司)。

(19) 伍圆(1931年版,图62)①

图 62

票幅152毫米×83毫米,正面颜色为墨绿色和红色,背面为墨绿色。四周为花栏边框,四角各有“伍圆”。上部边框中间为“河南农工银行”,行名下边有“汇兑券”三个小字。右、左边框各有“河南”。票面正中为龙亭图案。图案两旁为花饰衬托的面额文字“伍圆”。在左、右面额上方有两组相同的阿拉伯数字号码。在图案与面额之间的下方有两方印章,一方为“总经理章”,一方为“协理之章”。在两印章之间有“中华民国二十年”七字。票面加盖有“直”等中文标志或英文标志。

背面四周为花栏边框,四角各有“5”字。上边框内正中为“THE AGRICULTURAL AND INDUSTRIAL BANK OF HONAN”(河南农工银行)。票面中间为花饰,花饰中有一大“5”,两旁为花朵形花饰衬托的“5”。

① 马飞海、吴筹中主编《中国历代货币大系·民国时期国家银行地方银行纸币》第2282号,上海辞书出版社,2001。

在中心花饰下方有“V、FIVE YUAN(5 圆)、V”。在左、右面额下方各有一英文签名，一为“W. H. Lee”(李文浩，协理)“T. Lee”(疑为李汉珍，总经理)。中间花饰下部有英文“HONAN”(河南)，“HONAN”下方有“JUNE 1ST 1931”(1931 年 6 月 1 日)。

4. 西北银行

1925 年 11 月，冯玉祥驻军张垣，成立西北银行。总行设于张家口，令察哈尔省财政厅厅长过之翰任行长。1926 年 9 月，五原誓师，西北军出潼关。1927 年攻占郑州，6 月在郑州设西北银行总管理处。8 月，国民军与武汉政府北伐军会师开封。29 日，在开封设支行，地址在南书店街，归郑州总管理处直辖。1928 年 10 月，冯玉祥令河南省银行划归西北银行，西北银行开封支行将金库库房设于山货店街原省银行院内，冯玉祥为其题字“金库的钱都是老百姓的血汗”。1930 年，蒋、冯、阎中原大战爆发，10 月 3 日蒋军攻占开封，6 日占领郑州，西北军瓦解，西北银行随之结束。

1927～1929 年，西北银行在河南发行的兑换券有银元券和辅币券，银元券有 1 元、5 元、10 元三种。票券正面上端中间印有“河南西北银行”篆文戳记，正面左、右花边附近印有“河南”，河南字下按发行地标有“郑”(郑州)、“汴”(开封)、“陕州”(陕县)、“洛”(洛阳)、“许”(许昌)、“漯”(漯河)、“新”(新乡)、“归”(归德)等字。背面签字中间有“HONAN”(河南)。辅币券有 1 角、2 角、5 角三种，在郑州、开封两地发行。

(1) 壹角(1927 年版，图 63)①

票幅为 110 毫米×65 毫米，正面颜色为墨绿色，底色为浅棕黄色；背面颜色为绿色，底色为浅棕黄色。四周为花栏边框，四角各有“壹”字，下边框正中为“中华民国十七年印”。票面中间上部为行名“西北银行”，票面正中为主景图案廊坊车站，环绕图案有花蕊和连枝组成的花饰，下边是多组篆书“壹角”组成的装饰。图案两旁为花饰衬托的面额文字“壹角”。左、右面额上方有两组英文字母和阿拉伯数字组成的号码。在左、右面额下方有两方印章，分别为“总理之印”和“协理之印”。在左、右面额与边框之间各加盖有“河南·汴”。票面的浅色底纹由英文“THE BANK OF NORTHWEST”

---

① 郑州张立敬协供。

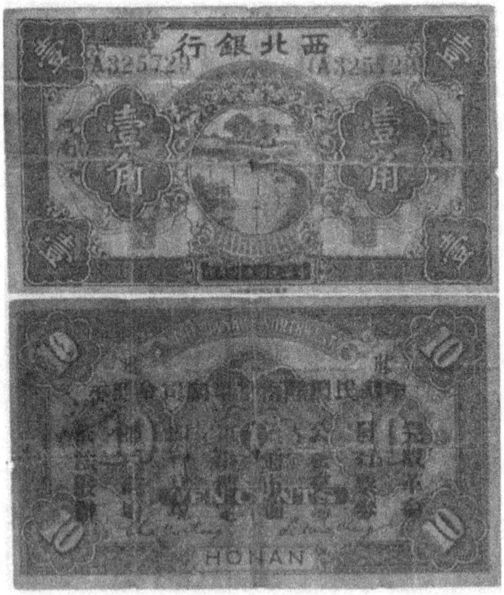

图 63

(西北银行)组成。边框正中下方有一行小字“上海协顺印刷所印”。

背面四周为花栏边框，上边框中间为英文“THE BANK OF NORTHWEST”(西北银行)，四角各有“10”。票面正中为花饰图案，图案两旁为面额数字“10”。在面额数字与上边框之间有英文字母“KH”的合体。图案正下方为“TEN CENTS”(10 分)。在英文面额下方有两个英文签名。在下边框正中为“HONAN”(河南)。在图案和左右面额之上叠印有“中华民国陆海空军副司令部示”，内容为“完成革命，发行票券，公私交易，流通市面，军事稍定，即行兑现，拒绝破坏，依法严办”。浅色底纹由英文“THE BANK OF NORTHWEST”(西北银行)组成。在票面下方有一行英文小字。

(2) 贰角(1928 年版，图 64)①

票幅为 114 毫米×86 毫米，正面颜色为墨绿色，底色为浅棕黄色；背面颜色为棕红色，底色为浅棕黄色。四周为花栏边框，四角各有“贰”字，下边框正中为“中华民国十七年印”。票面中间上部为行名“西北银行”，票面正中为主景图案廊坊车站，环绕图案有花蕊和连枝组成的花饰，下边是多组篆书“贰角”组成的装饰。图案两旁为花饰衬托的面额文字“贰角”。左、右面

① 郑州张立敬收藏。

图 64

额上方有两组英文字母和阿拉伯数字组成的号码。在左、右面额下方有两方印章，分别为“总理之印”和“协理之印”。在左、右面额与边框之间各加盖有“河南・汴”。票面的浅色底纹由英文“THE BANK OF NORTHWEST”(西北银行)组成。边框正中下方有一行小字“上海协顺印刷所印”。

背面四周为花栏边框，上边框中间为英文“THE BANK OF NORTHWEST”(西北银行)，四角各有“20”。票面正中为花饰图案，图案两旁为面额数字“20”。在面额数字与上边框之间有英文字母“CH”的合体。图案正下方为“TWENTY CENTS”(20 分)。在英文面额下方有两个英文签名。在下边框正中为“HONAN”(河南)。在图案和左、右面额之上叠印有“中华民国陆海空军副司令部示”，内容为“完成革命，发行票券，公私交易，流通市面，军事稍定，即行兑现，拒绝破坏，依法严办。”浅色底纹由英文“THE BANK OF NORTHWEST”(西北银行)组成。在票面下方有一行英文小字。

(3) 壹圆(1928 年版,图 65)①

图 65

票幅 146 毫米×80 毫米,正面颜色为棕红色,底色为浅棕色;背面颜色为棕绿色,底色为浅棕色。四周为花栏边框,四角各有“壹”字,左右边框各有“河南”,下边框正中为“中华民国十七年印”。票面中间上部为行名“西北银行”,行名下边为主景图案“五原誓师”,图案下部有“一五、九一七、五原誓师”文字,意即民国十五年九月十七日五原誓师。图案两旁为花饰衬托的面额文字“壹圆”。左、右面额上方有两组英文字母和阿拉伯数字组成的号码。下方加盖有“开封”。在图案与左、右面额之间的下方有两方印章,分别为“总理之章”和“协理之章”。票面满版有用“河南”“壹圆”文字组成的细线底纹。边框下方有一行小字“财政部印刷局制”。

背面四周为花栏边框,四角各有“1”,边框内侧环绕有“1”。上部边框正中为“BANK OF THE NORTHWEST”(西北银行),下部边框正中为

① 郑州张立敬收藏。

“AUGUST 1ST 1928”(1928 年 8 月 1 日)。票面正中上方为蒙文“西北银行”①。两旁为相同的由英文字母和阿拉伯数字组成的号码。票面中部为方形主景图案万里长城。图案右边为花饰衬托的蒙文面额“壹圆”。图案左方为花饰衬托的英文“ONE YUAN”(1 圆)。在英文面额上下有五行英文小字。在图案正下方为“HONAN”(河南)。在蒙文和英文下方各有一英文签名。在图案和左、右面额之上叠印有“中华民国陆海空军副司令部示”,内容为“完成革命,发行票券,公私交易,流通市面,军事稍定,即行兑现,拒绝破坏,依法严办。”在票面下方有一行英文小字。

(4) 伍圆(1928 年版,图 66)②

图 66

票幅 151 毫米×84 毫米,正面颜色为墨绿色,底色为浅墨绿色;背面颜色为墨绿色,底色为浅墨绿色。四周为花栏边框,四角各有“伍”字,左、右边框各有“河南”,下边框正中为“中华民国十七年印”。票面中间上部为行名

① 河南大学历史文化学院牛建强教授解释说:“票面中央之‘’(蒙文),应转写作‘ Orona Omara Mūngguno posa’。‘ Orona Omara ’疑为地名,非‘西北’意也。因为蒙文的‘西’‘北’分别为×、×(蒙文,因排版困难,省略),即 Bargūn、Hūitu,写法上有异。Mūnggu 为‘银’意,no 为所属‘的’意,Posa 为‘铺面’之意,故可合译为‘银铺’,即近代意义上之‘银行’。”内蒙古虹宝音先生解释,仍为“西北”,是蒙文“西北”的另一种拼法。

② 北京刘文和收藏。

“西北银行”，行名下边为主景图案“五原誓师”，图案下部有“一五、九一七、五原誓师”文字，意即民国十五年九月十七日“五原誓师”。图案两旁为花饰衬托的面额文字“伍圆”。左、右面额上方有两组英文字母和阿拉伯数字组成的号码。下方加盖有“开封”。在图案与左、右面额之间的下方有两方印章，分别为“总理之章”和“协理之章”。票面满版有用“河南”“伍圆”文字组成的细线底纹。边框下方有一行小字“财政部印刷局制”。

背面四周为花栏边框，四角各有“5”字。上部边框正中为“BANK OF THE NORTWEST”(西北银行)，下部边框正中为“AUGUST 1ST 1928”(1928 年 8 月 1 日)。票面正中上方为蒙文“西北银行”。两旁为相同的由英文字母和阿拉伯数字组成的号码。票面中部为方形主景图案万里长城。图案右边为花饰衬托的蒙文面额“伍圆”。图案左方为花饰衬托的英文“FIVE YUAN”(5 圆)。在英文面额上、下有五行英文小字“凭票即付”。在图案正下方为“HONAN”(河南)。在蒙文和英文下方各有一英文签名。在图案和左、右面额之上叠印有“中华民国陆海空军副司令部示”，内容为“完成革命，发行票券，公私交易，流通市面，军事稍定，即行兑现，拒绝破坏，依法严办。”在票面下方有一行英文小字。

(5)拾圆(1928 年版，图 67)①

票幅 158 毫米×88 毫米，正面为水红色，背面为紫红色。四周为花栏边框，四角各有“拾”字，左、右边框各有“河南”，下边框正中为“中华民国十七年印”。票面中间上部为行名“西北银行”，行名下边为主景图案“五原誓师”，图案下部有“一五、九一七、五原誓师”文字，意即民国十五年九月十七日“五原誓师”。图案两旁为花饰衬托的面额文字“拾圆”。左、右面额上方有两组英文字母和阿拉伯数字组成的号码。下方加盖有“开封”。在图案与左、右面额之间的下方有两方印章，分别为“总理之章”和“协理之章”。在左、右面额下方加盖“开封”。

背面四周为花栏边框，四角各有“10”字。上部边框正中为“BANK OF THE NORTWEST”(西北银行)，下部边框正中为“AUGUST 1ST 1928”(1928 年 8 月 1 日)。票面正中上方为蒙文“西北银行”。两旁为

① 马飞海、吴筹中主编《中国历代货币大系·民国时期国家银行地方银行纸币》第 3218 号，上海辞书出版社，2001。

图 67

相同的由英文字母和阿拉伯数字组成的号码。票面中部为方形主景图案万里长城。图案右边为花饰衬托的蒙文面额“拾圆”。图案左方为花饰衬托的英文“TEN YUAN”(10 圆)。在英文面额上下有五行英文“凭票即付”。在图案正下方为“HONAN”(河南)。在蒙文和英文下方各有一英文签名。在图案和左、右面额之上叠印有“中华民国陆海空军副司令部示”,内容为“完成革命,发行票券,公私交易,流通市面,军事稍定,即行兑现,拒绝破坏,依法严办”。在票面下方有一行英文小字。

附　　录

文章发表时间表

钱币学研究

货币　钱币　钱币学　《中国钱币》1990 年第 3 期
关于钱币学的几个概念问题　《舟山钱币》1992 年第 1 期
钱币学方法论　《中州钱币》2001 年总第 9 期
关于中国钱币学史的两个问题　《中国钱币》1993 年第 1 期
谈谈钱币史的著作体例　《中国钱币》1991 年第 2 期
中国钱币大辞典编纂纲要　2000
钱币的要素和基本特征　《中州钱币》1992 年总第 4 期
钱币学理论体系是逻辑与实践的统一——兼答陈连光先生　《中州钱币》1996 年总第 6 期

钱币学史研究

彭信威钱币学思想初探　《上海金融·钱币研究专辑》1993 年第 2 期
彭信威先生在研究钱币学史方面的贡献　《钱币博览》1994 年第 1 期
《中国货币史》对外国钱币的评介及其意义　《彭信威教授名著〈中国货币史〉出版四十周年纪念文集》,《钱币博览》编辑部 1994 年 11 月
论《中国货币史》对清末钱制改革的评价　《钱币博览》1997 年第 2 期
钱币学史有新篇——读《钱币学纲要》　《钱币博览》1996 年第 4 期
西夏钱币研究的扛鼎之作——读牛达生先生的《西夏钱币研究》

《中国辽夏金研究年鉴 2013》,中国社会科学出版社,2015
张台《钱录》成书于宋代　《开封金融》2003 年第 3 期

先秦、秦汉钱币研究

朋无定数　《先秦货币二考》之一,《历史研究》1997 年第 2 期
耸肩尖足空首布起源于耒说　《中国钱币》1989 年第 1 期
布名源流　《先秦货币二考》之二,《历史研究》1997 年第 2 期
铲形币在战国时称“布”证据不足　《内蒙古金融研究·钱币专刊》2003 年第 1 期
魏国钱币研究　《中州钱币》2002 年总第 10 期
通许县出土魏国钱币整理报告　《中州钱币》2003 年总第 11 期
“钱”“泉”名辨　《钱币博览》1996 年第 3 期
秦皇汉武统一货币问题再评价　《中国金融史学术研讨会文集》,河北师范大学,2011

宋、金、夏、元钱币研究

宋钱的特点与版别划分　《中国钱币》2013 年第 3 期
用钱文划分宋钱版别有合理性　《中国钱币》2002 年第 4 期
宋代铸钱监一览表　《中国钱币大辞典·宋辽西夏金编》,中华书局,2005
宋金银铤、金牌铭文及其考释　《中州钱币》2003 年总第 11 期
弧首束腰银铤出现时间考　《金银货币与社会生活学术研讨会论文集》,中国书店,2017
金代银铤符号“7”为“整”字考　《内蒙古金融研究·钱币增刊》2005 年第 2、3 期合刊
武威出土银铤应为金代银铤　《中国钱币》2005 年第 3 期
西夏银铤探讨　《内蒙古金融研究·钱币增刊》2006 年第 3、4 期合刊
银川发现西夏银铤之我见　《内蒙古金融研究·钱币增刊》2008 年第 1、2 期合刊
再谈西夏银铤无发现　《宁夏钱币通讯》2014 年第 3 期
元代银锭干支纪年时间考　《中国钱币》2014 年第 1 期

清代、民国钱币研究

中国货币称“圆”的几个问题　《中州钱币》1988 年总第 2 期
中华民国金属货币概说　《中国钱币大辞典·民国编·金银币卷》,中华书局,2011
河南铜元研究　《中州钱币》1997 年总第 7 期

中华民国靖国军军用钞票新考	《中州钱币》2014 年总第 22 期
滇粤桂援赣联军军用票非护国军军务院时期纸币	《中国钱币》2015 年第 2 期
开封纸币考略	《开封钱币》,北京燕山出版社,2004

后　　记

1987年元月，同窗张瑞生代表中国人民银行开封分行筹备开封钱币学会，让我帮助联系河南大学历史系有关领导与教师。我推荐了马小泉、周宝珠、王志超、刘坤太、孙英民、程民生、宋会群等。3月，历史系邀请戴志强先生为河南文博干部专修科讲钱币学，我有幸听讲并负责接待工作。从此，开始了钱币学的研究生涯。

在河南大学做研究，有着浓郁的氛围与丰厚的土壤。一是文史传统，代不乏人；专意治学，心无旁骛。二是有丰富的图书资料。三是有随时可以请教的老师。在写作《耸肩尖足空首布起源于耒说》一文时，向赵世超老师谈了晋人承袭了殷人的文化的观点。赵老师说，不能直接这样说，中间是经过狄人传过去的。在写作《朋无定数》时，带着殷人是否对数字不敏感、不清晰的问题请教郑慧生老师。郑老师说，殷人对数字是敏感的、清晰的，反而周人是不清晰的。在如何评价宋代货币种类繁杂、区域流通、经济繁荣发展时，周宝珠教授解释说，正是通过这样的方法，宋朝把经济搞活了。在讨论秦汉统一货币问题时，与刘坤太先生不停地辩驳。创立钱币学理论时，当然是多多与李振宏学兄商讨。在完成《宋金银铤、金牌铭文及其考释》后，坐在程民生家里等他逐条审阅。那时，生活是清苦的，精神是富有的。

1997年调入人民银行，编写《中国钱币大辞典》。戴志强、黄锡全、周卫荣及中国钱币博物馆诸师友在工作上、研究上给予了许多提携与帮助。河南省钱币学会赵宁夫、胡国瑞、余丰辉、刘森、张宇宏等给予了直接的关怀与照顾。特别要提及的是开封钱币学会秘书长张瑞生。2001～2005年，由于无法把工作关系转入郑州中支，我回开封工作。在瑞生和胡天意副会长支持下，出了三本书，写了多篇论文。然而，天不假年，瑞生于2006年10月18日英年早逝。同窗刘根莲大姐看了我们之间的通信后写道："瑞生有秦川这样的知音，可以瞑目了。"瑞生是1977级年龄最小者，善填词。有"遥忆……

不言疲惫，海阔天空，万种情思”“而今衷肠只在，山乡水泽，一阙新词”句。

2014 年，拙著《中国钱币学》出版。2016 年中国第一个“钱币学”博士点落户河北师范大学，拙著忝列参考书。

《中国钱币学》一书虽已出版，其中的理论部分只是结论性的叙述，无法展开论证。因此还需要将有关论文汇集起来，供专家学者研究、讨论时使用。钱币学史研究主要是以钱币学理论为指导，通过对彭信威《中国货币史》等著作的分析研究，确立彭信威先生在钱币学史上的地位，同时为研究钱币学史提供一种新的模式。钱币史方面主要是在先秦钱币和宋金元钱币等方面的成果。

鉴于此，中国钱币学会学术委员会将《钱币学与钱币史研究》列为 2015 年度中国钱币学会学术课题，并资助出版。

在拙著付梓之际，特向 30 年来给予教诲和帮助的师友，向中国钱币学会诸领导，向河南大学出版社刘小敏、薛巧玲编辑表示深深的感谢！

本书的理论是一个框架，还需要丰富和细化。钱币学史与钱币史的研究，受学识所限，错讹不免，请专家学者指正。

白秦川
2016 年元月于郑州